PRISCIEN

GRAMMAIRE

LIVRES XI, XII, XIII – LES HYBRIDES

(PARTICIPE, PRONOM)

À LA MÊME LIBRAIRIE

PRISCIEN, *Grammaire, Livres XIV, XV, XVI – Les invariables*, texte latin, traduction introduite et annotée par le Groupe *Ars Grammatica*, 2013.

PRISCIEN, *Grammaire, Livre XVII – Syntaxe 1*, texte latin, traduction introduite et annotée par le Groupe *Ars Grammatica*, 2010.

PRISCIEN, *Grammaire, Livre XVIII – Syntaxe 2*, texte latin, traduction introduite et annotée par le Groupe *Ars Grammatica*, 2017.

Les références à ces ouvrages dans le présent volume apparaissent sous la forme *livres 14-16*, *livre 17* et *livre 18.*

HISTOIRE DES DOCTRINES DE L'ANTIQUITÉ CLASSIQUE
Fondateur : Jean Pépin Directeur : Luc Brisson

LIV

PRISCIEN

GRAMMAIRE

LIVRES XI, XII, XIII – LES HYBRIDES

(PARTICIPE, PRONOM)

Texte latin
Traduction introduite et annotée par le
Groupe Ars Grammatica

Ouvrage publié avec le concours
du Centre national du livre

PARIS
LIBRAIRIE PHILOSOPHIQUE J. VRIN
6, Place de la Sorbonne, V^e

2020

Imprimé en Belgique

ISSN 0153-0828

ISBN 978-2-7116-2987-9

www.vrin.fr

PRÉSENTATION

Le groupe de traduction *Ars Grammatica* est né du constat d'une lacune : alors que les principaux textes des grammairiens grecs de l'Antiquité ont été traduits dans toutes sortes de langues modernes, et notamment en français, les textes grammaticaux latins n'ont pour la plupart d'entre eux jamais été traduits dans quelque langue que ce soit. Pourtant, les travaux des grammairiens latins présentent un intérêt majeur dans leur principe même : s'appropriant un système de description que les Grecs avaient inventé pour rendre compte de leur langue et d'elle seule, ces grammairiens ont dû adapter ce système à leur propre langue, et par là réfléchir à la proximité et aux différences entre leur langue et celle de leurs modèles. Ce processus d'adaptation est le prototype de tous ceux qui s'engendreront par la suite à partir de la grammaire latine elle-même : interface entre l'origine de la grammaire occidentale et toutes les formes classiques qui en sont issues, la grammaire latine antique occupe une position historique exceptionnelle qui fonde son rôle de matrice des grammaires vernaculaires postérieures.

À l'initiative de Marc Baratin, les quelques spécialistes qui pratiquent en France ce genre de textes, latinistes grammairiens ou historiens de la grammaire antique et médiévale, voire humaniste, se sont réunis pour se mettre d'accord sur les principes que pourraient partager les traducteurs de ces multiples textes qui restent aujourd'hui si difficilement accessibles. La convergence de cette pluralité de regards, de cette diversité d'expériences et de modes d'interrogations, s'est révélée fructueuse. Souhaitant expérimenter les principes qu'ils se fixaient, les membres de ce groupe se sont pris au jeu de la traduction, avec comme texte d'application l'une des œuvres les plus riches, mais aussi l'une des plus difficiles d'accès, l'*Ars Prisciani*.

Les trois premiers volumes de cette traduction ont paru dans la même collection, en 2010 (livre 17, *Syntaxe*, *1*), 2013 (livres 14-15-16, *Les invariables : préposition, adverbe et interjection, conjonction*), 2017 (livre 18, *Syntaxe*, *2*).

Rattaché au CNRS par l'UMR 8163 *STL* (*Savoirs Textes Langages*), le groupe *Ars grammatica* est une association (loi de 1901) depuis octobre 2008.

Pour le présent volume, consacré aux livres 11, 12 et 13 de *l'Ars Prisciani*, le groupe était constitué des membres suivants :

Marc BARATIN, Université de Lille, UMR 8163 STL, correspondant de l'Institut
Frédérique BIVILLE, Université Lumière Lyon 2, UMR 5189 HiSoMA
Guillaume BONNET, Université de Bourgogne-Franche-Comté, EA 4178 CPTC
Manuela CALLIPO, Lycée Giordano Bruno de Turin, Sorbonne Université
Bernard COLOMBAT, Université de Paris, UMR 7597 HTL
Alessandro GARCEA, Sorbonne Université, IUF, EA 4081
Louis HOLTZ, Institut de Recherche et d'Histoire des Textes (CNRS)
Séverine ISSAEVA, Université de Lille, UMR 8163 STL
Madeleine KELLER, Université de Paris Nanterre, UMR 7041 ArScAn
Diane MARCHAND, Lycée Voltaire d'Orléans, Université d'Orléans
Jean SCHNEIDER, Université Lumière Lyon 2, UMR 5189 HiSoMA

La translittération du grec en caractères latins ne tient pas compte des accents, et rend les voyelles longues η et ω par *ê* et *ô*; les voyelles à iota souscrit, ᾳ, ῃ, ῳ sont rendues par *âi*, *êi*, *ôi*.

Le texte latin est présenté avec une double numérotation : les pages et les lignes de l'édition Hertz des *GL*, référence usuelle des Antiquisants, sont indiquées dans la marge de gauche, les paragraphes, auxquels les Médiévistes se réfèrent prioritairement, dans la marge de droite.

Dans le texte latin, des barres verticales simples signalent les débuts de pages ou de lignes (de cinq en cinq) de l'édition Hertz, des barres verticales doubles les débuts de paragraphes. À défaut de barre, les débuts de pages, de lignes ou de paragraphes correspondent au début de la ligne.

Sous le texte latin, les notes concernant le texte, présentées elles-mêmes en latin, comportent les abréviations usuelles (*codd.* pour *codices*, *ed.* pour *edidit*, etc.); les lettres en gras désignent des manuscrits. Sont aussi signalés les passages parallèles chez d'autres grammairiens. Les notes de commentaire sous la traduction précisent à l'occasion le sens et la valeur de ces reprises.

Les notes concernant la permanence des exemples d'auteurs chez les *GL*, sous le texte latin, ont été réalisées dans le cadre d'une recherche plus générale sur les exemples littéraires chez les *GL*, dirigée par Alessandro Garcea et financée par l'Institut Universitaire de France.

La saisie du texte latin a été faite à partir du texte électronique des *GL* préparé par Valeria Lomanto (Université de Turin) et mis en ligne sur le site *Corpus Grammaticorum Latinorum.*

Les références bibliographiques se font par le nom de l'auteur, la date de parution et les pages (par exemple « Lallot 2012 : 174-176 »).

INTRODUCTION

1. *Première approche : la succession participe-pronom dans l'histoire des parties du discours.*

L'organisation des parties du discours s'est construite à partir d'une tradition philosophique d'origine essentiellement aristotélicienne, assimilée par la grammaire alexandrine. Celle-ci a exploité cet héritage pour redéfinir l'objet des analyses linguistiques dans le cadre de l'exégèse des œuvres littéraires, en fonction de son approche spécifiquement philologique. Aristarque et son école ont en effet travaillé à partir d'une segmentation de l'énoncé qui répondait moins à des critères logico-ontologiques qu'à une hiérarchisation morpho-sémantique. Marquant un accroissement progressif des unités par rapport à l'ancien binôme de constituants fondamentaux de l'énoncé, *onoma-rhêma*, ces taxinomies ont leur principe de répartition interne dans une opposition générale entre parties variables, rassemblées autour de ce binôme, et parties invariables. C'est dans ce cadre que chaque classe morpho-lexicale a gagné progressivement son autonomie, au fil d'un dialogue à distance avec la dialectique stoïcienne. Les débats se sont notamment concentrés sur les classes les plus complexes à isoler du binôme originel, reliées par des liens évidents au nom ou au verbe, mais dotées de spécificités irréductibles.

Le pronom était à coup sûr déjà considéré comme une catégorie autonome dans l'école alexandrine [1]. Comanus – un contemporain d'Aristarque que celui-ci, plus jeune, attaqua dans le *Contre Comanus* – avait proposé une nouvelle dénomination, *antônomasia*, contre l'usuel *antônumia* [2]. Ces deux termes, techniques l'un et l'autre, ainsi que d'autres qui circulaient à l'époque [3], soulignent le rapport privilégié entre pronom et nom : le pronom est employé *anti onomatos*, « en place d'un nom », et les grammairiens observent

1. *Cf.* Matthaios 1999 : 444-465 et 503-504 ; 2002 : 167-168 ; 176-177 ; 2005 : 17 ; 21-22 ; Lallot 2012 (2001) : 195-199.

2. *Cf.* Comanus, frg. *inc. op.* 19 Dyck *ap.* Apollonius, *Pron.* 4.18-19.

3. Apollonius, *Pron.* 3.16-9.10, mentionne *paronomasiai, sêmeiôseis, antônuma, antônomasiai, isônumiai.*

que les pronoms remplacent des noms concrets ou abstraits, d'individus ou de choses, à condition de respecter certaines normes de cohérence. La principale de celles-ci, l'articulation entre pronom et personne, témoigne de la continuité entre l'enseignement d'Aristote et l'école d'Alexandrie. Elle apparaît notamment dans la remarque d'Aristarque à propos des pronoms comme *lexeis kata prosôpa suzugoi*, « formes solidaires entre elles selon la personne ». Cette conception, qui repose sur un principe non pas formel mais sémantique, implique la possibilité de regrouper les pronoms en fonction de leur référence à l'une des trois « personnes » telles qu'elles avaient été définies dans la *Rhétorique* aristotélicienne (1358 a37-b2) : locuteur, destinataire, objet du discours. L'importance de cette conception n'a pas échappé à Priscien qui, au livre 17 de son *Ars*, *GL* 3, 144.7-9, se l'approprie en soulignant la corrélation des pronoms aux personnes : « Aristarque avait raison de dire que les pronoms sont "solidaires du point de vue de la personne" [*coniuga... personis*], puisqu'ils sont identiquement et solidairement déterminés à toutes les personnes soit par la deixis soit par l'anaphore » [1].

La reconnaissance de l'autonomie du participe semble également dater de la période d'Aristarque. Ce dernier, sans élaborer une théorisation particulière à ce sujet, mais suivant de toute évidence la tradition de ses prédécesseurs, employait pour désigner le participe le terme technique *metokhê*, comme le prouve un extrait cité par Hérodien [2]. Ce terme, rattaché au verbe *metekhein*, « participer », et dont le latin *participium* est un calque, constitue par lui-même une allusion à la nature mixte de cette catégorie, qui « participe » à la fois du nom (en relevant des catégories du genre, du nombre et du cas) et du verbe (par celles du temps et de la diathèse).

Les stoïciens pour leur part [3], suivant une optique fonctionnelle, avaient voulu rassembler en un nombre plus limité de catégories les différentes parties du discours, à partir des rôles que l'on pouvait attribuer à chacune dans l'analyse logique des propositions. Pour eux, comme le rappelle Priscien lui-même en ouverture du chapitre *de oratione*, au livre 2 de son *Ars*, le pronom et l'article ne faisaient qu'une seule catégorie, et le participe était subsumé sous la flexion verbale [4]. Ce mode d'organisation des parties du discours conduit à

1. = Aristarque frg. 103*b* [1] Matthaios ; *cf.* aussi le frg. 103*b* [2] *ap.* Prisc. *GL* 3,198.10-20, et voir livre 17, note 135. La formulation la plus proche de la pensée d'Aristarque est vraisemblablement celle des extraits conservés par Apollonius (frg. 103*a* [1] et *a* [2] Matthaios).

2. Aristarque frg. 92*a* Matthaios *ap.* Herod. *Il. pros.* *GG* 3/2 [1], 124.17-21 (*schol. Hom. Il.* 24,8*a*) ; *cf.* Matthaios 1999 : 344-345 et 409-410.

3. *Cf.* Matthaios 1999 : 426-428 ; 2002 : 185-187 ; 2005 : 25-26.

4. *GL* 2, 54.8-16 (= *FDS* 543) : *secundum stoicos uero quinque sunt eius [sc. orationis] partes : nomen, appellatio, uerbum, pronomen siue articulus, coniunctio. Nam participium connumerantes uerbis participiale uerbum uocabant uel casuale, [...] articulis autem pronomina connumerantes finitos ea articulos appellabant, ipsos autem articulos, quibus nos caremus, infinitos articulos dicebant uel, ut alii dicunt, articulos connumerabant pronominibus et articularia eos pronomina uocabant, in quo illos adhuc sequimur Latini, quamuis integros in nostra non inuenimus articulos lingua.* L'intégration par les stoïciens du participe dans le verbe est confirmée par les scholies à la *Tekhnê*, *Lond.* 518.17-18 (= *FDS* 574).

voir dans les théories stoïciennes non pas un modèle pour la grammaire alexandrine, mais bien une réaction à la partition de l'énoncé que celle-ci avait mise en place. L'expression technique stoïcienne pour désigner le participe, *metokhikon rhêma*, « verbe participial », dont on retrouve le correspondant latin *participiale uerbum* chez Priscien [1], apparaît en effet comme une riposte à l'autonomisation de la *metokhê* prônée par la génération d'Aristarque. Il en va de même de l'autre locution technique attribuée aux stoïciens pour cette partie du discours, *ptôtikon rhêma* (*casuale uerbum*), « verbe à cas » : elle repose sur une exploitation de la conception alexandrine de *ptôsis* au sens de « cas » comme accident du nom, et fait ainsi du participe une forme verbale dotée de caractéristiques nominales.

Les critères utilisés par les stoïciens pour prouver le statut subordonné du participe ne se limitaient pas au caractère hybride de ses accidents morphologiques, mais incluaient la question de sa singularité dans les processus de dérivation, comme le rapporte encore Priscien au début du livre 11 (*GL* 2, 549.3-5) : « la raison pour laquelle ces philosophes n'enseignaient pas le participe comme une partie du discours autonome, c'est que le participe est la seule partie du discours qui existe sous la seule forme de dérivés, sans jamais avoir de base qui lui soit propre ». Dérivant du verbe, le participe y était de ce fait intégré. Ce même principe avait permis aux stoïciens de regrouper noms propres et noms communs en une seule catégorie, ces derniers étant considérés comme issus des premiers [2].

C'est à partir de cette situation d'antagonisme entre grammaire alexandrine et dialectique stoïcienne que s'organise, paradoxalement, un dialogue entre elles. On le voit chez l'élève d'Aristarque, Denys le Thrace, qui considérait les pronoms comme *arthra deiktika*, « articles déictiques » [3]. Cette formule fait écho aux préoccupations des stoïciens. Ceux-ci employaient en effet le terme englobant d'*arthra hôrismena* « articles définis » pour désigner les pronoms – personnels, démonstratifs et anaphoriques – qui se réfèrent à une personne déterminée [4]. Cette « personne » n'est plus prise ici au sens aristotélicien-alexandrin, mais en tant qu'individu précis, personne réelle, à laquelle le pronom renvoie, notamment par deixis (il est alors question de *to deiknumenon prosôpon*, « la personne désignée »). La formule technique nouvelle employée par Denys le Thrace, *arthra deiktika*, évoque cette relation de désignation mise en évidence par les stoïciens. De son côté, l'élève de Denys, Tyrannion [5], au Ier siècle *a. C.*, est également en parfaite cohérence avec les stoïciens quand il définit les pronoms comme *sêmeiôseis*, « indicateurs », du fait qu'ils font

1. Sur les formules *participiale uerbum* et *casuale uerbum*, citées au livre 2 (*GL* 2, 54.10, *cf.* note précédente), voir *infra*, section 3, *L'examen du participe*.

2. *FDS* 575 ; *cf.* aussi *FDS* 567-569.

3. Denys le Thrace *ap.* Apollonius, *Pron.* 5.18-19, *cf.* Matthaios 1999 : 509-513 ; 2002 : 192-193 ; 2005 : 30.

4. *Cf.* livre 17, note 114.

5. *Cf.* Matthaios 1999 : 429 et 507-508 ; 2002 : 193-195 ; 2005 : 30-31.

référence à des personnes définies (*hôrismena prosôpa*) [1]. Le même Tyrannion suivait encore le modèle stoïcien en estimant que les participes n'avaient pas d'autonomie. Il n'en faisait toutefois pas une catégorie verbale, mais nominale (*metokhika onomata*), au même titre que les noms propres (*kuria onomata*) et les noms communs (*prosêgorika onomata*). Il les considérait en outre, ainsi que l'avaient fait les stoïciens, comme *athemata*, c'est-à-dire toujours dérivés, ce qui prouvait encore le statut secondaire et subordonné de ces formes [2].

Une réaction polémique à cette « stoïcisation » de la grammaire se produisit à l'époque d'Auguste, avec Tryphon [3], qui plaida pour l'autonomisation du participe. Priscien l'évoque lui-même au début du livre 11 (*GL* 2, 548.2-7), en replaçant cette analyse du participe dans une réflexion large sur les parties du discours : « Ceux qui ont placé le participe en troisième position paraissent avoir agi avec beaucoup de justesse. Dès lors en effet que le nom et le verbe occupent la première et la deuxième place, le participe, qui procède de l'un et de l'autre, réclame à bon droit la suivante. On s'est néanmoins demandé s'il avait été judicieux de la part des grammairiens – Tryphon d'abord, également suivi par Apollonius [4], la plus grande autorité en matière de grammaire – de lui donner une place à part par rapport à d'autres parties du discours ». Toujours à l'encontre des théories stoïciennes, Tryphon distinguait également entre articles et pronoms, en les rendant tous autonomes de la catégorie nominale [5].

Dans la tradition ultérieure des traités de grammaire, *tekhnai* grecques et *artes* latines, l'autonomie du participe et du pronom n'est plus remise en question. Toutefois, l'écho des débats anciens réapparaît derrière l'ordre adopté pour l'étude des parties du discours. Aristarque avait fixé pour la grammaire alexandrine un ordre qui ne changera plus dans le domaine grec antique, avec en tête les cinq parties variables, elles-mêmes constituées du couple « primordial » du nom et du verbe, suivi du participe, de l'article et du pronom. Cet ordre est compris comme une hiérarchie logique, qu'Apollonius explique au début de sa *Syntaxe* (1, 13-29) : le nom précède le verbe parce que l'agent précède l'action, puis viennent le participe, parce qu'il procède, comme son nom l'indique, du nom et du verbe, l'article, parce qu'il « articule » les trois parties précédentes, le pronom, parce qu'il remplace à la fois le nom et l'article [6]. Les auteurs latins envisagent des solutions plus variées. Dès le plus

1. Tyrannion, frg. 58 Haas *ap.* Apollonius, *Pron.* 4.1-4.

2. Tyrannion, frg. 56 Haas *ap. Souda* T 1185.

3. *Cf.* Matthaios 1999 : 429-430 ; 2002 : 196-197 ; 2005 : 32-33. Selon cet auteur, « Tryphon war nicht der erste, der die Partizipien als eigene Wortart begriff [...], sondern der erste, der deren Anerkennung als selbständige Wortart geprüft und gegenüber anders lautenden Ansichten theoretisch begründet hat » (1999 : 430). Il ne paraît pas certain que Priscien ait voulu exprimer exactement cette subtilité.

4. Tryphon, frg. 39 Velsen, et Apollonius, frg., *GG* 2/3,122.9-14.

5. *Cf.*, respectivement, les frg. 22-27 Velsen, qui dépendent du traité *Peri arthrôn*, et les frg. 28-37, qui, bien qu'ils ne soient pas déclarés comme issus d'une œuvre spécifique sur les pronoms, montrent clairement que Tryphon considérait ceux-ci comme une classe autonome.

6. Sur cet ordre, et son interprétation par Apollonius, *cf.* Lallot 2012 (1986) : 292-296.

ancien document grammatical latin, un fragment de papyrus [1], la place du pronom juste après le nom, en 2 e position, et du participe juste après le verbe, en 4 e, souligne la proximité de ces classes morpho-lexicales avec celles auxquelles elles sont subordonnées. Dans chacun de ces deux couples, les affinités du pronom avec le nom, du participe avec le verbe, créent une forme de parallélisme entre les deux « seconds rôles ». C'est l'ordre qu'on retrouve au IV e siècle chez Charisius, Diomède, Dosithée, ou encore chez le pseudo-Palémon. Une variante sépare le participe du verbe en intercalant entre eux l'adverbe, sans doute pour faire correspondre, au lien étymologique *nomen / pronomen*, une séquence mnémotechnique *uerbum / aduerbium*. Cet ordre (nom, pronom, verbe, adverbe, participe), adopté dans la grammaire de Sacerdos, au III e siècle, est repris au siècle suivant par Donat [2]. Dans ces différentes séquences, l'accent ne cesse d'être mis sur les liens en quelque sorte verticaux que le nom entretient avec le pronom, le verbe avec le participe.

Au VI e siècle, Priscien rompt avec les traditions latines et reproduit l'ordre des *tekhnai* grecques. Son classement toutefois ne comporte pas l'article – absent du latin –, qui dans les séries grecques était intercalé entre participe et pronom. Dans cet ordre innovant – nom, verbe, participe, pronom [3] –, ces deux dernières parties du discours forment par leur contiguïté une sorte de sous-ensemble, à mi-chemin entre les deux constituants principaux et les invariables. Cette contiguïté permet à Priscien d'insister dès le livre 11 sur les caractéristiques communes que pronoms et participes peuvent présenter, notamment du point de vue syntaxique : « De même donc que le pronom a été inventé pour pouvoir se combiner à la 1 re et à la 2 e personne du verbe (les noms en effet veulent s'associer à une 3 e personne, sauf quand ils sont au vocatif, qui se combine toujours à une 2 e personne), de même les participes ont été inventés pour suppléer à ce qui manque au verbe, c'est-à-dire les cas, quand ils se combinent avec des noms » (*GL* 2, 553.7-11) [4]. Le parallélisme

1. P. Lit. *Lond.* II 184, col. II, *cf.* Scappaticcio 2015 : 125-128.

2. *Cf.* Holtz 1981 : 66-68. Dans le détail, on observe toutes sortes d'hésitations, de flottements ou de variantes secondaires. Charisius par exemple suit le même ordre que Diomède ou Dosithée dans son développement des parties du discours (193.9-315.27 B.), mais dans l'annonce qu'il en fait, 193.7-8 B., le participe permute avec l'adverbe, et l'ordre est le même que chez Donat. Certains adoptent des solutions radicalement originales : les *Instituta artium* de « Probus » le Jeune (peut-être en fait un certain Palladius, grammairien africain du début du IV e siècle) situent le nom et le verbe respectivement au début et à la fin de la liste (*GL* 4, 51.17-19).

3. Eux-mêmes suivis des invariables : préposition, adverbe, interjection, conjonction.

4. Au début du livre 9, *GL* 2, 412.1-15, à titre d'introduction aux conjugaisons verbales, Priscien reprend l'ensemble des parties du discours pour les présenter dans cette perspective flexionnelle. Écartant les indéclinables, il se concentre sur les autres, qu'il cherche à classer selon la partie du mot (initiale, médiane, finale) concernée par la flexion. Cette présentation met particulièrement en valeur le pronom et le participe : le premier parce que la catégorie de la

ainsi posé dans la genèse de ces deux parties du discours les présente comme destinée chacune à combler un « manque » que les deux parties principales manifesteraient l'une vis-à-vis de l'autre : le nom étant dépourvu des marques personnelles du verbe, le verbe des marques casuelles du nom, le pronom et le participe ont été « inventés » pour combler chacun ces manques. Comme on va le voir plus en détail ensuite, c'est ce que Priscien met en valeur dans la présentation des accidents de ces deux parties du discours, soulignant ainsi que le pronom et le participe ont assurément des liens principaux, le premier avec le nom, le second avec le verbe, mais qu'ils ont aussi chacun des caractéristiques qui les relient à l'autre partie, verbales pour le pronom, nominales pour le participe. Ce statut d'hybrides justifie leur contiguïté, qui n'est donc pas accidentelle ou fortuite, mais assumée et signifiante [1].

2. *Plans d'ensemble*

La description du participe et du pronom dans les livres 11 à 13 est conforme au schéma usuel des sections consacrées aux parties du discours dans les traités de grammaire du courant artigraphique. Ce schéma, tripartite, comporte une définition liminaire, puis un développement central portant sur les *accidentia* de la partie du discours considérée, c'est-à-dire ses caractéristiques propres, présentées l'une après l'autre, et enfin une sorte d'appendice réservée à des éléments complémentaires, exceptions ou cas particuliers. Cette structure d'ensemble est toutefois traitée ici de façon différente dans le cas du participe et dans celui du pronom.

S'agissant du participe, le début du livre 11 est consacré aux débats sur son autonomie comme partie du discours – autonomie niée par les stoïciens, comme on l'a vu, mais soutenue par les grammairiens –, dans le cadre général de la relation des parties du discours « principales et supérieures » (*principales et egregiae*), le nom et le verbe, avec les autres, « qui en dépendent » (*appendices*, *GL* 2, 552.13-14). Priscien propose finalement une définition du participe (552.18-20), mais prolonge ensuite encore cette introduction en précisant sur plusieurs points la spécificité du participe par rapport au nom et au verbe. Au total, cette partie introductive occupe près d'un tiers du livre 11.

À l'inverse, pour le pronom, la définition initiale n'occupe que les deux premières lignes de l'exposé (*GL* 2, 577.2-3), et la revue des *accidentia* commence immédiatement après. Cette différence de traitement est révélatrice d'une différence de perception de ces deux hybrides : la légitimité même du

personne lui confère une flexion à l'initiale, et pas seulement, comme pour les noms, à la finale (412.4-8) ; l'autre parce qu'ils ont « presque tous les accidents des noms et des verbes » (412.9-10). Ce classement confirme l'unité que forment ces deux parties du discours du point de vue de Priscien, par rapport aux deux parties « principales », noms et verbes. Elles sont à nouveau rapprochées, cette fois par leurs liens syntaxiques, dans le livre 17 (*GL* 3, 154.7-20).

1. Cette contiguïté apparaît aussi dans les *Instituta artium*, cf. *supra*, p. 15, note 2, où elle résulte d'une logique différente, qui est, apparemment, de regrouper les *partes* « à cas » immédiatement après le nom.

participe dans son statut de partie du discours demande à être justifiée, alors que ce statut apparaît pour le pronom comme une réalité indiscutable.

Le traitement des *accidentia* présente de même des disparités. Pour le participe, l'exposé reste marqué par les problématiques qui dominent la partie introductive, c'est-à-dire la relation avec le nom et le verbe. Les accidents annoncés (555.21-22) sont le genre, le cas, la voix, le temps, le nombre, la figure. Tous appartiennent par ailleurs à la description du nom ou à celle du verbe, et sont présentés ici en alternance : le genre et le cas, accidents du nom, puis la voix et le temps, accidents du verbe, et enfin le nombre et la figure, communs au nom et au verbe. Le déroulement lui-même de l'exposé reprend le principe de cette alternance, mais accident par accident : le genre et le temps (accident nominal / accident verbal), puis le cas et la voix (même alternance, en intégrant la voix dans un second développement sur le temps), et enfin le nombre et la figure, accidents communs. C'est le lien étroit entre participe, nom et verbe qui est ici souligné.

Pour le pronom, le déroulement de l'exposé est plus proche de ce qui est annoncé initialement (hormis l'interversion du nombre et de la figure), et la spécificité du développement tient à sa répartition sur deux livres : dans le livre 12 Priscien évoque successivement l'espèce, la personne, le genre, la figure et le nombre, c'est-à-dire, hormis le genre, des accidents qui affectent également le verbe, puis il consacre l'essentiel du livre 13 au cas, accident nominal, avec une présentation systématique des quatre types de déclinaisons distinguées dans l'ensemble des pronoms.

Ces exposés des *accidentia* du participe et du pronom sont enfin suivis chacun d'une sorte de partie complémentaire. Pour le participe, il s'agit seulement d'une brève remarque sur les temps du participe chez les « Anciens » (574.4-19). Ce qui concerne le pronom est nettement plus développé (14.18-23.10), portant sur deux thèmes importants, le réfléchi *sui* et la question de la catégorisation dans les pronoms ou dans les noms des termes du type *quis* / *qui*, avec en outre des compléments sur le vocatif. Comme ces thèmes ont un rôle structurant dans la conception même du pronom (on y reviendra ci-dessous), il apparaît finalement que les exposés sur le participe et sur le pronom sont construits comme en chiasme, les débats sur le participe qui ouvrent le livre 11 correspondant en quelque sorte à ceux qui viennent clore l'exposé sur le pronom à la fin du livre 13, cependant que la brièveté de la partie finale du livre 11 a son équivalent dans la sobriété de la définition qui ouvre le livre 12.

Voici ces plans, dans leurs grandes lignes [1] :

Livre 11 : *Le participe*

Introduction : le participe, une partie du discours autonome ?

- Contre l'autonomie : point de vue des stoïciens
- Pour l'autonomie : point de vue des grammairiens
- Définition et raison d'être du participe

Accidents

- Genre
- Temps : morphologie du participe selon les temps ; cas particuliers
- Cas
- Temps : morphologie du participe selon les voix ; verbes irréguliers
- Nombre
- Figure (simples et composés) ; annexe sur les finales des participes passés

Livre 12 : *Le pronom* (1)

Définition

Accidents

- Espèce (primaires et dérivés)
  - Pronoms et personnes
  - Déictiques et anaphoriques
  - Cas particulier de *ipse*
  - Spécificités des dérivés
- Personne
  - Définition des 3 personnes
  - Personnes et pluriel
  - Sens et utilité des pronoms par comparaison avec les noms
- Genre
  - Pronoms et marques de genre
  - Genres et référence : les possessifs
- Figure
  - Structure des composés
  - Éléments additionnels
  - Formes problématiques
- Nombre

Livre 13 : *Le pronom* (2)

Cas

- Le nombre de formes casuelles dans les déclinaisons pronominales
- 1er type de déclinaison (à génitif *-i* /*-is*)
- 2e type de déclinaison (à génitif *-ius*)

1. Les plans détaillés sont présentés au début de chaque livre. Sur la structure des livres 12 et 13, voir Schönberger 2009 (97-100), qui propose un schéma rigoureusement pyramidal ; le commentaire des pages 151-167 suit lui-même ce plan, abordant successivement les six accidents et les questions particulières distinguées en 11.19-23.10.

3 e type de déclinaison (sur le modèle des noms en *-us*, *-a*, *-um*)
4 e type de déclinaison (sur le modèle des noms de la 3 e déclinaison)

Compléments

Le réfléchi *sui*
Quis et les termes du même type, pronoms ou noms ?
Alius, *alter* et les termes assimilés.

3. *Méthodes et concepts*

Dans la mise en parallèle du participe et du pronom que Priscien esquisse dans le livre 11 (553.7-11), il propose une sorte de genèse comparée de ces deux parties du discours, qui seraient apparues l'une et l'autre pour combler un manque : le participe parce que le verbe est dépourvu de la catégorie (nominale) du cas, le pronom parce que le nom est dépourvu de la catégorie (verbale) de la personne. Cette présentation en miroir souligne l'hybridité de ces deux parties du discours, tout en rappelant le rattachement principal de chacune, sur lequel leur définition respective insiste : le participe « tient lieu de verbe », le pronom « tient lieu de nom » (*participium... pro uerbo accipitur*, *GL* 2, 552.18 / *pronomen... pro nomine... accipitur*, *GL* 2, 577.2-3 [1]). Le participe relève ainsi du domaine verbal, mais tient sa spécificité de ce qu'il inclut la propriété nominale de se décliner, cependant que le pronom relève du domaine nominal, mais avec la propriété verbale de distinguer les personnes. Cette présentation schématique est précisée au fil des livres 11 et 12-13, pour le participe par les équivalences et substitutions qui en sont proposées, pour le pronom par la richesse et la variété de la notion de *persona*, et par les différences entre pronom et nom telles qu'elles sont indiquées à propos des termes du type *qui/quis* et *talis*.

L'examen du participe : équivalences et substitutions

Priscien entame le livre 11 en soulignant le caractère hybride du participe par rapport au nom et au verbe : « il procède de l'un et de l'autre » (*ex utroque nascitur*, 548.4). Cette hybridité pose un problème de classement, qui a déjà été évoqué au livre 2 (*GL* 2, 54.8-10), dans la présentation générale des parties du discours. Le participe peut en effet être intégré à l'une des deux parties du discours dont il procède. C'était du moins la position des stoïciens, qui considéraient que le participe relevait du verbe et lui donnaient le nom de *participiale uerbum... uel casuale* [forme verbale participiale, ou à cas]. Priscien y revient au début du livre 11 (548.14-549.1), et, seul à témoigner de ce point de la doctrine stoïcienne [2], il s'y attarde quelque peu, pour mieux

1. Les deux sont réunis en 596.24-25 : *principales... duae partes, nomen et uerbum, et quae loco eorum funguntur, hoc est participium et pronomen.*

2. Le témoignage de Priscien est néanmoins soutenu par les formulations stoïciennes conservées dans des scholies à la *Tekhnê*, *egklima rhêmatos* (*Marc.* 356.11) et *egklisis rhêmatos* (*Lond.* 518.17), dont le *modus uerbi casualis* de Priscien paraît bien être la traduction, *cf.* Lallot 1998 2 : 187.

justifier en fait la position inverse, celle des grammairiens, partisans quant à eux de l'autonomie du participe. Sans revenir sur le classement proprement dit des stoïciens, Priscien paraît vouloir surtout insister, en commençant le livre 11, sur les inconvénients qu'induit l'introduction du participe dans le cadre d'une autre partie du discours. Il rappelle pour cela que les stoïciens voyaient dans le nom de cette catégorie – *participium* est le calque du grec *metokhê*, lui-même dérivé du verbe *metekhô*, « avoir part à » – une *antanaklastos prosêgoria* (548.15-16), formule que Priscien traduit par *appellatio reciproca*, c'est-à-dire « un terme qui exprime un double mouvement, dans un sens, puis dans l'autre » [1]. Dans cette perspective en effet, poursuit Priscien, le participe est tantôt un *nomen uerbale*, c'est-à-dire un nom avec des caractéristiques verbales, tantôt un *modus uerbi casualis*, c'est-à-dire une forme verbale avec des caractéristiques nominales. En d'autres termes, si, comme les stoïciens, on intègre le participe à l'une des parties du discours dont il procède, le participe est tantôt un nom qui tend vers le verbe, tantôt un verbe qui tend vers le nom. Ce double mouvement est illustré par trois exemples, constitués chacun de deux formules, la première comportant le verbe « être », la seconde non :

legens est lector [un lecteur lit] / *lector legens* [un lecteur occupé à lire]
cursor est currens [un coureur court] / *currens cursor* [un coureur occupé à courir]
amator est amans [un amateur aime] / *amans amator* [un amateur occupé à aimer].

La différence entre ces deux types de formules n'est pas commentée par Priscien, mais elle paraît claire par elle-même. Dans les trois exemples où le participe est accompagné du verbe « être », qui lui est toujours contigu, comme *legens est lector*, la périphrase *legens est* constitue par rapport à *lector* un ensemble solidaire : c'est, à toutes les époques de la latinité, un équivalent expressif de *legit* [2]. Le participe se trouve alors intégré à la catégorie verbale par une fonction de prédicat, ce qui correspond, dans la perspective attribuée aux stoïciens, au mouvement du participe comme élément nominal tendant vers la catégorie verbale : c'est un *nomen uerbale*, un « nom verbal ». À l'inverse, dans les trois exemples où le même participe est accompagné du même nom, mais pas du verbe « être », ces tournures représentent le mouvement contraire, c'est-à-dire l'emploi du participe comme élément de nature verbale mais s'intégrant à la catégorie nominale par une fonction que nous dirions d'épithète [3] : c'est alors un *modus uerbi casualis*, un « mode du verbe pourvu de cas » [4].

1. Ce double mouvement est exprimé par *reciprocus* : ce terme, fréquemment appliqué à la mer, correspond au grec *antanaklastos* (548.15-16), porteur de son côté de l'image du reflet ou de de l'écho, c'est-à-dire encore une fois d'un double mouvement, dans un sens puis dans l'autre (*cf.* Garcea & Giavatto 2004 : 52-57).

2. Ce type de tournure périphrastique expressive, déjà attesté chez Plaute, est encore vivant en latin tardif, *cf.* Löfstedt 1936 [2] : 245-249.

3. Du type de celle qui est assumée par l'*adiectiuum nomen*, *cf.* livre 2, *GL* 2, 60.6-18.

4. Certains ont voulu voir dans les trois exemples de ce passage une simple tautologie (« *legens = lector* » et « *lector = legens* »), *cf.* Hülser 1987 : 651 (= *FDS* 575) ; Lallot 1998 [2] : 187 ;

Quoique Priscien rejette cette conception des stoïciens, au nom de l'autonomie du participe comme partie du discours, on en retrouve un écho dans un passage du livre 17, *GL* 3, 160.12-15, où construction verbale et construction nominale du participe sont opposées selon qu'il est associé à un nom ou à un verbe : avec un verbe, dans une tournure du type de *laudo legentem*, la construction du participe *legentem* avec le verbe *laudo* s'apparente à celle du nom *lectorem* dans *laudo lectorem*, ce qui confirme le statut nominal de *legentem*, cependant qu'avec un nom, par exemple dans *faciens eloquentem*, la construction du participe *faciens* avec *eloquentem* s'apparente à celle du verbe *facere* dans *qui facit eloquentem*, ce qui confirme la construction verbale de *faciens*. La conclusion qu'en tire Priscien s'apparente au « double mouvement » souligné par les stoïciens : « en relation avec un nom, le participe a un fonctionnement de type verbal, et en relation avec un verbe, un fonctionnement de type nominal » (*ad nomen quidem loco uerbi fungitur, ad uerbum uero loco nominis*, *GL* 3, 160.12).

La seule chose que Priscien conteste en fait dans ce type d'argumentation, c'est d'inférer de ce double mouvement que le participe s'intègre à l'une des deux parties du discours dont il procède. Au livre 2 de son *Ars*, *GL* 2, 54.8-22, il est rappelé que c'est dans le verbe que les stoïciens classaient le participe, mais dans le livre 11 Priscien ne s'arrête pas à cette précision et s'attache à contester le principe même de ce rattachement, pour mieux défendre la position des grammairiens en faveur de l'autonomie du participe. Pour ce faire, il inverse l'argumentation et cherche à montrer que le participe ne peut être en réalité ni un nom, ni un verbe : ni un nom parce qu'il a des caractéristiques verbales comme le temps ou la voix, et suit la construction du verbe dont il est issu ; ni un verbe dès lors qu'il a les caractéristiques nominales que sont le cas et le genre. C'est par cette double négation que se justifie l'autonomie du participe, que Priscien attribue en particulier à Tryphon, suivi par Apollonius.

Cette double négation des grammairiens ne met cependant pas le participe à égale distance du nom et du verbe. On le voit clairement à l'examen de la construction du participe avec ce que nous appellerions son régime. Dans sa justification de l'autonomie de cette partie du discours (550.20-27, plusieurs fois reprise ensuite dans les livres 17 et 18), Priscien observe en effet que, au présent, un participe comme *amans* peut se construire comme le verbe dont il dérive, dans la tournure *amans illum*, transposition de la construction verbale *amo illum*, ou se construire avec un génitif dans la tournure *amans illius*, censée transposer la tournure nominale *amator illius*. Face à cette dualité de

Brandenburg 2005 : 97 – à la suite de Scaliger, cf. *infra*, section 8. Toutefois, hormis le fait que cette interprétation n'est pas cohérente avec le reste du développement de Priscien, un passage voisin, 565.6-10, sur lequel on reviendra dans la suite de cette section, montre les précautions prises par Priscien quand il met en place une tautologie (en l'occurrence « *legens* = *qui legit* » et « *qui legit* = *legens* »). Il prend alors soin en effet d'expliciter cette relation d'identité en la développant depuis chacun des deux éléments concernés, puis il la formule en conservant exactement les mêmes éléments dans un sens et dans l'autre. C'est tout le contraire dans ce passage du début du livre 11.

construction, Priscien identifie le participe à sa construction verbale, en l'occurrence *amans illum*, cependant que la construction nominale, *amans illius*, rejette la forme considérée dans le domaine proprement nominal : *amans* est un participe dans *amans illum*, un nom dans *amans illius*. On retrouve le schéma initialement rappelé : le participe procède à la fois du nom et du verbe, mais, tout en constituant une partie du discours autonome, il est principalement rattaché au verbe.

De fait, une large part de la réflexion développée dans le livre 11 concerne le participe comme transposition de constructions verbales. Plusieurs types en sont envisagés. Dans un premier passage, 552.21-553.11, où Priscien annonce qu'il va rendre compte des raisons qui légitiment l'existence du participe, il décrit d'abord la construction du verbe en indiquant que celui-ci « est adjoint » (*adiungitur*) à un nom. C'est une des nombreuses évocations dans l'*Ars Prisciani* de la relation entre le verbe et ce qu'on appellera par la suite le sujet, et cette relation est décrite ici en termes morphologiques (le nom doit être au nominatif) et sémantiques (le nom doit représenter la même « personne » que le verbe [1]). Prenant appui sur la présentation de cette relation prédicative, Priscien insiste sur le fait qu'elle n'est possible que si le verbe accompagne un nom au nominatif : si ce nom passe à un cas oblique, lui et le verbe ne sont plus coréférents, ce qui rend impossible la relation en question. C'est dans l'espace de cette impossibilité que Priscien situe la justification du participe, dans la mesure où celui-ci peut, lui, exprimer cette relation avec un cas oblique. Partant en effet de la relation prédicative exprimée par *homo loquebatur*, il présente les tournures participiales du type *hominis loquentis*, *homini loquenti*, etc., comme la transposition de cette relation aux cas obliques (553.1-4). Cette présentation consiste ainsi à justifier le participe comme prédicat de substitution lorsque à la place du nominatif qui accompagne le verbe se trouve un cas oblique.

Priscien élargit ensuite ce mécanisme de substitution au nominatif lui-même (553.12-18), mais sur la base d'une autre construction. Il observe en effet qu'« il n'est pas possible de combiner des verbes différents sans conjonction : on ne peut pas dire *lego disco* [*je lis j'apprends], mais *lego et disco* [je lis et j'apprends] ». Cette impossibilité est à entendre dans le cadre limité de ce que nous appellerions une proposition : cela revient en somme à dire qu'il n'est pas possible de construire une deuxième relation prédicative identique à la première dans le cadre d'une seule proposition. Là encore, c'est dans l'espace de cette impossibilité que Priscien justifie le participe, dans la mesure où celui-ci peut, lui, exprimer cette sorte de relation prédicative en second : la tournure *legens disco* [j'apprends en lisant] est ainsi présentée

1. Cette dernière condition est formulée de façon alambiquée (le nominatif doit être « combiné lui-même avec la personne à laquelle le verbe est énoncé », *nominatiuus casus ei personae adiunctus secundum quam profertur uerbum*, 552.22-23). Cette formulation embarrassée est due au fait qu'en principe le nom ne connaît pas la catégorie de la personne, ce qui pose un problème de description s'il s'agit d'évoquer la coréférence du nom et du verbe.

comme équivalant à *lego et disco*, de même que l'impossible *doceo discis* [*j'enseigne tu apprends] (impossible sous la forme d'une proposition unique) doit être exprimé sous la forme *doceo et discis* [j'enseigne et tu apprends], auquel équivaut *docente me discis* [litt. : moi enseignant, tu apprends]. Partant ainsi du nominatif, Priscien étend à ce que nous appelons l'ablatif absolu cette expression d'un prédicat en second, ici présenté comme substitué à la combinaison d'un verbe et d'une conjonction.

Dans un dernier passage, 564.25-565.24, à propos des temps du participe, Priscien esquisse une sorte de tableau d'équivalences entre la morphologie du participe et celle du verbe, axé sur les formes manquantes et les tournures de substitution. Trois niveaux de correspondance sont concernés. Priscien présente d'abord l'équivalence du type *faciens* = *qui facit* (564.25-565.10), où le participe est sémantiquement assimilé à la combinaison du « nom indéfini » *qui* (le pronom relatif des Modernes [1]) et d'un verbe. L'explication proposée est, comme souvent, génétique : c'est parce qu'« il a la valeur aussi bien du nom que du verbe » (565.7-8) que le participe peut équivaloir à cette association d'un nom et d'un verbe. Priscien précise que cette équivalence est à double sens : *faciens* peut se substituer à *qui facit* comme *qui facit* peut se substituer à *faciens* (565.8-10 et cf. 564.30-565.3). Toutefois, cette réciprocité n'est pas constante, dans la mesure où certaines formes de participes peuvent manquer : « quand le participe manque, le verbe, associé à un nom indéfini, joue le rôle du participe » (565.1-3). En d'autres termes, à ce premier niveau, certaines formes participiales sont visées comme manquantes et la périphrase comportant un « nom indéfini » et un verbe permet d'y suppléer : cela vaut pour le participe passé actif (auquel se substitue *qui amauit*, *cf.* 564.28-30) et pour le participe présent passif (auquel se substitue *qui amatur*, *cf.* 565.5-6). Dans les deux cas, l'absence du participe en latin est soulignée, par contraste, par sa présence en grec (*philêsas* pour le participe passé actif, *philoumenos* pour le participe présent passif).

Un deuxième niveau, plus évoqué que développé (564.30-565.3), concerne la périphrase du type *amatus est*, où le participe passé est associé au verbe « être ». À l'inverse de la précédente, cette périphrase est censée suppléer à l'absence d'une forme verbale, celle de parfait passif, qui n'existe pas en latin sous forme simple. Priscien met en parallèle cette équivalence avec la précédente : « de même qu'on emploie un participe associé au verbe « être » pour tenir lieu de verbe, parce qu'on ne peut pas faire autrement [sc. en l'absence de forme verbale simple], de même, tout aussi nécessairement, quand le participe manque, le verbe, associé à un nom indéfini, joue le rôle du participe » (564.30-565.1). Ce parallélisme est repris dans le livre 17, *GL* 3, 154. 7-12, dans des termes voisins.

1. On reviendra dans la dernière partie de cette section sur le statut nominal que Priscien attribue à « l'indéfini de substance » *quis/qui*.

Un troisième niveau enfin, plus particulier, comporte les tournures symétriques *caenatus sum* et *caenans fui* (participe passé + verbe « être » au présent *vs* participe présent + verbe « être » au passé), l'une et l'autre synonymes de *caenaui* [j'ai dîné] (565.11-21). Ces tournures ne suppléent pas directement à l'absence d'une forme, puisque l'existence du parfait *caenaui* n'est pas discutée. Ce sur quoi insiste Priscien, c'est que le participe peut perdre sa valeur temporelle propre dans le cadre d'une tournure périphrastique, en s'alignant sur la valeur temporelle de l'autre forme : c'est le cas du participe présent *caenans* dans la périphrase *caenans fui*, de sens passé, que Priscien met en parallèle avec l'alignement temporel de la forme verbale de présent *sum* sur le participe passé *caenatus* dans *caenatus sum*, également de sens passé. Sans doute est-il suggéré que le participe dit « présent » a une valeur temporelle propre plus large que ce seul temps, puisqu'il « signifie également l'imparfait » (565.14), mais en tout état de cause, ces périphrases correspondent pleinement au sens de formes simples, comme le parfait *caenaui* : elles sont, dit Priscien, « l'expression exacte » des temps exprimés par ces formes simples (*significationem eorundem temporum complere* <*solent*>, 565.15-16). C'est ce mécanisme sur lequel Priscien veut apparemment insister : quelle que soit leur valeur temporelle propre, ces formes contribuent à composer des périphrases qui correspondent pleinement à des formes simples, et peuvent donc s'y substituer.

À la fin de ce passage, Priscien propose une brève théorie de ces substitutions (565.21-24), en opposant les notions de *natura* et de *ratio*, c'est-à-dire d'une part le donné linguistique dont dispose originellement une langue, la *natura*, d'autre part l'ensemble des procédés qui en régissent le fonctionnement, la *ratio*, ou plus précisément en l'occurrence la *iuncturae ratio*, apparemment susceptible de compenser les lacunes de la *natura* : « ce qui manque par nature à la langue de la latinité se trouve pleinement compensé par la logique de la combinatoire » (*quod deest latinitatis linguae naturaliter completur iuncturae ratione*, 565.21-22). La conception de la langue qui apparaît ici est celle d'un ensemble d'éléments à exprimer, dont certains peuvent être absents dans tel ou tel idiome particulier (la comparaison avec le grec permet de mettre en évidence ces « cases manquantes »), et doivent alors être exprimés par des périphrases. Le participe, en vertu de ses liens génétiques avec le nom et le verbe, se révèle par ses ambivalences particulièrement adapté à ce jeu de substitutions.

Une notion centrale et complexe dans la description du pronom : la personne

Persona n'est pas seulement l'un des six « accidents » du pronom, avec l'espèce (primaire ou dérivée), le genre, le nombre, la figure (simple ou composée), et le cas : c'est une composante de la définition proposée dès les premiers mots du livre 12 (« Le pronom est une partie du discours… déterminée du point de vue de la personne », *pronomen est pars orationis quae… personas finitas recipit*, 577.2-3) – formule qui fait écho à la présentation générale des parties du discours au livre 2, *GL* 2, 55.13-14 (*proprium est pronominis... certas significare personas*). Malgré cette place dans la définition du pronom, la notion de « personne » n'est pas clairement cernée dans l'*Ars Prisciani*, et il est nécessaire d'en préciser ici les contours [1].

Cette notion apparaît dans le cadre de trois dispositifs, nettement distincts mais qui se recoupent à l'occasion : d'une part la catégorie grammaticale tripartite des 1 re, 2 e et 3 e « personnes », morphologiquement marquée dans le verbe et le pronom ; d'autre part la deixis et l'anaphore, qui chacune indiquent ou rappellent des « personnes » ; enfin la *transitio*, qui structure l'énoncé en le présentant comme constituant, ou non, une relation entre des « personnes ». Quelques précisions sont nécessaires à propos de ces dispositifs pour saisir la spécificité de la *persona* dans l'analyse de Priscien.

La catégorie proprement dite de la « personne », répartie elle-même en trois personnes, est primordiale dans les textes grammaticaux : très souvent évoquée dans les livres précédents de l'*Ars*, elle paraît constituer, pour Priscien et à coup sûr aussi pour ses lecteurs, une forme d'évidence. La définition des 1 re, 2 e et 3 e personnes dans le livre 12 (584.11-14), au début du chapitre consacré spécifiquement à cette catégorie, est cependant d'une certaine complexité : « Les pronoms ont trois personnes, la 1 re, la 2 e, la 3 e : la 1 re, quand la personne qui parle s'exprime sur elle-même ; la 2 e, quand elle parle de celle à laquelle elle s'adresse directement ; la 3 e, quand elle parle de celle qui n'est ni celle qui parle ni celle qui reçoit le propos qui lui est directement adressé ». Dans cette définition, dont Priscien emprunte la substance à Apollonius (*Pron.* 18.19-19.8), chaque personne est caractérisée par l'association de deux plans distincts. Le premier est clairement celui de l'énonciation, selon que la personne est envisagée comme émetteur ou récepteur de l'énoncé, ou ni l'un ni l'autre. Le second est présenté comme une affaire de contenu de l'énoncé, selon que celui-ci porte ou non sur ces protagonistes de l'énonciation. La combinaison des deux critères fait que la 1 re personne est l'émetteur de l'énoncé, mais dans la mesure où cet énoncé porte sur cet émetteur même (*quae loquitur de se pronuntiat*) ; la 2 e est le récepteur de l'énoncé, mais dans la mesure où cet énoncé porte sur ce récepteur (*de ea ad quam loquitur*) ; quant à la 3 e, qui est avant tout distincte des deux premières, elle doit en tant que telle ne concerner ni l'émetteur ni le récepteur (*de ea quae nec loquitur nec ad se directum accipit sermonem*). À la suite de ces définitions, Priscien en fait la contre-épreuve en envisageant de ne retenir pour chaque personne qu'un seul des deux critères : le seul point de vue énonciatif pour les deux premières personnes (*quae loquitur / ad quam loquitur*), le seul point de vue du contenu de l'énoncé pour la 3 e (*de qua loquitur*). Il est alors aisé de montrer qu'un critère unique est insuffisant.

1. Sur la richesse sémantique de ce terme, *cf.* notamment Nédoncelle (1948 : 296-298), Moussy (2001 : 158-161), Guérin (2009 : 15-17), Baratin (2012b : 61-68).

Cette définition des trois personnes fait ainsi apparaître sous le nom de *persona* aussi bien des entités situées dans la réalité extralinguistique (le locuteur, *ipsa <persona> quae loquitur*, et le récepteur, *ea <persona> ad quam loquitur*) que des catégories strictement grammaticales, les 1re, 2e et 3e personnes dans lesquelles se répartissent les formes verbales et pronominales (d'où, dans leur définition, les tournures du type *prima <persona> est cum...* [la 1re, c'est quand...], 584.11-12).

Cette variété d'acceptions se retrouve, à un autre niveau, avec la deixis et l'anaphore, c'est-à-dire avec les procédés de détermination référentielle, selon qu'ils relèvent de la désignation dans la situation d'énonciation (*demonstratio*), ou du rappel (*relatio*). Cette distinction est appliquée dans le livre 13 aux « personnes présentes » pour la deixis, aux « personnes absentes » pour l'anaphore (*demonstratione praesentium uel relatione absentium personarum*, 20.24). Priscien ne s'en tient pas cependant toujours à cette dichotomie. Dans le livre 17 en effet (*GL* 3, 142.17-143.26), il ne s'agit plus de *personae* à propos de la deixis, mais du très général *aliquid* (142.18) et les exemples proposés à l'appui (142.22 et 24) montrent que cet indéfini neutre recouvre à la fois des personnes (*hic uir*) et des situations (*hic pietatis honos?* [est-ce l'hommage rendu à notre piété?], où par *hic* le locuteur désigne le fait qu'il soit abandonné avec ses compagnons et rejeté loin des rives de l'Italie). En outre, dans ce passage du livre 17, au lieu d'opposer comme il le fait dans le livre 13 deixis (de personnes présentes) et anaphore (de personnes absentes), Priscien ramène tout à la deixis, qu'il divise selon qu'elle concerne « la vue » ou « l'intellect » (142.19-20). Cela montre que la distinction établie dans le livre 13 entre présence et absence de « personnes » est à prendre avec précaution, comme l'une des variantes d'un système plus complexe et plus vaste. Vu de plus haut, ce système est déséquilibré par l'importance accordée à la deixis par rapport à l'anaphore, Priscien concevant à l'occasion cette dernière comme une variante de la deixis, appliquée à des entités non immédiatement montrables, soit qu'elle soient absentes, soit qu'elles fassent partie du seul contexte, soit qu'elle soient abstraites. D'autre part, les « personnes » visées par la deixis ou l'anaphore ne constituent des référents animés que par simplification, comme le montre la concurrence de *aliquid*. En fait, lorsqu'elle est visée par la deixis ou par l'anaphore, ou bien *persona* s'applique strictement au référent animé, mais celui-ci peut être considéré comme prototypique de toute référence, ou bien *persona* s'applique génériquement à n'importe quel référent, animé ou non – ce qui n'est pas loin de revenir au même.

Priscien recourt encore à cette notion de *persona* pour rendre compte de relations bipolaires, et tout particulièrement de la *transitio*. Présentée comme une relation entre personnes, celle-ci est à l'origine de la catégorie, relevée ici dès le livre 11, des verbes « qui passent d'une personne à une autre » (*quae ab alia ad aliam transeunt personam*, 552.26-27), autrement dit « transitifs » (*metabatika* ou *transitiua*), par opposition à un type de verbe qui, littéralement, « en reste à sa personne » (*in sua manens persona*, 552.25-26), et en tant que tel intransitif (*ametabaton* ou *intransitiuum*). Cette relation de transitivité entre personnes n'est cependant pas limitée aux seuls verbes : elle inclut la relation exprimée par les possessifs (*meus*, *tuus*, *suus*, etc.) entre « possesseur » (*possessor*) et « possédé » (*possessio*), comme Priscien le développe largement dans le livre 12 : « les possessifs ne peuvent être compris que relativement à deux personnes différentes, et sont transitifs de l'une à l'autre » (*possessiua necessario in duabus diuersis intelleguntur personis et sunt transitiua*, 582.26-27). Quel que soit le support de cette transitivité, verbe ou possessif, l'accent est mis sur la diversité, ou pour mieux dire sur la non-identité des personnes qui en constituent les deux pôles. Cette insistance est à l'origine du statut particulier donné initialement à la réflexivité. Celle-ci est d'abord exclue de la transitivité, dès lors qu'il n'y a pas de passage d'une personne à une autre. Priscien distingue ainsi dans le livre 13, les constructions du type *honoraui te* [je t'ai fait honneur] et *Aiax se interfecit* [Ajax se tua] : dans les deux cas, elles laissent apparaître, avec un pronom primaire, « aussi bien une personne transitive qu'une personne réfléchie » (*et transitiuam... personam et reciprocam*, 15.18-19), et, à la ligne suivante, cette opposition est assimilée à celle de la transitivité et de l'intransitivité. Toutefois, dans le cadre même des livres consacrés au pronom, il est clair que Priscien tend à faire de la réflexivité une sous-catégorie de la transitivité, le passage qui la constitue pouvant s'exercer « sur une autre personne ou sur elle-même » (*cf.* par exemple dans le livre 13 : 17.1-2). La notion de « personne » au sens le plus concret reste forte, et avec elle la difficulté à assimiler la réflexivité à la transitivité dès lors que celle-ci suppose deux « personnes », mais un mouvement de désémantisation s'amorce, qui apparaît clairement dans le livre 18 : en *GL* 3, 212.22-24, pour illustrer un changement de « personnes » (*ad alias transeunt uerba personas*), Priscien cite quatre exemples, dont l'un comporte *Hector*, mais les trois autres *uictoria*, *Troia*, *Graecia* [1]. C'est ce mouvement de désémantisation qui, en faisant de *persona* une simple borne dans une relation bipolaire, conduit à considérer la réflexivité comme une variante du « passage d'une personne à une autre ».

Dans les différents dispositifs concernés, la notion de *persona* se signale par son élasticité, et la variété de ses emplois ne peut manquer d'intriguer. Le modèle de Priscien, Apollonius, présente une diversité comparable, et l'on a proposé d'y voir la superposition, dans la définition de la personne, des protagonistes de l'énonciation et de l'énoncé (*cf.* Lambert 1986), et donc par exemple, s'agissant de la 1re personne, de l'émetteur et du premier actant. S'agissant de Priscien lui-même, on a parlé de « confusion » entre des acceptions différentes : « il confond de manière inextricable les personnes grammaticales et les personnes physiques » (Amacker, 1990 : 272). Il est vrai que ces acceptions différentes se côtoient à l'occasion. Y a-t-il pour autant confusion ? Ancrée dans le domaine extralinguistique où elle représente

1. Comme déjà chez Apollonius, où la personne peut être un cheval ou une maison, *cf.* Lallot 1997, 2 : 83, note 12.

une entité individuelle, le référent animé en tant qu'il est visé par la deixis, la *persona* fait également partie du domaine linguistique dans la mesure où ce même référent peut être visé aussi dans le contexte, par l'anaphore, ou la « deixis de l'intellect ». De même, comme entité individuelle extra-linguistique, la *persona* peut être chacune des entités qui concourent à l'énonciation, selon qu'il s'agit du locuteur, de l'allocutaire ou de tiers, mais ce rôle générique lui permet de servir aussi à nommer la catégorie linguistique incluant ces différentes fonctions. Et finalement, comme point commun entre l'extérieur et l'intérieur de l'énoncé, et entre les différents acteurs qui interviennent dans son énonciation, la *persona* représente également, à l'intérieur de l'énoncé, le point de départ ou le point d'aboutissement de l'acte exprimé, dans le « passage » *ab alia ad aliam*. La « personne » est le pivot de relations qui se jouent à plusieurs niveaux, de la réalité extra-linguistique à la structure de l'énoncé. À cet égard, *persona* forme plutôt un *continuum* qu'une superposition d'acceptions. C'est une notion plurielle, centrée sur l'« entité individuelle » en tant qu'elle peut se trouver opposée à d'autres entités, et appliquée aussi bien à la situation d'énonciation qu'à l'énoncé qui y apparaît, ainsi qu'aux relations qui se jouent à l'intérieur de celui-ci, voire dans le sémantisme même des termes qui expriment une relation.

Comme on y a fait allusion plus haut, la référence à la « personne » est l'un des deux traits qui caractérisent le pronom dans la définition qui ouvre le livre 12 (577.2-3) : cette partie du discours « tient lieu du nom que chacun a en propre » (*pro nomine proprio uniuscuiusque accipitur*), et d'autre part « elle est déterminée du point de vue de la personne » (*personas finitas recipit*). L'interprétation de ce dernier trait est éclairée par un passage du livre 8 (*GL* 2, 448.15-17), où Priscien écrit que les deux premières personnes du verbe sont *finitae*, tandis que la 3e est *infinita* : à la différence du verbe, dont la 3e personne ne précise pas par elle-même à qui elle s'applique, le pronom est censé avoir toujours un référent déterminé – que celui-ci le soit par deixis ou par anaphore. Comme il est dit dans le livre 17, *GL* 3, 131.8-9, « les pronoms doivent être définis » (*pronomina... finita uolunt esse*). C'est la différence principale entre les deux parties du discours qui ont la personne pour « accident » : les formes verbales sont de ce point de vue tantôt déterminées, tantôt indéterminées, tandis que les formes pronominales sont toujours déterminées.

Quant au premier trait de cette définition, qui concerne ce dont le pronom « tient lieu », en l'occurrence le *nomen proprium* de chacun (*pro nomine proprio uniuscuiusque accipitur*), il est nécessaire de préciser comment il s'articule au second trait, c'est-à-dire à la détermination en termes de « personnes ». Priscien paraît clairement assimiler la détermination de la référence à l'emploi du nom propre, de telle façon que le pronom ne renverrait jamais qu'à un nom propre. C'est ce qui ressort également, dans le livre 13 (20.31-21.1), de la formule *pronomina loco propriorum accipiuntur nominum, itaque finitas exigunt sibi personas* [les pronoms sont employés comme équivalents de noms propres, et pour cette raison il leur faut des personnes définies]. *Nomen proprium* est toutefois une formule problématique, du moins par sa traduction usuelle de « nom propre ». Les références au *nomen proprium* sont assurément toujours illustrées par un nom propre, y compris dans la définition qui en est proposée dans le livre 2 (*GL* 2, 58.25-59.1), mais cette définition s'avère plus large que ces noms propres ne le laissent attendre. Priscien précise en effet que le *nomen proprium* « est l'expression de la substance et de la qualité particulières de chaque être » (*uniuscuiusque priuatam substantiam et qualitatem significat*), « et qu'il se trouve dans les entités individuelles que les philosophes appellent atomes » (*et in rebus est indiuiduis quas philosophi atomos uocant*). Malgré les exemples qui accompagnent cette définition, *Plato* et *Socrates*, les termes *res* et *atomos* suggèrent des entités moins limitées que les animés Platon ou Socrate. Un écho de ces termes apparaît dans le livre 12, en 587.14, où Priscien précise que les pronoms « tiennent lieu des noms qui sont spécifiques à chaque chose » (*pro uniuscuiusque rei propriis accipiuntur nominibus*). Le renvoi ici de *nomen proprium* à *unaquaeque res* fait douter que la référence visée se limite à des animés porteurs d'un nom propre.

Ce problème est en fait une spécificité de l'analyse du pronom. Quand il s'agit en effet du nom, Priscien peut s'attacher à en définir la signification en dehors de tout contexte, comme toute la tradition grammaticale avant lui, et, dans ce cadre, les noms propres peuvent être définis comme étant les seuls à exprimer « la substance et la qualité particulières d'un être » [1]. En revanche, quand il s'agit du pronom, le rôle essentiel que Priscien fait jouer à la référence déictique ou anaphorique le conduit à toujours envisager en arrière-plan la présence d'un contexte, comme lieu de cette référence. Dans cette perspective, la distinction d'un référent particulier, qui dans les catégories nominales correspond à l'expression du nom propre, peut correspondre à n'importe quel nom, pourvu qu'il soit déterminé en contexte. En d'autres termes, le *nomen proprium*, c'est prototypiquement le nom propre, mais en contexte, c'est simplement le nom qui s'applique à un référent particulier, et qui de ce fait se trouve être le « nom qui est propre à chacun ». C'est ainsi, semble-t-il, qu'il convient d'interpréter, dans la définition du pronom, le *nomen proprium* auquel ce pronom se substitue. On verra (*infra*, section 7) le rôle joué par Apollonius dans cette conception de la référence pronominale.

En tout état de cause, qu'il s'agisse de comparer la personne verbale, déterminée ou indéterminée, et la personne pronominale, seulement déterminée, ou de mettre en relation le *nomen proprium* dont le pronom tient lieu et les personnes définies qu'il vise par deixis ou par anaphore, la référence à la personne a toujours le même objectif : souligner le caractère dénotatif du pronom.

1. Comme il est rappelé dans le livre 12, en 585.26-586.2.

Cette définition ainsi mise en place a une conséquence importante sur la classification des éléments jugés ou non pronominaux. Une catégorie était en particulier l'objet de débats entre grammairiens : les termes du type *quis/qui*, ainsi que ceux qui leur sont assimilés, *qualis*, *talis*, etc. La solution proposée par Priscien à la fin du livre 13 représente sa plus importante innovation typologique.

Quis/qui *et les termes assimilés : pronoms ou noms ?*

La question du classement de *quis/qui* et des termes assimilés est évoquée à plusieurs reprises dans l'*Ars*. Elle apparaît dès le livre 2, dans la présentation d'ensemble des différentes parties du discours et de leurs caractéristiques propres (*GL* 2, 55.14-20), puis au début de l'exposé sur le nom (*GL* 2, 61.5-20), où est annoncé le développement que l'on trouve à la fin du livre 13 (19.19-20.30), et elle est largement présente dans le livre 17, avec la théorie des « noms génériques » (*GL* 3, 130.26-135.10 [1]).

À la fin du livre 13, Priscien expose le détail des deux thèses envisagées : d'abord les trois arguments en faveur du classement de *quis* parmi les pronoms (19.19-25), puis leur réfutation au profit du classement parmi les noms (19.26-20.30). Le premier argument de l'interprétation « pronominaliste » est morphologique (19.19-21), et fondé sur la proximité flexionnelle de *quis cuius cui* avec *ille illius illi*. Priscien l'écarte en soulignant le caractère non déterminant des arguments morphologiques dans le classement des parties du discours (19.26-20.11). Après une digression provoquée par cette réflexion morphologique, le deuxième argument (19.21-24) est de type fonctionnel : dans l'échange *quis fecit ? — Vergilius* ou *poeta*, l'emploi de *quis* dans la question correspond potentiellement à tous les noms qui peuvent apparaître dans la réponse, ce qui montre que *quis* peut être employé « à la place de n'importe quel nom, propre ou appellatif » (*pro omni nomine… tam proprio quam appellatiuo*), ce qui évoque le statut du pronom sans même que Priscien ait à le préciser. La réfutation de ce deuxième argument (20.11-20), contournée, anticipe en fait sur la réfutation du troisième argument, de type sémantique, qui est manifestement celui qui intéresse le plus Priscien, et auquel il répond en 20.21-30.

Ce troisième argument fait référence à la définition qui oppose le pronom et le nom, et que l'on a déjà évoquée : l'un et l'autre signifient la substance, mais elle seule dans le cas du pronom, c'est-à-dire sans caractérisation (*qualitas*) particulière, tandis que le nom exprime aussi une caractérisation de cette substance [2]. L'argument « pronominaliste » consiste donc à poser que *quis* « signifie la substance sans qualité particulière, ce qui est le propre du pronom » (*substantiam significat sine aliqua certa qualitate, quod est suum pronominis*, 19.24-25). Dans sa réfutation, Priscien oppose la substance

1. *Cf.* livre 17, *Introduction* : 22-23, et notes 102 et 169.

2. Cette distinction est déjà évoquée dans le livre 12, 585.28-586.2, ainsi que 595.27-28.

exprimée par les pronoms, « spécifique et particulière » (*speciali et propria... substantia*, 20.23), à celle qu'exprime *quis*, « générique et indéfinie » (*generalem et infinitam substantiam*). Fort de cette opposition, il soutient que signifier la substance en tant qu'elle est générique et indéfinie, c'est la caractériser (*infinitam et generalem substantiam... esse dicimus qualitatem*, 20.28-29). *Quis* exprime donc bien la caractérisation de la substance qui s'attache à la classe nominale (*habet igitur etiam qualitatem quam desiderat nomen*, 20.30).

Cette analyse a son origine dans le traité d'Apollonius sur le pronom, mais Priscien y a apporté une modification décisive. L'objectif du grammairien grec dans son propre traité est le même : il s'agit de montrer que *tis* n'est pas un pronom, mais bien un nom. Et là encore, l'un des arguments avancés par les partisans de l'interprétation de ce terme comme pronom (*Pron.* 27.9-10) est qu'il ne signifie qu'une *ousia* (une substance), et non une *ousia meta poiotêtos* (une substance et en plus ce qui la caractérise). Dans sa réfutation, Apollonius juxtapose deux propositions : 1) *tis* et les termes du même type sémantique, sc. *poios* ou *posos* (lat. *qualis* ou *quantus*), sont indéterminés (*aorista*), ce qui est contraire à la détermination des personnes par les pronoms (*Pron.* 27.13-17) ; 2) de même qu'il y a des termes interrogatifs portant sur la quantité, comme *posos*, la qualité, comme *poios*, la taille, comme *pêlikos*, *tis* de son côté porte bien sur la substance, mais cela n'en fait pas pour autant un pronom (*Pron.* 28.7-9). Apollonius ne cherche pas à mettre ces différents éléments en relation, ou à aller au-delà de ce qu'ils suggèrent, et de ce fait, il ne réfute pas directement la thèse qu'il combat.

C'est ce que tente en revanche Priscien. Pour ce faire, il reprend les éléments de l'argumentation d'Apollonius, mais en les articulant les uns aux autres. Ce dernier soutient à la fois qu'un nom signifie *ousia meta poiotêtos* et que *tis* n'a pas le même signifié qu'un pronom puisqu'il est indéterminé : à condition de croiser ces deux propositions, il est possible de conclure que la substance indéterminée que signifie *tis* est précisément la *poiotês*, la « qualité », par laquelle ce terme caractérise la substance. Cela étant, Apollonius ne dit rien de tel. Ce qui permet à Priscien de franchir ce pas, c'est la notion d'expression « générique » (*generalis*) de la substance, de la qualité ou de la quantité, telle qu'elle apparaît dans les termes *quis*, *qualis* ou *quantus*. C'est cette expression générique qui est l'élément nouveau dans l'argumentation de Priscien par rapport à celle d'Apollonius : celui-ci ne parle que d'indétermination (*aorista*, *Pron.* 27.15), alors que Priscien y associe le générique (*generalem et infinitam* en 20.25, *infinitam et generalem* en 20.28). Cette catégorie du générique apparaît ici et, dans le livre 17, elle permettra de structurer la classe nominale en formant un triptyque composé d'une partie centrale, les noms appellatifs, encadrée par deux pôles, les noms génériques d'une part, les noms propres de l'autre [1]. Historiquement, cet emploi particulier de la catégorie du « nom générique » paraît issu de la hiérarchisation de l'être connue sous le nom d'*arbre de Porphyre*, et avoir de ce fait une origine néoplatonicienne, postérieure aux analyses d'Apollonius. En appliquant cette catégorie à *quis*, de même qu'à *qualis* ou *quantus*, Priscien disposait de l'outil qui lui permettait de pousser à son terme l'analyse d'Apollonius.

Cette reconstruction de l'argumentation d'Apollonius n'est pourtant pas entièrement achevée, comme on le voit au traitement de la *qualitas*. Calque de la *poiotês* d'Apollonius, la *qualitas* a deux sens distincts. Ce terme s'applique d'une part à la « qualité » exprimée par le nom, c'est-à-dire la propriété ou l'ensemble de propriétés qui distinguent une substance, la caractérisent et la déterminent par rapport aux autres, et dans ce sens la *qualitas* englobe toutes les propriétés particulières : c'est cette *qualitas* qu'un nom exprime par rapport à un pronom. Ce même terme s'applique d'autre part à une de ces propriétés particulières, la *qualité*, sur le même plan que les autres, comme la *quantité*, le *nombre*, la *substance* : ce sont différentes catégories dans lesquelles se classent les propriétés exprimées par le nom [2]. En articulant les uns aux autres des éléments qui n'étaient que juxtaposés chez Apollonius, Priscien est amené à dire que la qualité (*qualitas*), la quantité, la substance exprimées génériquement par *qualis*, *quantus*, *quis*, sont des catégories de la caractérisation (*qualitas*), qu'ils expriment, comme noms, à propos de la substance. La *qualitas* qui est sur le même plan que la *quantitas* est ainsi une catégorie de la *qualitas* exprimée globalement par le nom. Priscien n'assume pas cette ambiguïté terminologique, que pourtant tout son propos invite à observer. En 20.26-28 en effet, à propos des termes porteurs d'un sens générique, c'est-à-dire bien sûr *quis*, mais aussi, cités par ailleurs, *qualis*, *quantus*, ou *quot* [3], il les classe selon le type de caractérisation de la substance qu'ils expriment en tant que noms (*quis* est un nom générique de substance, *quantus* de grandeur, *quot* de nombre, etc.) ; parmi ces catégories de la *qualitas* exprimées par ces termes, il évoque les nombres (*numeros*), les quantités (*quantitates*) et finalement la substance elle-même (*substantiam*), mais il n'y ajoute pas la *qualitas*, qui y a pourtant évidemment sa place – évitant ainsi de prendre acte de cette ambiguïté.

Quoi qu'il en soit, cette innovation de Priscien par rapport à son modèle grec est une des plus audacieuses par les effets qu'elle entraîne. Chez

1. La catégorie du *genikon onoma* (« nom générique ») existe dans la grammaire grecque : c'est la 19e dans la 2e série d'*eidê* recensée par la *Tekhnê* au chapitre 12, et elle apparaît fugitivement chez Apollonius (*Synt.* 4, 68), mais elle ne concerne que des noms appellatifs, ceux qui expriment des entités susceptibles d'être subdivisées (la *Tekhnê* cite *zôon* [animal] et *phuton* [plante]). La classification de Priscien est différente dès lors que le nom générique, quand il concerne *quis/qui*, est distinct du nom appellatif. *Cf.* Callipo 2015, et, sur le fonctionnement du triptyque « générique / appellatif / propre », *cf.* livre 17, note 102.

2. Sur les deux sens de *qualitas* dans l'*Ars Prisciani*, *cf.* livre 17, note 45.

3. *Cf.* déjà dans le livre 2, *GL* 2, 55.14-15, et souvent dans le livre 17, *GL* 3, 122.9-16 ; 131.12-14 ; 133.13-134.3.

Apollonius en effet, *tis*, *poios*, *posos* ou *pêlikos* sont des éléments assurément importants, en tant qu'interrogatifs, mais somme toute isolés. Chez Priscien en revanche, *quis* occupe une place plus importante, parce que ce terme entraîne avec lui *qui*, qui lui est constamment associé [1]. Ce que les Modernes appellent pronom relatif, et qu'Apollonius considère comme un article postpositif [2], Priscien le range en effet dans la même catégorie que l'interrogatif-indéfini *quis*. De ce fait, ce qu'il appelle le « nom générique » intègre tout ce qui relève dans la grammaire classique du relatif, de l'interrogatif et de l'indéfini, et constitue par là une catégorie de grande ampleur.

Dans le cadre de l'analyse du pronom, cette catégorie des noms génériques intègre toutes sortes de termes que d'autres grammairiens considéraient comme des pronoms, mais dont Priscien ne veut pas, pour conserver à cette partie du discours la rigueur de la définition énoncée en introduction du livre 12. Un exemple caractéristique en est donné à la fin du livre 13, à propos notamment de *talis*. Il est d'abord rappelé (21.11-12) que, selon « certains », « la deixis est une spécificité des pronoms..., et donc que *talis* et *tantus* sont aussi des pronoms ». Pour écarter cette interprétation, Priscien souligne d'abord que la deixis n'est pas liée à une partie du discours particulière, puisqu'il existe des adverbes déictiques (comme *en* ou *ecce*) et que parmi les pronoms eux-mêmes, certains ne sont pas déictiques mais anaphoriques (comme *is* ou *sui*). Puis est posé le problème de la différence entre deixis pronominale et deixis nominale (21.15-22.3). Le fond de l'argumentation est que les pronoms déictiques tiennent tout leur sens de cette fonction déictique (« ce qui est indiqué par un pronom est la seule chose qu'il exprime par lui-même », 21.16-17), alors que les noms déictiques construisent une relation où le référent visé n'est pas seul en cause. L'un des exemples proposés est la formule *talis est Nilus* [le Nil est pareil], énoncée par des locuteurs « regardant la mer » (21.22-23). Ce qu'en retient Priscien, c'est que dans cette formule la forme du déictique *talis* est au masculin, comme *Nilus*, alors même que le nom de ce qui est visé par la deixis, en l'occurrence la mer, *mare*, est neutre. Pour saisir la portée de cette remarque, il convient de comprendre que Priscien ne se place pas ici dans une perspective syntaxique, comme le font nos grammaires, qui voient dans *talis* un attribut de l'élément comparé (ici du sujet *Nilus*). Il se place en revanche dans une perspective sémantique et interprète *talis* par rapport à l'élément comparant, ici la mer, dans la mesure où l'énonciation de *talis* consiste à désigner ce comparant en exprimant que « sur ce modèle » (*talis* : « de ce type »), se trouve le comparé (*est Nilus* : « il y a le Nil »). C'est dans cette perspective sémantique qu'il devient remarquable, comme le

1. *Cf.* 20.28-29 et *supra*, 7.9-10 et 14.1. La différence d'accentuation entre *quis* et *qui*, décrite dans le livre 13 en 9.20-25 (*cf.* note 48 *ad loc.*) n'est pas prise en compte, comme il est dit explicitement dans le livre 17, *GL* 3, 127.8-10.

2. Ce problème est longuement examiné dans le livre 17, dont il occupe en fait toute la 1re partie, *GL* 3, 124.3-139.19.

souligne Priscien (21.23), que *talis*, déictique indiquant le comparant (*mare*, neutre), se mette au genre du comparé (*Nilus*, masc.).

Au-delà cependant de cette première approche, l'analyse de Priscien dans tout ce passage se révèle plus complexe encore, dans la mesure où la structure sémantique de *talis* est présentée comme bipartite, la deixis exprimée par ce terme visant non seulement « les éléments mêmes qui sont montrés » (*ipsorum quae ostenduntur*, 21.18), mais aussi « ceux avec lesquels ces éléments sont mis en relation » (*illorum ad quos referuntur*, 21.18-19). Il faut comprendre que, dans la mesure où c'est un rapport de similitude qui est mis en place (cf. *similis*, 21.29), un second terme est désigné en plus du premier, « à l'extérieur » (*extrinsecus*), de telle façon que la deixis est décrite comme visant non seulement le comparant (qui est sous les yeux du locuteur), mais également le comparé lui-même (le Nil, évoqué dans le reste de l'énoncé). Une fois posée cette deixis bipartite, il apparaît qu'elle s'inscrit dans le fil de l'argumentation suivie dans tout ce passage, c'est-à-dire la caractérisation de *talis* et des termes du même type comme noms plutôt que comme pronoms. L'argument développé consiste en effet, à partir du rapport de similitude établi par *talis* entre un comparant et un comparé, à en inférer que la structure sémantique des termes de ce type comporte elle-même deux éléments : une substance (21.30-22.1), à savoir le comparant, c'est-à-dire dans l'exemple choisi la mer, qui est sous les yeux du locuteur et qui est l'objet de son propos (*de quo loquimur*, 21.29-30), mais aussi une « qualité » (22.1), qui est le rapport de similitude établi, c'est-à-dire l'indication qu'il y a, « de ce type », un comparé visé. Signifiant « substance et qualité », les termes du type de *talis* ont donc une structure sémantique nominale, et non pronominale.

Cette catégorie des noms génériques permet ainsi, par contraste, de souligner à nouveau, comme en creux, le caractère strictement dénotatif des pronoms.

4. *L'information morphologique et son mode de présentation*

Pour présenter dans le détail les parties du discours, Priscien s'en tient au cadre, traditionnel chez les artigraphes latins, de la description par *accidentia* (« accidents » ou « caractéristiques »). Certains d'entre eux sont proprement morphologiques, ainsi la *species*, relative à la dérivation, et la *figura*, relative à la composition, même s'il n'est pas rare que ces développements débordent la stricte morphologie. Les autres *accidentia* sont, d'une manière générale, des traits morpho-sémantiques et/ou morpho-syntaxiques [1]. C'est dire l'importance de la morphologie dans la description des *partes orationis* : tous les chapitres consacrés aux « accidents » peuvent comporter des informations de ce type.

1. Sur ces différents aspects, *cf.* Swiggers-Wouters 2009.

L'information morphologique dans le De participio

Les deux types flexionnels du participe sont présentés dès le premier accident examiné, le genre. Une fois établi en effet que le participe relève de quatre genres, masculin, féminin, neutre, et commun aux trois genres [1], comme les noms adjectifs, dont le participe est rapproché (556.6-10), le rapport formel à ces genres sert de critère pour distinguer ces deux types flexionnels : le participe présent, en *-ns*, est commun aux trois genres (type *amans*), tandis que les participes passé et futur sont *mobilia*, « multiformes », c'est-à-dire différents selon qu'ils sont au masculin, au féminin ou au neutre (type *amatus*, *-a*, *-um*). Les marques de genre, de cas et de nombre étant amalgamées en latin, la référence au genre inclut par anticipation l'expression formelle du cas et du nombre, de telle sorte que les chapitres sur ces deux derniers accidents (563.18-564.18 et 568.11-14) n'apporteront pour ainsi dire aucune indication morphologique nouvelle.

Les participes étant tous des dérivés (549.19-21), le *De participio* ne contient pas de chapitre sur l'accident de la *species* : la catégorie n'est pas affectée par la distinction entre *species primitiua* et *species deriuatiua*. En revanche, le premier chapitre *de temporibus* indique sur quelles bases se forment les différents participes (557.1-558.16). Cette présentation repose sur le modèle explicatif, largement répandu dans l'Antiquité, par lequel toute modification dans un ensemble est décrite au moyen de quatre critères, selon qu'il y a addition, soustraction, substitution ou permutation d'éléments. Ainsi *amans* est censé procéder de *amabam* par transformation (*mutatione*) de *-bam* en *-ns* (557.13-15) ; *amaturus*, du supin *amatu* par adjonction de *-rus* (*addita* rus, 557.26) ; *amandus*, du génitif du participe présent – *amantis* – par changement de *-tis* en *-dus* (*in* dus *conuersa*, 558.4) ; *amatus*, du supin *amatu* par addition de *-s* et abrégement de *-u* (*addita* s *et correpta* u, 558.8). Ces dérivations sont à l'occasion motivées : la formation du participe présent *amans* sur *amabam* est justifiée par l'« union des temps du présent et de l'imparfait » [2] (557.2-12). Ce genre de justification est cependant rare, et, entre proximités phonétiques, apparentements morphologiques et contiguïtés sémantiques, aucun principe ne se dégage nettement, de telle façon que le choix même de la base est variable : à la fin du livre 11, *amatus*, expliqué précédemment à partir de *amatu*, l'est à partir du parfait *amaui*, par la transformation de *-ui* en *-tus* (*mutatione* ui *in* tus, 569.13), de même qu'*amans*

1. *Cf.* 555.25-26 et note 55 *ad loc.* La grammaire antique établit toutes sortes de distinctions à partir des deux genres « naturels » (masculin et féminin) et de leurs variations : le neutre (ni l'un ni l'autre), l'épicène (l'un ou l'autre), le commun (l'un et l'autre, mais qui peut se diviser selon qu'il est commun à deux genres ou à trois, en incluant le neutre)… Sur ces catégories, *cf.* livre 5, *GL* 2, 141.4-21.

2. La théorie de l'union des temps (entre présent et imparfait, ainsi que parfait et plus-que-parfait), qui concerne le participe au même titre que l'infinitif et l'optatif, est plusieurs fois évoquée dans le livre 11 : voir notamment 557.2-4 (et note 59 *ad loc.*) et 564.20-24.

n'est pas seulement expliqué à partir de la 1re personne de l'imparfait de l'indicatif, mais aussi de la 2e personne du présent [1].

La répartition des participes selon les temps est ensuite présentée dans le deuxième chapitre *de temporibus* (564.19-568.10), en fonction des voix des verbes. L'exposé est systématique, voix par voix, avec pour principal objectif de souligner les « manques », qui ressortent avec netteté de la comparaison avec le grec : il n'y a pas en latin de participe passé des verbes actifs ni, sauf exception, des neutres (pas de correspondant latin de *philêsas*, 564.30), de même qu'il n'y a pas de participe présent passif (pas de correspondant latin de *philoumenos*, 565.6) [2]. Seuls certains neutres, ainsi que les neutro-passifs, les communs et les déponents ont donc des participes des trois temps [3]. L'articulation entre participe et voix est ensuite examinée dans certains de ses cas-limites, comme les participes passés des neutres, avec une étude particulière de *caenatus* « ayant dîné », en 565.25-566.20 [4]. Les participes des verbes communs, du type *criminor* « j'accuse / je suis accusé », sont également concernés, à cause de la double diathèse du participe passé, *criminatus*, à la fois actif et passif, comme le met en évidence sa double traduction grecque – contrairement aux autres participes existants, *criminans*, *criminaturus* et *criminandus* (566.28-567.6). Le grec sert encore de révélateur pour la double diathèse, à époque ancienne, de certains participes passés issus de déponents, ainsi de *auxilior* « j'aide », *auxiliatus* « ayant aidé / ayant été aidé », éclairé par la double traduction grecque *boêthêsas* / *boêthêtheis* (567.10-568.7).

La composition des participes, traitée de son côté avec l'accident de la *figura* (568.15-569.2), révèle une situation singulière : en tant que dérivé, un participe reçoit sa *figura* du verbe dont il procède – et donc il est soit *simplex* (*faciens*, comme *facio*) soit *decompositus*, « dérivé de composé » (*efficiens*, dérivé du composé *efficio*), mais il ne peut par lui-même être composé [5]. Le lien avec le verbe est ici déterminant dans la catégorisation : des composés tels que *innocens*, en l'absence de **innoceo*, « prennent une valeur de noms » (*transeunt in nominum uim*, 568.20-21). Corrélativement, le lien avec le nom peut également entraîner une recatégorisation : à partir du moment où *amans* apparaît comme le positif de *amantior*, et donc comme susceptible de *comparatio*, il ne peut s'agir que d'un nom (568.21 et 568.26-569.2).

1. *Cf.* note 62 du livre 11. Il est possible aussi que ces divergences d'appréciation tiennent à des différences de sources : c'est probable pour la présentation approfondie des finales de participes passés (569.3-574.4).

2. Le relevé de ces manques est accompagné de l'indication des tournures de substitution auxquelles recourt le latin pour y remédier, c'est-à-dire respectivement *qui amauit* et *qui amatur*, constructions associant le « nom indéfini de substance » et une forme verbale (565.1-3). Sur ces tournures, voir *supra*, section 3, *L'examen du participe : équivalences et substitutions*.

3. De ce fait, ce sont les verbes de ces catégories qui fournissent les exemples les plus économiques pour une présentation générale des trois temps telle que celle qui ouvre le chapitre (564.20-24, avec le verbe commun *osculor* et ses participes *osculans*, *osculatus*, *osculaturus*).

4. Voir *supra*, section 3, *L'examen du participe : équivalences et substitutions*.

5. Sur *decompositus*, calque de *parasunthetos*, voir la note 120 du livre 11, et sur les cas particuliers ou exceptions au mécanisme décrit, comme *effractus*, *cf.* 568.23-26 et note 121 *ad loc.*

Un dernier axe de cette description morphologique apparaît en annexe du traitement de la *figura* : il s'agit d'une présentation globale des finales de participes passés (569.3-574.4), ordonnée d'après les consonnes qui précèdent *-us* – d'où les deux groupes successifs de finales en *-tus* et en *-sus* –, et selon que chacune de ces deux finales est elle-même précédée de voyelle ou de consonne – avec les quelques imprécisions dont ce genre de classement de type alphabétique s'accompagne dans les textes grammaticaux antiques. Sur le fond, ce classement paraît correspondre à la fréquence relative des formes, depuis les finales en *-atus* jusqu'à celles en *-xus*.

Les exceptions enfin, et les formes problématiques, ainsi que les cas de défectivité, sont, comme toujours chez Priscien, et chez les grammairiens en général, longuement examinés tout au long du livre 11. Une attention particulière est portée aux formes qui ont l'aspect de participes passés, mais qui, n'exprimant pas le temps, sont des noms (adjectifs), et non des participes (562.13-20 – liste de 26 termes), ou encore aux formes qui, selon qu'elles sont pourvues de temps ou non, se classent dans les participes ou dans les noms, l'ambivalence de chacune étant mise en évidence par les deux traductions qui lui correspondent en grec, l'une participiale, l'autre nominale (562.20-563.8 – sélection de 16 termes). Quant à la défectivité, c'est une préoccupation constante dans le livre 11, Priscien allant jusqu'à indiquer les domaines où il n'y a pas de défectivité : l'essentiel du chapitre sur les cas est consacré ainsi à la non-défectivité des participes à cet égard, à l'instar des noms adjectifs (563.18-564.11), et le très court chapitre *de numero* précise leur non-défectivité en nombre – tout en rappelant à nouveau leur non-défectivité en cas (568.11-14).

Le livre 12 : pronoms dérivés, composés ou augmentés

Les développements d'ordre morphologique du *De pronomine* apparaissent surtout à propos des accidents de l'espèce (primaires et dérivés) et de la figure (simples et composés), dans le livre 12, cependant que l'accident du cas occupe tout le livre 13.

Les pronoms – dont Priscien fixe le nombre à 15 [1] – sont répartis en 8 primaires (*ego*; *tu*; *ille*, *ipse*, *iste*, *hic*, *is*, *sui*) et 7 dérivés (*meus*, *tuus*... ; *nostras* et *uestras*). Ces deux groupes sont d'abord présentés l'un après l'autre (577.6-584.9), et, étant donné l'importance des questions abordées alors, cet examen constitue pour l'ensemble du *De pronomine* une sorte d'introduction générale, sur laquelle s'appuient bien des passages ultérieurs [2].

La principale indication qui concerne les primaires est paradoxale. Priscien entame en effet sa présentation morphologique en observant à propos de ces

1. Voir livre 12, note 5.

2. Plusieurs développements présentés ensuite comme des rappels reprennent des analyses de ce début du livre 12; voir les mentions du type *ut supra docuimus* en 586.10, 588.1-2 et 6 (dans le *de generibus*), 597.13 (*de numero*), ou encore en 1.16 et 2.4 (*de casibus*).

pronoms que certaines catégories n'y sont pas exprimées par une marque formelle, mais par la deixis ou l'anaphore : la deixis pour le genre de *ego* et *tu*, dans la mesure ou la 1re et la 2e personne sont « toujours présentes l'une à l'autre »; l'anaphore pour le genre et le nombre de *se*, puisqu'« il est possible de savoir d'après l'information précédemment acquise à quel genre et à quel nombre cette 3e personne fait référence » (577.16-578.15).

L'essentiel de l'analyse porte toutefois sur les dérivés. Ils procèdent, selon Priscien, du génitif de leur primaire, dont ils conservent le début, ainsi *meus* de *me(i), noster* ou *nostras* de *nos(tri)* et parallèlement pour *tuus*, *uester* et *uestras*. Leur partie initiale porte donc les mêmes informations que celles de leur primaire : personne et nombre, ainsi dans *meus* vs *uester*, 1re pers. sing. *vs* 2e pers. pl. Ce principe général vaut également pour *suus* : censé dériver de *sui*, qui est commun non seulement aux trois genres, mais aussi aux deux nombres (578.11-15), *su(us)* réfère aussi bien à une seule 3e personne qu'à plusieurs (« son » / « leur »). Ces éléments de description entrent dans une analyse systématique des dérivés, bipartite, où la partie initiale est aussi désignée par *intrinsecus* (« du côté interne » – *cf.* gr. *entos*), en opposition à *extrinsecus* (« du côté externe » – cf. *ektos*) [1]. La partie finale varie – en nombre, genre et cas – selon le terme auquel le dérivé est associé, et qui exprime la *possessio* (« le possédé ») : *meus seruus* / *mea ancilla* / *meum mancipium*. D'où l'affirmation selon laquelle « dans tous les pronoms dérivés on comprend deux personnes, du côté interne le possesseur, du côté externe le possédé » (580.24-26). Et entre ces deux personnes, clairement ancrées dans la morphologie même, il y a *transitio* – laquelle suscite l'analyse de la relation transitive interne au dérivé possessif (582.23-584.2) [2].

La distinction entre simples et composés, dans le chapitre *de figuris* (589.9-596.16), permet par ailleurs de faire apparaître les pronoms à partir desquels sont formés les composés. Ne sont concernés, au nominatif, que les trois pronoms *iste*, *hic* et *is*. Dans les composés ainsi formés, comme *is* associé à l'adverbe *demum*, à l'origine de *idem* (« celui-ci précisément, le même »), la description de la flexion porte, selon la conception de la composition unanimement acceptée par les artigraphes latins, sur le caractère « intact » (*integer*) ou « altéré » (*corruptus*) des éléments associés : intact pour l'initiale de *eadem*, altéré pour sa finale *-dem* en regard de *demum* [3]. Priscien insiste en outre sur les phénomènes de défectivité, comme pour *istic*, dans la mesure où ce qui est présenté comme résultant de l'association de *iste* et de *hic*, n'apparaît pas à tous les cas, mais seulement, selon Priscien, à ceux où *hic* comporte un *-c* final [4].

1. *Cf.* livre 12, note 17.
2. *Cf. supra*, section 3, *Une notion centrale…*
3. Voir livre 12, note 82.
4. L'interprétation même de *istic* comme composé de *iste* et de *hic* est cependant fortement ébranlée par la remarque finale, en 590.22-25, voir note 86 *ad loc.*

À ces phénomènes de composition, Priscien ajoute des formes augmentées, par l'adjonction de *-met*, *-te*, *-pte* ou *-ce*, qui font l'objet d'un examen minutieux (593.18-24). Du fait qu'aucun sens n'est reconnu à ces éléments, considérés isolément, à la différence des constituants de composés précédemment étudiés, ils sont présentés comme de simples ajouts aux pronoms – adjonction pour laquelle Priscien recourt à des termes variés : *adiectio*, *additio* ou encore *porrectio*, *assumptio* [1], sans en revanche disposer de nom particulier pour ces formes pronominales « augmentées ».

Deux types de formes complexes sont enfin examinés, qui posaient des problèmes de catégorisation (entre pronoms composés ou adverbes) : d'une part *eccum*, *eccam*, *ellum*, *ellam*, *eccos*, *eccas*, et d'autre part *mecum*, *tecum*, etc. Priscien les présente comme des pronoms composés (594.5), comportant un pronom à un cas autre que le nominatif. Dans *eccum*, *eccam*, *ellum*, *ellam*, *eccos*, *eccas*, l'adverbe *ecce* précède un accusatif (de *is* ou de *ille*), appelé par une forme verbale telle que *uide*, éventuellement en ellipse. Dans *mecum*, *tecum*, etc., l'ablatif est déterminé par la préposition *cum* qui lui est postposée [2]. Dans les considérations générales sur la composition qui terminent le chapitre, Priscien prend soin de faire valoir que (à la différence de ce qui est la règle pour les autres *partes orationis*) un invariable – préposition, conjonction ou adverbe – adjoint comme second terme de composé à un nom ou à un pronom n'a aucune incidence sur la catégorisation : *quisque* ou *quicumque* sont des noms, comme *qui(s)*, et *idem*, composé de *is* et *demum* (*supra*), est un pronom comme *is*. Les composés *mecum*, *tecum*… sont donc bien des pronoms [3].

Le livre 13 : pronoms et noms à flexion pronominale

C'est dans le chapitre *de casibus* (soit la totalité du livre 13) qu'est présentée de manière systématique la flexion des pronoms. Ceux-ci sont d'abord classés selon le nombre de formes casuelles que comporte leur paradigme : *monoptota*, *triptota*, *tetraptota* ou *pentaptota* (2.6-15 et notes *ad loc.*). Sont présentés ensuite, à partir de 2.25, les quatre types de déclinaison dans lesquels Priscien les répartit :

– le premier type regroupe les trois primaires *ego*, *tu* (sing. et pl.) et *sui* [4]. Leur originalité flexionnelle par rapport aux 12 autres pronoms a été signalée dès le début du livre 12 (578.7-17) et réaffirmée dans le *de generibus* (586.6-26) : ils

1. Voir 590.26-27 et note 87 *ad loc.*

2. Que l'anastrophe soit due à la prévention d'un *cacemphaton* (explication communément reçue) ou à l'emploi enclitique de *cum*, *cf.* 594.15-595.4 et notes 106, 108, 109 *ad loc.*

3. N'étant rien d'autre que les pronoms *me*, *te*… auxquels est adjointe la préposition *cum*, les composés *mecum*, *tecum*… ne sont pas décomptés dans l'effectif des pronoms – initialement présenté comme limité à quinze ; de même pour *eccum*, *ellum*… formés de l'adverbe *ecce* et de pronoms à l'accusatif. Cela n'empêche pas Priscien, au livre 13, de citer ces formes dans les *monoptota* (2.6-7).

4. Dépourvu de nominatif, comme Priscien l'a précisé dès le début du livre 12 (577.10), voir ci-dessous, *Le pronom* sui...

se caractérisent principalement par un double génitif (ainsi *mei* et *mis* ou *nostrum* et *nostri*) et par l'identité formelle de l'accusatif et de l'ablatif au singulier (*me*, *te*, *se*). Priscien voit dans ces deux traits une imitation, ou un héritage, des Grecs (*ad imitationem Graecorum*, 2.30 ; *a Graecis... acceptum*, 3.6) ;
– le deuxième type est celui de *ille*, *ipse*, *iste*, *is* et *hic* : génitif en *-ius* et datif en *-i*, communs aux trois genres, au singulier, tandis que tous les autres cas sont identiques à ceux des noms multiformes (*nomina mobilia*) – avec toutefois des particularités au nominatif singulier, pour le masculin (cf. *ille*, *is*, *hic*) et le neutre (souvent en *-d*) ;
– le troisième type, constitué des possessifs *meus*, *tuus*, *suus*, *noster* et *uester*, « suit en tous points la déclinaison des noms multiformes » : *meus mea meum*, etc. (le vocatif de *meus* est toutefois *mi*, et non pas **mee*) ;
– le quatrième type « suit à tous les cas les noms de la 3 e déclinaison » : il est représenté par *nostras* et *uestras*, rapidement mentionnés ici (ils ont été décrits au livre 12, dans le *de generibus*, 586.26-587.11).

Les points de contact entre morphologie des pronoms et morphologie des noms sont constamment soulignés. Ils sont d'autant plus nombreux dans la description de Priscien que huit termes que ce dernier considère comme des noms pour des raisons sémantiques – *unus*, *solus*, *totus*, *alius*, *ullus*, *uter*, *alter*, *qui(s)*, et leurs composés – suivent la déclinaison des pronoms du 2 e type, caractérisée par les formes spécifiques de génitif singulier, en *-ius*, et de datif, en *-i*, avec, il est vrai, de nombreux flottements, surtout à date ancienne, en ces points de leur flexion (7.5-9.25).

Aussi bien pour les 15 pronoms que pour les 8 noms à flexion pronominale, la description, minutieusement menée, comporte, quand c'est nécessaire, des précisions sur les quantités vocaliques et les questions de réalisation syllabique ainsi que sur les particularités de l'ancienne langue, toutes illustrées de citations littéraires. Les rapports des termes entre eux sont abordés de la manière que nous avons vue plus haut, à propos du participe, ainsi de la formation du datif *illi* à partir du génitif *illius* par retrait du *-us* (*abiecta* us, 5.18) ou de la création du féminin *illa* à partir du masculin *ille* par transformation du *-e* en *-a* (*mutatione* e *in* a, 6.16). Un principe d'économie détermine ces relations : *illius* à partir de *illi* parce que cette dernière forme est contenue phonétiquement dans celle dont elle rend compte, *illa* à partir de *ille* parce que la transformation de *-e* en *-a* est une opération minimale et permet de partir de la forme de base de toute la flexion, etc. Ce principe n'est toutefois jamais explicite.

Le pronom sui *et le poids du grec*

La présentation de *sui* (*sibi*, *se*) montre l'importance de la place prise par la référence au grec dans l'analyse de la morphologie du latin. Ce pronom a déjà été évoqué au livre 12, notamment à propos du genre : pour expliquer pourquoi *sui* et *is*, quoique anaphoriques tous les deux, se distinguent par rapport au genre (*sui* étant commun aux trois genres, que *is* en revanche sépare), Priscien précise que *sui* s'est aligné sur les pronoms des deux premières personnes, *ego* et *tu*, et appuie cet argument par la comparaison avec le grec : *sui sibi se* est en rapport avec les pronoms de 1re et de 2e personne comme en grec *hou hoi he* avec *emou emoi eme* et *sou soi se* (586.13-23). Par ailleurs, toujours dans le livre 12, il est indiqué que « *sui* a le sens non seulement de *heautou* ou *heou*, mais aussi de *autou* ou *hou* » (584.2-3). Cette référence au grec permet d'opposer métalinguistiquement les emplois réfléchis (*heautou* ou *heou*) et les emplois dits « anaphoriques », que nous appelons réfléchis indirects (*autou* ou *hou*)[1]. La description de *sui* est reprise dans le livre 13, en 4.24-5.16, au travers d'une interrogation sur la double lacune qui caractérise ce pronom : il s'agit de savoir pourquoi cette forme « manque de nominatif et n'a pas reçu de pluriel distinct ». La question elle-même suppose une référence au grec : dans cette langue, le pronom primaire « anaphorique » de 3e personne correspondant à *sui*, *hou*, dans l'emploi que nous appelons réfléchi indirect, laisse place à un nominatif, la forme *hi*, rare mais attestée[2]. C'est l'existence de cette forme en grec qui entraîne l'interrogation sur l'absence en latin d'une forme équivalente. Les raisons proposées par Priscien font appel à la genèse du latin à partir du grec. Ou bien en effet les formes grecques n'ont pas donné naissance à des formes latines parce que celles-ci auraient été ambiguës (dans le cas par exemple où le nominatif singulier grec *hi* serait passé phonétiquement au latin *si*, existant déjà comme conjonction), ou bien elles ont effectivement donné naissance à des formes latines, mais ces dernières ont pris un autre sens (ainsi le nominatif pluriel *hoi*, censé avoir donné le latin *hi*, mais qui est le pluriel de *hic*). En somme, la forme latine était présente dans la matrice grecque, mais les processus de formation du latin ne lui ont pas permis de se réaliser. À ces raisons qui tiennent à la genèse du latin, Priscien en ajoute une qui remonte à la matrice grecque elle-même : les correspondants grecs de *sui* sont bien plus fréquemment réfléchis qu'anaphoriques, et donc rarement employés au nominatif. La conclusion, laissée implicite, est que cette rareté en grec rend compte de l'absence de forme correspondante en latin[3].

L'essentiel, dans ce développement, est la mise en relation en quelque sorte terme à terme d'une langue à l'autre. Les deux systèmes comparés sont comme superposables, à partir du postulat d'une relation génétique entre eux, et donc d'une identité originelle combinée à des transformations secondaires. Ce mécanisme se dévoile tout particulièrement à propos des formes de nominatif pluriel. Dans le parallélisme mis en place par Priscien, le correspondant

1. Voir la note 46 du livre 12.

2. Sur cet emploi du nominatif *hi*, voir à la fin de la note 46 du livre 12.

3. La question du nominatif sera elle-même réabordée plus loin, cette fois dans une perspective sémantico-syntaxique (si l'on met à part 16.15-22, qui reprend certains points de 4.27-5.10) ; cette longue analyse (15.6-19.18) éclaire la fin du présent passage.

« anaphorique » de *sui* en grec a, comme on l'a vu, un nominatif singulier, *hi*. Cette forme se voit reconnaître un pluriel dans les grammaires grecques antiques : Apollonius cite ainsi *spheis*, que confirme la *Tekhnê* [1]. Au lieu de cette forme, qu'il connaît nécessairement, au moins par les grammairiens grecs, Priscien, en 4.31-5.5, cite *hoi* / *hai*, pluriels de ce qu'Apollonius appelle l'article « postpositif » (le « relatif » de la grammaire classique). Anaphoriques elles aussi, et formellement proches du singulier *hi*, ces formes *hoi* / *hai* de pluriel sont mises par Priscien en relation avec les formes latines *hi* / *hae*, de nominatif pluriel de *hic*. Du fait même de leur proximité phonétique, les formes grecques *hoi* / *hai* sont censées avoir donné naissance aux latines *hi* / *hae*, et le rattachement de celles-ci à *hic* montre que, dans le passage d'une langue à l'autre, elles ont notablement changé de sens. Le remplacement de *spheis* par *hoi* / *hai* permet ainsi à Priscien de montrer qu'il y a bien correspondance entre les formes des deux langues, mais que, dans le même temps, l'autonomie de la langue latine est telle que les formes peuvent y avoir assez changé de sens pour qu'il n'y ait pas en latin de correspondant fonctionnel des formes grecques, et par là pas de nominatif de *sui*. La même argumentation dégage à la fois l'identité structurelle des deux systèmes formels mis en parallèle (au sens où le latin reproduit le grec), et la spécificité du latin.

5. *Les exemples*

Priscien appuie ses analyses sur trois types d'exemples : des termes isolés, en mention, des exemples inventés, ou « forgés », et des citations d'auteurs [2]. Le choix de ces types d'exemples, et leur nombre, sont variables selon le sujet abordé. On le voit à l'échelle de l'ensemble de l'*Ars*. Les livres 11, 12, 13, sur le participe et le pronom, présentent en effet de larges analogies avec les livres 14, 15, 16, sur la préposition, l'adverbe et la conjonction : quantitativement, ces deux groupes ne diffèrent que d'à peine 10%, et de part et d'autre il s'agit de trois courts traités portant sur des parties du discours liées par une caractéristique commune qui les distingue des autres, hybrides d'un côté, invariables de l'autre. Malgré cela, le recours aux exemples n'est clairement pas le même dans les deux cas : les citations littéraires sont près de trois fois moins nombreuses dans les livres 11, 12, 13 (141 au total : 133 latines [3] et

1. Apollonius : *Pron.* 93.1 et 94.19 ; *Tekhnê* (chapitre 17) : *GG* 1/1, 67.1 U. = 60.10 L.

2. Sur la notion d'« exemples forgés » (*exempla ficta*) et la diversité de cette catégorie, ainsi que la relative porosité de la limite entre exemples forgés et citations d'auteurs, voir livres 14-16, *Introduction* : 49-50 ; livre 17 : 34-35 ; livre 18 : 58. Sur le figement possible d'une citation en exemple voir ci-dessous, *Le début du livre 11*…, fin.

3. N'est pas prise en compte ici la citation de 594.23-595.1 (livre 12) : Cicéron, tout comme Pline, est mentionné pour l'explication qu'il apporte à l'anastrophe dans *mecum*, etc. (prévention de *cacemphaton*), non en tant qu'écrivain. À l'inverse, au livre 13, les 2 citations du grammairien Terentianus Maurus, qui illustrent la possibilité de dièrèse dans *cui*, entrent dans ce total de 133, au même titre que celles de Juvénal et Stace qui précèdent (10.18-11.1).

8 grecques) que dans les livres 14 à 16[1] (413 au total : 402 latines et 11 grecques). En outre, dans le cadre même des livres 11 à 13, ces citations sont inégalement réparties : le premier tiers du livre 11 n'en comporte aucune, pas plus que toute la fin du livre 13. Ce rapport entre les phases de l'argumentation et les types d'exemples proposés retient prioritairement l'attention.

Le début du livre 11 : un développement argumentatif sans citation littéraire

Si la longue partie introductive du livre 11, à caractère théorique, ne comporte aucune citation d'auteurs, et peu de termes cités isolément[2], elle se prête en revanche aux exemples forgés, spécialement construits pour correspondre à l'objet d'une démonstration. La forme la plus élémentaire de ce type d'exemples est représentée ici par des syntagmes binaires, constitués d'une part d'un nom, d'un participe ou d'un verbe, appartenant au lexique le plus simple, et d'autre part de *ille*, au cas voulu, leur association permettant d'identifier immédiatement la structure syntaxique visée. Ainsi des formules *amo illum, amans illum, amator illius, amans illius*[3], en 550.22-23, destinées à illustrer la différence de construction entre les verbes (avec l'accusatif) et les noms (avec le génitif), les formes participiales se rangeant elles-mêmes d'un côté ou de l'autre (et conservant alors ou non l'expression du temps).

Une forme plus complexe, quoique reposant elle aussi sur le vocabulaire le plus simple, se développe en deux temps, avec une première formule présentée comme équivalant à une seconde, à laquelle elle se substitue : « *legens disco* pro *lego et disco* ». Il s'agit en l'occurrence d'illustrer le fonctionnement du participe au nominatif (553.13-18), censé permettre d'éviter le recours à une conjonction[4], et cette partie introductive offre toutes sortes de variantes de tournures de ce type. Ainsi pour rendre compte de la plasticité modale du participe, avec des formules où le participe est associé à un verbe à différents modes : « *exponens doce* pro *expone et doce* », « *utinam exponens docerem* pro *utinam exponerem et docerem* », etc. (554.15-18), ou pour montrer que cette plasticité modale est comparable à celle de l'infinitif, dans une série

1. *Cf.* livres 14-16, *Introduction* : 47-49, où est précisée aussi la manière, très soigneuse, dont Priscien présente les références des passages qu'il cite. Dans les livres 11 à 13, rares sont les omissions : dans le livre 11, en 566.15, pour une courte citation – de Lucain –, citée aussi (probablement de mémoire) en *GL* 3, 222.6-9, comme étant de Virgile (voir livre 18, note 47) ; en 571.1-2 pour une citation de l'*Énéide* (il manque l'indication du livre) ; dans le livre 12, en 592.20-21, dans un développement sur *-ce* qui sera résumé au livre 13, avec la « même » citation (*ignes* au lieu de *hostes*), en 6.3-4, pourvue cette fois de référence (Virg., *Én.* 2, 664-665). 561.7-8, au livre 11, suscite des interrogations (voir note 83 *ad loc.*) : simple omission de la référence ? attribution indue de la citation à Horace ? mauvaise transmission du texte de Priscien ?

2. Quelques-uns apparaissent dans l'examen de l'autonomie du participe et de l'économie des parties du discours, ainsi en 552.6.

3. Même type d'exemples plus loin, en 555.17-19, mais avec le pronom de 2ᵉ personne ; lorsque le complément représente un inanimé, Priscien recourt à *illa res* (*dignus illa re* ; *dignor* / *dignans te illa re*).

4. Cf. *supra*, section 3, *L'examen du participe*.

d'équivalences où les divers modes se résolvent en formules comportant cet infinitif, du type « *scribere me indico* pro *scribo* » (554.19-23). Un même type d'exemples en deux temps apparaît au tout début de cette partie introductive, et se présente non pas sous forme d'équivalence, mais en deux formulations associées, légèrement différentes, « *legens est lector* et *lector legens* » : cette fausse symétrie met en valeur l'ambivalence du participe, tantôt *nomen uerbale*, tantôt *modus uerbi casualis* (*GL* 2, 548.14-549.1) [1].

Ces tournures prennent parfois la forme des chries de la tradition pédagogique de l'Antiquité, qui déclinent une formule de base en en faisant varier tel ou tel élément. Ainsi, quand il s'agit de montrer l'aptitude du participe à transposer à différents cas la relation prédicative exprimée par le verbe accompagné d'un nominatif, la formule *bonus homo loquebatur* est suivie de quatre énoncés intégrant cette relation prédicative sous la forme d'une tournure participiale (*boni hominis loquentis*, *bono homini loquenti*, *bonum hominem loquentem*, *bono homine loquente*, 553.2-4). Même séquence méthodique à propos des cas obliques des participes (*docentis potior*, *docenti respondeo*, *docentem audio*, *illo docente didici*, 555.5-6), et, combinée cette fois avec un schéma d'équivalence, à propos de la relation transitive exprimée par ces participes aux cas obliques : « *bellantis hominis misereor* pro *bellat homo et eius misereor*, *imperanti homini oboedio* pro *imperat homo et ei oboedio* », etc., 555.10-12).

Non moins caractéristiques de cette partie introductive, certaines formules particulièrement artificielles, comme « *facio ego bonus*, *facis tu bonus*, *facit ille bonus* » (552.21-24), sont à interpréter sur un plan métalinguistique. Plus qu'un sens en effet (« je le fais, moi qui suis généreux ; tu le fais, toi qui es généreux, etc. »), elles illustrent la combinaison annoncée, c'est-à-dire un verbe (avec mise en valeur de la personne verbale par répétition de celle-ci sous forme pronominale) accompagné d'un « nom » (adjectif) au nominatif, accordé à la personne verbale – et cela aux trois personnes. Les exemples de ce type sont nombreux [2].

L'artifice est plus grand encore avec les anti-exemples, qui montrent paradoxalement ce qui ne se dit pas [3]. Le début du développement sur l'emploi du participe au nominatif en comporte deux, illustrant l'impossibilité, évoquée précédemment, d'associer sans conjonction des verbes différents (à mode personnel), du type *lego disco* au lieu de *lego et disco*, *doceo discis* au lieu de *doceo et discis* (553.13-15) [4].

1. Cf. *supra*, section 3, *L'examen du participe*.

2. *Cf.* 553.2-4 et 25, 554.15-18, etc. Le livre 11 abonde en séries d'exemples qui illustrent un *mécanisme* linguistique, où le sens est secondaire : 552.23-24, 553.2-4 et 25, 554.15-18, 555.5-6, 7-9, 10-13 et 15-16, 556.17-19 et 24-25.

3. *Cf.* livre 17, *Introduction* : 36.

4. Le livre 11 offre deux autres anti-exemples, en 557.8-9 (avec *nemo dicit* vs *licet dicere*). Quelques anti-exemples dans le livre 13 également : voir 12.25-26 (*nemo... recte dicit*), 18.2-3 (*dicere non possumus* puis *nemo dicit*), 22.31 (*non... dicimus*).

Un dernier type enfin d'exemples forgés dans ce passage est constitué de formules qui confinent à la citation littéraire. C'est le cas de syntagmes connus, et donc admis sous une forme donnée, qui permettent d'apprécier le degré d'acceptabilité ou d'étrangeté de certaines manipulations. Ainsi de l'expression consacrée *pius Aeneas* ou de la définition de l'homme comme *animal rationale mortale disciplinae capax*, dont il s'agit de montrer comment les éléments peuvent ou ne peuvent pas être coordonnés (non pas *pius et Aeneas*, mais éventuellement *bonus et pius et iustus et fortis Aeneas*, 553.20-24). C'est également le cas de la formule *mactus uirtute*, tirée du stéréotypé *macte uirtute* (550.10), et l'on passe sans doute franchement du côté des exemples littéraires si les deux exemples repris de la tradition artigraphique latine, *exosus bella* et *praescius futura* (550.11), étaient, à l'origine, des citations. En 552.8-9 en tous cas, où sont cités des groupes illustrant l'emploi nominal de l'adverbe (*mane nouum, sponte sua*, etc.), il s'agit, du moins pour les trois premiers, de brèves citations présentées ici sans référence à un auteur [1].

Les citations littéraires dans le livre 11

Ce livre compte 44 citations littéraires, toutes latines, dont seulement 2 en prose [2]. Treize auteurs [3] sont représentés : Plaute, Térence, Lucilius, Laevius, Varron, Cicéron, Virgile, Horace, Ovide, Lucain, Stace, Juvénal, Pétrone, donc du IIIᵉ siècle *a. C.* au IIᵉ siècle *p. C.* [4]. Pour le nombre de citations, Virgile est, comme dans les livres 14 à 17, loin en tête, avec 15 citations. Viennent ensuite Plaute, Térence, Horace, Lucain, Juvénal (4 citations chacun) ; Ovide et Stace (2) ; Lucilius, Laevius, Varron, Cicéron, Pétrone (1). Sur ces 44 citations, 21 sont déjà dans les livres sur le verbe.

Ces citations apparaissent avec la présentation des accidents du participe, à partir de 555.23, d'abord en complément d'exemples forgés. Le premier accident abordé, le genre, permet en effet à Priscien d'évoquer l'emploi de participes, et a fortiori de verbes, qui, quoique sémantiquement genrés, comme *futuo* ou *nubo* [coucher (pour un homme) / épouser (pour une femme)], pouvaient être employés à un genre différent de celui auquel ils étaient en principe réservés, et cela « par volonté de dénigrement ou par figure » (556.10-25). Les emplois figurés sont illustrés par des exemples inventés – systématiques et laborieux [5] –, tandis que les cas de dénigrement sont évoqués par une formule dont la sobriété, *nubit amicus*, suffit en l'occurrence étant donné la connotation perfide dont est chargée cette séquence en tant que

1. *Cf.* note 29 *ad loc.*

2. Sur ces 44 citations, 43 sont différentes, étant donné la répétition de Juvénal, *Sat.* 6, 38-39. Des Grecs sont également mentionnés, mais des philosophes ou des grammairiens, et de toute manière sans citation.

3. Si l'on considère que la citation de 561.8 est d'Horace, mais 561.7-8 fait problème : voir la note 83 *ad loc.*

4. Avec l'incertitude que l'on sait concernant Pétrone.

5. *Cf.* note 58 *ad loc.*

citation de Juvénal. Quelques lignes plus loin, dans la brève digression sur le phénomène sémantique de « l'englobement » des personnes (557.5-12), le syntagme élémentaire et les deux anti-exemples pourraient suffire aux besoins de la démonstration, mais sont suivis d'une citation de l'*Énéide* (2, 434-435), dont la syntaxe remarquable souligne la capacité de la 1re personne à inclure les deux autres[1]. Dans les deux cas, ces citations permettent de confirmer des exemples forgés en leur apportant la caution d'un emploi attesté.

C'est ce même type de confirmation qui se retrouve dans les dernières citations du premier chapitre consacré aux temps (561.15-562.1). Elles illustrent méthodiquement cinq participes passés, *triumphatus*, *erratus*, *regnatus*, *laboratus*, *decursus*, dont les verbes correspondants « manquent dans l'usage »[2]. Il s'agit en effet de garantir l'emploi de ces termes comme participes, alors même que les verbes correspondants ne sont pas attestés, c'est-à-dire d'apporter la caution de l'usage linguistique pour une situation en principe exclue de la description grammaticale – puisqu'il a été antérieurement énoncé que tout participe était issu d'un verbe.

De même encore, dans le deuxième chapitre *de temporibus* (564.19-568.10), consacré aux *tempora* dans leur relation aux *significationes*, c'est-à-dire aux voix verbales, deux développements comportent des citations, celui sur les verbes neutres et celui sur les verbes déponents. Il s'agit d'illustrer ce qui s'écarte de la norme, sur un point névralgique de l'organisation générale du participe, et où le latin se distingue du grec : mis à part les déponents, tous les verbes – sauf quelques neutres et les neutro-passifs – « manquent » de participe passé de sens actif. Six citations, dont deux se trouvent déjà dans le livre 9, appuient la présentation des participes passés de neutres (*caenatus*, *pransus*, etc.) – parfois à double diathèse, active et passive, comme *iuratus* – (565.25-566.20). D'autre part, le fait remarquable mentionné dans le développement sur les déponents (567.10-568.7), à savoir que les *antiquissimi* employaient beaucoup de leurs participes passés aussi bien avec le sens passif qu'avec le sens actif (ambivalence soulignée par les doubles traductions grecques), est confirmé par cinq citations, toutes déjà dans le livre 8 (avec parfois des divergences) – mais Priscien précise, pour expliquer cette situation, que de très nombreux verbes employés comme déponents à son époque (*nunc*) étaient des communs pour les *ueteres*.

Les cas les plus particuliers appellent la confirmation des citations d'auteurs. Sont ainsi concernés, en 558.19-559.7, les flottements entre formes avec ou sans syncope (*po(ta)tu*, *po(ta)tus*, *po(ta)turus* ; *lau(a)tus*, *lau(a)turus*) ; en 559.8-23, les participes « hétérogènes » et les supins correspondants ; en

1. Cette citation est reprise dans le livre 17, *GL* 3, 191.14-16 et note 340, dans la description finale des figures. Les références des citations qui, comme celle-ci, apparaissent en plusieurs passages de l'*Ars* sont indiquées sous le texte latin.

2. Les deux derniers de ces participes figurent aussi, avec d'autres, également illustrés par des citations, dans les livres 8 et 18, où ils font l'objet d'une analyse approfondie : voir livre 18, notes 223 et 224.

559.25-561.15, les exceptions à la défectivité attendue; en 564.16-18, la forme aberrante de gérondif pour *abeo* (*abiendi*). Dans la présentation des finales de participes passés, 7 citations, concentrées en 569.30-571.7, garantissent également des points de détail. Parmi les 22 citations qu'offrent ces passages, 12 sont déjà dans les livres 8 à 10 [1].

D'autres procédés de confirmation viennent également concurrencer les citations littéraires. Ainsi, l'ambivalence des termes qui sont aussi bien des noms que des participes n'est pas mise en évidence par des citations, mais, pour chaque mot, par leurs deux traductions grecques, du type « *armatus*, *ho hoplistheis* kai *ho hoplitês* », qui restituent et mettent en relief leurs deux sens [« celui qui a été armé » / « le soldat »] (562.20-563.8 et 567.6-9) [2].

Citations littéraires et exemples forgés dans les livres 12 et 13

Les citations littéraires sont un peu plus abondantes dans le *De pronomine* que dans le *De participio* : en regard des 44 citations du livre 11, il y en a 97 dans les livres 12 et 13 (41 et 56 respectivement), soit un peu plus des deux tiers de l'ensemble (69%), alors qu'en volume, ces deux derniers livres constituent un peu moins des deux tiers (63%). Ces 97 occurrences représentent 91 citations différentes, puisqu'il y a plusieurs répétitions – avec parfois des variations dans le détail des textes et/ou dans leur extension. Le grec, cette fois, est représenté : 8 citations (dont 7 différentes), toutes d'Homère, et concentrées vers la fin du livre 13 (14.18-19.7), la dernière d'entre elles étant aussi la dernière citation du *De pronomine*. Les auteurs latins sont au nombre de 19, et les plus récents sont, comme au livre 11, du IIe siècle *p. C.*, mais seuls 6 sont communs aux livres 11 et 12-13 : Plaute, Térence, Cicéron, Virgile, Stace et Juvénal. Pour le nombre de citations, Térence est largement en tête, avec 32 citations [3]. Virgile est en deuxième position, avec 17 citations [4]. Viennent derrière : Cicéron (6 citations), Plaute (5), Lucrèce et Juvénal (4), Caton, Caelius Antipater et Stace (3), Ennius et Terentianus Maurus (2), Cassius Hemina, Accius, Fannius, Pacuvius, Licinius Macer, César, Perse et Alphius Avitus (1) [5]. La prose n'est pas aussi minoritaire que dans le livre 11 : 16 citations sur 97.

La majorité des citations latines concernent des questions de morphophonétique : 56 sur 89, soit 65%. Si l'on excepte, dans le livre 12, celles de

1. Ces confirmations ne sont pas systématiques. Ainsi, à la fin de la présentation des participes passés de neutres, précédemment évoquée, aucune citation n'accompagne l'indication selon laquelle les *uetustissimi* employaient de nombreux autres participes du même type (566.19-20).

2. Voir aussi *infra*, dans la présente section, *Les exemples grecs*.

3. Dont 29 différentes, *Ad.* 628 étant citée 2 fois, et *Eun.* 664, 3 fois – avec de menues divergences.

4. Dont 16 différentes, *Én.* 2, 664-665, citée en 592.20-21 – d'ailleurs sans référence, voir *supra*, p. 43, note 1 – étant reprise en *GL* 3, 6.1-4.

5. Pour Cicéron et Terentianus Maurus, voir *supra*, p. 42, note 3; pour Juvénal, 3 différentes seulement sur les 4, *Sat.* 14, 30 étant répétée.

586.26-587.11 (au nombre de 3), relatives aux communs en *-átis> -ás*, elles se situent dans les chapitres *de figuris* (20) et *de casibus* (33). Pour garantir des formes, il arrive à Priscien d'invoquer le seul témoignage des grammairiens, par exemple pour le doublet *mius* de *meus*, au début du livre 13, en 11.14 (*et Charisius et Celsus ostendunt*), comme précédemment dans le livre 11, en 561.10, pour l'emploi personnel, chez les Anciens, de verbes en principe impersonnels (*in usu ueterum teste Capro*). Le plus souvent cependant, les citations s'imposent [1].

Parmi les citations littéraires du *De pronomine*, certaines illustrent des formes singulières (le vocatif *mi*, 11.4-10), rares et/ou archaïques (le doublet *ipsus* de *ipse*, 6.26-28, ou *hibus* à côté de *his*, 10.15-17) [2]. La plupart toutefois éclairent la description d'une situation complexe : cas auxquels existe le composé *istic*, en 590.14-22 ; répartition des éléments additionnels *-met* / *-te(met)*, en 590.26-591.21 ; distribution de *-ce* selon les époques, en 592.16-593.17 ; noms à flexion pronominale. Cette dernière catégorie, de 8 termes (et leurs composés), est traitée avec un soin particulier, dans un long développement du début du livre 13 (7.5-9.25), où l'étude de détail permet, notamment, de mettre en lumière les formes de type nominal, y compris celles qui sont tombées en désuétude. Si les 7 citations relatives à *quis* sont originales, 8 des 12 citations produites pour les autres noms sont déjà dans les livres 6 ou 7, parfois plusieurs fois [3]. Les questions de prosodie et de réalisation syllabique sont élucidées par des textes métriques : par exemple, en 589.14-590.14, la différence entre le masculin *īdem* et le neutre *ĭdem*, et le nombre exact de syllabes dans les divers cas de ce composé ; plus largement, pour l'ensemble des termes à génitif en *-ius*, les cas offrant des variations dans la prononciation, avec diérèse ou synérèse (9.26-11.1).

La complémentarité des différents types d'exemples est plus systématiquement exploitée que dans le livre 11. Cela concerne des analyses (morpho)syntaxiques et/ou sémantiques, qui sont pour la plupart reprises – et approfondies – dans les livres 17 et/ou 18, avec leurs exemples. Qu'il suffise de prendre ici comme échantillon représentatif le raisonnement qui permet de répondre à la question posée dès le début du livre 12 : pourquoi la 1re et la 2e personne ont-elles chacune un pronom unique, alors que six formes différentes dénotent la 3e (577.14-16) ? Une première approche, partant exclusivement de formes pronominales et de trois formes verbales (*scribo* ou

1. La succession, à la fin du livre 13, en 593.14-17, du témoignage de Papirianus et d'une citation de Térence constitue un cas isolé.

2. La forme *mis*, archaïque et rarissime, n'est pas donnée comme telle par Priscien : elle figure (accompagnée d'une citation d'Ennius) dans un développement montrant que, pour les pronoms du premier type, les Latins ont, à l'imitation des Grecs, deux formes de génitif, *mei* et *mis* comme *emou* et *emous*, etc. (*cf.* 2.25-3.8 et notes 13 et 14 *ad loc.*).

3. Les divergences ne sont pas rares. La plus notable concerne le passage de Caelius Antipater, *Ann.* 5, plusieurs fois cité : tantôt *nullius alius rei…*, comme ici (8.12), tantôt *nullius alii rei…* (en 266.17-18, avec l'indication « *alii* pro *alius* dixit »).

scribis en regard de *scribit*), permet d'introduire les notions essentielles de détermination et de deixis *vs* anaphore. Priscien ne recourt à des citations littéraires qu'à partir de 578.24, pour illustrer les pronoms *ille* et *ipse*, qui ont la particularité d'être tantôt déictiques, tantôt anaphoriques [1]. Deux exemples forgés introduisent ensuite les notions de *prima* vs *secunda cognitio* (579.15-22), grâce auxquelles est mise en évidence la fonction spécifique de « pronom de réminiscence » (*memoriae pronomen*), qui différencie *ipse* de *ille* et *iste*. D'autres exemples forgés, sous forme de syntagmes élémentaires (*ego feci, tu fecisti, ipse fecit*) permettent alors d'établir que *ipse* est de la 3 e personne, comme le confirme l'interprétation de la réponse constituée par ce terme à des questions du type « *quis dixit ?* ». Puis Priscien s'appuie sur l'analyse du sens de *ipse* dans un vers de l'*Énéide* pour écarter la thèse selon laquelle ce serait un nom parce qu'il équivaut parfois à *solus* (580.4-8 et note *ad loc.*). Enfin, quelques syntagmes élémentaires [2] – *ipse dedi, ipse dedisti* en regard de *ego scripsi, tu docuisti* – permettent de préciser le statut de *ipse*, que le raccourci d'expression final rapproche implicitement de l'*epitagmatikê antônumia* grecque, c'est-à-dire de *autos* (580.13-15 et note *ad loc.*). Les termes isolés, les exemples forgés et les citations littéraires s'entremêlent ici de façon indissoluble.

Une particularité enfin des citations littéraires est leur mode d'inscription dans une perspective chronologique. Priscien indique en effet fréquemment des différences entre la langue de son époque (*nunc*, parfois explicite, le plus souvent implicite) et celle des *antiqui*, *antiquiores*, *antiquissimi*, *ueteres*, *uetustissimi* [3] – à laquelle il n'avait évidemment accès que par des œuvres écrites [4]. Les formes de comparatif (*antiquiores*) ou de superlatif (*antiquissimi*, *uetustissimi*), qui déterminent cette « langue des Anciens », ne correspondent en revanche pas à des différences chronologiques claires : des citations de Plaute – le plus ancien des auteurs cités par Priscien (voir ci-dessus) – illustrent aussi bien l'usage de ceux qui sont appelés *uetustissimi* que celui des

1. Priscien reprend les citations des livres 2 et 7 de l'*Énéide* – et les analyses qu'elles éclairent – non seulement dans la *Syntaxe*, mais aussi dans les *Partitiones* : voir les références sous le texte latin.

2. Auparavant, une précision concernant l'association des noms avec le verbe « être » ou les verbes d'appellation est illustrée par deux exemples forgés, *Trypho dicor* et *Cicero sum* (580.10-11).

3. Voir l'*Index* 3, *s.u. antique*, *antiquus*, *ueteres*, *uetustissimus*. Dans le livre 13, en 7.5-27, l'usage des *iuniores* est comparé à celui des *uetustissimi* (7.11) et des *ueteres* (7.23), mais l'absence de citation empêche de situer, même approximativement, l'époque de ces *iuniores*, notamment par rapport à celle de Priscien.

4. La précision du livre 12, en 592.22, *in antiquissimis codicibus inuenitur...*, témoigne du souci philologique de Priscien (voir aussi, au livre 13, 5.24-6.5, ainsi que, dans le livre 17, *GL* 3, 162.11-163.5). Elle n'implique pas nécessairement que Priscien ait consulté lui-même les *codices* en question (cf. *inuenitur* vs *inuenimus* ou *inuenio*, en 569.26 ou 573.13). Étant donné la multitude des citations qu'il introduit dans son *Ars*, Priscien travaille sans doute très souvent de seconde main, en puisant d'ailleurs à des sources remarquablement diverses, *cf.* livre 14-16, *Introduction* : 52-54, et livre 18, *Introduction* : 58-60.

« *ueteres* » ou des « *antiqui* » [1]. Le développement consacré à *-ce*, au livre 12, en 592.16-593.17, où apparaissent successivement *uetustissimi*, *antiqui*, *ueteres*, suggère un souci de *uariatio*, et il en va de même à propos de la prévention du *cacemphaton*, avec *antiquissimi* en 594.20 puis *antiqui* en 595.1, ou encore à propos des déponents, au livre 11, où *ueteres* succède à *antiquissimi* (567.13 et 568.6). Quoi qu'il en soit, les citations qui viennent après les superlatifs *antiquissimi* et *uetustissimi* n'émanent pas toutes des auteurs les plus anciens. Les poètes, voire certains prosateurs, continuent volontiers des usages anciens, conservatisme souligné en 592.16 *sq.*, à propos des formes pourvues initialement de *-ce*, par exemple *hocce* : après la présentation de la situation chez les *uetustissimi*, Priscien observe que cette situation a pour conséquence « l'usage poétique d'allonger *hoc* », avec une citation de Virgile, et poursuit en soulignant que les poètes ne sont pas seuls concernés, mais aussi les orateurs, avec un extrait de Cicéron, *Cat.* 2, 21, en 593.2-5. Les citations données après *antiqui*, *antiquissimi*, etc. contiennent donc des faits linguistiques archaïques *ou archaïsants.* C'est particulièrement manifeste à la fin du livre 11 [2], où, après *antiqui* (574.8), viennent trois exemples, dont l'un de Stace (574.16-17), qui est l'un des auteurs les plus « tardifs » cités par Priscien, comme nous l'avons vu plus haut.

Les exemples grecs

Comme dans l'ensemble de l'*Ars*, le grec est très présent dans les livres 11, 12, 13. Il constitue notamment la référence par rapport à laquelle sont estimés les « manques » du participe latin (qui n'a pas d'équivalent face à *philoumenos* ou à *philêsas*), et, dans le *De pronomine*, Priscien confronte systématiquement les faits latins aux faits grecs, en adoptant même parfois un point de vue d'où il envisage globalement, voire confusément, les données des deux langues [3]. De ce fait, les termes grecs en mention abondent. En outre, Priscien multiplie les correspondances entre le latin et le grec (souvent présentées comme des filiations, et parfois exposées très méthodiquement [4]), et s'appuie sur les traductions en grec de mots ou groupes de mots latins, notamment les doubles traductions : celles-ci mettent en valeur des éléments aussi variés que l'ambiguïté de certains participes latins (quant à la diathèse, 567.12-568.4, ou au temps, 574.8-16), l'ambivalence des termes qui peuvent être employés aussi

1. Dans le livre 12 pour les *uetustissimi* (587.4-11) et dans le livre 13 pour les *ueteres* ou les *antiqui* (7.23-27 et 10.15-17).

2. Ce livre contient, comme les livres 12 et 13, de nombreuses références à la langue des Anciens. Elles n'y sont suivies que deux fois de citations (*cf.* – outre 574.8-19 – le passage sur l'emploi avec sens passif ou sens actif des participes passés de déponents, en 567.15-568.4). Dans les livres 12 et 13 au contraire, il est exceptionnel qu'elles ne soient pas accompagnées de citations.

3. *Cf.* livre 13, en 16.22-23, et note 88 *ad loc.* Révélatrice aussi la formulation de 14.21-22 : « to *emautou* et *sautou*… non habemus, sed pro eis simplicibus primitiuis utimur ».

4. *Cf.*, dans le livre 13, en 3.1-5 ou 4.31-5.6.

bien comme participes que comme noms (562.20-563.8 et 567.6-9), ou encore, dans le domaine pronominal, l'étendue des emplois de *sui*, qui « a le sens non seulement de *heautou* ou *heou*, mais aussi de *autou* ou *hou* », en 584.2-9. Ces multiples correspondances concernent également la terminologie technique, quand Priscien précise un terme latin par son ou ses équivalents grecs, ainsi à propos de la réflexion : « *per reciprocationem*, id est *kat' antanaklasmon* uel *autopatheian* » (584.4-5) [1]. À tout cela s'ajoutent enfin les exemples forgés grecs [2] et les citations littéraires : le *De pronomine* comporte 4 des uns et 8 des autres. Ces dernières, d'Homère (5 de l'*Iliade* et 3 de l'*Odyssée*), sont concentrées dans le passage du livre 13 consacré à l'existence ou non de formes spécifiquement réfléchies (14.18-19.18). Enfin, cet effet d'omniprésence du grec est renforcé par la fréquence des exemples forgés latins traduits d'Apollonius (*Aristophanes Aristarchum docuit… Phemius se docuit… Aiax se interfecit*, 15.11-16) ou influencés par la culture grecque (*fecisti tu Homere… tu uocaris Herodianus… Socrates sum… *Aristophanes ambulas*, *cf.* 12.12-26) [3].

Dans ces références constantes, la langue homérique occupe une place particulière. Elle sert de modèle à Priscien pour expliquer que le réfléchi *sui* puisse avoir parfois un emploi non réfléchi (qui correspond à ce que nous appelons « réfléchi indirect ») [4]. La référence à Homère se fonde sur le fait que, chez ce dernier, les pronoms primaires des trois personnes peuvent être employés chacun avec le sens non réfléchi ou avec le sens réfléchi : comme le relève Priscien en faisant un usage métalinguistique des formes grecques, *eme* peut équivaloir à *emauton* et *hethen* (= *hou*) à *heautou* (14.25-15.5). Ce rapprochement du latin avec le grec homérique est présenté dans un exposé rapide (14.8-15.5), illustré par quatre syntagmes latins élémentaires et deux brèves citations d'Homère. Priscien se fonde là sur les analyses qu'Apollonius a exposées dans son traité *Sur le pronom* [5]. Comme ce dernier, il établit qu'un réfléchi ne peut avoir de nominatif [6], puis il souligne que la relation d'un

1. Cf. *infra*, section 6, sur la terminologie, ainsi que la fin de l'*Index* 3, consacrée à la terminologie grecque.

2. Tous accompagnés de traduction latine, *cf.* 582.5-6 et 583.11 (livre 12); 18.8-9 et 10-11 (livre 13).

3. Voir les observations de portée générale dans le livre 17, *Introduction* : 40-41. Assez nombreux sont les noms de personne dans les exemples forgés, peut-être à cause de l'importance du *nomen proprium* (au sens restreint) dans des analyses où n'est qu'amorcé le mouvement de désémantisation concernant la notion de *persona* : voir *supra*, section 3, *Une notion centrale…*

4. Cf. *supra*, section 4, *Le pronom* sui *et le poids du grec*.

5. *Pron.* 42.11-47.8.

6. La question a déjà été abordée, dans sa globalité, en 5.11-16 : le passage, complexe, prend en compte non seulement le « réfléchi direct », mais aussi le « réfléchi indirect », *cf.* note 36 *ad loc.* Elle sera de nouveau traitée, longuement, plus loin, cette fois avec une approche morphosyntaxique (16.12-18.11).

nominatif à un cas oblique peut s'appliquer indifféremment à « la transition d'une personne à une autre », ou à la réflexion – ce qui est une manière de justifier que les mêmes formes pronominales puissent apparaître dans l'une ou l'autre circonstance, et il situe postérieurement à Homère l'apparition de formes (composées) proprement réfléchies (15.9-28). C'est la traduction d'un développement d'Apollonius [1], avec ses exemples forgés, traduits en latin. Priscien conserve les deux citations d'Homère – dont la première, *eme lusomai*, a d'ailleurs déjà été exploitée plus haut [2]. À ces citations font pendant, dans la suite, deux fois deux courts extraits, de Virgile et de Térence, qui montrent que la situation du latin est semblable (15.28-16.11). Cette similitude est à nouveau évoquée plus loin, en 18.19-19.7, où sont ajoutées 4 citations – plus longues – d'Homère (2 pour le sens non réfléchi, et 2 pour le sens réfléchi), qui figurent non seulement dans le traité *Sur le pronom* d'Apollonius mais aussi dans sa *Syntaxe*. Au terme de son argumentation, Priscien a pu souligner que les emplois de *sui* et de *emautou*, *sautou*, *heautou* sont identiques, à la fois réfléchis et, parfois, « transitifs » (sc. non réfléchis). L'emploi, dans ce passage, de *transitiuus* dans une acception comprenant la *retransitio* [3] – joint à la conception large de la transition, qui peut avoir pour support un pronom aussi bien qu'un verbe – permet d'établir un lien étroit entre pronoms latins et pronoms grecs, à toute époque de l'hellénisme, au-delà même d'Homère.

Les citations littéraires, du livre 11 aux livres 12 et 13

Les livres 11, 12 et 13 de l'*Ars* présentent un certain paradoxe : ce sont les livres sur le pronom qui offrent le plus de citations littéraires, alors qu'ils concernent, à la différence du livre sur le participe, une catégorie close, constituée d'un nombre très restreint d'éléments, quinze, auxquels s'ajoutent seulement quelques composés et termes pourvus d'élément additionnel. Sans doute Priscien aura-t-il visé à l'exhaustivité pour cet ensemble strictement délimité.

Les auteurs cités dans les livres 12 et 13 sont plus variés que dans le livre 11, ce qui peut aller de pair avec leur nombre même. Le point remarquable est que la plupart des auteurs propres aux livres 12 et 13 sont antérieurs à l'époque de Cicéron : Ennius, Caton, Pacuvius, Cassius Hemina, Accius, Fannius, Caelius Antipater. Priscien accorde en effet une grande attention, dans les trois livres, à la langue des Anciens, mais ne l'illustre de façon (quasi) systématique par des citations littéraires que dans le *De pronomine*. Enfin – situation exceptionnelle – dans les livres 12-13, ce n'est pas Virgile qui vient en tête pour le nombre des citations, mais Térence, et de très loin. Ce fait est lié au précédent : Térence, toujours abondamment cité par Priscien (il est en général en seconde position après Virgile, comme au livre 11), présente

1. *Cf.* Schmidhauser 2009 : 172-174.
2. Une inadvertance lui fait déformer la seconde, voir livre 13, note 84.
3. *Cf.* livre 13, note 94.

des archaïsmes – tandis que Virgile offre tout au plus, et sporadiquement, des faits archaïsants.

La plupart des citations produites à l'appui des descriptions morpho-phonétiques ou morpho-sémantiques du livre 11 se trouvent déjà dans les livres 8 à 10, sur le verbe ; même rapport entre les livres 12-13 et les livres 6 et 7 sur le nom. Les divergences de livre à livre suggèrent que Priscien pouvait travailler sur des sources différentes (et ne pas reprendre ce qu'il avait déjà lui-même consigné précédemment).

Très grande est la variété des citations littéraires, de *nubit amicus* (Juvénal) ou *eme lusomai* (Homère) à des vers de Térence aussi complexes que *And.* 401-402 ou 687. De même pour les exemples forgés, du syntagme élémentaire (*amans illum*) aux séries inspirées des chries. Comme à son habitude, Priscien exploite les possibilités des divers types d'exemples en fonction de la nature de son propos. Comme à son habitude encore, il est en matière de citations, notamment pour appuyer des formes rares et/ou archaïques, d'une prodigalité qui contraste à l'occasion avec la sobriété de certaines démonstrations. Cette diversité et cette richesse témoignent de la force probatoire que Priscien accorde à ces exemples. Le nombre des citations illustrant, par exemple, des participes passés de verbes neutres paraît servir à montrer que le latin avait, à époque ancienne, moins de « manques » (par rapport au grec) qu'ultérieurement. Dans une autre perspective, l'abondance des attestations alignées pour les formes de type nominal de *alius* ou *quis* contribue à établir la justesse de la catégorisation de ces termes et de la définition même du pronom. Ces trois livres confirment ainsi le rôle que Priscien accorde aux exemples dans le développement même de l'argumentation.

6. *La terminologie technique*

D'une manière générale, Priscien reprend le vocabulaire élaboré par les grammairiens latins, constitué pour une grande part de termes de la langue commune spécialisés dans des acceptions techniques. Pour les analyses d'ordre morpho-phonétique par exemple, il dispose [1] de : *consonans*, *uocalis* ; *breuis*, *longus* ; *corripere*, *correptus* ; *producere*, *productus* ; *principium*, *principalis*, *incipere* ; *finis*, *finalis*, *(de)finiri*, *desinere*, *exire*, *terminari*, *terminatio* ; *comparari*, *comparatio*. À ce fonds latin s'ajoutent nombre d'emprunts (lexicaux) [2] au grec, pour la plupart totalement intégrés dès les *Artes* du IVe siècle : dans les livres 11 à 13 de l'*Ars Prisciani* sont attestés notamment *syllaba*, *mono-* et *bi-syllabus* ; *diphtongus* ; *digamma* ; *apocopa*, *syncopa*, *synaloepha*, *synaeresis*, *diaeresis*, *anastrophe* ; *euphonia*, *cacemphaton* ;

1. Voir l'*Index* 3.

2. Sur les différents types d'emprunts, voir notamment Nicolas 1996 : 25-46 ; pour le cadre général, voir aussi Biville 2008.

analogia, *anomalus*; *mono-...hexa-ptotum*; *epicoenum* (de même statut dans la métalangue que *commune duum generum*, cf. *GL* 2, 555.25) [1].

Priscien lui-même n'introduit aucun nouvel emprunt lexical au grec. Le « substrat grec de la tradition grammaticale latine, particulièrement réactivé par Priscien » [2] se manifeste chez lui, dans le domaine de la terminologie technique, par la création de calques. C'est le cas par exemple de *inclinatiuus*, correspondant à *egklitikos* [3] : ce néologisme semble destiné à un emploi adjectival (*GL* 3, 14.9), alors que l'emprunt (totalement intégré) auquel *egklitikos* avait donné lieu antérieurement, *encliticus*, est volontiers employé au neutre substantivé pour désigner « un enclitique » (*GL* 2, 595.3 et 4) [4]. On pourrait multiplier les exemples de ces calques sémantiques et/ou morphologiques. Ainsi dans le domaine morpho-sémantique, au livre 13, *coniunctus* reçoit une acception particulière, que *suzugos* présente chez Apollonius (*GL* 3, 18.13); le livre 17, de son côté, offre – en plus de l'adverbe *coniuncte* – le calque morphologique et sémantique *coniugus* ainsi que l'antonyme *inconiugus*, non autrement connus (*GL* 3, 144.7-14). Corrélativement à cette préférence pour les calques, les quelque vingt mots techniques grecs attestés dans les livres 11 à 13 ne font pas partie à proprement parler de la terminologie de Priscien. Ils sont indiqués pour faciliter la compréhension des termes latins qui sont présentés comme leurs équivalents, que ces termes résultent ou non d'une innovation de Priscien lui-même : ainsi, dans le livre 11, *decompositus / parasunthetos* (568.18) et *substantiuum uerbum* [5] / *huparktikon* (550.8-9), et, dans le livre 12, *conformatio / prosôpopoïïa* (587.24).

Un point particulier, aussi important dans le livre 11 que dans les livres 12 et 13, fait ressortir les principes qui guident Priscien dans ses choix terminologiques, et le soin qu'il apporte au métalangage. Il s'agit de la formation des mots non simples. Priscien en distingue quatre types : dérivés, composés, dérivés de composé, mots pourvus d'élément additionnel. Pour marquer d'abord l'origine, il recourt, comme les grammairiens latins qui l'ont précédé, aux formulations usuelles dans la langue commune : *ab / ex... nasci*, *natus*,

1. À quoi il faut ajouter la terminologie de la métrique, qui est presque entièrement d'origine grecque, comme les vers eux-mêmes (hormis le saturnien); en témoignent ici : *metrum*, *dimetrus iambicus*, *sotadeum*, *ionicus*, *trochaeus*.

2. *Cf.* livre 17, *Introduction* : 38 – et plus largement toute la section 9.

3. La correspondance *inclinatiuus / egklitikos* est explicitement indiquée au livre 17, *GL* 3, 141.10. L'adjectif fait partie des nombreux néologismes en *-(t)iuus* créés par Priscien, *cf.* livre 17, *Introduction* : 42 (avec la note 3) et 44.

4. Sur les indications, éparses, que Priscien donne de l'accent de mot en latin, voir livres 14-16, *Introduction* : 25-28. Dans les livres 11 à 13, aux termes usuellement employés (*accentus acutus*, *acui*; *grauari*; *circumflecti*) s'ajoute l'hapax *rectus accentus*, calqué sur *orthos tonos* et éclairé, dans le texte même du livre 13, *GL* 3, 14.8-9, par *orthotonoumenos* (*cf.* note 75 *ad loc.*).

5. Si important pour des analyses telles que celle de 564.30-565.3, où la formule employée dans le livre 8, "*sum*" *uerbum* (*GL* 2, 414.14), serait inopérante.

genitus; *oriri*; *uenire*; *proficisci*; *fieri*[1] (également *ab... esse* ou encore *ab... proferre* cf. *GL* 2, 568.8-10). À cela s'ajoute un lot de vocables spécialisés dans un sens technique, notamment *componi*, *compositus*, *compositio*[2] et *deriuari*, *deriuatus*, *deriuatio*, complété par des termes spécifiquement grammaticaux tels que *deriuatiuus*, *(de)uerbalis*, *participialis*, etc. Pour l'analyse détaillée des composés[3] Priscien se conforme à la conception traditionnelle, selon laquelle chacun des deux membres d'un composé est soit intact, soit altéré (*integer* vs *corruptus*). En outre, s'il juge nécessaire de préciser ou d'éclairer son propos, il recourt volontiers au grec. Ainsi, dans le livre 11, en 568.17-23, où sont présentés les deux types de formation de participes, les « simples » (*simplicia*) et les « dérivés de composés » (*decomposita*), ce dernier terme est accompagné de *parasuntheta*, que Priscien a calqué[4], et aussi de la périphrase définitionnelle *a compositis uerbis deriuata* (avec l'exemple *efficiens*, de *efficio*). Il s'agit en effet de bien marquer la différence entre des composés, comme *innocens*, qui supposent une forme de base autonome, *nocens* en l'occurrence, et les dérivés de composés, comme *efficiens*, qui, en l'absence de la forme autonome **ficiens*, dérivent du composé *efficio*.

La démarche est la même dans le long chapitre *de figuris* du livre 12 (589.9-596.16), qui établit une distinction nette entre pronoms composés (*istic*[5]; *idem* et *identidem*; *meme*, *tete*, *sese*; *eccum*, *eccam* etc.; *mecum*, etc.) et formes augmentées (en *-met*, *-te* ou *-temet*, *-pte*, *-ce*). Aux désignations déjà nombreuses pour ces éléments additionnels (*additio*, *adiectio*, etc.) Priscien ajoute, en 590.26-591.1, des termes plus adéquats pour des éléments finaux, *porrectio uel assumptio*, inspirés de *epektasis* et *paragôgê*[6]. La valeur sémantique dégagée en 591.24-592.2 pour *-met* et *-te* est précisée par l'équivalence *discretio* / *diastolê* dans le développement du livre 13 (14.12-14) où Priscien compare les pronoms latins et grecs, notamment dans leur manière d'exprimer *significantia uel discretio*.

Les livres 11 à 13 réservent par ailleurs à la syntaxe une place remarquable dans cette partie de l'*Ars* consacrée en principe à l'examen des différentes *partes orationis* l'une après l'autre. Bien des développements constituent en fait l'esquisse d'analyses syntaxiques qui seront reprises et détaillées dans les livres 17 et 18 – conformément à ce qui est annoncé vers le début du livre 11 :

1. L'actif correspondant, *facere*, est également employé, cf. *GL* 2, 558.17-19. Pour la formulation de 565.28-566.1 et 566.9-10, voir livre 11, note 110.

2. *Compositio* est également employé, sporadiquement, dans un autre sens spécialisé, pour une combinaison syntagmatique, dans l'énoncé, ainsi en *GL* 2, 555.2; de même, au livre 17, *GL* 3, 111.17-19. Cela est conforme à la situation de *sunthesis* – dont il est le calque sémantique – chez Apollonius.

3. Voir livre 12, en 589.30-590.1 et note 82 *ad loc.*

4. Le calque est introduit, et justifié, à propos des « figures » du nom, au livre 5, en *GL* 2, 177.10-13.

5. L'absence d'aspiration intérieure fait toutefois problème : *cf.* note 86 *ad loc.*

6. Voir la note 87 *ad loc.* Le second terme grec est repris quelques lignes plus loin, en 592.14.

Priscien renvoie à ces livres pour l'analyse de la *dispositio uel constructio* [1]. Ces deux termes visent à rendre compte de la complexité notionnelle du terme grec *suntaxis*, pour lequel l'*Ars* offre de nombreux correspondants, approximatifs et complémentaires : *ordinatio*, *structura*, *iunctura*, etc. Parmi eux le calque sémantique *constructio*, présent dans le livre 11 et dans le livre 13, a une certaine prééminence, du fait que c'est lui qui donne leur titre aux livres 17 et 18, en écho à celui du traité d'Apollonius, *Peri suntaxeôs* [2]. La théorie syntaxique n'est explicite qu'à partir du livre 17, où la *constructio* est présentée comme un assemblage d'éléments produisant du sens [3], mais elle affleure dans les livres 11 à 13. Au moins en effet à un premier niveau, cet assemblage est adéquat, et par là aboutit à un énoncé satisfaisant par sa complétude, s'il respecte les exigences respectives des éléments assemblés, c'est-à-dire s'il respecte ce que « réclament » les *accidentia*, comme faisceaux de traits caractéristiques, des parties du discours concernées. Ces exigences sont précisément évoquées dans le livre 11 (cf. *nomina… uolunt*, en 553.8-9, ou *uerba desiderant*, en 555.16-17), et l'assemblage lui-même est mis en relief grâce à un large recours aux mots de la famille de *iungere* « joindre », avec l'appoint occasionnel de *copulari*, *(as)sociari* et *addere* [4]. Sont employés (à l'actif et au passif) indifféremment verbe simple et préverbé en *ad-* ou *con-* [5] – avec parfois un souci manifeste de *uariatio*, ainsi en *GL* 2, 553.8-11, *adiungi… coniungi… adiungitur… coniuncta* – et les abstraits correspondants, *iunctura* et *adiunctio* [6]. Appartenant à la langue commune, ces verbes et ces substantifs ont d'autres emplois, soit dans un sens général [7], soit dans une acception plus ou moins spécialisée, pour des relations non syntagmatiques [8] ou non exclusivement syntagmatiques [9] – sans que cette polyvalence entraîne

1. « Mais de ces questions, nous tâcherons de parler plus abondamment, si dieu me l'accorde, quand nous traiterons de l'organisation, ou construction, des parties du discours (*dispositione uel constructione partium orationis*), c'est-à-dire de la *syntaxe* » (550.17-19).

2. *Cf.* livre 17, notes 1 et 299.

3. Cf. *GL* 3, 107.23-109.3 (108.16-109.3 notamment) et *Introduction* du livre 17, section 5.

4. *Copulari* dans le livre 13 (17.2 et 22.16), de même que *sociari* (14.11) ; *associari* dans le livre 11 (550.13), ainsi que, dans le livre 12, *addam* (578.6) – le verbe *addere* étant usuel surtout dans les analyses morphologiques ou phonétiques.

5. Le préverbé en *sub-*, quant à lui, voit son sens se spécialiser au fil de l'*Ars*. La spécialisation corrélative de *subiunctiuus* a une incidence sur la désignation de *ipse*, qui est calquée sur *epitagmatikos* (appliqué à *autos*) : alors que, au livre 12, ce pronom est dit *impositiuus uel subiunctiuus* (580.13), au livre 17, il est présenté comme *(additiuus uel) appositiuus* (*GL* 3, 179.25-180.10 et 206.19-20) – ce qui a l'avantage de réduire la polyvalence de *subiunctiuus*. *Cf.* livre 17, notes 23, 35 et 277 ; livre 18, note 181.

6. *Coniunctio*, lui, désigne dans toutes les occurrences des livres 11 à 13 la *pars orationis* de la « conjonction », à la seule exception de *GL* 2, 554.19-20, où il a le sens non technique de « lien, affinité ». Notons qu'en *GL* 3, 13.12, c'est le verbe *coniungi* que Priscien choisit pour désigner les associations où interviennent des *coniunctiones* (cf. *siue disiungantur seu copulentur* à la ligne suivante, et les exemples avec *uel* ou *et*).

7. Par exemple *adiunctio* en 551.13.

8. Par exemple *associatur* en 555.28-556.1 ; *adiungitur* en 590.26 et 591.1 ; *coniunctus* en 557.2 ou *GL* 3, 18.13.

9. Dans la théorie de la *conceptio* des personnes, 584.23-585.7.

d'ambiguïté. Un autre verbe largement polysémique peut être employé avec une acception spécialisée dans l'analyse syntaxique : *sequor*, qui apparaît cinq fois en *GL* 2, 550 avec l'accusatif d'un nom de cas dans le sens de « se construire avec » (probablement développé à partir de « suivre, s'attacher à », comparable à celui de *seruire* et datif, « être soumis à », attesté en *GL* 2, 594.16-17) – et *uerborum consequentia*, en 550.20, s'applique à la construction des verbes [1].

Dans son approche de l'énoncé, Priscien, comme Apollonius, accorde une importance particulière à la transition, ou transitivité, c'est-à-dire à la présence d'un transfert entre personnes (*transitio personarum*) – transfert qui peut avoir des supports variés, verbe ou participe, pronom possessif, préposition notamment [2]. Pour les besoins de la description, Priscien a fait de *transire* et *transitio* les calques sémantiques de *metienai* et *dia-/meta-basis*, et il y a adjoint les adjectifs *transitiuus* et *intransitiuus* (et adverbes en *-e*). Les adjectifs grecs *metabatikos* et *ametabatos* auxquels correspondent *transitiuus* et *intransitiuus*, sont précisés dès les premières pages du livre 11, dans un passage où Priscien prend en outre le soin de définir la notion de verbe (in)transitif [3]. Les termes *transitiuus* et *intransitiuus* (ou la formule équivalente *in se manens*) peuvent être appliqués, comme là, aux verbes, mais aussi aux constructions et aux personnes, ainsi qu'aux cas [4]. Dans la conception de Priscien, la *transitio* est inhérente aux pronoms possessifs : tout possessif porte en effet référence à deux *personae* différentes, le *possessor* (dans sa partie initiale, *intrinsecus*) et la *possessio*, personne ou objet possédé (dans sa partie finale, *extrinsecus*) [5].

Ce groupe constitué à propos de la transitivité s'étend encore avec les innovations terminologiques que sont les néologismes *retransitio*, *retransitiuus* et *retransitiue*, qui permettent de rendre compte d'une manière précise [6] du passage d'une personne à une autre suivi, en retour, du passage de

1. Sur la complexité notionnelle de *consequentia*, voir livre 17, note 51.

2. *Cf.* livres 14-16, *Introduction* : 23-24 ; livre 17, *Introduction* : 24 et 29-31, ainsi que 41-42 et 44 pour le détail de la terminologie.

3. 552.24-29 : *intransitiuum, id est ametabaton, hoc est in sua manens persona…* ; *metabatika… id est transitiua, quae ab alia ad aliam transeunt personam* (puis, avec une formulation un peu différente : *ab alia persona ad aliam transit uerbi significatio*).

4. Pour les constructions et les personnes, *cf.* 555.2-3 : *quae compositio intransitiua est, hoc est ipsam in se manere ostendit personam* ; pour les cas, *cf.* 555.6-13.

5. *Cf.* livre 12, en 582.26-27 : *possessiua necessario in duabus diuersis intelleguntur personis et sunt transitiua.* Par exemple dans *tuus sum* « je suis tien », se réalise une *transitio* de la 2e personne (*tu-*) à la 1re (cf. *-us sum*), dans *tuus est* « il est tien », de la 2e (*tu-*) à la 3e (cf. *-us est*), et ainsi de suite, ce qui fait l'objet d'un examen détaillé en 582.23-583.25.

6. En *GL* 3, 17.1 et 18.6, à propos du pronom *sui*, *transitiuum* est employé dans un sens large, englobant la rétro-transitivité (le terme spécifique, *retransitiuum*, apparaît en 17.16) ; cela permet de présenter le pronom latin *sui*, globalement, comme réfléchi et transitif, ce qui facilite son rapprochement avec les pronoms grecs *emautou*, *sautou*, *heautou*, présentés eux aussi comme réfléchis et transitifs, 18.5-11. *Cf.* note 94 du livre 13.

cette dernière à la personne initiale [1], c'est-à-dire du mécanisme impliquant ce que nous appelons un réfléchi indirect. Cet usage, qui n'était pas obligatoire en grec, à la différence du latin, n'avait pas été théorisé par les grammairiens grecs. Priscien, constituant sa propre terminologie, l'a intégré à la famille de *transitio*.

À la transitivité s'oppose la réflexivité, qui exclut le passage de personne à personne, puisque c'est toujours la même personne qui est en cause [2]. Pour cette réflexivité, Priscien use des termes traditionnels dans les écrits grammaticaux latins, à savoir *reciprocus* (proprement « mutuel, réciproque ») et ses dérivés (*reciprocari*, *reciprocatio*), qui indiquent un double mouvement, comme les vocables grecs de la famille de *antanaklasthai* (*antanaklastos* [3], *antanaklasmos*), fondés sur la métaphore de la « réflexion ». Priscien a tiré de ces termes grecs les calques sémantiques *reflecti* et *-ere*, *refringi* et *-ere*, *refractiuus*, qu'il emploie d'ailleurs plutôt rarement. Il leur a adjoint les néologismes de facture originale *sui passus* et *sui passio*, qui calquent les termes grecs *autopathês* (renouvelé en *idiopathês* [4]) et *autopatheia* – antonymes de *allopathês* et *allopatheia* [5]. Ces créations ont l'avantage d'être motivées (par l'évidence de leur relation au verbe *pati*) et d'évoquer la situation diathétique. Dans les livres 11 à 13 n'est attesté que *sui passio*, une seule fois [6], alors que les livres 17 et 18 présentent plusieurs occurrences de ces néologismes remarquables. Souvent les équivalents apparaissent dans des séquences quasi stéréotypées où ils se glosent mutuellement, ainsi dans le livre 12, en 584.4-5, à propos du pronom réfléchi *sui* : *ipsa* (sc. *tertia persona*) *in se agit per reciprocationem, id est kat' antanaklasmon uel autopatheian* [7]. Enfin les termes *composita* et *simplicia*, désignations des pronoms réfléchis et non réfléchis adaptées à la morpho-syntaxe du grec, apparaissent à propos du latin quand Priscien, comme il le fait souvent dans les livres sur le pronom, prend en compte globalement les faits grecs et latins – ainsi dans le livre 13 :

1. *GL* 2, 584.6-7 : *<persona> ipsa agit et sic alia in ipsam.*

2. *GL* 3, 14.19-20 : *ipsa in se actum reflectit persona ut eadem sit et agens et patiens.* Cela étant, une analyse telle que celle de *Phemius se docuit* en *GL* 3, 15.14-17, *docendi… transitio non ad alteram fit personam sed ad ipsum Phemium reciprocatur*, laisse affleurer une conception plus large, où la réflexivité est traitée comme un cas particulier de la transitivité : cf. *supra*, section 3, *Une notion centrale…*.

3. Sur la formule *antanaklastos prosêgoria* (*GL* 2, 548.15-16) voir *supra*, section 3, p. 20, note 1.

4. L'emploi de ce mot, comme synonyme de *autopathês*, est sans doute en rapport avec l'évolution qui fait, en grec tardif, de *ho idios* un équivalent de *ho autos*.

5. Il est un autre composé en *-patheia* employé dans un sens technique par Apollonius (pour des domaines n'ayant aucun rapport avec la diathèse) et calqué par Priscien : *sumpatheia / compassio*. En *GL* 2, 550.4-8, *compassio* concerne l'affinité entre cas.

6. *GL* 3, 17.15-16 : *reciprocum, id est sui passionem significans.*

7. De même, au livre 17, à propos des pronoms grecs, composés et simples, *idiopathê uel antanaklasta… id est sui passa uel a se patientia siue refractiua translatiue a corporibus quae in se refringuntur* et *allopathê… id est extrinsecus passionem facientia uel patientia, ut* doceo te, doceor a te (*GL* 3, 176.16-20).

« c'est donc à bon droit que nous, qui en de très nombreuses occasions avons conservé ce qu'il y a de plus ancien dans le grec, s'agissant des pronoms également, nous suivons l'autorité d'Homère en employant les simples au sens des composés aussi » (15.28-16.2 ; voir aussi 14.21-24).

Les quelques éléments qui précèdent montrent comment Priscien procède pour se créer un outil terminologique efficace, surtout dans les domaines de la sémantique et de la syntaxe, où les besoins étaient les plus importants [1]. S'inspirant de la terminologie développée par la grammaire alexandrine, Priscien enrichit le vocabulaire technique latin traditionnel en créant des néologismes (cf. *sui passio*), mais surtout en multipliant les calques sémantiques, comme *constructio* ou *transire*, *transitio* ; ces derniers, avec les néologismes *(in)transitiuus* et *(in)transitiue*, constituent un noyau auquel viennent s'agréger les néologismes propres à rendre compte de la « rétro-transition » (*retransitio*, *retransitiuus* et *retransitiue*), d'où un ensemble aux éléments clairement motivés. Pour décrire l'énoncé conçu comme assemblage, ce sont surtout les mots à radical *iu(n)g-* qui sont mis à contribution. Certains sont spécialisés dans des acceptions particulières (comme le traditionnel *coniunctio*). Pour les autres, plus ou moins polyvalents (tel *coniunctus*), Priscien veille à ce que cette polyvalence ne crée pas d'ambiguïté. L'apport, considérable, des grammairiens alexandrins dans le domaine notionnel et terminologique serait masqué, étant donné le parti adopté par Priscien (*in Latinum transferre sermonem*, *GL* 2, 2.4) – qui exclut les emprunts lexicaux –, si le développement n'était émaillé de références explicites aux Grecs et à leur terminologie [2].

7. *Sources et antécédents*

Le participe : sources grecques

Le livre 11 s'ouvre par une référence à Tryphon, suivie d'un hommage à Apollonius, *maximus auctor artis grammaticae* (548.5-7). Cette filiation revendiquée est cependant difficile à préciser, non seulement pour Tryphon, dont il ne reste que de trop minces fragments [3], mais également pour Apollonius. Au début de sa *Syntaxe* (1, 21), dans son énumération des différentes parties du discours, celui-ci renvoie au traité qu'il a écrit sur le participe, *Peri metokhês*, qu'il cite à nouveau par la suite, une fois sous la même forme (3, 190), deux fois au pluriel (*Peri metokhôn*, 1, 107 ; 4, 51). Ce traité ne nous est pas parvenu, mais il est vraisemblable que Priscien en avait connaissance. Les commentateurs d'Apollonius jugent en tous cas que la doctrine présentée dans le livre 11 de l'*Ars Prisciani* reproduit celle de ce traité d'Apollonius [4]. Cette conclusion, certainement juste pour l'essentiel, est

1. *Cf.* Keller (à paraître).
2. Voir les formules du type *x quod Graeci / Apollonius y uoca(n)t…*
3. Réunis par A. von Velsen (1853).
4. *Cf.* Lallot (1997, 2 : 24, note 78) : « Le traité *Du participe* d'Apollonius est perdu, mais son contenu nous reste accessible dans le livre XI de Priscien », et voir Matthias 1887 : 600-601.

à manier avec précaution dans le détail : de nombreux exemples montrent que Priscien prend à l'occasion toutes sortes de libertés avec l'héritage dont il se réclame [1]. En outre, elle conduit à chercher circulairement chez Priscien lui-même des témoignages des emprunts qu'il a pu faire à Apollonius. Les seuls témoins de ce que le livre 11 doit au grammairien alexandrin sont en réalité les quelques éléments de la *Syntaxe* qui concernent le participe, et les scholies à la *Tekhnê*, qui reproduisent en général la doctrine d'Apollonius [2]. Ces éléments concernent surtout la première partie du livre 11, consacrée aux problèmes généraux du participe. Comme on l'a vu dans la présentation du plan de ce livre (*supra*, section 2), cette partie en quelque sorte théorique porte dans un premier temps sur la place et le statut du participe (constitue-t-il ou non une partie du discours autonome ?), avec une critique de la position stoïcienne, suivie du point de vue contraire des grammairiens, partisans de l'autonomie (548.2-551.10). Un second temps permet à Priscien d'articuler la question du nom du participe à une réflexion plus générale sur le rapport que les deux parties du discours « principales », nom et verbe, entretiennent avec les autres, « qui en dépendent », mais qui n'en sont pas moins légitimes (551.10-552.20). Enfin un troisième temps présente la « raison d'être » du participe, comme forme de substitution dans les relations de type prédicatif où le verbe ne peut figurer (552.21-555.19). Sur ces différents points, les éléments présents dans la *Syntaxe* d'Apollonius et les scholies à la *Tekhnê* montrent l'importance de la dette de Priscien.

La place même du participe en troisième position, après le nom et le verbe – problématique qui conditionne toute la partie théorique du livre 11 –, vient, comme on l'a vu, de la tradition alexandrine [3]. L'un des pivots de l'argumentation de Priscien repose sur l'exploitation du nom du genre neutre [4] (lat. *neutrum*, gr. *oudeteron*, « ni l'un ni l'autre »), qui définit ce genre comme n'étant ni le masculin ni le féminin, et justifie par là sa place après les deux autres. Ce *neutre* constitue sur le mode négatif le modèle du rapport positif entretenu par le participe avec les deux parties du discours principales, nom et verbe : le *participium* est ainsi nommé, comme le grec *metokhê* dont il est le calque, parce qu'il cumule des propriétés du nom (genre et cas) et du verbe (temps et voix) – et donc leur succède dans l'ordre des parties du discours. Ce parallélisme entre *neutre* et *participe* est présent dans la *Syntaxe* d'Apollonius (1, 22), où il permet de la même façon de rendre compte du rang du participe, et par là de son rapport aux deux parties du discours « principales ».

1. Voir par exemple livre 17, *Introduction* : 25-29 ; livre 18, *Introduction* : 15-19 ; et ci-dessus, section 3, *Quis / qui et les termes assimilés...*

2. *Cf.* Lallot (1997, 2 : 24, note 78), à la suite du passage précédemment cité : « sur ce point comme sur d'autres, la doctrine d'Apollonius doit être assez fidèlement reflétée dans les scholies à la *Technè* ». Voir sur ce point les fragments du traité perdu d'Apollonius rassemblés par Schneider, *GG* 2/3, 122-129.

3. Voir *supra*, section 1, ainsi que la note 1 du livre 11.

4. *Cf.* 552.14-17.

L'ensemble, qui chez Priscien constitue le point de vue des grammairiens sur l'autonomie du participe et la légitimité de sa place dans l'économie générale des parties du discours, provient donc à coup sûr d'Apollonius – comme le confirment les réflexions de ce dernier sur la préséance du nom et du verbe sur les autres parties du discours [1]. Par ailleurs, le troisième temps de la partie théorique du livre 11, sur l'utilité du participe comme forme de substitution, remonte lui-même au traité d'Apollonius sur le participe dès lors que ce dernier affirme dans la *Syntaxe* (1, 21) qu'il a « abondamment montré » dans ce traité que la transformation des verbes en formes pourvues de cas et de genres était une nécessité « quand les verbes ne peuvent assurer une relation cohérente ». Cette « relation cohérente » (*katallêlotês*) correspond au développement de Priscien sur la relation du verbe avec un nominatif, et sa transposition lorsque le nom concerné passe à un autre cas. De même, l'autre transposition envisagée par Priscien, lorsque le participe se substitue à un verbe en l'absence de coordonnant, est évoquée par Apollonius dans le second passage de la *Syntaxe* où il fait référence à son traité sur le participe (1, 107). Et, dans le cadre de cette dernière transposition, le développement sur la construction de deux prédicats sans conjonction, symétrique de la combinaison de deux noms sans conjonction, apparaît déjà dans les scholies (*Marc.* 415.29-416.7, et *cf.* 416.15-21).

Plus généralement, l'influence du modèle grec dans cette première partie du livre 11 paraît se manifester surtout par l'attention que Priscien porte à la syntaxe, comme on le voit à propos du participe comme substitut de verbe, notamment dans le cadre de relations de type prédicatif. Cette conception du participe, présente jusque dans la définition qui en est proposée, de partie du discours employée *pro uerbo* (552.18), apparaît dans les scholies (*Marc.* 415.27-28), et l'insistance de Priscien sur l'affinité syntaxique entre verbe et participe, ce dernier se construisant comme le verbe dont il est issu (550.1-3), fait écho au passage de la *Syntaxe* (3, 190), où Apollonius développe ce même point en renvoyant au *Peri metokhês*. Symétriquement, les remarques de Priscien sur le passage d'une forme participiale à la catégorie nominale si elle ne conserve pas la *construction* du verbe dont elle est issue (550.20-27), avec l'exemple d'*amans*, selon qu'il est suivi d'un accusatif ou d'un génitif, ont un parallèle dans la *Syntaxe*, 1, 123, avec la forme synonyme *erômenê*, participe si elle est construite avec *hupo* et le génitif, nom si elle est associée au seul génitif.

Enfin, ce qui constitue comme l'arrière-plan de cette partie théorique, c'est-à-dire l'analogie des rapports du participe avec le verbe, du pronom avec le nom, en tant que formes de substitution (553.7-11), figure également dans une scholie (*Hel.* 77.4-16).

1. Cf. *Synt.* 1, 14 et 36, ainsi qu'*Adv.* 121.4-13.

Au moins dans ses grandes lignes, la partie théorique du livre 11 est donc issue d'Apollonius – quoiqu'il reste impossible, en l'absence du traité de ce dernier, d'apprécier le poids relatif accordé à chaque élément de l'argumentation. L'intervention de Priscien sur ce point peut n'avoir pas été négligeable, comme le laisse également penser le fait qu'il a introduit des éléments qui lui sont propres – ainsi de la réflexion sur les noms qui désignent une substance divisible ou indivisible (553.25-554.11) [1].

Dans la deuxième partie du livre 11, consacrée à l'étude des *accidentia*, l'objectif de décrire la morphologie du latin a conduit Priscien à développer une analyse autonome. L'influence d'Apollonius n'apparaît que sur quelques points généraux, du moins quand l'état fragmentaire de sa tradition directe le laisse percevoir. Ce n'est pas toujours le cas : le nombre des accidents du participe chez le grammairien alexandrin ne peut ainsi être établi avec certitude. Priscien de son côté en retient six (genre, cas, voix, temps, nombre, figure, 555.21-22), mais les scholies ajoutent l'espèce (primaire et dérivée) et la classe flexionnelle (ou *suzugia*) [2]. Il est difficile de savoir qui est le plus proche d'Apollonius sur ce point. Priscien partage assurément avec son modèle grec le constat qu'il n'existe pas de participe en l'absence d'un verbe qui lui préexiste (549.4-5 et 552.18-19 [3]). Cela paraît impliquer qu'il n'y a pas de participe primaire, et donc que l'accident de l'espèce n'a pas de sens, mais certaines scholies soutiennent le contraire [4]. En ce qui concerne les autres *accidentia*, les points de convergence avec Apollonius sont ponctuels, et souvent partiels. Par exemple, Priscien défend la thèse des *tempora coniuncta* du participe et de l'infinitif (557.2-4 et 564.20-24) : ceux-ci auraient, comme les formes verbales personnelles, un présent et un imparfait, un parfait et un plus-que-parfait, mais avec à chaque fois une seule forme, valant solidairement pour les deux temps. Cette idée apparaît chez Apollonius (*Synt.* 3, 29 et *Adv.* 123.26-124.7), mais seulement à propos du présent et de l'imparfait. De même, à propos de la valeur modale du participe, Priscien établit un parallèle avec l'infinitif, et soutient que ce dernier peut être employé « avec la valeur de n'importe quel mode » (554.20-21), ce qu'il s'emploie ensuite à montrer pour chaque mode (554.21-23), y compris pour le subjonctif. Des observations comparables sur l'infinitif se trouvent chez Apollonius (*Synt.* 1, 51 [5]), mais aucune des substitutions proposées ne concerne le subjonctif. De même encore, à propos de l'accident de la figure (568.16-26), la description de Priscien suppose qu'il existe des participes composés de manière indépendante de leur verbe, ce qui n'a pas de parallèle dans la tradition grecque [6].

1. Cette réflexion semble liée à l'arrière-plan néoplatonicien de Priscien : Callipo 2015.

2. Cf. *Vat.* 255.25-256.7 ; *Marc.* 417.15-17.

3. Et *cf.* Apollonius, *Adv.* 143.6-9.

4. Voir livre 11, note 10.

5. Voir aussi, pour ce point sur lequel insiste Apollonius, *Synt.* 3, 25 et 3, 61.

6. Voir livre 11, note 121, et *cf.* Apollonius, *Synt.* 4, 50-51. Choeroboscus, *GG* 4/2, 299.30-300.3 admet une forme composée à partir d'un participe (*aekôn*, composé à partir de *ekôn*), mais il

L'absence du *Peri metokhês* empêche d'apprécier dans le détail l'ampleur de ces écarts par rapport à la doctrine d'Apollonius.

Le participe : antécédents latins

Dès les débuts de la littérature grammaticale latine, le participe jouit, dans l'œuvre de Varron, d'une place avantageuse, en association avec trois autres parties du discours : nom, verbe et adverbe. Il figure en effet dans un découpage quadripartite plusieurs fois évoqué dans ce qui nous reste du traité *Sur la langue latine*[1]. Ce découpage est le produit de critères qui permettent à Varron de classer, pour les comparer, mots premiers et mots dérivés, dans une conception germinative du langage selon laquelle, à partir de formes premières, des formes nouvelles sont nées et continuent à naître. Le lexique procède ainsi d'un engendrement permanent, où Varron fait apparaître des souches lexicales aptes à des variations en cas (les noms), en temps (les verbes), en l'un et l'autre à la fois (les participes), ou ni en l'un ni en l'autre (les adverbes). Dans cette perspective, le participe est moins une catégorie de mots qu'une catégorie de formes dérivées – dès lors qu'il n'y a pas de participe sans verbe préexistant. Le point de vue de Varron revient par là à embrasser l'ensemble des mots, premiers et dérivés, pour observer, en faisant jouer différents critères, leur ventilation en catégories. Le participe résulte de ce processus, qui en fait moins une classe fermée d'éléments répertoriés que la manifestation vivante d'un principe de dérivation.

Dans la littérature grammaticale ultérieure, cette répartition dynamique cède le pas à un découpage typologique du lexique – tel est le rôle dévolu à l'approche en *partes orationis* –, dont il est admis sans guère de débats que les catégories, figées dans leurs caractéristiques propres, sont originelles dans le langage. Elles constituent le cadre fondamental et intangible de l'analyse des textes, expression par excellence de la langue latine. Le classement du lexique ainsi conçu conduit à minimiser toute considération généalogique du participe, réduite au simple rapport de telle forme avec tel verbe, les grammairiens latins soulignant en revanche de façon marquée son caractère hybride, en tant que composé d'éléments de nature hétérogène.

Dans la définition qui ouvre traditionnellement le chapitre sur le participe, son étymologie, *partem capere* « prendre part », est assez transparente pour servir ainsi d'arrière-plan à l'affirmation du caractère mixte du participe. Si Quintilien, le premier chez qui apparaît sans ambiguïté le mot *participium*, parle d'un *mixtum uerbo* « mêlé de verbe » (*IO* 1, 4, 19), les artigraphes s'efforcent d'assurer l'indépendance de ce mixte en le plaçant à égale distance du verbe et du nom, par une formule du type *dictio originem trahens a nomine*

s'agit d'une forme dont le verbe n'existe pas, tandis que les participes *effractus* et *contactus* sont présentés comme composés de *fractus* et de *tactus* alors même que *effringor* et *contingor* existent.

1. Cf. *LL* 6, 36 ; 8, 44 et 58 ; 10, 17…

et a uerbo « mot tirant son origine du nom et du verbe » (Dosithée, 38.2-3 B.). Diomède, contemporain de Dosithée, cherche à être plus précis en indiquant que le participe est ainsi appelé parce que cette partie du discours « participe de la valeur des deux parties prééminentes dans l'ensemble de la langue, le nom et le verbe » (*GL* 1, 401.11-12 [1]). C'est une manière d'étoffer l'économique formule de Donat, *pars orationis partem capiens nominis, partem uerbi* « une partie du discours participant du nom et du verbe » (*Min.* 597.5 H.).

Les prédécesseurs de Priscien passent directement de cette définition aux *accidentia*, présentés selon le double héritage attribué au participe : deux de son ascendance nominale (le cas et le genre), deux de son ascendance verbale (le temps et la voix), et deux qu'il tient des deux côtés à la fois (le nombre et la figure). Rares sont les grammairiens qui rompent cet équilibre – toujours alors au profit de la part verbale. Diomède ajoute ainsi la *qualitas* du verbe et ses quatre modalités, absolue, inchoative, fréquentative, désidérative (*GL* 1, 401.12-21).

Parmi ces accidents, la plupart, déjà bien cernés dans les chapitres consacrés au nom et au verbe, ne présentent pas de difficultés et ne sont que brièvement évoqués, quand ils ne sont pas l'objet d'un simple renvoi à ces développements antérieurs [2]. Plus détaillés sont les accidents du temps et de la voix, pour lesquels le participe pose des problèmes particuliers. Les deux sont étroitement associés, dès lors que les temps diffèrent selon la voix : il y en a trois pour les déponents et les communs (présent, passé, futur, avec quatre participes, le futur se dédoublant en diathèses active et passive), mais deux pour les actifs (présent et futur) ou les passifs (passé et futur). Cette répartition délicate est traitée avec plus ou moins de détails et de clarté, et l'attention se porte presque toujours sur les verbes, pourtant en nombre très réduit, que nous appelons semi-déponents (*infectum* de morphologie active, mais *perfectum* de morphologie passive), du fait du panachage morphologique de participes qui tous relèvent de la même diathèse.

Cette présentation du participe dans la tradition artigraphique s'achève par un traitement de pure identification. Il s'agit de distinguer les participes de certaines formes qui s'en rapprochent par quelque trait. C'est le contenu de la seconde partie de l'exposé de Donat, après l'examen des accidents (*Mai.* 645.13-646.10 H.) : les participes peuvent être formellement identiques à tels ou tels substantifs ou adjectifs, et des critères sont mis en place pour les distinguer.

Ces antécédents latins montrent par eux-mêmes que Priscien n'y a puisé que de façon très limitée. Certains parallélismes relèvent de pratiques pédagogiques usuelles, comme la chrie, dont Priscien fait volontiers usage

1. *Pars orationis dicta quod duarum partium quae sunt eximiae in toto sermone, uerbi et nominis, uim participet.*

2. Ainsi Diomède, *GL* 1, 401.24-26, pour le genre, le cas et le nombre.

(553.2-4; 554.15-18; 555.5-13)[1], sans qu'on puisse y voir la trace d'une influence particulière. Un seul nom de grammairien latin apparaît par ailleurs dans le livre 11, Caper (561.10), à propos de verbes impersonnels attestés chez les anciens auteurs dans des tournures personnelles. Priscien fait plusieurs fois référence dans l'*Ars*[2] à ce célèbre grammairien antiquaire du IIe siècle, dont il ne nous reste que des mentions et citations éparses. On ne sait en revanche s'il le consultait directement, pour l'accès commode et synthétique que celui-ci donnait aux auteurs d'époque républicaine auxquels il paraît s'être consacré, ou si Caper n'était pour lui qu'une référence transmise dans des recueils plus récents. D'autres éléments semblent trahir une source intermédiaire, notamment la citation de Laevius (560.23). De même, la curieuse liste, très étoffée, des dérivés en *-tus* (562.13-563.2), en germe ailleurs[3], est peut-être issue d'une fiche alimentée par des traités à la riche morphologie, du type des *catholica* de Probus, voire par ces petites saynètes thématiques destinées à l'apprentissage du vocabulaire latin par des élèves grecs, les *hermeneumata*, dont certaines ont été conservées. Il est finalement moins incertain de relever que, du point de vue de son organisation, l'ample exposé de Priscien aborde les cas particuliers d'identification des participes au fil de l'argumentation, et non regroupés à la fin, comme Donat en avait imposé l'habitude. Sur ce point comme sur d'autres, Priscien fait figure d'anti-Donat.

Le pronom : sources grecques

Priscien réaffirme dans le livre 12 sa filiation par rapport à Apollonius, *quem nos, quantum potuimus, sequi destinauimus* [que nous nous sommes fixé pour objectif de suivre autant que possible, 584.20-21]. S'agissant du pronom, le traité du grammairien grec, *Peri antônumias*[4], à peu près intégralement conservé, offre une des rares occasions de comparer le texte de Priscien et celui de son modèle. Cette comparaison n'est pas simple. Rapprocher les deux textes expose en effet constamment à deux écueils : tenter de retrouver chez Priscien la doctrine que l'on croit pouvoir déceler chez Apollonius, au risque de solliciter à l'excès le texte latin, ou interpréter comme de réelles divergences ce qui peut n'être que des détails de formulation, voire de simples maladresses d'expression. L'éditeur du traité d'Apollonius, Schneider, a signalé systématiquement les correspondances avec Priscien dans les *testimonia* de son apparat, et Hertz, dans son édition de l'*Ars Prisciani*, s'est

1. Cf. *supra*, section 5, *Le début du livre 11*…

2. *Cf.* livre 3, *GL* 2, 85.6, 96.2 et 97.7 ; livre 4, 129.7 et 134.2 ; livre 5, 188.22 ; livre 6, 204.6, etc.

3. *Cf.* Donat, *Mai.* 645.13 H. ; Diomède, *GL* 1, 402.25.

4. Nous nous appuyons sur l'édition de Schneider (1878), *GG* 2/1 [1], 1-116. Des compléments et modifications sont signalés par Brandenburg (2005 : 6 et 665-667). Schmidhauser (2009 : 171) souligne que ce texte est la référence principale, sinon unique, des livres 12 et 13 : « il n'y a, en particulier, pas un seul passage dans ces deux livres dont on puisse dire avec certitude qu'il s'agit d'une adaptation de la *Syntaxe* ». Quelques rares passages semblent pourtant faire référence à ce dernier traité, cf. *infra*, à la fin de la présente section.

engagé symétriquement dans cette voie. Brandenburg (2005 : 668) reproduit le tableau récapitulatif de Matthias (1887 : 603-604), qui suit l'ordre du texte grec. Schmidhauser (2009 : 171) récapitule aussi ces correspondances, en suivant de son côté l'ordre du texte de Priscien. Les deux démarches se retrouvent dans le présent volume : au fil du traité latin, dans l'apparat situé sous le texte, au bas des pages de gauche, les correspondances avec Apollonius sont signalées dans l'ordre adopté par Priscien, et ci-dessous, dans la présente section, la vue d'ensemble qui en est proposée se conforme au plan du traité grec.

Le texte du grammairien alexandrin ne suit pas un plan clair. Apollonius n'annonce rien de sa démarche d'ensemble, et aucune indication n'est donnée au fil de l'argumentation sur l'organisation et la hiérarchisation des éléments présentés. Tout au plus apparaissent de loin en loin, pour introduire un nouveau thème, des formules du type *ekhomenôs skepteon* [il faut désormais examiner…, 21.3], *akolouthôs skepteon* [il s'ensuit qu'il faut examiner…, 22.25], *nun de rhêteon* [il faut parler à présent…, 24.23]. La situation des analyses de détail les unes par rapport aux autres n'est pas davantage précisée, et les pierres d'attente, les digressions, les reprises, les pas de côté, compliquent encore le cheminement. Cela étant, l'auteur donne le sentiment de suivre des lignes directrices connues de lui, à défaut d'être indiquées à son lecteur. Y a-t-il donc un plan, au moins sous-jacent ? Trois ensembles successifs, de dimension croissante, se dégagent et s'imposent : une partie introductive (3.3-17.17), essentiellement consacrée à la définition et la dénomination des pronoms, puis une série de questions à caractère théorique (17.19-49.7, sur la personne, la construction des cas, la frontière entre noms et pronoms, le critère de l'accent), et enfin, en troisième lieu (49.9-113.16), un long examen des diverses formes des pronoms, primaires et dérivés possessifs. Le texte édité par Schneider comporte en outre une sorte d'annexe (113.17-116), sans doute empruntée à un autre ouvrage d'Apollonius, mais apparemment utilisée par Priscien, ce qui suggère qu'à l'époque de ce dernier cette annexe était déjà ajoutée au traité du grammairien grec. Au total, le traité se présente comme suit :

Plan du *Peri antônumias* d'Apollonius :

Introduction (3.3-17.17) :

- Critique des principales dénominations proposées pour le pronom et du mode de classement adopté par les stoïciens, qui intègrent les pronoms parmi les articles (3.3-9.10).
- Définition du pronom, qui en isole trois traits (9.11-13.3) : il se substitue au nom, il est déterminé du point de vue de la personne, et sa flexion est hétérogène, sauf quand il comporte des distinctions de genre. Chacun de ces trois traits est brièvement repris : la substitution du nom, dont l'examen est repoussé à plus tard (9.14-15) ; la détermination en personne, avec l'opposition entre deixis et anaphore (9.17-

10.26) ; l'hétérogénéité de la flexion pronominale (10.27-11.22), avec la restriction due aux distinctions de genre, qui coïncide avec l'opposition des primaires et des dérivés (11.23-13.3).
– Deux dernières dénominations concernent les pronoms primaires et dérivés, ou possessifs, mettant en cause leur relation avec les articles (13.4-16.27), ou avec les personnes (17.1-17).

Développement (17.19-49.7) :
– La personne (17.19-22.23) : statut de la 3 e personne, opposée aux deux premières comme le pluriel s'oppose aux deux premiers nombres (17.19-18.13) ; pertinence du mot « personne » (18.14-18) ; définition des trois personnes (18.19-19.8) ; inclusion des personnes au duel et au pluriel, la 1 re pouvant intégrer des 2 e et des 3 e, la 2 e des 3 e (19.9-20.18), avec le cas particulier des injonctions (20.19-21.2) ; personne et vocatif (21.3-22.24).
– Construction des pronoms (22.25-26.21) : emploi des cas des pronoms, et en particulier du nominatif, qui peut concurrencer ou compléter la marque personnelle du verbe (23.6-24.20), et aussi, comme les autres cas, concurrencer ou compléter les noms propres (24.21-26.21).
– Question de classement (26.22-35.5) : étude de quatre mots, ou séries de mots, considérés par certains comme des pronoms alors que ce sont plutôt des noms (26.22-35.5) : *tis*, indéfini ou interrogatif selon l'accent (26.26-29.10) ; trois mots en *-outos* (29.11-31.12) ; *hêmedapos* et *humedapos*, avec *allos* et son dérivé *allodapos* (31.13-34.18) ; *ômoi* (34.19-35.5).
– L'accent (35.6-49.7) : différence entre pronoms primaires accentués et non accentués (35.20-42.10) ; rapport entre accent et réflexion (42.11-43.31), et étude d'ensemble du réfléchi (43.32-47.8) ; le possessif de 3 e personne *hos*, ou *heos*, réfléchi ou non sans incidence sur l'accent (47.9-49.7).

Catalogue des formes pronominales (49.9-113.16) :
– Pronoms primaires (49.9-101.5) : nominatif singulier 1 re personne (49.9-51.17), 2 e (51.18-55.5), 3 e (55.6-60.19) ; développement sur *autos* (60.20-64.24) ; génitif (64.25-80.23, incluant des considérations générales sur le réfléchi) ; datif (80.24-82.25), accusatif (82.26-85.11) ; duel (85.12-92.19) ; nominatif pluriel (92.20-94.22), génitif (94.23-95.20), datif (95.21-99.19), accusatif (99.20-101.5).
– Pronoms dérivés possessifs (101.6-113.16).

Annexe (113.17-116).

L'organisation des éléments est clairement différente dans les livres 12 et 13 de l'*Ars Prisciani*. La composition d'ensemble de ces deux livres, à la fois explicite, évidente et ferme, reprend le schéma d'analyse des parties du discours qui était traditionnel chez les grammairiens latins : définition introductive, puis examen des *accidentia*, considérés les uns à la suite des autres. Sans doute l'organisation du traité grec a-t-elle laissé des traces dans ces livres de l'*Ars*. Ainsi de la référence dès le début de l'argumentation à la détermination par deixis ou par anaphore, ou encore de l'importance accordée à la question de savoir si *quis* / *qui*, comme *tis*, appartiennent ou non au domaine pronominal. De même, dans le développement central du traité d'Apollonius, les sections consacrées à la personne ou, par le biais de la construction des pronoms, au cas, peuvent apparaître comme un embryon de la classification par *accidentia* des livres 12 et 13. Cela étant, la composition des deux livres de Priscien procède d'une architecture plus lisible, et d'une réorganisation profonde des éléments présents dans le traité d'Apollonius. La grille des *accidentia*, dont le rôle est déterminant dans cette réorganisation, conduit par exemple à renvoyer en fin d'exposé, à l'issue du livre 13, la question de savoir si les termes du type *quis* / *qui* sont des pronoms ou des noms.

La différence des langues concernées a également des conséquences évidentes. Certaines considérations très présentes dans le traité grec, par exemple sur l'article, l'accentuation, les pronoms enclitiques ou les réfléchis de 1re et 2e personnes, peuvent apparaître chez Priscien, mais juste évoquées, à propos du grec [1], ou dans une comparaison entre le latin et le grec [2]. C'est également le cas des remarques d'Apollonius qui concernent des problèmes susceptibles de se poser dans des termes comparables dans les deux langues : Priscien les exploite, mais dans la perspective nouvelle d'une explication conjointe des réalités linguistiques du grec et du latin. C'est le cas par exemple de l'usage des pronoms des deux premières personnes au nominatif alors que les formes verbales indiquent par elles-mêmes ces personnes (en 581.14-16), ou du caractère inclusif des pronoms pluriels (en 584.23-585.6), de la double signification (et double flexion), « externe » et « interne », des pronoms dérivés (en 580.24-26), ou encore de la possibilité d'un vocatif pour certains pronoms (en 582.13-22). À chaque fois, les analyses d'Apollonius sont remises en perspective.

Dans le détail, les manipulations sont nombreuses, et aboutissent souvent à des modifications du texte de départ, même si la doctrine elle-même n'est pas pour autant altérée. Ainsi de la définition même du pronom. Comme on l'a indiqué à propos du plan du traité grec, celle d'Apollonius (9.11-13) comporte trois traits : la substitution au nom, la détermination en personne, et l'irrégularité flexionnelle. Dans sa propre définition du début du livre 12, en 577.2-3, Priscien laisse de côté le dernier élément, conserve le deuxième (*personas*

1. Ainsi d'une remarque sur l'usage de l'article (8.24-26), reprise dans le livre 12, en 581.18-21, ou du développement sur la portée de l'article avec les pronoms possessifs (14.25-16.13), évoquée en 582.4-6.

2. Par exemple dans le livre 13, en 11.25-12.6.

finitas recipit), et précise le premier. Apollonius se contente en effet d'indiquer que le pronom est une *lexis ant' onomatos* [un mot à la place d'un nom] – mais il indique, plus loin dans le traité (26.9-21), que les pronoms ne se substituent ni aux noms appellatifs ni aux noms adjectifs dans la mesure où ils « déterminent quelque chose d'unique » (*horizousin hen ti*), ce qui fait que le pronom se substitue à un nom propre (*kurion onoma*). Des exemples en sont proposés, et finalement, comme pour prendre un contre-exemple, Apollonius note que si l'on remplace *hippos me elaktise* [un cheval m'a donné un coup de sabot] par *houtos me elaktise* [celui-ci m'a donné un coup de sabot], ce que le mot *hippos* peut avoir de commun à plusieurs êtres disparaît au profit de ce que *houtos* fait comprendre à propos d'un être particulier. Cette dernière remarque montre comment doit s'entendre la référence au « nom propre ». Dans la relation en effet entre *hippos me elaktise* et *houtos me elaktise*, ce qu'Apollonius exclut, c'est que *houtos* ait la même extension que *hippos*, et donc que les deux énoncés soient équivalents – et de ce fait interchangeables. En revanche, le nom propre et le pronom particularisent tous les deux la référence, de telle façon que le second peut à proprement parler *se substituer* au premier. Priscien a apparemment jugé que cette précision était essentielle, et qu'il fallait donc la faire figurer dans la définition initiale. Du coup, il reformule cette définition, en indiquant, au début du livre 12, que le pronom « tient lieu du nom que chacun a en propre » (*pro nomine proprio uniuscuiusque accipitur*) – formule dont on a vu (*supra*, section 3) qu'elle était plus complexe qu'une simple référence au « nom propre ». La définition de Priscien est passablement différente de celle d'Apollonius, mais manifestement par souci d'en clarifier l'esprit, qu'elle reprend ici sur le fond.

Cet esprit est en revanche parfois gauchi, lorsque Priscien opère une sélection dans les éléments du traité grec pour ne retenir que ceux qui conviennent à sa démonstration. Ainsi, à propos de l'opposition entre réfléchi et non-réfléchi, exprimée en grec par les pronoms composés d'une part, les pronoms simples de l'autre, Apollonius indique (44.11-13) que la langue homérique recourt dans les deux cas aux pronoms simples, la distinction classique étant postérieure, et consécutive à l'apparition des pronoms composés, spécialisés dans l'expression du réfléchi. Priscien prend appui sur cette affirmation, et répète avec insistance qu'Homère ne distingue pas formellement réfléchi et non-réfléchi, pour présenter le latin comme correspondant à l'état le plus ancien de la langue grecque (*cf.* par exemple 15.28-16.3). Il présente ainsi le pronom *sui* comme étant lui aussi ambivalent, comme les pronoms simples de la langue homérique, c'est-à-dire ou bien réfléchi, ou bien non réfléchi (il correspond dans ce dernier cas à ce que les Modernes appellent le réfléchi indirect) [1]. Hormis le fait que chez Homère, c'est le non-réfléchi qui est susceptible d'un emploi réfléchi, tandis qu'en latin c'est à l'inverse le

1. Sur ces deux types d'emplois, *cf.* déjà dans le livre 12 *GL* 2, 584.2-9, et dans le livre 13 *GL* 3, 18.19-21 (et notes 98 et 99 *ad loc.*).

réfléchi qui est présenté comme susceptible d'un emploi non réfléchi, l'originalité de l'analyse de Priscien vient de l'exploitation des formes grecques *heou*, *heoi* ou *hee*. Ces formes n'apparaissent que dans deux passages de l'*Ars* : au livre 12, en 584.2-3, dans une équivalence très claire *heou* / *hou* = *heautou* / *autou*, et dans le livre 13, en 18.19-19.8, seul passage à comporter également *heoi* et *hee* (19.8). Priscien ne cite aucun exemple où figureraient ces formes. Elles sont issues d'Apollonius. Celui-ci les évoque dans la *Syntaxe* (2, 75 et 80), à l'occasion de développements consacrés uniquement à des phénomènes d'enclise ou d'accent, où il n'est nullement question de réfléchi ou de non-réfléchi, et à plusieurs reprises dans le *De pronomine* (77.10-12; 78.7-8; 82.19-21; 83.13-24), avec la précision que l'epsilon est redondant – autrement dit que *heou* ne comporte aucune différence de sens par rapport à *hou*. Priscien s'empare de ces formes et présente les couples *heou* / *hou*, *heoi* / *hoi*, *hee* / *he* comme correspondant à ce qui dans la langue des contemporains de Priscien a la forme *heautou* / *autou*, c'est-à-dire à l'opposition du réfléchi et du non-réfléchi. Appliquée métalinguistiquement à des formes pronominales homériques, cette opposition permet d'établir le parallèle recherché : « en latin aussi *sui* peut être employé tantôt dans le sens de *hou*, tantôt dans le sens de *heou* » (19.7-8). Toute la démonstration, y compris pour les faits grecs, est ici recomposée en fonction de son objet latin, en l'occurrence *sui*.

De façon générale, l'usage que Priscien fait du texte d'Apollonius est de type pointilliste : il extrait des éléments, de taille et d'importance variables, et les réinsère dans le nouvel ensemble qu'il construit, et qui a sa logique propre. D'où la refonte globale du plan, les fréquentes différences de contexte, les déplacements d'accent dans tel ou tel développement, les remodelages ou les adaptations. Considérés individuellement, les éléments concernés proviennent d'Apollonius, mais intégrés dans des ensembles constitués par Priscien.

Dans le détail, et si l'on suit l'ordre des thèmes abordés dans le traité d'Apollonius, les emprunts de Priscien se présentent ainsi :

Critique des dénominations du pronom et du classement stoïcien (3.3-9.10)

Cette partie de l'introduction a été laissée de côté par Priscien, hormis quelques éléments particuliers, mais épars et isolés de leur contexte. Ainsi d'une remarque méthodologique d'Apollonius sur le fait que la possibilité de substituer un mot à un autre n'implique pas qu'ils appartiennent tous deux à la même partie du discours (7.8-19), reprise dans un contexte différent dans le livre 12 (en 596.3-4), et d'une remarque sur l'usage de l'article avec *autos* comme redoublement de l'anaphore (8.24-26), intégrée au livre 12 (en 581.16-21) à propos de l'adjonction d'éléments aux pronoms.

Définition du pronom (9.11-13.3)

Définition reprise dans le livre 12 (en 577.2-5), modifiée ; la justification de « personnes déterminées » (9.15-10.7) laisse des échos (en 577.14-22 et surtout 578.18-579.9, avec des exemples) ; l'idée d'une double manière de déterminer, par deixis ou par anaphore (10.4-7), est développée par Priscien (en 579.15-22) ; la prééminence de la détermination pronominale (10.8-17) est partiellement reprise, avec le nom d'Apollonius (en 577.22-578.7) ; la restriction sur « l'indifférenciation morphologique en genre » (11.23-30) est reprise dans le livre 12 (en 578.7-17).

Distinction des primaires et des dérivés, ou possessifs (13.4-17.17)

La distinction entre le pronom, expression d'une « connaissance première », et l'article, anaphorique exprimant une « connaissance seconde » (14.3-11), est reprise dans le livre 12 (en 579.15-22, et cf. 581.16-21), mais Priscien, tout en adoptant une terminologie qui rappelle la distinction des deux articles grecs (*praepositiuum* vs *subiunctiuum*), se limite aux pronoms, parmi lesquels il distingue déictiques et anaphoriques. Le développement sur la portée de l'article avec les pronoms possessifs (14.25-16.13) est évoqué dans le livre 12 (en 582.4-6), et la doctrine de Dracon sur les deux personnes mises en jeu par le possessif (17.1-3) est conservée (en 580.24-26), tandis que le couple *entos* vs *ektos* (15.2-5) se maintient sous la forme *intrinsecus* vs *extrinsecus.* La distinction entre les primaires *autoteleis* et les dérivés « transitifs » (cf. *metabatikôs*) (17.8-12) est reprise dans le livre 12, en 582.6-9, de même que la remarque sur l'indifférenciation en genre des pronoms primaires (17.12-14), en 586.17-26.

La personne (17.19-22.23)

Se retrouvent dans le livre 12 : le statut de la 3e personne (17.19-18.2), en 578.1-3 ; la diversité de la 3e personne (18.2-8), en 577.14-22 ; le fonctionnement des personnes pour les possessifs (18.8-13), en 582.23-583.8 ; la définition des trois personnes (18.19-19.8), en 584.11-22 ; l'inclusion des personnes au pluriel (19.11-26), en 584.23-585.6 ; le cas d'un groupe parlant ou chantant à l'unisson (20.14-18), en 585.7-12 ; l'étude du vocatif (21.3-22.3), partiellement, en 582.13-22.

Construction des pronoms (22.25-26.21)

Se retrouvent dans le livre 12 : l'utilité du pronom des 1re et 2e personnes au nominatif (23.6-30), en 581.14-16 ; le pronom de 3e personne au nominatif (24.1-5), en 578.3-7 ; l'appartenance du nom à la 3e personne, sauf au vocatif (24.24-25), en 585.19-20 ; l'appartenance possible des noms aux 1re et 2e personnes en cas d'association du nominatif aux verbes d'existence ou d'appellation (25.1-3), en 582.9-11 ; l'usage comparé du nominatif des pronoms selon les personnes (25.1-13), en 585.14-21, ainsi que dans le livre 13, en 12.24-25; l'utilité du pronom de 3e personne au nominatif (25.13-22), en 585.26-586.2; la relation entre les pronoms et les noms propres (26.9-21), en 577.2-5.

Question de classement (26.22-35.5)

Le développement sur *tis* (26.26-29.10) est à l'origine du développement sur *quis/qui* dans le livre 13, en 19.19-22.11, mais Priscien y ajoute une modification essentielle [1].

L'argumentation relative aux mots en *-outos* (29.15-31.12), du type *têlikoutos* et *toioutos*, est en partie reprise pour le développement du livre 13 sur *talis* et les termes assimilés, en 21.11-22.3; notamment, la distinction entre la *demonstratio* simple des pronoms et la *demonstratio* double des noms, ainsi que les considérations sur la variation en genre et en nombre de *talis*, *tantus*, *qualis*, *quantus*, en 21.15-25, offrent une version plus claire du texte d'Apollonius (30.11-12 et 30.23-31.6). La règle qui veut que, en cas de composition, le deuxième élément détermine le classement dans telle ou telle partie du discours (30.2, mais aussi 32.4-5 et 64.21-22) se retrouve dans le livre 12, en 595.19-20.

De l'argumentation relative à *allos* (32.22-34.18), Priscien reprend plusieurs éléments pour *alius* dans le livre 13, en 2.21-24, où il l'applique aussi à *ullus* et à *nullus*, et en 22.21-31. On retrouve notamment la remarque sur le fait qu'« autre » signifie une « exclusion » des personnes (33.4-12 et 33.25-34.1), en 2.22-23 et 22.21-22. Le thème dominant chez Priscien semble être l'absence du vocatif, qui chez Apollonius n'est évoquée que marginalement. En outre, la remarque selon laquelle « les 3e personnes sont infinies » (33.10) est reprise dans un contexte différent dans le livre 12, en 577.22-578.1 – et c'est peut-être cette décontextualisation qui incite Priscien à nommer le grammairien grec.

Le rejet de *ômoi* hors de la catégorie pronominale (34.19-35.5) a des échos dans le livre 13, en 11.19-12.14, avec l'exclusion parallèle de *o* [2].

L'accent (35.6-49.7)

Priscien reprend quelques éléments de ce développement. Ainsi la distinction, d'ailleurs problématique, entre *egklitikon* et *egklinomenon* (35.20-36.11) est reprise dans le livre 13, en 14.7-14 (cf. *inclinatiua* vs *absoluta*), même si Priscien souligne la différence entre les usages du grec et du latin. La réfutation de ceux qui croient que le pronom *autos* sert à préciser le genre des autres

1. Cf. *supra*, section 3, sur le sens *générique* de ces noms (*Quis / qui et les termes assimilés…*).

2. Priscien a pu songer aussi aux textes grecs qui s'opposent à l'interprétation comme article de l'adverbe *ô* (Apollonius, *Pron.* 6.10-11 ; 14.17-18 ; 21.23-25 ; *Synt.* 1, 73-85 – et divers passages des scholies de la *Tekhnê*, 75.3-4 ; 257.33-258.24 ; 418.19-20 ; 419.11-32 ; 420.32-421.15).

pronoms (37.15-26) a un écho dans le livre 12, en 586.8-12, mais Priscien signale seulement que la deixis et l'anaphore suffisent à marquer le genre. Le passage qui associe orthotonèse et réflexion (36.11-16) peut être rapproché du développement du livre 13, en 14.18-15.5, où Priscien compare l'expression de la réflexion dans les pronoms grecs et latins, mais d'autres passages d'Apollonius peuvent l'avoir inspiré, en particulier 42.1-3 et 43.29-31 (avec la citation qui apparaît dans le livre 13, en 15.2-5), ainsi que 44.1-18 (qui a son correspondant dans le même livre, en 15.9-28 [1]). La remarque sur le pronom *hi* (45.4-7) est reprise dans le livre 13, en 5.11-16 et 16.22-23, et Priscien rattache *hic* et *is* à ce pronom peu usité (en 4.27-30; 16.15-18; 20-22) [2]. Le développement sur les possessifs réfléchis et non réfléchis (47.15-30) est repris dans le livre 13, en18.19-19.7.

Catalogue des formes pronominales (49.9-113.16)

Ce long catalogue tient compte des variations dialectales propres au grec, qui n'ont pas été reprises par Priscien. Celui-ci s'est concentré sur quelques points particuliers.

a) pronoms primaires (49.9-101.5)

À propos de *egô*, la forme *egôge*, présentée par Apollonius (49.29-50.4) comme un dérivé, sert de modèle à Priscien, dans le livre 12, en 591.24-592.15, pour l'*adiectio* de *-met* et de *-te*, à propos des formations, par composition ou par addition, qui n'apparaissent qu'à certains cas *ad Graecorum imitationem*; Priscien y revient dans le livre 13, en 14.12-17. Le développement qui doit montrer que *su* peut être un nominatif (52.3-54.3) est largement repris dans le livre 13, en 12.17-29 et 13.12-14.6. L'idée que les pronoms ont pour fonction de suppléer les noms aux 1re et 2e personnes (52.17-19) se retrouve en 12.24-13.11. Dans la section consacrée au nominatif de 3e personne, une remarque incidente (*autos* avec la valeur de *monos*, 56.6) apparaît, appliquée à *ipse*, dans le livre 12, en 580.4-6 – mais ce passage de Priscien reprend peut-être plutôt un texte où la même information est présentée pour elle-même (63.16-17). Dans les pages sur *autos*, la comparaison entre ce mot et les autres pronoms de 3e personne (60.20-61.8) est reprise pour *ipse*, comparé à *iste* et à *ille*, dans le livre 12, en 579.22-27, de même que le commentaire du mot *epitagmatikê*, qui qualifie *autos* (62.16-17), en 580.13-15, à moins que Priscien ne reprenne là un autre texte,

1. Schmidhauser a étudié de près le texte grec et sa reprise par Priscien dans son article de 2009 (172-174). On trouve en particulier les mêmes exemples, avec le nom des grammairiens grecs Aristophane et Aristarque.

2. De l'esprit rude qui figure à l'initiale de plusieurs pronoms grecs Priscien rapproche l'initiale du pronom *hic* (581.26-582.4 et 6.20-22, avec les formules *apud Graecos quoque* et *quomodo et apud Graecos*).

qui figure en annexe au traité grec (116.1-5), voire qu'il se réfère ici à la *Syntaxe* (3, 2); les remarques sur les composés formés sur *autos* (63.2-4) se retrouvent en partie en 596.5-8, et la démonstration de l'appartenance de ce terme à la 3 e personne et le sens particulier, de *monos*, qu'il peut recevoir (63.5-17 et 64.15) apparaissent en 579.27-580.8; enfin la remarque d'Apollonius sur la double anaphore de *autos* précédé de l'article (64.9-10), que Priscien ne peut appliquer au latin, est reprise à propos du grec en 581.16-21.

Le principe général qui interdit d'associer un nom au nominatif à un verbe de 1 re ou de 2 e personne, est évoqué par Apollonius (64.17-21), qui parle d'*autoteleia* à propos de ces formes verbales, et cet emploi réapparaît, avec *perfectio*, dans le livre 12, en 580.9-12. Le développement concernant l'article grec (67.25-68.8) avec le génitif du pronom composé se retrouve dans le livre 13, en 18.5-11, où Priscien laisse de côté le problème de l'article pour se concentrer sur la double construction du génitif pronominal, avec un verbe et comme possessif (alors que la construction du génitif comme complément de verbe est sensiblement plus fréquente en grec qu'en latin). L'absence d'un nominatif du composé *emautou* (69.18-70.26) a un écho dans le livre 12, en 592.14-15, mais Priscien y voit seulement un exemple de déclinaison défective alors qu'Apollonius argumente longuement sur l'impossibilité d'un nominatif du pronom réfléchi, et c'est à propos du réfléchi de 3 e personne, seul attesté en latin, que Priscien reprend cette argumentation dans le livre 13, en 5.14-16 et 15.6-9. Les formes déviantes du génitif singulier des pronoms primaires, en sigma (74.10-75.11 pour les 1 re et 2 e personnes, 77.5-9 pour la 3 e), figurent, un peu altérées, dans le livre 13, en 2.30-3.1, où elles sont présentées comme le modèle des formes latines *mis* et *tis*.

b) pronoms dérivés possessifs (101.6-113.16)

Quelques rares éléments ont été utilisés. Le développement (101.7-18) où Apollonius expose l'équivalence entre le dérivé (accordé au « possédé ») et le génitif du primaire (référant au « possesseur »)[1] et évoque le fonctionnement parallèle du nom possessif et du génitif du nom propre, est sans doute repris dans le livre 13, en 4.5-17, dans la mesure où Priscien y propose des formulations peu usuelles en latin, comme *mei ager*. Le passage (101.22-102.4) où Apollonius montre que le pronom dérivé détermine le genre du possesseur, par

1. Cette équivalence est déjà brièvement évoquée auparavant (15.11-12), et à nouveau ensuite (108.10-12). Apollonius a aussi signalé l'homophonie entre les génitifs du primaire et du dérivé (74, 21-22; 75, 28-76.1; 107, 18-19) – homophonie qui motive le développement de Priscien dans le livre 13, en 4.4-5 –, et opposé le fonctionnement des pronoms dérivés et des noms possessifs d'une part, du génitif des primaires et des noms propres d'autre part, dans le contexte d'une polémique sur l'article (68.14-27).

la *deixis* et l'anaphore, mais non la qualité du « possédé », se retrouve en partie dans le livre 12, du moins pour deux remarques, en 581.4-5, qui reprend 101.26-102.3, et en 588.6-7, qui reprend 102.2-4. La mise en rapport de la marque personnelle du pronom avec celle du verbe (102.14-103.4) est reprise librement dans le livre 12, en 583.5-25. Apollonius observe que ce sont la fin de la forme verbale et le début de la forme pronominale qui indiquent la personne (104.1-16), ce qui trouve un écho dans le livre 13, en 3.21-4.3. La comparaison entre pronoms possessifs et noms possessifs (104.21-105.22) est reprise dans le livre 12, en 588.16-589.8. La remarque sur la « flexion externe » des possessifs (105.23-26) apparaît dans le livre 12, en 581.6-8.

Annexe (113.17-116)

L'argument concernant l'impossibilité d'un nominatif des pronoms composés (114.24-32, dans un développement du même type que celui de 69.18-70.26) se retrouve dans le livre 13, en 19.9-18. Il est possible, comme on l'a indiqué plus haut (62.16-17), que la réflexion sur le pronom appelé *epitagmatikê <antônumia>* (116.1-5) soit à l'origine de l'évocation de ce terme dans le livre 12, en 580.13-15.

Ces rapprochements avec le traité d'Apollonius sur le pronom ne sont pas les seuls à prendre en compte : les livres 12 et 13 présentent également plusieurs parallèles avec la *Syntaxe* du grammairien alexandrin, sans qu'il soit possible de déterminer avec certitude s'il s'agit de relations directes, ou indirectes, par écho entre le *Peri antônumias* et le *Peri suntaxeôs* [1].

Le pronom : antécédents latins

La comparaison entre la définition du pronom proposée par Donat (*Mai.* 629.2-3 H. [2]) et celle qui ouvre le livre 12 de Priscien ne peut dans un premier temps qu'en faire ressortir les points communs. L'une et l'autre sont en effet axées sur les mêmes éléments : le rôle du pronom comme substitut du nom, en vertu d'une étymologie transparente, en latin comme en grec, et sa relation à la catégorie de la personne. Cette identité ne dépasse cependant pas

1. Les passages concernés sont notamment, dans le livre 12 : 577.22-578.1 (infinité des 3e personnes) = *Synt.* 1, 17 ; 581.14-16 (valeur contrastive du nominatif des pronoms) = *Synt.* 2, 49 ; 581.16-18 (anaphore redoublée dans *ho autos*) = *Synt.* 1, 96-98 ; 585.14-21 (usage du nominatif des pronoms selon les personnes) = *Synt.* 2, 45 ; 585.21-23 (institution initiale des noms à la 3e personne) = *Synt.* 1, 19 ; 585.26-586.2 (question pronominale et réponse nominale) = *Synt.* 1, 119 ; et dans le livre 13 : 4.5-17 (génitif du primaire et génitif du possessif) = *Synt.* 2, 120 et 122 ; 11.19-12.14 (analyse de *o*) = *Synt.* 1, 73-85 ; 18.19-19.7 (emploi de *sui* tantôt comme réfléchi tantôt comme « transitif ») = *Synt.* 2, 108 ; 19.9-18 (impossibilité du nominatif du réfléchi) = *Synt.* 2, 142.

2. *Pronomen est pars orationis quae pro nomine posita tantundem paene significat personamque interdum recipit* [le pronom est une partie du discours qui, employée à la place du nom, a à peu près la même signification et relève parfois de la personne].

le choix de ces deux critères. La relation à la catégorie de la personne est en effet appréciée différemment de part et d'autre, ce qui est source de conceptions finalement divergentes. Dans la tradition artigraphique latine une opposition primordiale est posée entre deux espèces de pronoms, celle qui « dénote une personne précise » et celle qui « peut s'adapter à n'importe quelle personne » (*quae notat certam personam* vs *quae cuilibet personae potest accomodari*, Dosithée 27.6-8 B.) – dualité que Donat ramène à l'opposition plus tranchée (mais de même sens) des pronoms qui relèvent de la catégorie de la personne et de ceux qui n'en relèvent pas (*quae recipiunt personas* vs *quae non recipiunt personas*, *Mai.* 629.6-7 H.). Cette distinction, présentée comme constitutive du pronom dans la tradition latine, ouvre à cette partie du discours une large extension. Donat énumère ainsi (629.5-630.2 H.) des définis (*ego*, *tu*, *ille*) et des indéfinis (*quis*, *quae*, *quod*), puis des « moins que définis » (*ipse*, *iste*), à la suite desquels viennent des « prépositifs » (*quis*, *hic*) et des « postpositifs » (*is*, *idem*), ainsi que des pronoms « de nation » (*cuias*, *nostras*), « d'ordre » (*quotus*, *totus*), « de nombre » (*quot*, *tot*), des « relationnels définis », ou « possessifs », (*meus*, *tuus*, *suus*), des « relationnels indéfinis » (*cuius*, *-a*, *-um*), des pronoms « de qualité » (*qualis*, *talis*), « de quantité » (*quantus*, *tantus*), etc. Les catégories peuvent varier dans le détail entre grammairiens, mais leur multiplication reste leur horizon commun. Le ressort de cette extension dans la tradition latine paraît être le contraste avec le lien stable et immédiat qui relie le nom à son référent. Quand il s'agit en effet du pronom, ce lien est perçu comme une sorte de variante dégradée par rapport au nom, ainsi que le souligne dans la définition de Donat l'adverbe *paene* : la signification du pronom est « à peu près » la même que celle du nom. Ce lien dégradé ouvre largement la catégorie, mais lui impose par là-même des limites imprécises. Chez Priscien en revanche, comme on l'a vu, la définition du pronom comme expression de la substance seule, par opposition au nom, expression de la substance qualifiée, donne à la référence pronominale un caractère nécessairement déterminé – qui lui-même entraîne la stricte délimitation de la catégorie.

Cette divergence de fond limite les emprunts de Priscien à des points de détail. Hormis quelques questions usuellement traitées, comme le cas de *tu* (nominatif ou vocatif), les artigraphes latins s'intéressent surtout à la morphologie des pronoms, dont ils s'emploient à restituer la complexité, et c'est sur ce point que Priscien se fait à l'occasion l'écho de la doctrine de ses prédécesseurs latins – le cas échéant sous forme critique. La référence à Donat à propos des formes *mecum*, *tecum*, etc. est caractéristique à cet égard [1]. Donat y voyait des adverbes personnels, et Priscien ne fait donc pas allusion en l'occurrence aux chapitres de l'*Ars maior* ou de l'*Ars minor* consacrés au pronom, mais à un passage extrait du chapitre sur l'adverbe (*Mai.* 641.13-14 H.) – montrant ainsi qu'il connaît dans le détail la doctrine de son

1. Dans le livre 12, en 596.10, et voir note 119 *ad loc.*, ainsi que 593.25-27 et note 103 *ad loc.*

prédécesseur. Le fond du problème n'est pas anodin : il s'agit de formes que Priscien intègre au champ pronominal alors que Donat les en excluait, malgré sa conception beaucoup plus ouverte de cette partie du discours. En plus de ce contre-pied paradoxal, l'analyse de ces formes permet de souligner un problème qui touche à leur structure même, Donat les considérant comme des composés, et Priscien plutôt comme des formes à enclise [1]. Citer ainsi Donat à propos des formes *mecum*, *tecum*, etc., c'est mettre en valeur les divergences qui opposent le grammairien de Constantinople au maître installé à l'époque au pinacle de la grammaire latine. Cette mise en valeur est par elle-même instructive : si Priscien cherche à souligner ce qui le sépare de Donat, c'est que ce dernier représente l'enseignement qui depuis 150 ans forme les grammairiens latins, et dont Priscien lui-même est issu.

Tout rattachement précis à cette tradition représentée par Donat se limite à l'exploitation ponctuelle de points particuliers. Ainsi d'une analyse de Pline, dans ses *Problèmes grammaticaux*, toujours à propos des formes du type *mecum* ou *tecum* (594.23-24). De même, à propos des formes du type *illiusce*, *istiusce*, la référence au *Traité d'orthographe* de Papirianus (593.14-15), déjà cité au livre 10 (*GL* 2, 503.16), ce qui paraît indiquer une fréquentation de première main [2]. Quant aux citations d'auteurs anciens (à propos de *nostras* et *uestras*, 587.5-11, ou, dans le livre 13, de *alius*, 8.6-20, ou de *quis*, 8.22-9.20), elles peuvent être issues de recueils ou de monographies (on songe à Caper).

En somme, les livres 11, 12 et 13 constituent une ferme et constante prise de distance par rapport à la tradition latine, tant sur le participe que sur le pronom, et installent ces hybrides dans la continuité des interprétations de la grammaire alexandrine, sans toutefois se montrer liée par celle-ci, comme le montre, entre autres, l'innovation que constituent les « noms génériques ».

8. *Un exemple de la postérité de Priscien : pronom et participe dans le* De causis *de Scaliger*

Dans l'abondante et multiforme postérité de Priscien, le *De causis linguae Latinae* de l'humaniste Jules-César Scaliger, publié en 1540 à Agen, occupe une place particulière en raison de la réflexion exceptionnellement approfondie qui y est consacrée à la genèse des catégories linguistiques, et notamment des classes de mots. La situation complexe du participe et du pronom dans l'architecture des parties du discours telle que Priscien en rend compte à la fin de l'Antiquité prend d'autant plus de relief à être considérée depuis ce texte de la Renaissance. Scaliger s'inspire de très près de son prédécesseur, qu'il ne cite jamais, à une exception près, mais avec lequel il poursuit une sorte de conflit invisible, conformément à l'esprit de polémique qui traverse toute son œuvre.

1. Sur cette question, voir les notes 108, 109 et 119 du livre 12.

2. Ce traité était une référence à l'époque : Cassiodore en tire d'abondants extraits dans son *De orthographia* (chap. IV, p. 26-36 S.).

D'autres prédécesseurs sont l'objet de ses attaques : ainsi, à propos du pronom, Varron pour son analyse de *qui*, et, plus proche de lui, Linacre, mais c'est Priscien qui est visé avant tout, particulièrement dans les chapitres 127 (« La place du pronom parmi les constituants, son économie, son classement ») et 128 (« Affection du pronom »), les plus chargés en références à Priscien pour cette partie du discours.

Le livre 6 du *De causis* est consacré au pronom, le livre 7 au participe, l'ordre suivi par Priscien se trouvant ainsi renversé. Ce renversement vise bien le grammairien de Constantinople, même s'il n'est pas le seul visé. À propos en effet de l'ordre des parties du discours, Scaliger, en adoptant la séquence nom / verbe / pronom / participe, donne tort aussi bien à ceux qui, dans la tradition de Donat, traitaient du pronom après le nom et avant le verbe qu'à ceux qui, dans la lignée de Priscien, situaient le participe entre le verbe et le pronom. Selon l'humaniste, la priorité du verbe sur le pronom s'explique par le fait que « le verbe est, dans l'énoncé, un mot indispensable », alors que le pronom ne l'est pas, « puisque aucun substitut ne l'est » (p. 255 [1909] [1]). Quant à la priorité du pronom sur le participe, il l'explique dans le même passage : « la signification du participe se ramène au verbe, son mode de signification au nom, tandis que signification et mode du pronom se rapportent au nom. Le participe tient plus du verbe que du nom ; le pronom est presque totalement un nom. Or le nom est premier par rapport au verbe, et donc aussi le pronom par rapport au participe ».

Le pronom

Une question demeure cependant, celle de la hiérarchie entre nom et pronom. Elle paraît réglée en amont, puisque le nom a été traité en premier dans l'examen des parties du discours. Toutefois, quand arrivent les chapitres sur le pronom, la position de Scaliger se révèle ambiguë [2]. Dans le passage qui vient d'être cité, le pronom apparaît comme un simple substitut du nom, auquel de ce fait il succède. Scaliger précise néanmoins, quelques lignes après : « Loin qu'on puisse croire que le pronom se mette pour un nom, entendons bien plutôt qu'il est premier par rapport au nom et plus ancien que lui » (p. 256 [1912]). Cette dernière conception est une conséquence de la définition du pronom comme « signe général » (*communis nota*), qui « désignera directement et sans intermédiaire τὸ τί [ce que c'est (litt. le "quoi")] » (p. 256 [1913]). Illustrant ce propos, Scaliger distingue *ego* ou *tu* de *Caesar* ou *Cato* : « quand je dis *ego*, tu ne peux ni penser à quelqu'un d'autre ni te mettre en rapport avec quelqu'un d'autre, [...] de telle façon que non seulement *ego* n'est pas mis à la place du nom *Caesar*, mais qu'à l'inverse c'est justement le nom *Caesar* qui est assigné par l'entremise du pronom à une

1. Les renvois au *De causis* indiquent la page de l'édition de 1540 suivie entre crochets de celle de la traduction, dans l'édition Lardet, Clerico, Colombat (2019).

2. *Cf.* Serbat1986, ainsi que Lardet 2009.

substance bien précise » (*ibid.*). Cette réflexion conduit Scaliger à préciser la relation entre pronom et nom : « pire encore a été l'erreur de ceux qui voient en *ego* un pronom du fait qu'il se met pour un nom propre. À ce compte, en effet, le nom appellatif aussi serait un pronom quand je dirais *homo loquor* [moi, homme, je parle], puisqu'il serait mis pour "César" [1]. En fait, c'est ma substance qu'il signifie directement, et non pas mon nom. De plus, ils se contredisent en affirmant que je peux dire, non pas *Iulius scribo* [litt. Jules, j'écris], mais *ego Iulius scribo* [moi, Jules, j'écris]. C'est donc qu'il ne se met pas pour un nom comme substitut, mais bien comme terme primaire » (p. 256-257 [1913-1914]).

La position de Scaliger est en fait double : dans l'économie générale des parties du discours, le pronom est examiné après le nom et le verbe, en tandem avec le participe, qu'il précède, mais dans le rapport particulier que le pronom entretient avec le nom, la rationalisation de leur présentation voudrait qu'il précède également ce dernier. Ces deux plans restent juxtaposés, sans que Scaliger cherche à résoudre leur incompatibilité.

La définition restreinte du pronom proposée par Priscien est également visée à travers les critiques adressées à Linacre, qui, dans son *De emendata structura Latini sermonis* (1524), donnait du pronom une définition manifestement inspirée de celle du grammairien de Constantinople : « mot à flexion casuelle signifiant au plus haut point l'essence individuelle, et ce sans différenciation de temps, mais jamais sans celle d'une personne définie » [2]. Les objections de Scaliger portent sur plusieurs points : a) le « au plus haut point » (*maxime*) est de trop, car « toute définition est de valeur constante et n'admet ni renforcement ni atténuation » ; b) le pronom *ego* ne signifie pas plus une essence individuelle que le nom signifie tel individu ; c) le pronom ne signifie pas l'essence plutôt que l'étant : « quand en effet je dis *ego*, ce n'est pas mon humanité que je signifie, c'est-à-dire la forme humaine qui me fait homme, mais cela tout entier que je suis » ; d) de nombreux pronoms « signifient la relation, non l'essence » (p. 257-258 [1915-1916]).

La suite du développement est tout entière orientée vers une critique en règle des affirmations de Priscien. Sont ainsi concernées certaines analyses sémantiques, comme celles qui organisent les relations de *hic*, *ille*, *iste*, Scaliger soulignant par exemple que « les Anciens n'ont pas eu raison d'écrire que le pronom *iste* signifie une personne présente » (p. 263 [1929-1930]) – ce qui est en effet une proposition soutenue par Priscien dans le livre 12, en 577.19 [3]. Plus déterminante est la critique de l'interprétation de *ipse*, présenté dans ce même livre 12 comme étant à la 3e personne (579.31-580.4). Selon Scaliger, « il y a là tout à la fois tromperie et fausseté » (p. 266 [1936]), parce

1. Rappelons que le prénom de Scaliger était *Jules-César*.

2. *Pars orationis, quae inflexa casibus, indiuiduam maxime essentiam significat, sine ulla quidem temporis, sed nunquam sine definitae personae differentia* (1524, f. 7r).

3. Et voir aussi dans le livre 17, *GL* 3, 141.1.

que le geste qui accompagne l'énonciation de *ipse* peut désigner aussi bien le locuteur ou son interlocuteur qu'un tiers : « la mimique et le geste d'ostension établissent une première connaissance que *ipse* réitère », de telle sorte que, « si tu dis *tune fecisti hoc* ? [est-ce toi qui as fait cela ?], je peux répondre *ipse sane* [oui, en personne], sans répéter le verbe » – ce qui suppose que *ipse* n'est pas spécialement à la 3e personne. Le point de rupture le plus important entre les deux doctrines porte cependant sur la répartition entre nom et pronom. Scaliger conteste notamment le classement parmi les noms, et non parmi les pronoms, de *alter*, *neuter*, *omnis* (p. 261 [1925-1926]), et surtout de *qui* et des termes assimilés : selon lui, « les Anciens ont eu tort de nier que *qui* fût un pronom » (p. 259 [1918-1919]), alors qu'il s'agit en fait d'un *pronomen relatiuum substantiuum*, tandis que *tantus quantus*, ou *talis qualis*, sont des *pronomina relatiua accidentis* (p. 260 [1923]).

Ces critiques procèdent d'une lecture particulièrement attentive des positions de Priscien, la plus minutieuse sans doute parmi les grammairiens humanistes. Elles s'inscrivent aussi dans les débats nés de la double tradition que constituent les *Artes* de Donat et de Priscien, et qui donne lieu, chez les contemporains et les successeurs de Scaliger, au mieux à de difficiles efforts de conciliation, au pire à des contradictions flagrantes. Le pronom est bien sûr au cœur de cette antinomie, et les questions qu'il pose traversent la grammaire humaniste : se met-il à la place d'un nom en général (Donat), ou seulement d'un *nomen proprium* (Priscien [1]) ? ne reçoit-il que facultativement la catégorie de la personne (Donat), ou implique-t-il obligatoirement une personne déterminée (Priscien) ? son périmètre suppose-t-il la liste large de Donat, comprenant les indéfinis, les interrogatifs et les relatifs, ou la liste étroite de Priscien, limitée aux personnels et déictiques ? quel est le statut de *qui(s)*, pronom ou nom ?

Les réponses sont assurément variées [2], mais, tant dans les grammaires du latin que dans celles du français, le point de vue de Priscien s'impose souvent, et notamment sa définition de cette partie du discours [3]. En revanche, *quis* / *qui* est souvent classé parmi les pronoms, et la question restera en suspens, avec toutes sortes de contradictions non résolues, jusqu'à ce que Ramus (1560, 1564) et Sanctius (1587) résolvent en quelque sorte le problème en fondant les pronoms dans la catégorie nominale, avec l'argument que, bien loin d'être des « vicaires » (substituts) du nom, ils sont plutôt des proto-noms. Finalement, dans la tradition grammaticale française, la conception large du périmètre du pronom, dans la lignée de Donat, finit par l'emporter, mais on trouve encore

1. Cf. *supra*, section 3, *Une notion centrale…*

2. Lagarde (1986) fait le point sur la question, en cernant des critères tels que définition, inventaires et accidents.

3. Quand définition il y a, ce qui n'est pas toujours le cas : beaucoup de grammairiens, tel Pillot, auteur d'une grammaire française rédigée en latin à l'usage des jeunes Allemands (1561), jugent inutile de redéfinir les parties du discours.

chez Beauzée un recentrage de la définition du pronom sur la notion de personne, dans une optique qui remonte à Priscien : les pronoms expriment « des êtres déterminés, en les désignant par l'idée de leur personne » (*Grammaire Générale*, 1767, t. 1, p. 269).

Le participe

Le livre 7 du *De causis* est divisé en 11 chapitres (140-150). Les deux premiers sont réservés à la place du participe et à sa définition, le 3 e au caractère « nécessaire » du participe, les 4 e et 5 e aux causes du gérondif et à l'économie des supins, et les derniers (145-150) traitent des catégories linguistiques qui affectent les participes (mode, genre, figure, temps, signification, et changements possibles de catégories dans ces *affectiones*, terme que Scaliger préfère au terme traditionnel d'*accidentia*). C'est dans les chapitres 140 à 143 que Scaliger a constamment présent à l'esprit le texte de Priscien.

Alors que ce dernier avait loué « les Anciens » de mettre le participe en 3 e position, l'humaniste considère comme prioritaire de poser la question de son existence avant celle de sa place, d'où le titre du chapitre 141 : *Le participe est-il une catégorie de mots distincte des autres ?* (p. 285 [1979]). La question porte, comme chez Priscien, sur l'autonomie du participe comme partie du discours, mais, à la différence de l'argumentation de son prédécesseur, qui se situait par rapport aux positions opposées des stoïciens et des grammairiens, Scaliger globalise ces conceptions sous le seul terme de *ueteres*, repris par une indistincte 3 e personne du pluriel qui lui permet une critique en bloc, sans attribution à un individu ou un groupe précis. Priscien n'est donc pas spécifiquement nommé, et certaines charges peuvent viser d'autres que lui : par exemple, quand Scaliger critique l'étymologie de *parti-cipium*, ainsi nommé parce qu'« il prend une partie au nom, une autre au verbe, une à toutes les deux » (p. 287 [1985]), c'est sans doute surtout à Donat qu'il pense. Certaines objections de fond concernent cependant manifestement le livre 11 de Priscien. C'est le cas en particulier des réflexions sur la désignation du participe comme *antanaklastos prosêgoria*. Cette formule, comme on l'a vu, figure au tout début du livre 11 de l'*Ars Prisciani*, en 548.14-17 [1], où elle est attribuée aux stoïciens et illustrée de trois exemples forgés, « *legens est lector* et *lector legens* », « *cursor est currens* et *currens cursor* », « *amator est amans* et *amans amator* ». Sans évoquer les stoïciens, Scaliger, pour éclairer la formule en question, reprend le deuxième des trois exemples de Priscien, mais le modifie en répétant dans sa deuxième partie le *est* qui caractérise la première : « *currens est cursor* et *cursor est currens* ». Scaliger dispose alors de deux énoncés composés exactement des mêmes éléments, mais dont il conteste l'équivalence (*neque enim pares hae orationes*), « car "coureur" nous

1. Cf. *supra*, section 3, *L'examen du participe*.

indique un don naturel pour la course tandis que “courant” exprime l’acte de courir présentement ; or tout être courant n’estpas apte à courir – j’appelle “apte” celui qui est disposé par nature à la rapidité, et pas simplement à l’effort pour y arriver : la tortue court à sa façon, qui n’est pas celle d’un coureur » (p. 286 [1981]). Et il poursuit en notant que, de même, en s’exprimant oralement (*orans*), on n’est pas pour autant forcément orateur (*orator*), et autres exemples de ce genre, qui, en distinguant les sens du participe et du nom, donnent une portée différente aux deux énoncés rapprochés. En somme, partant d’une formule où Priscien opposait deux tournures différentes illustrant les deux emplois du participe, comme *nomen uerbale* ou comme *modus uerbi casualis* (*currens est cursor* correspondant au premier emploi, de type verbal, *cursor currens* au second, de type nominal), Scaliger l’interprète comme la répétition en miroir de la même tournure – en garantissant cette interprétation par une modification du texte qui la rend évidente. Cette répétition paraît alors avoir été destinée à souligner l’identité des deux éléments qui la composent (*currens = cursor* et *cursor = currens*), et c’est cette équivalence que précisément Scaliger conteste : il présente les deux tournures comme étant en fait sémantiquement différentes, mettant ainsi en évidence l’incohérence de ce qu’il pense avoir été la position de Priscien [1].

Au terme de sa présentation, la conclusion de l’humaniste est la même que celle de son prédécesseur latin, puisqu’il souligne que le participe, n’étant ni un verbe, ni un nom (p. 286-287 [1982-1985]), constitue une catégorie autonome. Toutefois, au fil de sa démonstration, plusieurs éléments ne prennent sens que par rapport au livre 11 de l’*Ars Prisciani*.

Au chapitre 142 (p. 288-290 [1985-1990]), Scaliger transforme « l’utilité » du participe évoquée par Priscien (en 553.12 et 555.3) en véritable « nécessité » : le participe a été inventé « par une sorte de nécessité et de force naturelle » (*necessitate quadam ac ui naturae*, p. 288 [1985]). Trois causes sont mises en avant pour cette invention. La première est la transposition aux cas obliques de la relation entretenue par le nominatif avec un verbe : le verbe signifiant quelque chose qui s’adjoint au signifié du nom, « les gens de science (*sapientes*) ont été forcés de concevoir quelque chose qui pût se rattacher non seulement au cas direct, mais aussi à un oblique » (p. 288 [1986]). C’est ratifier en quelques mots le long développement où Priscien traitait de la construction du participe aux cas obliques, puis au nominatif (en 552.21-554.13 [2]).

La deuxième cause tient à la nature de l’énoncé, dont les éléments – qu’ils relèvent de la substance ou de l’accident – peuvent se suivre « en chaîne » (*seriatim*), « sans besoin d’une conjonction artificielle » (*artificiosa coniunctio*, p. 288 [1987]), ne faisant naturellement qu’un en quelque sorte.

1. Cette interprétation de Scaliger a été reprise à l’époque contemporaine par certains exégètes, cf. *supra*, p. 20, note 4.

2. Sur ce développement, cf. *supra*, section 3, *L’examen du participe*.

Lorsque cependant des éléments ne peuvent s'associer sans conjonction, par exemple pour deux verbes, comme dans *lego et scribo*, le participe peut permettre de se dispenser de cette conjonction, sous la forme *legens scribo* (p. 289 [1988]). C'est la reprise du développement de Priscien en 553.12-25.

La troisième cause, Scaliger, qui est aussi médecin, va la chercher du côté de cette pratique, et de Galien : le participe a été « fabriqué » pour expliquer les causes internes, qu'elles soient conjonctives ou simplement antécédentes, et c'est là qu'il manifeste son maximum d'efficacité : « si je dis *percussi et uulneraui* [j'ai frappé et j'ai blessé], je ne suis pas nécessairement conduit à croire que la cause de la blessure soit le coup dont le verbe *percutio* me fournit l'idée, mais si je dis *percutiens uulneraui* [en frappant j'ai blessé], alors c'est tout à fait clair » (p. 290 [1989]). Cette relation causale est, elle, absente chez Priscien.

Ces quelques rapprochements entre le livre 11 de l'*Ars Prisciani* et le livre 7 de Scaliger montrent que l'un, sans être pour autant nommé, sert fréquemment de source à l'autre, ou du moins d'arrière-plan. Scaliger suit Priscien de près dans son développement sur la nature du participe, mais raccourcit considérablement ce qui relève de l'analyse syntaxique, cherchant la cause du participe plutôt du côté de la philosophie et de la médecine, et passant par là-même complètement sous silence une préoccupation majeure de Priscien, le rapport du participe à la question du changement de référent (c'est-à-dire, pour lui, de « personne ») et à la transitivité : il n'y a aucune allusion dans le *De causis* à la *transitio personarum*. L'analyse part du livre 11 de l'*Ars Prisciani*, mais cette « substance tierce » (p. 287 [1984]) qu'est le participe y est examinée d'un autre point de vue et avec d'autres termes que ceux de Priscien.

9. *Modifications apportées au texte de Hertz*

A) Modifications sérielles

Passages conservés comme authentiques, alors que Hertz les met entre des crochets droits : 579.13-14; 580.13; 5.12.

Sur la forme *Vergilius*, que nous restituons, alors que Hertz adopte *Virgilius*, *cf.* livres 14-16, *Introduction* : 60.

Certaines citations ne correspondent pas au texte dont elles sont censées être extraites, et de ce fait sont jugées lacunaires (a) ou fautives (b) par Hertz. Pour notre part, nous les admettons comme étant citées telles quelles par Priscien (cf. livre 17, *Introduction* : 53) :

a) 8.23;

b) 558.24; 561.1; 574.4; 584.9; 1.21; 1.25; 3.7; 6.30; 6.30; 7.15; 7.27; 9.1; 10.17; 18.23.

On trouvera sous le texte latin la forme de ces passages telle qu'elle est restituée dans les éditions critiques modernes

Par ailleurs, le sens du texte nous paraît imposer une répartition en alinéas parfois différente de celle que propose Hertz. Nous créons donc de nouveaux alinéas, et nous en supprimons certains autres.

Alinéas créés par nous :

548.7 Stoici enim
549.3 Ideo autem
549.19 Quantum ergo
549.21 Sed rursus
550.27 Et ea
551.10 Nec solum
552.21 Ideo autem
556.10 Nec nos
556.25 Ergo sine
557.25 Futuri uero
558.7 Praeteriti uero
558.16 Excipitur *mortuus*
559.8 Quaeritur *ortum*
559.23 In anomalis
560.10 Et quocumque
560.26 Similiter
561.15 Sunt tamen
562.20 Sunt alia
568.26 *Indulgens*, *amans*
571.27 A *do*
572.23 *X* quoque
574.4 Et quia
579.22 *Ipse* quoque
581.8 Quaeritur cur
581.13 Et possessiua
582.6 Et primitiuorum
582.13 Et sciendum
583.2 Et quaeritur
583.5 Quamuis ergo
583.19 Et primae
583.25 Et attendendum
584.2 Illud quoque
586.26 Duo tantum
587.25 Illud quoque
589.1 Dubitatur numerus
589.5 Possessiua nomina
589.13 Componuntur
590.14 *Iste* uero
592.10 Et sciendum
594.6 Adeo autem
596.28 Quamuis igitur
597.9 Cum igitur
597.13 Possessiua autem
1.15 Primae quoque
2.25 Primus, qui
3.17 In plurali
6.23 Illud etiam
7.3 Omnia neutra
7.28 Cum igitur
9.20 Sciendum autem
10.11 Vnde pluralis
10.18 Quod per
12.8 Nihil tamen
16.15 Primum quod
17.12 Omnis enim

Alinéas supprimés par nous :

549.7 Omnis enim
551.4 Itaque cum
553.1 Cum igitur
11.23 Non est

Nous indiquons les emplois « en mention », c'est-à-dire les formes autonymiques, en les signalant par des italiques, du moins pour le latin – alors qu'à l'époque de Hertz les aspects métalinguistiques de ce genre de texte n'étaient pas systématiquement pris en compte. De même, pour les parenthèses ou tirets signalant des incidentes, nous adoptons les usages actuels. Pour la ponctuation, nous ne nous sommes pas sentis tenus par le système de Hertz, surtout dans ses aspects spécifiques à la langue allemande (virgules avant les subordonnées). Nous ne signalons ci-dessous que les différences de ponctuation qui correspondent à une différence d'interprétation du texte latin. Sauf dans le développement purement morphologique de 569.3-574.4, nous n'avons conservé ni les accents ni les signes de quantité du texte de Hertz – mais nous avons eu recours à de tels signes diacritiques dans la traduction quand ils pouvaient aider à la compréhension.

B) Modifications ponctuelles

Les références chiffrées renvoient à l'édition Hertz (page et ligne); elles sont suivies du texte que nous retenons; après les deux-points vient le texte de Hertz (noté *H*).

Quand ils ne sont pas évidents, les motifs de notre choix, qui reposent toujours sur les témoins cités par Hertz dans son apparat, sont exposés en note de bas de page dans la traduction.

Deux passages du livre 11 sont corrigés par Hertz lui-même dans les *Corrigenda et addenda* qui font suite à son édition de l'*Ars Prisciani* (*GL* 3, 378-384). Nous adoptons le texte corrigé (*GL* 3, 383 col. 2) : 552.9 *euge tuum et belle* ; 569.10 *questus*.

Livre 11

548.10 de latinitate : *de Latinitate H* – 567.2 ὁ διαβάλλων *οὐκέτι καὶ* ὁ διαβαλλόμενος : ὁ διαβάλλων οὐκέτι *καὶ* ὁ διαβαλλόμενος *H* – 570.7-8 non *spiratus* [facit] : [non *spiratus* facit] *H*

Livre 12

585.8 quod multi simul loquentes dicunt *nos fecimus* : *quod multi simul loquentes dicunt, nos fecimus H* – 589.30 *eaedem* : *eadem H* – 591.13 *tyranne* : *tiranne H* – 591.15-16 *hospites / seu tute captiuos, habes* : *hospites, / seu tute captiuos habes H*

Livre 13

3.16 οὐρανόθεν *ἀπ'* οὐρανοῦ : οὐρανόθεν ἀπ' οὐρανοῦ *H* – 3.16 οἴκοθεν *ἀπ'* οἴκοῦ : οἰκόθεν ἀπ' οἴκοῦ *H* – 3.17 οἴκοθεν : οἰκόθεν *H* – 6.3 *hoc* : *hocc H* – 8.8 C. Licinius : G. Licinius *H* – 8.13 C. Caesar : G. Caesar *H* – 8.15 C. Fannius : G. Fannius *H* – 15.7-8 significat, tam actionem quam passionem in : significat tam actionem quam passionem, in *H* – 18.7 quando quidem : quandoquidem *H* – 19.2 ἑαυτοῦ : αὐτοῦ *H*

ARS PRISCIANI

LIBRI XI, XII, XIII DE PARTICIPIO, DE PRONOMINE

LIVRES 11, 12, 13 : LES HYBRIDES (PARTICIPE, PRONOM)

PLAN DU LIVRE 11

DE PARTICIPIO

LIBER VNDECIMVS

De participio

548 Qui tertio loco participium posuerunt rectius fecisse uidentur. Cum enim 1 nomen et uerbum primum et secundum tenuerunt locum, participium, quod ex utroque nascitur, sequentem iure exigit. Quaesitum est | tamen an bene separauerint id ab aliis partibus grammatici et primus Trypho, quem Apollonius quoque sequitur, maximus auctor artis grammaticae.

LIVRE 11

Le participe

Le participe par rapport aux parties du discours précédentes

548 Ceux qui ont placé le participe en troisième position paraissent avoir agi 1
avec beaucoup de justesse[1]. Dès lors en effet que le nom et le verbe occupent la première et la deuxième place, le participe, qui procède de l'un et de l'autre, réclame à bon droit la suivante. On s'est néanmoins demandé s'il avait été judicieux de la part des grammairiens – Tryphon d'abord, également suivi par Apollonius, la plus grande autorité en matière de grammaire[2] – de lui donner une place à part par rapport à d'autres parties du discours.

1. Ce *satisfecit* constitue une allusion en creux au classement d'autres grammairiens, et notamment à celui de Donat (*nomen*, *pronomen*, *uerbum*, *aduerbium*, pour les quatre premières parties du discours, le *participium* venant en cinquième position). La progression préférée par Donat était sans doute considérée comme pédagogiquement plus lisible, le nom et le verbe étant chacun immédiatement suivis de l'élément qui lui fait écho en indiquant dans sa dénomination même les liens entretenus avec l'une ou l'autre de ces deux parties fondamentales (*cf.* Holtz 1981 : 64-66). Le classement adopté par Priscien repose en revanche sur celui qui est canonique chez les grammairiens alexandrins (c'est notamment le classement d'Apollonius, *Synt.* 1, 12-29, en particulier 21-22, et voir la *Tekhnê* attribuée à Denys le Thrace, chap. 11, *cf.* Lallot 1998[2] : 123-125).

2. Pour Tryphon, *cf.* frg. VIII. 1 Velsen; le traité d'Apollonius consacré au participe (évoqué en *Synt.* 1, 21 et 107; 4, 45 et 51) est perdu, mais sa doctrine paraît transmise par les scholies à la *Tekhnê* (*Lond.* 518.17-32).

Stoici enim quomodo articulum et pronomen unam partem orationis accipiebant, infinitum articulum uocantes, quem grammatici articulum, eique adiungentes etiam infinita nomina uel relatiua, quod etiam | Didymus facit tractans de latinitate (finitum autem articulum dicebant idem stoici, quod nunc pronomen uocamus finitum, quod et uera ratione solum pronomen est dicendum. Ergo Romani quoque artium scriptores stoicorum secuti magis traditionem pronomina finita dixerunt et infinita; nam articulos non habent); sic igitur supra dicti philosophi | etiam participium aiebant appellationem

Point de vue des stoïciens

Les stoïciens[3] considéraient que l'article et le pronom ne faisaient qu'une seule partie du discours[4] : ils appelaient *article indéfini* l'*article* des grammairiens, et lui associaient également les noms indéfinis ou anaphoriques – comme le fait aussi Didyme dans son étude sur la latinité[5] ; en revanche ces mêmes stoïciens appelaient *article défini* ce qu'aujourd'hui nous appelons *pronom défini* (et qui en bonne logique est seul à pouvoir être appelé *pronom*) – raison pour laquelle les auteurs romains de grammaire, suivant plutôt la tradition stoïcienne, ont caractérisé les pronoms (car pour les articles, ils n'en ont pas) comme *définis* et *indéfinis*[6]. De même, donc, les philosophes sus-mentionnés disaient aussi que *participe* est un terme qui exprime un double

3. Cf. *FDS* 542. À propos du participe, présenté notamment comme *antanaklastos prosêgoria* (548.15-16), les stoïciens se voient attribuer dans ce passage d'importants points de doctrine, dont ce témoignage de Priscien constitue la seule attestation.

4. La classification des articles et des pronoms dans une seule et même catégorie de mots sert ici de modèle à la réunion par les stoïciens des verbes et des participes – ce que contestent les grammairiens. Les divergences sur le nombre des parties du discours sont mentionnées au début du livre 2, *GL* 2, 54.5-55.3 – Priscien justifiant quelques lignes plus loin (55.10-12) le statut du participe comme partie du discours autonome. En 54.9-10, Priscien évoque le point de vue des stoïciens sur le participe en indiquant qu'ils l'intégraient au verbe et l'appelaient *participiale uerbum... uel casuale* [forme verbale participiale, ou à cas]. Cet arrière-plan grec de la réflexion sur la double nature du participe s'applique d'autant mieux au terme latin *participium* que celui-ci est un calque du grec *metokhê* (Priscien omet de le préciser, parce que c'est évident).

5. *Cf.* Mazzarino (1955[2] : 105), frg. 2 du *Peri tês para Rhômaiois analogias*, traité de Didyme mentionné par Priscien lui-même dans le *De figuris numerorum* (17.14-16 P.). La formule *de latinitate*, qu'emploie Priscien en 548.10, est considérée par Schmidt (1854 : 345) et Funaioli (1964 : 447) comme équivalant à ce titre grec de Didyme, cependant que Mazzarino paraît penser que *tractans de latinitate* ne renvoie qu'à un développement particulier. Les deux concepts ne se recouvrent pas : d'après Diomède, citant Varron (*GL* 1, 439.15-17), l'*analogia* était l'un des critères de la *latinitas*. Sur l'identité de Didyme, *cf.* Martorelli 2016.

6. Cette opposition entre pronoms « définis » et « indéfinis » est présente dans toute la tradition grammaticale latine antérieure à Priscien. Dès la fin de la République, Varron, qui propose dans le *De lingua Latina* plusieurs classements des parties du discours selon le point de vue et le type de description adopté, répartit en 8, 45 les *appellandi partes* en *nominatus*, constitués de *uocabula* (comme *scutum* ou *gladium*) et de *nomina* (comme *Romulus* ou *Remus*), et en *articuli*, constitués eux-mêmes de *prouocabula* (*infinita*, comme *quis quae*), et de *pronomina* (*finita*, comme *hic haec*) – et il reprend cette opposition en 10, 30 à propos des éléments constituant les *articuli* (*partim sunt finita ut* hic haec, *partim infinita ut* quis quae). La tradition artigraphique comporte elle aussi une quadripartition, attestée par Probus (*GL* 4, 131.25-136.20), où les *pronomina* sont répartis en *finita* (*ego tu ille*), *minus quam finita* (*ipse iste is idem sibi hic*), *infinita* (*qui uel quis quidam quicumque quisquam*, etc.) et *possessiua* (*meus tuus suus noster uester*). Donat de son côté (*Mai.* 629.5-7 H.) donne comme fondamentale la division entre *pronomina finita* (*quae recipiunt personas, ut* ego tu ille) et *pronomina infinita* (*quae non recipiunt personas, ut* quis quae quod), mais il ajoute ensuite diverses catégories supplémentaires (629.8-630.2 H.), dont celle des *minus quam finita* (*ipse iste*), des *praepositiua* (*quis hic*), des *subiunctiua* (*is idem*), etc., que la bipartition initiale tend à faire interpréter comme des sous-espèces des *pronomina infinita*. Priscien est le seul à considérer, à la suite de la tradition grecque, qu'il n'y a de pronoms que définis (*cf.* livre 12, *GL* 2, 577.2-3).

esse reciprocam, id est ἀντανάκλαστον προσηγορίαν, hoc modo : *legens est*
lector et *lector legens*, *cursor est currens* et *currens cursor*, *amator est amans*
549 et *amans amator*, | uel nomen uerbale uel modum uerbi casualem. Vnde
uidentur nostri asciuisse inter uerba gerundia uel participialia, cum uideantur
ea diuersos assumere casus.

Ideo autem participium separatim non tradebant partem orationis, quod **2**
nulla alia pars orationis semper in deriuatione est nullam | propriam positio-
nem habens, nisi participium; ceterae enim partes primo in positione inuentae
sunt, ad quam etiam deriuatiua aptantur. Omnis enim pars orationis quocum-
que modo deriuatiua uel in eadem notione siue definitione primitiui sui
accipitur et eandem habet ei diuisionem et eadem accidentia, uel in aliud,

mouvement, dans un sens, puis dans l'autre[7] (*antanaklastos prosêgoria*[8]), comme ceci :

legens est lector [un lecteur lit] / *lector legens* [un lecteur occupé à lire]
cursor est currens [un coureur court] / *currens cursor* [un coureur occupé à courir]
amator est amans [un amateur aime] / *amans amator* [un amateur occupé à aimer]

549 – avec le participe aussi bien comme nom verbal que comme mode du verbe pourvu de cas (ce genre de situation explique à l'évidence que la grammaire latine ait inclus les gérondifs ou les noms-participes[9] dans le verbe, alors même qu'ils comportent différentes formes casuelles).

Mais la raison pour laquelle ces philosophes n'enseignaient pas le participe 2
comme une partie du discours autonome, c'est que le participe est la seule partie du discours qui existe sous la seule forme de dérivés, sans jamais avoir de base qui lui soit propre[10]. Toutes les autres parties du discours en effet ont d'abord été inventées sous forme de bases, auxquelles les dérivés se conforment ensuite. En effet, toute partie du discours dérivée, de quelque façon qu'elle le soit, ou bien est prise dans le même cadre notionnel[11] qui définit le terme primaire dont elle dérive – avec la même distribution en accidents caractéristiques –, ou bien passe à autre chose[12], qui préexistait

7. Sur ce développement, cf. *Introduction*, section 3, *L'examen du participe*....

8. *Prosêgoria* est un terme du vocabulaire stoïcien, qui permet dans son sens technique de désigner l'une des deux composantes de la catégorie nominale, l'« appellation » (*appellatio*), par opposition au nom propre, et qui ici s'applique simplement au mot *participium*, considéré en mention.

9. Catégorie imprécise, rarement citée seule (*gerundia uel participialia* ici même et déjà dans le livre 8, *GL* 2, 409.5 ; *supina uel participialia* également dans le livre 8, 425.20), les *participialia* sont des noms morphologiquement identiques ou apparentés à des participes, *cf.* livre 18, notes 21 et 106. L'allusion à l'intégration dans le verbe de ces déverbatifs à désinences casuelles par la tradition grammaticale latine concerne les gérondifs et les supins, mais pose surtout le principe que certaines formes peuvent être verbales dans leur origine et dans certains de leurs fonctionnements tout en ayant des caractéristiques nominales (les cas).

10. Les scholies à la *Tekhnê* se font l'écho de la théorie selon laquelle le participe est toujours dérivé (*Vat.* 255.4-8 ; *Marc.* 416.28-29 et 416.33-417.2 ; *Lond.* 560.24), mais aussi de la doctrine selon laquelle le participe, comme le verbe (*Vat.* 255.28-30) et le nom (*ibid.* 256.4-5 et *Marc.* 417.23), a deux *eidê*, *prôtotupon* et *paragôgon* [espèces primaire et dérivée]. Par exemple, le participe de *anô* [accomplir], *anôn*, fait figure de *prôtotupon* par rapport à *anuôn*, présenté lui comme un *paragôgon* ; de même pour le participe de *ardô* [arroser], *ardôn*, par rapport à *ardeuôn* (*Vat.* 255.28-30 et 256.4-5).

11. Les termes *notio* et *definitio* font référence ici au *merismos* grec, c'est-à-dire à la répartition en parties du discours entendue dans sa dimension conceptuelle.

12. Cette deuxième branche de l'alternative est formulée de façon alambiquée, mais comme le confirment les exemples cités ensuite, l'argument est le suivant : ou bien les dérivés appartiennent à la même catégorie de mots que les primaires dont ils dérivent (type *paternus* par rapport à *pater*, « noms » tous les deux, ou *feruesco* par rapport à *ferueo*), ou bien ils appartiennent à une autre catégorie, mais ont un mode de formation qui les rattache à des primaires de cette autre catégorie (type *bene* ou *male*, dérivés des « noms » *bonus* et *malus*, mais adverbes eux-mêmes, et rattachés à cette dernière catégorie par leur mode de formation dans la mesure où ils sont morphologiquement caractérisés par le même *-e* final que des adverbes primaires comme *paene*, *nempe* ou *fere*).

quod iam ante erat suppositum in | propria naturali positione, unde etiam deriuatiuum propter similitudinem eius quod iam erat ante ex se ortum, ei addebatur, ut *pater* nomen et *paternus* nomen, similiter *rex* et *regalis*, *taurus* et *taurinus* nomina : quidquid enim accidit primitiuo, accidit etiam deriuatiuo. *Ferueo* uerbum et *feruesco* uerbum, similiter *facio* et *facesso*, *uideo* et *uiso* uerba sunt ab eodem in idem. Sed etiam *bene*, *male* deriuata aduerbia a nominibus ab alio ad aliud ad similitudinem nata sunt ante in propria positione inuentorum, ut *paene*, *nempe*, *fere* ; haec enim a se orta sunt : quidquid enim accidit his, accidit etiam illis et, quod suum est aduerbiorum, per omnia uerba percurrunt.

Quantum ergo ad hoc, id est | quod in primitiuis et in sua positione non **3**
inueniuntur participia, uidentur stoici bene fecisse.

Sed rursus prohibet ea esse nomina temporum diuersorum assumptio, quae fit in propriis transfigurationibus ad similitudinem uerborum. Sed si quis dicat quod nomina quoque multa inueniuntur tempus significantia, respondebimus quod hoc interest inter participia et | nomina temporalia quod nomina illa nihil aliud significant nisi ipsum tempus per se, ut *annus*, *mensis*, *dies*, *meridies*, *hodiernus*, *hesternus*, *crastinus*, nec in propriis sunt transfigurationibus, participia uero actionem uel passionem aliquam in
550 diuerso fieri tempore demonstrant, non | tempus ipsum per se, et quod eos

dans des éléments qui de par leur nature propre étaient primaires, de telle sorte que le dérivé est venu s'ajouter à ces derniers parce qu'il se conformait à ces éléments qui ne tenaient leur origine que d'eux-mêmes. Par exemple, *pater* est un nom, et *paternus* aussi [père / paternel], tout comme les noms *rex* et *regalis* [roi / royal], *taurus* et *taurinus* [taureau / taurin] : tout ce qui caractérise le primaire caractérise aussi le dérivé; *ferueo* est un verbe, et *feruesco* aussi [être bouillant / entrer en ébullition], et de même *facio* et *facesso* [faire / faire avec empressement], *uideo* et *uiso* [voir / venir voir] sont des verbes qui illustrent le passage du même au même. Même les adverbes *bene* et *male*, qui, étant des dérivés dénominatifs, sont en revanche passés d'une catégorie à une autre, sont apparus en se conformant à des éléments qui préexistaient comme primaires, tels que *paene* [presque], *nempe* [certes], *fere* [presque][13] – et qui, eux, ne tiennent leur existence que d'eux-mêmes : tout ce qui caractérise en effet ces derniers caractérise aussi *bene* ou *male*, et, ce qui est le propre des adverbes, ils s'adaptent à tous les verbes.

Donc, sur ce point, c'est-à-dire sur le fait qu'on ne trouve pas de participes 3
dans les primaires qui sont à eux-mêmes leur propre base, il semble bien que les stoïciens ont eu raison.

Point de vue contraire des grammairiens

Mais d'un autre côté, il est impossible que les participes soient des noms dès lors qu'ils comportent des différences de temps : celles-ci n'apparaissent, dans les variations morphologiques propres aux participes, que par conformité avec les verbes. Si toutefois quelqu'un dit qu'il se trouve également de nombreux noms qui signifient le temps, nous répondrons qu'il y a la différence suivante entre les participes et les noms qui désignent le temps : ces noms-là ne signifient rien d'autre que le temps en lui-même – ainsi *annus* [année], *mensis* [mois], *dies* [jour], *meridies* [midi], *hodiernus* [d'aujourd'hui], *hesternus* [d'hier], *crastinus* [de demain] –, et leur temporalité ne tient pas aux variations morphologiques qui leur sont propres, tandis que les participes expriment qu'un acte réalisé ou subi se produit à tel ou tel moment du
550 temps, mais sans exprimer | ce moment en lui-même. Par ailleurs, ils se

La conclusion attendue est que les participes se rattachent nécessairement ou bien à la catégorie verbale en raison des primaires dont ils dérivent (*lego / legens*), ou bien à la catégorie nominale en raison de leur mode de formation illustré par toutes sortes de formes primaires casuelles. Priscien préfère souligner (en adoptant ici le point de vue des stoïciens) que les participes ne comportent parmi eux aucun élément primaire, ce qui revient au même mais dans la perspective polémique de la contestation du participe comme catégorie autonome.

13. Cette interprétation n'est pas reprise dans le livre 15, consacré à l'adverbe. *Nempe* et *paene* y sont présentés comme primaires à *-e* bref (*GL* 3, 65.16 et 67.7 et 10), et *bene* et *male* comme dérivés, également à *-e* bref (68.23-24), mais le rapprochement entre ces formes n'est pas fait : *bene* et *male* apparaissent seulement comme exceptions, en raison de leur *-e* bref final, alors que les adverbes en *-e* dérivés sont censés avoir un *-e* long. Parmi ces adverbes dérivés en *-e* long du livre 15 est cité *fere* (68.23), présenté là comme issu de *ferus* [sauvage], le lien sémantique entre ces deux termes donnant lieu à une explication hasardeuse (71.6-11), *cf.* livre 15, note 30.

sequuntur casus quos et uerba ex quibus nascuntur, et quod uerborum significationes habent, et quod pro uerbo ponuntur, quorum nihil est suum nominis [a].

Omne enim nomen a quocumque uerbo natum uel genetiuum sequitur casum uel datiuum figurate per compassionem, quam Graeci συμπάθειαν uocant, ut *amicus illius*, *speculator illius*, *auditor illius*, *uictor illius*, et datiuum, ut *amicus illi est*, *lector illi est*, *speculator illi est*, *uictor illi est*. Et nota quod plerumque substantiuum uerbum, quod Graeci ὑπαρκτικόν uocant, solet adiungi huiuscemodi figurae. || Inueniuntur tamen | pauca etiam 4
ablatiuum sequentia, ut *dignus illa re*, *mactus uirtute*, accusatiuum uero figurate : *exosus bella*, *praescius futura*; participiorum enim loco uidentur posita illorum constructionem seruasse. Verba autem et participia genetiuo uel datiuo uel accusatiuo uel ablatiuo solent associari : *misereor illius*, *miserens illius*; *parco illi*, *parcens illi*; *oro illum*, *orans* | *illum*; *careo illo*, *carens illo*. Et actiua quidem plerumque accusatiuum sequuntur, passiua uero ablatiuum uel datiuum figurate, genetiuum uero admodum pauca. Sed de his,

a. *Cf.* Apollonius Dyscolus *Synt.* 3, 190 (432.20-433.9 U.).

construisent avec les mêmes cas que les verbes dont ils sont issus, ils ont les voix [14] des verbes et sont employés comme verbes – toutes choses qui ne sont nullement le propre du nom.

Tout nom issu d'un verbe, quel que soit celui-ci, se construit en effet ou bien avec le génitif, ou bien par figure avec le datif en vertu de l'affinité – que les Grecs appellent *sumpatheia* [15] – entre ces deux cas : *amicus illius, speculator illius, auditor illius, uictor illius* [un ami / surveillant / auditeur / vainqueur *de cet homme*], et avec le datif *amicus illi est, lector illi est, speculator illi est, uictor illi est* [un ami / lecteur / surveillant / vainqueur est *à cet homme*]. Et remarque qu'en général on associe le verbe « être », que les Grecs appellent *huparktikon* [16], à ce type de figure. || Cela étant, on trouve 4
aussi un petit nombre de noms qui se construisent avec l'ablatif, comme *dignus illa re* [digne de cela], *mactus uirtute* [bravo [17]], et avec l'accusatif, mais par figure : *exosus bella* [hostile aux guerres], *praescius futura* [prévoyant l'avenir] [18] (il semble bien en effet que tenant lieu de participes [19], ces mots en observent la construction). De leur côté, les verbes et les participes sont usuellement construits avec le génitif, le datif, l'accusatif ou l'ablatif : *misereor illius, miserens illius* [j'ai pitié de lui / ayant pitié de lui], *parco illi, parcens illi* [je l'épargne / l'épargnant], *oro illum, orans illum* [je le supplie / le suppliant], *careo illo, carens illo* [je suis privé de lui / étant privé de lui]. Les verbes actifs sont en général construits avec l'accusatif, les passifs en revanche avec l'ablatif ou par figure avec le datif, et ceux qui se construisent avec le génitif sont en très petit nombre. Mais de ces questions, nous tâcherons de

14. Priscien assimile les mots latins *genus siue significatio* au grec *diathesis* dans le livre 18 : *GL* 3, 267.9-10 (et note 213 *ad loc.*).

15. *Sumpatheia*, dont *compassio* est le calque, est attesté chez Apollonius, *Synt.* 1, 49, et *Adv.*, *passim*, *cf.* Lallot 1997, 2 : 330, note 14, et 2012 (1998) : 138. Cette notion n'apparaît pas dans le développement du livre 18 sur les constructions adnominales avec génitif ou datif (*GL* 3, 213.3 *sq.*), alors même que la théorie de l'affinité entre cas affleure dans un développement tel que *GL* 3, 207.30-208.22, dans le livre 17, à propos du nominatif et du vocatif (sur cette affinité, *cf.* Lallot 2012 (1998) : 143).

16. *Rhêma huparktikon*, « verbe d'existence », est l'appellation usuelle en grec des verbes signifiant « être » (*huparkhô, eimi, gignomai*). Le calque latin, *uerbum substantiuum* (*cf.* livre 17, note 83) a lui-même été emprunté par le français : sur cette appellation, « verbe substantif », *cf.* ici même, livre 13, note 68.

17. Formule stéréotypée, litt. « glorifié pour ton courage », ordinairement employée au vocatif (*macte uirtute*), et comprise par Priscien comme constituée du « nom » *mactus*, construit avec l'ablatif *uirtute*. La formule apparaît à la fin du livre 17 (*GL* 3, 208.20-22, *macte uirtute esto*) comme exemple du remplacement d'un nominatif par un vocatif.

18. Ces deux derniers exemples sont empruntés à la tradition artigraphique latine, et plus précisément à Donat, *Mai.* 625.14 H., repris ensuite par Pompée et d'autres commentateurs.

19. Priscien met ainsi en rapport *exosus* avec *odi* (dont le parfait déponent *osus sum* est attesté), quoique le composé **exodi* ne soit pas lui-même attesté (il s'en explique plus loin dans ce même livre, 560.16-18 : '*odi*'... '*osus*', *ex quo* '*perosus*' *et* '*exosus*'), et *praescius* avec *praescio*, sans doute à partir de la synonymie de *scius* et de *sciens*.

si deus annuerit, cum de dispositione uel constructione partium orationis scripserimus, id est περὶ συντάξεως, exponere latius conabimur.

Ergo si uerborum seruauerint consequentiam, participia sunt, sin amissis **5**
temporibus casus quoque quos nomina solent uerbalia sequi attrahant, transeunt in ea, ut *amans illum* participium est, *amo* enim *illum* dicimus, *amans* autem *illius* nomen, ut *amator illius*; itaque et tempus amittit et comparationem assumit, ut *amantior amantissimus*; | *acceptus ab illo* participium, quia et *accipior ab illo*, *acceptus illi* nomen, ut *amicus illi*, ideoque tempore quidem caret, comparationem uero asciscit, ut *acceptior acceptissimus* [a].

551 Et ea quidem sunt quibus | ostenditur participium aliud esse quam nomen. Verbum autem id esse non potest, cum casus habeat et declinationes et genera ad nominum formam; nullum enim uerbum haec habere potest. Itaque cum et uerbi quaedam sua prohibent hoc esse nomen, id est | tempora et significationes, et nominis propria prohibent esse uerbum, id est genera et casus (quaecumque enim pars orationis habet genera apud Graecos uel Latinos, habet et casus, et quaecumque habet casus, habet et genera, exceptis paucis indeclinabilibus), mansit participium medium inter nomen et uerbum. Vnde rationabiliter hoc nomen est ei a grammaticis | inditum per confirmationem duarum partium orationis principalium [b].

a. *Cf.* Apollonius Dyscolus *Synt.* 1, 123 (103.13-104.9 U.) et 3, 190 (432.20-433.9 U.).
b. *Cf.* Apollonius Dyscolus *Synt.* 1, 22 (24.1-10 U.).

parler plus abondamment, si dieu me l'accorde[20], quand nous traiterons de l'organisation, ou construction, des parties du discours, c'est-à-dire de la *syntaxe*.

Par conséquent, si ces termes ont conservé la construction des verbes, ce sont des participes, mais si, en plus de perdre leurs oppositions temporelles, ils appellent les cas avec lesquels se construisent les noms issus de verbes, c'est qu'alors ils passent dans la catégorie nominale : dans *amans illum*, *amans* est un participe puisque l'on dit *amo illum*, mais avec *amans illius*, c'est un nom, comme *amator illius*. C'est pourquoi il y a à la fois perte du temps et gain des degrés de comparaison : *amantior*, *amantissimus*. *Acceptus ab illo* [agréé par lui] est un participe parce qu'on dit aussi *accipior ab illo* [je suis agréé par lui], mais *acceptus illi* [agréable à...] est un nom, comme *amicus illi*, et de ce fait cette forme n'a plus de temps, mais gagne les degrés de comparaison : *acceptior*, *acceptissimus* [plus agréable, très agréable].

551 Ce sont là les éléments qui montrent | que le participe n'est pas identique au nom. Et par ailleurs il ne peut pas non plus être un verbe puisqu'il a des cas, des déclinaisons et des genres, sur le modèle des noms : aucun verbe ne peut avoir ces caractéristiques. Ainsi donc, puisque certaines caractéristiques spécifiquement verbales l'empêchent d'être un nom, à savoir les temps et les voix, et que des éléments proprement nominaux l'empêchent d'être un verbe, à savoir les genres et les cas (en grec ou en latin toute partie du discours qui a des genres a aussi des cas, et toute partie qui a des cas a aussi des genres, à l'exception de quelques indéclinables[21]), le participe s'est fixé en position médiane entre le nom et le verbe. C'est pourquoi il est logique que ce nom de *participe* lui ait été donné par les grammairiens, qui affirmaient par là qu'il y a en lui les deux parties du discours principales[22].

20. Cette formule, avec *deus* ou *fortuna*, apparaît chez divers auteurs (Martial, Silius Italicus...), cf. *ThlL* 1, 790.30-57 (*annuo*). Les constructions adnominales et adverbales sont effectivement traitées au livre 18 (*GL* 3, 213.3-224.21 et 267.6-278.6). *Constructio*, calque de gr. *suntaxis*, est l'un des nombreux termes auxquels Priscien recourt usuellement pour exprimer la notion de construction, *dispositio* étant plus rare dans ce sens (de même que *consequentia*, cité *infra* en 550.20) ; *cf.* livre 17, notes 1 et 299.

21. C'est ainsi que les noms de lettre ou de nombre ont un genre mais pas de cas : *cf.* livre 6, *GL* 2, 201.10-12.

22. *Confirmatio* (551.10), qui réapparaît en 552.14, forme couple avec *abnegatio* (552.16), et s'éclaire par l'exemple du neutre, cité en 552.16-17 : tout comme le *neutrum genus* – genre qui n'est, étymologiquement, « ni l'un ni l'autre » – procède à ce titre d'une double négation, le participe, lui, procède de la double affirmation qu'il relève à la fois du nom et du verbe. Dans les deux cas, une catégorie est concernée par le même phénomène de double ancrage, qui sert à la définir de façon positive (*confirmatio*) ou négative (*abnegatio*). Priscien reprend ici le couple *kataphasis* / *apophasis* par lequel Apollonius (*Synt.* 1, 22) oppose de la même façon le participe et le genre neutre.

Nec solum participium non ab aliqua propria ui, sed ab affinitate nominis et uerbi nominatum est, sed aliae quoque quinque partes orationis non a sua ui, sed ab adiunctione quam habent ad nomen uel uerbum uocabulum acceperunt :
pronomen enim dicitur quod pro nomine ponitur, et | aduerbium quod uerbo 6
adiungitur, et praepositio quae tam nomini quam uerbo praeponitur, et coniunctio quae coniungit ea, et interiectio quae his interiacet. Vnde est dicendum quod, si non sit nomen et uerbum, nec alia pars orationis constare poterit. Itaque quibusdam philosophis placuit nomen et uerbum solas esse partes orationis, cetera uero | adminicula uel iuncturas earum, quomodo nauium partes sunt tabulae et trabes, cetera autem, id est stuppa et claui et similia, uincula et conglutinationes partium nauis [hoc est tabularum et trabium], non partes nauis dicuntur. Sed est obiciendum ad hoc quod cera et stuppa non ex eadem constat materia ex qua tabulae et trabes, coniunctiones autem et praepositiones et similia ex eadem sunt materia ex qua et nomen et uerbum constat, hoc est
552 literis et syllabis et accentibus et intellectu. || Itaque etiam per se | prolatae, quod 7
partes sunt orationis ostendunt. Quid enim est aliud pars orationis nisi uox indicans mentis conceptum, id est cogitationem ? Quaecumque igitur uox

Légitimité du participe dans l'économie générale des parties du discours

Le participe n'est d'ailleurs pas seul à avoir été nommé non pas à partir d'une caractéristique propre mais d'une parenté avec le nom et le verbe : les cinq autres parties du discours aussi ont reçu leur dénomination non pas de ce qu'elles sont par elles-mêmes, mais du rapport qu'elles entretiennent avec le nom ou avec le verbe : || est en effet appelé *pronom* ce qui tient lieu de nom, 6
adverbe ce qui s'adjoint au verbe, *préposition* ce qui est placé aussi bien devant un nom que devant un verbe, *conjonction* ce qui les conjoint et *interjection* ce qui s'intercale entre eux [23]. Il faut en conclure que s'il n'y avait pas de nom et de verbe, aucune autre partie du discours ne pourrait exister non plus. C'est pourquoi certains philosophes ont été d'avis que le nom et le verbe étaient les seules parties du discours, le reste ne servant qu'à les soutenir et à les assembler, tout comme un bateau est fait de planches et de poutres, tandis que le reste, c'est-à-dire l'étoupe, les clous et ce genre de choses, ce sont les liens qui les font tenir ensemble, mais sans qu'on puisse dire que ce sont des parties du navire [24]. Il faut cependant objecter à cela que la cire et l'étoupe ne sont pas constituées du même matériau que les planches et les poutres, tandis que les conjonctions, les prépositions et les éléments de ce genre sont du même matériau dont sont faits le nom et le verbe, c'est-à-dire de lettres, de syllabes, d'accents et de sens [25]. || C'est pourquoi, même énoncées seules, 7
552 elles se signalent comme parties du discours. Qu'est-ce d'autre en effet qu'une partie du discours sinon un son vocal indiquant quelque chose que l'esprit a conçu, c'est-à-dire de la pensée ? Par conséquent, tout son vocal

23. Le passage en revue des différentes parties du discours, au livre 2 de l'*Ars* (*GL* 2, 55.6-56.27), comporte des définitions plus élaborées que celles-ci, qui reposent sur un simple éclairage étymologique, avec les simplifications, voire les apories, que cela induit, particulièrement sensibles pour la conjonction, présentée ici comme ce qui *conjoint les noms et les verbes*. Par ailleurs, l'interjection est mentionnée alors qu'il n'y est pas fait allusion dans le livre 2 et que son statut comme partie du discours n'est envisagé qu'au livre 15 (*GL* 3, 90.5-91.27). Le terme employé pour en caractériser ici le fonctionnement, *interiaceo* (551.17), est sémantiquement statique, alors que la définition du livre 15 repose sur le dynamique *intericio* – *cf.* livre 15, notes 92 et 93.

24. Ce point de doctrine est un lieu commun chez les dialecticiens et les commentateurs influencés par la pensée aristotélicienne. Cette même image du bateau se retrouve ainsi dans le traité latin de dialectique généralement attribué à Apulée, *Peri hermêneias*, 267 (où l'image du bateau se double de celle du corps humain, à travers les poils, de même qu'ici, un peu plus bas, avec les tendons, 552.11) et chez Ammonius dans son *Commentaire* du *Peri hermêneias* d'Aristote, *CAG* 4/5, 12.25-30 (où apparaissent précisément les planches et l'étoupe cités également ici par Priscien). Pour d'autres métaphores stoïciennes, citées par Plutarque, cf. *FDS* 586.

25. Pour l'efficacité de sa démonstration, Priscien présente comme évident et simple un problème qui apparaît dans d'autres parties de l'*Ars* de façon plus complexe, *cf.* la question de la « co-signification », livre 2 *GL* 2, 54.7 ; livre 16, *GL* 3, 93.2-3 ; et voir livres 14-16, *Introduction*, section 3 : 22.

literata profertur significans aliquid, iure pars orationis est dicenda. Quod si non essent partes, numquam loco earum nomina | ponerentur, cum loco cerae uel stuppae in naui tabula fungi non potest; inuenimus enim loco aduerbii nomen, ut *una*, *multum*, *falso*, *qua*, et pronomen similiter : *eo*, *illo*, et loco coniunctionis tam nomen quam pronomen : *quare*, *ideo*, et aduerbium loco nominis, ut *mane nouum* et *sponte sua* et *euge tuum et belle* et *cras alterum*. Sed si, quia | compaginem uidentur praestare nomini et uerbo, non sunt partes orationis dicendae, ergo nec partes corporis debemus accipere neruos, quia ligant membra et articulos, quod penitus uidetur absurdum. Multo melius igitur, qui principales et egregias partes nomen dicunt et uerbum, alias autem his appendices. Quod autem participium nomen accepit a confirmatione | nominis et uerbi, nihil mirum, cum inueniuntur quaedam nominationes etiam ex abnegatione nascentes, ut *neutrum genus*, scriptible[26] qui signifie quelque chose doit à bon droit être appelé *partie du discours*. S'il ne s'agissait pas de parties du discours, aucun nom ne pourrait jamais en tenir lieu, alors que dans un bateau, une planche ne peut avoir les fonctions de la cire ou de l'étoupe[27]. Or en guise d'adverbes[28] nous trouvons des noms, comme *una* [ensemble], *multum* [beaucoup], *falso* [faussement], *qua* [par où], ainsi que des pronoms : *eo* [là, avec mouv.], *illo* [là-bas, avec mouv.] ; en guise de conjonctions, aussi bien des noms que des pronoms : *quare*, *ideo* [pour cette raison] ; des adverbes en guise de noms, comme *mane nouum* [le petit matin], *sponte sua* [de son propre mouvement], *euge tuum et belle* [ton « bravo ! » et ton « joli ! »], *cras alterum* [un autre demain][29]. Si ces éléments, au motif qu'ils paraissent assurer une fonction de cohésion pour le nom et le verbe, ne doivent pas être appelés des parties du discours, il ne faut pas non plus que nous considérions les tendons comme des parties du corps, au motif qu'ils n'assurent que l'assemblage des membres et des articulations – absurdité manifeste. Il est par conséquent bien préférable, quand on dit qu'il y a des parties du discours principales et supérieures, le nom et le verbe, de considérer en revanche les autres comme des parties qui en dépendent. Quant au fait que le participe ait reçu son nom de l'affirmation qu'il comporte nom et verbe, cela n'a rien de surprenant dès lors que l'on trouve également des dénominations qui viennent, comme le *neutrum genus* [genre neutre],

26. Les différentes caractéristiques de la *uox* (*articulata*, *inarticulata*, *literata*, *illiterata*) sont décrites et croisées au début du livre 1, *GL* 2, 5.5-6.5. Par rapport à ce passage théorique du début de l'*Ars*, la *uox literata significans aliquid* évoquée ici correspond au croisement de la *uox literata* et de la *uox articulata* : la première, définie comme « scriptible » (*quae scribi potest*, *GL* 2, 5.8), inclut des sons non signifiants comme *coax* ou *cra* (*GL* 2, 5.14-15), cependant que la seconde, *uox articulata*, définie comme signifiante (*copulata cum aliquo sensu mentis eius qui loquitur*, *GL* 2, 5.6-7), inclut des éléments non scriptibles comme les sifflements et les gémissements. Priscien conserve ici le même découpage, mais remplace l'un des termes techniques (*articulata*) par la formule *significans aliquid*, sémantiquement équivalente mais plus claire hors du contexte particulier de la définition de la *uox*. *Cf.* Desbordes 1990 : 106.

27. La combinaison d'un système conditionnel à l'irréel doublement nié (*si non essent...*, *numquam ponerentur*) et d'une proposition adversative causale présentant une impossibilité factuelle (*cum... non potest*) exprime simplement que des noms peuvent se substituer aux parties du discours autres que le nom et le verbe, alors que des planches ne peuvent se substituer à de la cire ou de l'étoupe.

28. Cette question des substitutions de parties du discours entre elles est largement traitée par ailleurs, *cf.* à propos des adverbes, livre 15, notamment *GL* 3, 63.21-64.4 (pour *multum* et *una*), 65.26-66.3 (pour *una* et *qua*), 68.24-69.6 et 72.24-73.2 (pour *falso*, *eo*, *illo*), et à propos des conjonctions, livre 16, *GL* 3, 95.26-96.1 (pour *ideo* et des équivalents de *quare*).

29. Ces formules apparaissent ailleurs dans l'*Ars* comme citations, au moins pour les trois premières. *Mane nouum* et *sponte sua* sont citées conjointement comme exemples virgiliens de substantivation d'un adverbe dans le livre 14 (*GL* 3, 34.15-16), dans le livre 15 (*GL* 3, 84.26-85.1) et dans le livre 18 (369.15-23), où elles sont en outre accompagnées de la citation de Perse comportant *euge tuum et belle* (*Sat.* 1, 49) et de celle où figure *cras hesternum* (*Sat.* 5, 68), dont *cras alterum*, cité ici, est peut-être la forme altérée, ou une variante.

quod nec masculinum est nec femininum, et *infinitum uerbum*, quod personam non habet [a].

Participium est igitur pars orationis quae pro uerbo accipitur, ex quo et 8
deriuatur naturaliter, genus et casum habens ad similitudinem | nominis et accidentia uerbo absque discretione personarum et modorum [b].

Ideo autem repertum est participium quod nomini uerbum adiungitur, sed non aliter nisi sit nominatiuus casus ei personae adiunctus secundum quam profertur uerbum, ut *facio ego bonus*, *facis tu bonus*, *facit ille bonus*. Cum igitur flectas nomen in obliquos casus, uerbum adiungi ei | non potest intransitiuum, id est ἀμετάβατον, hoc est in sua manens persona. Nam μεταβατικά dicuntur, id est transitiua, quae ab alia ad aliam transeunt personam, in quibus solent obliqui casus adiungi uerbis, ut *misereor tui*, *moderatur imperator militibus* : hic enim, quia ab alia persona ad aliam
553 transit uerbi significatio, utimur obliquis. | Cum igitur sunt intransitiua, quia non possunt obliqui casus his adiungi, loco uerbi subit participium, ut *bonus homo loquebatur*, *boni hominis loquentis orationem audiui*,

a. *Cf.* Apollonius Dyscolus *Synt.* 1, 22 (24.1-10 U.) ; *cf.* etiam *Synt.* 1, 14 (16.12-17.15 U.) et 36 (33.9-34.2 U.) ; *Adu.* 121.4-13 S.

b. *Cf.* Apollonius Dyscolus *Synt.* 1, 21 (23.8-24.10 U.) ; *cf.* etiam *Adu.* 143.6-9 S.

de l'affirmation qu'il n'est ni masculin ni féminin, et pour l'*infinitum uerbum* [infinitif], qu'il ne comporte pas la catégorie de la personne [30].

Donc, le participe est une partie du discours qui tient lieu de verbe – en 8
plus d'en dériver par nature –, pourvu de genre et de cas, par similarité avec le nom, et relevant des catégories du verbe, mais sans la distinction des personnes et des modes.

Raison d'être du participe

Voici par ailleurs la raison pour laquelle le participe a été inventé [31].

Le verbe se combine avec le nom, mais seulement si c'est un nominatif combiné lui-même avec la personne à laquelle le verbe est énoncé [32], comme dans *facio ego bonus, facis tu bonus, facit ille bonus* [33]. Par conséquent, quand on fait passer le nom à un cas oblique, il est impossible que le verbe reste combiné avec ce nom si c'est un verbe intransitif, ou *ametabaton* [34], c'est-à-dire ne passant pas d'une personne à une autre. On appelle en effet *metabatika*, c'est-à-dire transitifs, les verbes qui passent d'une personne à une autre : c'est avec eux que des cas obliques sont usuellement associés à des verbes, comme dans *misereor tui* [j'ai pitié de toi], *moderatur imperator militibus* [le général réfrène ses soldats] : là en effet, parce que la signification du verbe passe d'une personne à une autre, nous employons des cas obliques.
553 Par conséquent, quand les verbes sont intransitifs, du fait que des cas obliques ne peuvent se combiner avec eux, le participe intervient en tenant lieu de verbe : *bonus homo loquebatur* [un homme généreux parlait], mais :

– *boni hominis loquentis* (génitif) *orationem audiui* [35],

30. La désignation de l'infinitif comme forme verbale non déterminée du point de vue de la personne (*in-finitum uerbum*) repose, comme celle du neutre, sur une *abnegatio*. Sur ce dernier terme, ainsi que *confirmatio*, avec lequel il forme un couple antithétique, voir ci-dessus note 22. Présentation plus développée d'*infinitus* (*modus*) dans le livre 8, *GL* 2, 425.9-10.

31. L'idée directrice de ce développement sur la raison d'être du participe est empruntée à Apollonius (cf. *Synt.* 1, 21).

32. C'est une des nombreuses descriptions du rapport entre nominatif et verbe, et, comme les autres passages de même genre (cf. *infra*, livre 13, note 93, ainsi que l'*Index* des notions grammaticales à la fin des livres 14-15-16, 17, 18, *s.u. sujet*), elle permet de mesurer que Priscien saisissait le mécanisme de la fonction sujet – dont cependant il ne fait pas usage en dehors de ces analyses sporadiques et isolées. La présente description montre clairement le rôle de la notion de *personne* dans la constitution de la notion de sujet : c'est la coréférence du nom et du verbe en terme de personne, soulignée par l'emploi du nominatif, qui fait la spécificité de cette relation.

33. Sur ces formules à interpréter sur un plan métalinguistique, voir *Introduction*, section 5, *Le début du livre 11*...

34. Sur la terminologie de la transitivité, (*(in)transitiuus* et *metabatikos* / *ametabatos*), cf. *Introduction*, section 6 : 57-58, et livre 17, *Introduction*, section 10 : 41-42.

35. Ici encore (cf. *supra*, note 33), ces formules illustrent un mécanisme plus qu'un sens et sont à interpréter sur un plan métalinguistique : à partir de la formule initiale, *bonus homo loquebatur*, les exemples suivants, conformément au schéma classique de la chrie, font passer le nominatif *bonus homo* aux différents cas obliques, génitif (complément du nom *oratio*), datif (complément du verbe *dare*), accusatif (complément du verbe *audire*), ablatif (complément du verbe *delector*), cependant que la relation prédicative exprimée par le verbe *loquebatur* est maintenue, mais assumée par le participe, *loquens*, *-entis*, accordé aux cas obliques auxquels passe *bonus homo*.

bono homini loquenti dedi, *bonum hominem loquentem audiui*, *bono homine loquente delectatus sum*; || ubique enim participium loco uerbi intransitiui 9
accipitur. Vocatiuus quoque, quomodo nominatiuus, intransitiuis adiungitur, ut *doctus loquens proficis* et *docte loquens, proficis* uel *profice*. Sicut igitur pronomen ideo est inuentum ut adiungi primae et secundae uerbi personae possit (nomina enim tertiae personae coniungi uolunt absque uocatiuo casu, qui semper | secundae adiungitur personae), sic participia inuenta sunt ut quod deest uerbis, id est casus, compleant coniuncta nominibus [a].

Nec solum per obliquos casus est utile participium, sed etiam per nominatiuum. Diuersa enim uerba absque coniunctione adiungere non potes, ut *lego disco* uel *doceo discis* non est dicendum, sed *lego et* | *disco* uel *doceo et discis* : nam hoc proprium est tam transitiuorum quam intransitiuorum; participium autem si proferas pro aliquo uerbo et adiungas ei uerbum, bene sine coniunctione profers, ut *legens disco* pro *lego et disco* et *docente me discis* pro *doceo et discis*. || Contra autem nomina diuersa, si ad unum referantur, sine 10
coniunctione oportet ea | proferre, nisi si adiectiua geminentur, ut *pius Aeneas*, *Marcus Tullius Cicero*; si enim dicas *pius et Aeneas* uel *Marcus et Tullius et Cicero*, quasi de alio et alio dicis. Accidentia uero siue adiectiua si geminabuntur, necesse est interponi coniunctionem, ut *bonus et pius et iustus et fortis Aeneas*. Verba quoque et participia si sequantur sese, egent coniunctione, ut *legit et scribit doctor*, *loquens et currens fecit* [b]. Nec mirum propria, quae insecabilem substantiam demonstrant, ut *Socrates*, *Scipio*, nec non appellatiua, quae secabilem [id est] generalem uel specialem [quae diuidi potest] substantiam indicant, ut *animal*, *corpus*, *homo*, *taurus*, *equus*, *aurum*, *lapis*, non
554 egere coniunctione : diuersae enim | substantiae in uno coniungi non possunt. Itaque cum dicam *Publius Cornelius Scipio Africanus*, non egeo coniunctionibus : unam enim his indico esse omnibus substantiam. Similiter *homo est animal rationale, mortale, disciplinae capax*, cum unam substantiam significo

a. Cf. *sch. Hel.* 77.4-16 H.

b. Cf. *sch. Marc.* 415.29-416.7 et 416.15-21 H. ; *cf.* etiam Apollonius Dyscolus *Synt.* 1, 107 (89.14-90.17 U.).

– *bono homini loquenti* (datif) *dedi*,
– *bonum hominem loquentem* (accusatif) *audiui*,
– *bono homine loquente* (ablatif) *delectatus sum*.
À chaque fois, ici, le participe tient lieu d'un verbe intransitif. Le vocatif aussi, 9
comme le nominatif, se combine avec des verbes intransitifs, comme dans *doctus loquens proficis* [parlant en sage, tu progresses] et *docte loquens, proficis* ou *profice* [toi qui parles en sage, tu progresses / progresse]. De même donc que le pronom a été inventé pour pouvoir se combiner à la 1re et à la 2e personne du verbe (les noms en effet veulent s'associer à une 3e personne, sauf quand ils sont au vocatif, qui se combine toujours à une 2e personne)[36], de même les participes ont été inventés pour suppléer à ce qui manque au verbe, c'est-à-dire les cas, quand ils se combinent avec des noms.

En outre, l'utilité du participe ne se manifeste pas seulement aux cas obliques, mais également au nominatif. Il est en effet impossible de combiner des verbes différents sans conjonction : on ne peut pas dire *lego disco* [*je lis j'apprends] ou *doceo discis* [*j'enseigne tu apprends], mais *lego et disco* ou *doceo et discis*. C'est une propriété des verbes aussi bien transitifs qu'intransitifs. Mais si on énonce un participe à la place d'un des deux verbes et qu'on le combine avec l'autre, c'est correct sans conjonction : *legens disco* [j'apprends en lisant] à la place de *lego et disco*, et *docente me discis* [tandis que j'enseigne, tu apprends] à la place de *doceo et discis*. || À l'inverse 10
cependant, des noms différents, s'ils font référence à une seule personne, doivent être énoncés sans conjonction, sauf si l'on emploie plusieurs noms adjectifs. On dit par exemple *pius Aeneas*, *Marcus Tullius Cicero* : dire en effet *pius et Aeneas* ou *Marcus et Tullius et Cicero*, c'est comme parler de personnes différentes. Mais si ce sont des accidents que l'on multiplie, autrement dit des éléments adjectifs, il est indispensable d'intercaler une conjonction, comme dans *bonus et pius et iustus et fortis Aeneas* [le généreux, pieux, juste et courageux Énée]. Il en est de même pour les verbes et les participes : s'ils se succèdent, ils ont besoin d'une conjonction, comme dans *legit et scribit doctor* [le maître lit et écrit], *loquens et currens fecit* [en parlant et en courant + verbe][37]. Il n'est pas surprenant que les noms propres, qui désignent une substance indivisible, comme *Socrates*, *Scipio*, et tout aussi bien les noms appellatifs, qui indiquent une substance divisible – générale ou spécifique –, comme *animal*, *corpus*, *homo*, *taurus*, *equus*, *aurum*, *lapis* [être vivant, corps, homme, taureau, cheval, or, pierre], n'aient pas besoin de
554 conjonctions : des substances différentes ne peuvent en effet | être combinées en un élément unique. C'est pourquoi, en disant *Publius Cornelius Scipio Africanus*, je n'ai pas besoin de conjonctions : avec tous ces éléments, je ne désigne en effet qu'une seule substance. Même chose pour *homo est animal rationale mortale disciplinae capax* [l'homme est un être vivant rationnel mortel capable d'apprendre] : puisque je ne signifie qu'une seule substance,

36. La brève présentation du pronom de 553.7-10 paraît être un condensé du développement d'Apollonius, *Synt.* 2, 40-47 (voir notamment § 40).

37. Cf. *supra*, note 33.

quamuis multorum | communem, non egeo coniunctionibus, quae diuersas solent res coniungere ; diuersae enim substantiae in eodem esse non possunt. Accidentia autem, quae substantiae iam ante suppositae accidunt, possunt esse 11
diuersa in eadem substantia, ut si dicam *Marcus Tullius Cicero*, quia una est substantia, non eget coniunctionibus, sin autem dicam *sapiens et eloquens et felix Cicero*, diuersa ostendo accidentia in una substantia, itaque egent coniunctione. Illud quoque admonendum quod, quemadmodum coniungitur aduerbium uerbo, sic etiam participio. Nec mirum, cum pro uerbo ponitur, ut *bene legens delectat* pro *bene legit et delectat.*

Et quamuis ab indicatiuis deriuantur uerbis participia, potestate tamen et ui significationis omnes continent modos hoc pacto : *exponens doce* pro *expone et doce*, *utinam exponens docerem* pro *utinam exponerem et docerem*, *cum exponens doceam* pro *cum exponam et doceam*, *exponens docere uolo* pro *exponere et docere uolo.*

même si elle est commune à plusieurs individus, je n'ai pas besoin de conjonctions[38]. Celles-ci associent en effet des choses diverses, or il ne peut y avoir des substances diverses dans un même être. || En revanche, les accidents, 11
qui affectent la substance toujours préexistante, peuvent être divers dans une même substance : si je dis *Marcus Tullius Cicero*, c'est une substance qui, parce qu'elle est une, n'a pas besoin de conjonctions, mais si je dis *sapiens et eloquens et felix Cicero* [le sage, éloquent et heureux Cicéron], j'indique des accidents divers dans une seule substance, et donc ils ont besoin de conjonctions. Il faut aussi rappeler que l'adverbe se combine avec le participe de la même façon qu'avec le verbe – ce qui n'a rien d'étonnant puisque le participe tient lieu de verbe : *bene legens delectat* [en lisant bien il plaît] dans le sens de *bene legit et delectat.*

Participe et valeur modale

En outre, quoique les participes dérivent de verbes à l'indicatif[39], néanmoins leur valeur sémantique englobe virtuellement tous les modes, de la façon suivante[40] :
– *exponens doce* [part. + impér.], dans le sens de *expone et doce* ;
– *utinam exponens docerem* [part. + opt.], dans le sens de *utinam exponerem et docerem* ;
– *cum exponens doceam* [part. + subj.], dans le sens de *cum exponam et doceam* ;
– *exponens docere uolo* [part. + inf.], dans le sens de *exponere et docere uolo.*

38. Le rapprochement de cette définition de l'homme avec le nom de Scipion l'Africain, *Publius Cornelius Scipio Africanus*, éclaire l'apparente bizarrerie qu'il y a à affirmer que les éléments de la définition de l'homme « n'ont pas besoin de conjonctions ». Priscien veut apparemment souligner que dans les deux cas l'unité de la substance ainsi désignée (unité de l'individu Scipion ou unité de ce qui est propre à l'être humain, même si cette propriété est partagée par une multitude d'individus) ne procède pas de l'addition d'éléments autonomes, mais constitue un ensemble radicalement original par rapport aux éléments qui, énoncés successivement, permettent de le définir. De même donc que Scipion l'Africain est une substance unique désignée par la séquence de quatre noms, de même l'homme, comme substance, est une unité définie par une séquence de quatre « noms » (*animal*, *rationale*, *mortale*, *[disciplinae] capax*) : la solidarité des éléments constitutifs est marquée par l'absence de conjonctions – sans que Priscien écarte la possibilité de leur présence (il indique seulement qu'elles ne sont pas nécessaires : *non egeo coniunctionibus*).

39. Cette affirmation s'appuie exclusivement sur la formation du participe présent, cf. *infra*, 557.4-558.16.

40. Les exemples qui suivent sont tous fabriqués sur le même schéma : le participe présent du verbe *exponere* [exposer] est associé au verbe *docere* [enseigner] aux différents modes (impératif, optatif, subjonctif, infinitif), la tournure ainsi construite étant censée équivaloir à la coordination des deux verbes au même mode. Comme plus haut (*cf.* notes 33 et 35), l'équivalence concernée est surtout structurelle, le sens lui-même, résultant de la combinaison du participe et de la forme modale, étant secondaire. Sur « l'optatif », *cf.* l'*Introduction* du livre 18, section 3 : 37-41.

Ergo eius obtinet uim modi cuius uerbo coniungitur ; et in hoc quoque quantam habeat cum | infinito coniunctionem ostenditur. Infinita enim similiter cum ab indicatiuo nascuntur, pro omni accipiuntur modo : dico enim *scribere me indico* pro *scribo*, *scribere te impero* pro *scribe*, *scribere me opto* pro *utinam scribam*, *scribere uolo*, *tum legere* pro *cum scribam legere*. Nec mirum in his una uoce tam diuersas inueniri significationes, cum in multis aliis quoque dictionibus hoc inuenitur, ut *circum* nomen et aduerbium, *eo* pronomen et uerbum et aduerbium et coniunctio. Similiter in aliis plurimis hoc inuenis, sicut supra dictum est [a].

a. Cf. *sch. Lond.* 560.16-22 H. ; *cf.* etiam Apollonius Dyscolus *Synt.* 1, 51 (44.1-45.9 U.).

Le participe a ainsi la valeur modale du verbe avec lequel il se combine[41]. Et là encore on voit clairement à quel point le participe et l'infinitif sont liés. De la même façon en effet, les infinitifs, quoiqu'ils soient issus de l'indicatif, sont employés avec la valeur de n'importe quel mode[42] : je dis *scribere me indico* [j'indique que j'écris] comme équivalent de *scribo*; *scribere te impero* [je t'ordonne d'écrire] comme équivalent de *scribe*; *scribere me opto* [je souhaite écrire] comme équivalent de *utinam scribam*; *scribere uolo, tum legere* [je veux écrire, et puis alors lire] comme équivalent de *cum scribam legere*[43]. Il n'est pas étonnant que, pour ces termes, une forme unique présente des significations si différentes : cela se trouve également dans beaucoup d'autres mots, comme *circum*, nom et adverbe, *eo*, pronom, verbe, adverbe et conjonction[44]. On trouve cela de la même façon dans une multiplicité d'autres éléments, comme il a été dit plus haut.

41. Ce point est l'objet de débats dans la tradition grammaticale grecque. D'après la *Tekhnê* (chap. 15), le participe n'a pas de modes, ce qui est repris dans les scholies (*Vat.* 255.19-21 ; *Marc.* 415.23 et 417.17-21 ; *Lond.* 560.29). Les scholiastes disent cependant aussi que le participe prend le mode du verbe avec lequel il est construit : *Marc.* 415.23-26 et *Lond.* 560.16-22 – dans ce dernier cas en opposant de manière polémique cette doctrine à celle de la *Tekhnê*. En fait, il ne paraît pas contradictoire de soutenir d'un côté que le participe n'a pas de modes, et de l'autre qu'il reçoit le mode du verbe avec lequel il se construit : c'est la position de Priscien.

42. Voir livre 8, *GL* 2, 409.1-4; livre 18, *GL* 3, 224.23-24 et 228.2-24, et note 79.

43. L'analyse des différents modes proposée ici par Priscien consiste à gloser les formes verbales de référence, seules ou accompagnées des éléments qui les caractérisent (indicatif *scribo*, impératif *scribe*, optatif *utinam scribam*, subjonctif *cum scribam*), en en répartissant les valeurs sur deux verbes, l'un portant le sens lexical de la forme considérée, l'autre sa valeur modale, sur le modèle *scribo = scribere me indico* (*cf.* livre 8, *GL* 2, 409.1-4, et livre 18, *GL* 3, 228.2-5). Cette équivalence ne présente pas de difficulté pour les modes à valeur sémantique claire : indicatif, impératif et optatif. La présentation est plus complexe pour le subjonctif. Priscien articule les deux verbes « écrire » et « lire » (*scribere / legere*) par *tum*, et, pour aligner cette formule sur les autres, qui font apparaître le verbe *scribere* à l'infinitif (*scribere me indico*, *scribere te impero*, *scribere me opto*), il suscite la présence de cet infinitif en le faisant dépendre de *uolo*, d'où la formule *scribere uolo, tum legere*. Cette glose construite pour rendre compte du sens du subjonctif *cum scribam* consiste ainsi à placer le fait d'écrire dans la perspective d'une successivité chronologique où il faut d'abord écrire quelque chose pour avoir de quoi lire, ce qui revient, étant donné la nature de ces deux procès, à donner au fait d'écrire le statut de procès d'arrière-plan par rapport au fait de lire : « lire, à mesure que j'écris » (*cum scribam legere*), *cf.* livre 18, note 75. Cette interprétation du subjonctif se situe donc bien sur le même plan, sémantique, que celle des autres modes. Voir aussi les définitions du livre 8, *GL* 2, 424.12-13, et du livre 18, *GL* 3, 241.4-17 et note 144, ainsi que l'*Introduction* du livre 18, section 3, *Les développements de la 1re partie : un exemple, le subjonctif*).

44. *Circum* est souvent cité comme exemple de nom ou d'adverbe, mais également de préposition, avec une accentuation différente, *cf.* livre 14 (*GL* 3, 27.8-13 ; 33.24-26 ; 37.4-5 ; 41.3-8). *Eo* est cité comme pronom et adverbe dans le livre 15 (*GL* 3, 72.24-73.1) et ci-dessus, 552.5-7, et comme pronom et conjonction causale dans le livre 16 (*GL* 3, 95.27-28).

555 Igitur participium inuentum est ut nominatiuus quidem sine | coniunctione 12 proferatur cum alio uerbo, ut *legens doceo* pro *lego et doceo*, quae compositio intransitiua est, hoc est ipsam in se manere ostendit personam ; obliqui uero casus participiorum ad hoc sunt utiles quod non solum sine coniunctione proferuntur cum obliquis casibus nominum, sed | etiam ad alias transeunt personas, ut *docentis potior* et *docenti respondeo* et *docentem audio* et *illo docente didici*. Ergo nominatiuus et uocatiuus intransitiuus solet esse, ut *legens ego homo facio* pro *lego ego homo et facio*, et similiter uocatiuus : *o homo bene legens fac*, id est *o homo bene lege et fac* ; ceteri uero magis transitiui sunt, ut praedictum | est, ut *bellantis hominis misereor* pro *bellat homo et eius misereor*, *imperanti homini oboedio* pro *imperat homo et ei oboedio*,

Participe et transitivité : usage des cas

555 Donc, si le participe a été inventé, c'est, au nominatif, | pour être associé à 12
un autre verbe sans qu'il soit besoin de conjonction : *legens doceo* [j'enseigne en lisant] dans le sens de *lego et doceo* – cette association étant intransitive dans le sens où l'on voit clairement qu'il n'y a pas de passage de la personne à une autre. Quant aux cas obliques des participes, ils servent non seulement à être associés sans conjonction à des cas obliques de noms, mais en plus à passer à d'autres personnes [45] :

– *docentis potior* [je compte sur mon maître [46]],
– *docenti respondeo* [je réponds à mon maître],
– *docentem audio* [j'écoute mon maître],
– *illo docente didici* [avec lui pour maître, je me suis instruit].

Le nominatif et le vocatif sont donc constamment intransitifs :

– *legens ego homo facio* [47], dans le sens de *lego ego homo et facio* ;
– et de même au vocatif : *o homo bene legens fac*, c'est-à-dire *o homo bene lege et fac*.

Tous les autres cas en revanche sont plutôt transitifs, comme il a été dit :

– *bellantis hominis misereor* dans le sens de *bellat homo et eius misereor*,
– *imperanti homini oboedio* dans le sens de *imperat homo et ei oboedio*,

45. Priscien présente ici le fonctionnement du participe conformément à la double dimension qui est censée déterminer cette partie du discours depuis son origine : du fait de sa part nominale le participe se met au cas voulu par l'actant auquel il correspond, et du fait de sa part verbale il exprime une relation prédicative équivalant à une proposition accompagnée d'une conjonction. Ainsi, dans *legens ego homo facio* (555.7), le participe est au cas de *ego homo*, et équivaut à la proposition accompagnée d'une conjonction *lego ego homo et* (*facio*). Pour souligner sans doute la plasticité d'emploi du participe, Priscien insiste sur le fait qu'il peut être associé à tous les actants du procès, ou, pour employer ses termes, aux différentes « personnes » mises en relation dans un énoncé. Il présente en effet l'emploi des cas du participe selon le critère du « passage » ou non de personne à personne, c'est-à-dire selon que la relation est transitive ou non, cf. *infra* note 48 et de façon plus détaillée, *infra* également, dans le livre 13, *GL* 3, 14.6-19.18.

46. Sur ce sens de *potior*, construit ici avec génitif, *cf.* livre 17 (159.19 et note 204), où il apparaît avec ablatif; la complexité sémantique de ce verbe ressort, au livre 18, dans les numéros 11 et 54 du catalogue. Dans les quatre exemples cités, le participe présent de *doceo*, litt. « enseignant », est présenté dans l'ordre habituel des différents cas obliques (génitif, datif, accusatif, ablatif).

47. Le caractère métalinguistique de cet exemple, et des suivants, est particulièrement net (comme *supra*, *cf.* notes 33 et 35), illustrant la combinaison d'un participe présent au nominatif (*legens*) et d'un verbe (*facio*), plus qu'un sens – encore acceptable pour le nominatif (« en lisant, moi, en tant qu'homme, j'agis », et, pour sa paraphrase, « moi qui suis un homme, je lis et j'agis »), mais franchement improbable pour le vocatif (« toi qui es un homme, en lisant bien, agis » / « toi qui es un homme, lis bien et agis »). L'adjonction de *ego homo* a sans doute pour fonction de souligner qu'une seule personne est en cause dans cette association de *legens* et de *facio*, et donc qu'il s'agit bien d'une relation intransitive, puisqu'il n'y a pas passage d'une personne à une autre. À l'inverse, les exemples de « cas transitifs » donnés ensuite sont accompagnés de gloses soulignant la dualité des personnes (avec *homo et eius* / *homo et ei* / *homo et eum*) : « un homme combat et j'ai pitié de lui », etc. Ils se développent selon l'ordre usuel des cas : génitif avec *misereor* (« j'ai pitié d'un homme combattant »), datif avec *oboedio* (« j'obéis à un homme donnant des ordres »), accusatif avec *audio* (« j'écoute un homme enseignant »), ablatif que les Modernes appellent « absolu » avec *uideo* (« le soleil brillant, je vois »).

docentem hominem audio pro *docet homo et eum audio, lucente sole uideo* pro *lucet sol et uideo*, nisi si ipsa in sese faciat, id est κατὰ ἰδιοπάθειαν proferatur : tunc enim utimur consuetudine transitiuorum quae | ἀλλοπάθειαν significant, ut *misereor mei legentis, praebeo mihi legenti, accuso me legentem, fruor me legente*. Et ad eum casum maxime coniunguntur quem uerba desiderant, ut supra dictum est : *misereor tui, miserens tui*; ut *inuideo tibi, inuidens tibi*; *accuso te, accusans te*; *dignor te illa re, dignans te illa re*.

– *docentem hominem audio* dans le sens de *docet homo et eum audio*,
– *lucente sole uideo* dans le sens de *lucet sol et uideo*,
sauf si la personne exerce une action qui la vise elle-même[48], c'est-à-dire si elle est énoncée par *idiopatheia*[49] : dans ce cas-là en effet, nous suivons l'usage des transitifs qui expriment une *allopatheia*[50], ainsi dans[51] *misereor mei legentis, praebeo mihi legenti, accuso me legentem, fruor me legente*. En outre, toutes ces formes casuelles de participes se construisent très généralement avec le cas voulu par ces verbes transitifs, comme il a été dit plus haut[52] : *misereor tui, miserens tui* [j'ai pitié de toi / ayant pitié de toi], tout comme *inuideo tibi, inuidens tibi* [je t'envie / t'enviant] ; *accuso te, accusans te* [je t'accuse / t'accusant] ; *dignor te illa re, dignans te illa re* [je te juge digne de cela / te jugeant digne de cela].

48. La distinction entre transitivité et intransitivité repose à son origine sur la présence d'une seule ou de deux personnes comme actants du procès : la transitivité est conçue comme le « passage » (*transitio*) d'une personne à une autre, cependant que cette absence de passage correspond à l'intransitivité (*cf.* livre 17, *Introduction*, section 7, *Une particularité de l'analyse : la transitivité*, et note 264 de la traduction). Cette conception donne un statut particulier à la réflexion, comme on le voit ici, dès lors que celle-ci met en cause une seule et même personne, et qu'il s'agit donc de justifier qu'une construction où une seule personne est en cause puisse être identique à celle où deux personnes apparaissent. L'examen de la langue grecque a pu accentuer l'embarras des Latins, dans la mesure où, en face des tournures du type *misereor mei legentis*, citées ici comme exemples de constructions réfléchies identiques à des constructions non réfléchies, le grec peut traiter ce type de construction avec un seul cas, et donc en alignant la construction sur l'unicité de la personne (type *oida amathês ôn* [je sais que je suis ignorant] plutôt que *oida emauton amathê onta*, *cf.* Kühner-Gerth, II, § 475, 5 et 481, 3). On voit néanmoins ici que, comme il le fait encore plus clairement dans le livre 17 (cf. *GL* 3, 163.25-164.4), Priscien surmonte la difficulté en réinterprétant la dualité de personnes à partir de l'opposition diathétique de l'agent et du patient, et donc comme une dualité de rôles, ce qui ramène la construction réfléchie, où les deux rôles sont bien présents, au simple cas particulier de leur occupation par une seule et même personne.

49. C'est-à-dire le fait de subir quelque chose dont on est soi-même l'auteur, *cf.* livre 17 (*GL* 3, 165.17-19 et note 225, 167.3 et 168.18) ; *idiopatheia* et *idiopathês* sont beaucoup plus souvent employés par Priscien que les termes usuels chez les grammairiens grecs *autopatheia* et *autopathês* (*cf.* note suivante) – *autos* étant progressivement remplacé par *idios*. À l'*idiopatheia* ou *autopatheia* s'oppose l'*allopatheia*, fait de subir quelque chose dont quelqu'un d'autre est l'auteur, *cf.* livre 17 (*GL* 3, 176.14-20 et note 264), où l'adjectif au neutre pluriel *allopathê* est glosé *extrinsecus passionem facientia uel patientia* (« faisant quelque chose qui est subi du dehors, ou subissant quelque chose qui vient du dehors »).

50. Apollonius utilise *allopathês* et *autopathês* pour les pronoms simples (non réfléchis) et composés (réfléchis), cf. *Pron.*, *GG* 2/1 [1], 44.1-18, appliquant à ces pronoms les notions de transitivité et d'intransitivité. Dans les textes grecs postérieurs, ce type de termes est appliqué à des verbes : Eustathe emploie trois fois *allopathês* pour des verbes transitifs et factitifs dans son commentaire de l'*Iliade* (457, 39 ; 647, 10 ; 920, 27), et *idiopathêtika* apparaît (dans un texte très tardif) à propos de verbes qui, comme *paskhô*, « signifient l'*autopatheia* » (L. Bachmann, *Anecdota Graeca*, II, 302.29-32, Leipzig, 1828).

51. Sont cités, selon les cas obliques attendus, les verbes *misereor* [j'ai pitié de] + génitif, *praebeo* [j'offre] + datif, *accuso* [j'accuse] + accusatif, *fruor* [je profite de] + ablatif, et le cas oblique est toujours représenté par le pronom personnel de la même personne que celle du verbe, accompagné du participe présent du verbe *legere* [lire]. Sur ce type d'exemples, voir *Introduction*, section 5, *Le début du livre 11…*.

52. *Cf.* 550.12-15. Le sujet de *coniunguntur* s'infère des nominatifs *nominatiuus et uocatiuus…, ceteri uero* des lignes 6-7 et 9, Priscien reprenant le fil de son argumentation après le développement sur la transitivité.

DE ACCIDENTIBVS PARTICIPIIS SED PRIMVM DE GENERIBVS

Accidunt autem participio sex : genus, casus, significatio, tempus, numerus, 13
figura.

Genus masculinum, ut *amatus*, femininum, ut *amata*, neutrum, ut *amatum*, commune trium generum, ut *hic* et *haec* et *hoc amans* ; | nam commune duum generum et epicoenum in participio inueniri natura ipsa prohibet. Cum enim uerba, ex quibus nascuntur participia, pariter omnibus adiunguntur generibus : *legit uir, legit mulier, legit mancipium*, necessario participium, quod ex eo
556 proficiscitur, eisdem generibus | associatur. Et siquidem in *ns* desinat, quod fit in praesenti tempore, quod est etiam praeteritum imperfectum, sine dubio trium est generum commune ad formam nominum adiectiuorum, quae cum in duas desinunt consonantes, trium sunt generum communia. Sin uero in *us* finiantur masculina, | pariter ad similitudinem adiectiuorum in *a* finiunt feminina et in *um* neutra, quod fit in omni praeterito tempore et futuro. Nec mirum ad formam adiectiuorum haec dirigi, cum paene uim habeant participia quoque nominum adiectiuorum ; accidentia enim propriis uel appellatiuis nominibus significant, uelut illa, ut *bonus homo*, *scribens homo* – et illud accidit et hoc | accidit –, *fortis Scipio*, *legens Scipio*.

LES ACCIDENTS DES PARTICIPES, À COMMENCER PAR LES GENRES

Les accidents du participe sont au nombre de six : le genre, le cas, la voix, 13
le temps, le nombre, la figure[53].

Le genre est masculin, *amatus*, féminin, *amata*, neutre, *amatum*, ou commun aux trois genres, *amans* (masculin, féminin, neutre[54]). En revanche, qu'il y ait une forme commune à deux genres ou une forme épicène, la nature même s'y oppose dans le cas du participe[55] : dès lors en effet que les verbes, dont les participes sont issus, s'associent indifféremment à tous les genres (*legit uir, legit mulier, legit mancipium* [l'homme / la femme / l'esclave lit]), il est logique que le participe, qui en provient, se combine avec les mêmes
556 genres. | S'il a une finale en *-ns*, ce qui arrive au présent – qui est également l'imparfait[56] –, il est incontestablement commun aux trois genres en vertu du mode de formation des noms adjectifs – lesquels sont communs aux trois genres quand ils se terminent par deux consonnes. Si en revanche il se termine en *-us* au masculin, il se termine, également par analogie avec les adjectifs, en *-a* au féminin et en *-um* au neutre, ce qui arrive pour toutes les formes de passé et de futur. Il n'est pas étonnant que ces formes suivent la règle des adjectifs, puisque les participes ont aussi pratiquement la même valeur que les noms adjectifs. Comme eux en effet, ils signifient des accidents qui caractérisent des noms propres et des appellatifs : *bonus homo, scribens homo* [un homme bon / un homme écrivant] – dans l'un et l'autre cas, il s'agit d'accidents –, *fortis Scipio, legens Scipio* [Scipion courageux, Scipion lisant].

53. Le déroulement du livre ne correspond pas à l'ordre d'énumération des catégories annoncé ici : après le genre (555.23-556.27), Priscien examine le temps (557.1-563.16) et le cas (563.17-564.18), et, surtout, il ne traite de la voix, ou *significatio*, que dans un second développement sur le temps (564.19-568.10), consacré aux *tempora* dans leur relation aux *significationes*, avant de terminer par le nombre (568.11-14) et la figure (568.15 *sq.*).

54. Les formes *hic*, *haec* et *hoc* mettent ici en évidence les trois genres de *amans*. Sur l'usage métalinguistique du démonstratif chez les grammairiens latins, voir livre 17, note 54, et livre 18, note 2.

55. Par rapport aux principaux genres existants (*masculinum, femininum, neutrum, commune duum generum, epicoenum, commune trium generum* : *cf.* livre 5, *GL* 2, 141.4-21, conforme dans les grandes lignes à Donat, *Mai.* 619.7-16 H., et voir *Introduction*, p. 35, note 1), Priscien souligne ici que pour les participes, le *commune duum generum* (type *sacerdos*, ce terme à deux genres signifiant le prêtre ou la prêtresse selon qu'il est masculin ou féminin) et l'*epicoenum* (type *passer* [moineau], ou *aquila* [aigle], termes à genre unique, respectivement masculin et féminin, employés pour le mâle et la femelle) ne sont pas possibles *par nature* – les procès n'étant qu'exceptionnellement « genrés », comme il est indiqué plus bas, 556.10-27, et ne l'étant jamais pour deux genres à la fois parmi les trois principaux.

56. Cf. *infra*, 557.2-4.

Nec nos moueat quod sunt quaedam uerba, quae naturaliter ad mares **14** pertinent uel ad feminas, quae uidentur exigere ut participia uel masculina sint solum uel feminina, ut *futuo*, *nubo*, *futuens*, *nubens* (nam illud ad mares, hoc ad feminas pertinet solum), sed illud attendamus quod adeo natura ipsius uerbi et | participii communis est trium generum quod siue uituperationis causa siue figurate licet maribus aptum uerbum uel participium feminis quoque adiungere et contra facere, utputa *bona anima futuit illam feminam* pro *bonae animae uir*. Ergo et *bona anima futuens feminam gignit bonam animam* et *bonum corpus futuens gignit bonum corpus*. Nec uitiosam facio | orationem adiungens et feminino et neutro generi hoc uerbum et participium, quod ad mares solos uidetur attinere. Et contra uituperationis causa possum dicere, ut Iuuenalis in I :

nubit amicus,

et *nuptus uir*, et figurate *bonus mulieris animus nubit mihi* et *nuptus* | *est mihi*.

Ergo sine dubio omne participium uel in duas desinens consonantes trium est generum uel mobile, id est in *us* masculinum, in *a* femininum, in *um* neutrum terminat.

557 De temporibvs

Tempora coniuncta habent praesentis et praeteriti imperfecti, praeteriti **15** perfecti et plusquamperfecti tam participia quam infinita uerba ad similitudinem optatiuorum. Nascitur autem participium praesentis et praeteriti imperfecti a prima persona praeteriti imperfecti in omni coniugatione. Nec mirum, cum prima persona honestior est ceteris. Ipsa enim sine illis esse potest, illae autem sine hac esse non possunt, et ea illas sibi coniungere potest, illae autem minime. *Ego* enim *et tu et ille facimus*

D'autre part, ne nous laissons pas influencer par le fait que certains verbes concernent naturellement les hommes ou les femmes, ce qui paraît impliquer que leurs participes soient seulement masculins ou féminins : c'est le cas de *futuo*, *nubo* [coucher (pour un homme) / épouser (pour une femme)[57]] / *futuens*, *nubens*, puisque le premier ne concerne que les hommes, le second les femmes. Ne perdons pas de vue cependant que le verbe et le participe sont par leur nature même à ce point communs aux trois genres qu'il est possible, par volonté de dénigrement ou par figure, d'appliquer à des entités féminines un verbe ou un participe adaptés à des entités masculines, ou l'inverse, par exemple dans *bona anima futuit illam feminam*, où *bona anima* a le sens de *bonae animae uir* [un homme à l'âme généreuse], et donc aussi dans *bona anima futuens feminam gignit bonam animam* et *bonum corpus futuens gignit bonum corpus*[58]. Je ne fais pas un énoncé critiquable en associant ce verbe et ce participe, qui manifestement ne relèvent que des hommes, à un féminin ou à un neutre. Et à l'inverse, je peux dire pour dénigrer, comme Juvénal en I, *nubit amicus* [mon ami prend mari, *Sat.* 2, 134], et *nuptus uir* [un homme marié à un homme], et par figure *bonus mulieris animus nubit mihi* et *nuptus est mihi*. 14

Il est donc incontestable que tout participe ou bien se termine par deux consonnes et relève des trois genres, ou bien est multiforme, c'est-à-dire se termine en *-us* au masculin, en *-a* au féminin, en *-um* au neutre.

557 Les temps

Il y a union des temps du présent et de l'imparfait, du parfait et du plus-que-parfait, aussi bien pour les participes que pour les infinitifs, à l'image de ce qui passe pour les optatifs[59]. Pour ce qui est du participe du présent et de l'imparfait, il se forme à partir de la 1re personne de l'imparfait, à toutes les conjugaisons. Ce n'est pas étonnant, dès lors que la 1re personne a plus d'importance que les autres : celle-ci peut exister sans celles-là, celles-là ne le peuvent sans celle-ci, qui peut en outre se les agréger, alors qu'elles ne le peuvent pas du tout. On peut dire en effet *ego et tu et ille facimus* [moi, toi et 15

57. Le français ne dispose pas d'une paire oppositionnelle aussi marquée que celle des verbes latins « genrés » *futuo* / *nubo*.

58. Dans le premier cas, le participe du verbe *futuo*, régissant le complément *feminam*, est lui-même au féminin parce qu'apposé au féminin *bona anima* dans la proposition *bona anima... gignit bonam animam* [une bonne âme... engendre une bonne âme]; dans le second, le même participe est au neutre parce qu'apposé au neutre *bonum corpus*. La figure inverse est illustrée ensuite, par l'exemple de 556.24-25, où le masculin *bonus... animus* est le sujet du verbe *nubere* – ce qui détermine, au parfait, l'apparition du participe masculin *nuptus*, en principe uniquement féminin. Les exemples illustrant ces emplois « figurés » mettent en évidence un mécanisme plus qu'un sens, *cf.* 553.2-4 et note 35. Les considérations développées ici (556.10-25) ont un écho *infra*, 572.13-16, à propos du participe passé de *nubo*.

59. Sur cette théorie de l'union des temps à l'optatif, *cf.* livre 8, *GL* 2, 407.22-408.17, et livre 18, *GL* 3, 251.5-8 et note 170, ainsi qu'*Introduction*, section 3 : 38-39; pour l'infinitif, également dans le livre 8, *GL* 2, 408.21-26, et *infra*, 564.20-23 et note 101.

licet dicere, *tu* autem *et ego facitis* uel *ego et ille faciunt* nemo dicit. Vergilius in II *Aeneidos* :

diuellimur inde
Iphitus et Pelias mecum [a].

Fit autem participium mutatione extremae syllabae supra dicti temporis et personae, id est *bam* in *ns*, ut *amabam amans*, *docebam* | *docens*, *legebam legens*, *faciebam faciens*, *muniebam muniens*, exceptis in *eo* desinentibus quartae coniugationis uerbis, quae contra aliorum regulam *i* habent ante *bam* productam (quam tamen antiqui diphthongum scribentes transmutationem uocalium factam ostendebant : *adeibam*, *queibam* pro *adiebam*, *quiebam*), quod etiam in aliis uerbis saepe solet | fieri, ut *polibam* pro *poliebam*, *insignibam* pro *insigniebam*. Nec tamen id prohibuit participia ad perfectorum regulam nasci ; dicimus enim *iens*, *adiens*, *quiens*, *poliens*, *insigniens*. || Haec **16**
tamen eadem participia quae a uerbis in *eo* desinentibus quartae coniugationis nascuntur, anomale per obliquos casus pro *ie eu* habuerunt : *iens euntis*, *quiens queuntis*.

Futuri uero temporis participia, si sint a uerbis actiuis uel neutris uel deponentibus, fiunt ab extremo supinorum addita *rus* : *amatu amaturus*, *doctu docturus*, *lectu lecturus*, *auditu auditurus*, *statu*

a. Cf. *GL* 3, 191.15-16.

lui, nous faisons[60]], mais personne ne dit *tu et ego facitis* [*toi et moi, vous faites] ou *ego et ille faciunt* [*moi et lui, ils font]. Virgile dans l'*Énéide* II : *diuellimur inde / Iphitus et Pelias mecum* [Iphitus et Pélias avec moi, nous nous arrachons de là, *Én.* 2, 434-435[61]].

Formation des participes aux divers temps

Donc, ce participe s'obtient par la transformation de la dernière syllabe de la forme au temps et à la personne indiqués, c'est-à-dire par la transformation de *-bam* en *-ns*[62], comme *amabam amans*, *docebam docens*, *legebam legens*, *faciebam faciens*, *muniebam muniens* – sauf pour les verbes de la 4e conjugaison terminés en *-eo*, qui, à l'encontre de la règle qui vaut pour les autres, ont un *i* long avant *-bam*. Cette voyelle longue, les Anciens l'écrivaient néanmoins sous forme de diphtongue, montrant ainsi qu'il y avait eu une interversion de voyelles : *adeibam*, *queibam*, à la place de *adiebam*, *quiebam* – phénomène fréquent dans d'autres verbes aussi, comme *polibam* à la place de *poliebam*, *insignibam* à la place de *insigniebam*[63]. Cela n'a pas empêché les participes de se former sur le modèle des formes pleines[64] : nous disons en effet *iens*, *adiens*,
quiens, *poliens*, *insigniens*. || Toutefois, pour ces mêmes participes formés à 16
partir de verbes de la 4e conjugaison terminés en *-eo*, il y a eu de façon irrégulière *eu* aux cas obliques à la place de *ie* : *iens*, *euntis* ; *quiens*, *queuntis*.

Par ailleurs, les participes futurs, s'ils viennent de verbes actifs, neutres ou déponents, s'obtiennent par l'adjonction de *-rus* à la dernière forme des supins[65] : *amatu amaturus* ; *doctu docturus* ; *lectu lecturus* ; *auditu auditurus* ; *statu*

60. Traduction littérale : les codes sociaux du français appelleraient la traduction « toi, lui et moi, nous faisons » (ainsi que, plus loin, « lui et moi »).

61. Sur cet exemple, *cf.* livre 17, note 340. Présentation plus détaillée de l'englobement des personnes (*conceptio*) au livre 12, *GL* 2, 584.23-585.6.

62. Le choix de la forme en *-bam* comme base morphologique du participe s'explique par le fait que l'imparfait offre le meilleur rendement morphologique (sauf l'exception signalée, la transformation de *-bam* en *-ns* ne s'accompagne d'aucune autre modification) et sémantique (Priscien vient de souligner, avec la théorie de l'union des temps, que le même participe vaut pour le présent et l'imparfait). Dans l'*Institutio*, 39.13-17 P., Priscien adopte toutefois une autre présentation, moins simple, à partir de la 2e personne de l'indicatif présent. Sur cette analyse de la dérivation, cf. *Introduction*, section 4. Les cinq exemples cités illustrent les quatre conjugaisons régulières, distinguées d'après la forme de la 2e personne du singulier de l'indicatif présent (*GL* 2, 442.22-443.10) : *amo*, *-ās* (1re conjugaison), *doceo*, *-ēs* (2e), *lego*, *-is* et *facio*, *-is* (3e), *munio*, *-īs* (4e). La 4e conjugaison comporte, à côté d'une majorité de verbes en *-io*, *-īs* (du type *munio* [je fortifie], *polio* [je polis], *insignio* [je signale]), quelques verbes en *-eo*, notamment *eo*, *īs* [aller], *queo*, *quīs* [pouvoir] et leurs composés (cf. *GL* 2, 538.24-25).

63. *Cf.* livre 9, *GL* 2, 452.18-453.13.

64. C'est-à-dire en *-iebam*. D'autres occurrences de cet emploi de *perfectus* aux livres 1 (*GL* 2, 20.2), 2 (48.25), 4 (129.2), 7 (302.13 et 337.18), etc. ; de même pour l'adverbe *perfecte*, par exemple au livre 9 (*GL* 2, 475.9).

65. Les verbes cités ensuite sous la forme du supin en *-u*, à l'ablatif (c'est la « dernière forme » évoquée en 557.26, parce que l'ablatif vient en dernier dans la liste des cas), sont les verbes actifs *amo* [j'aime], *doceo* [j'enseigne], *lego* [le lis] et *audio* [j'entends], le neutre *sto* [je suis debout], le déponent *loquor* [je parle] et, plus loin, les communs *criminor* [j'accuse / je suis accusé] et *osculor* [j'embrasse / je suis embrassé]. Aperçu général sur les différentes voix verbales dans le livre 8, *GL* 2, 373.13-374.12.

staturus, *locutu locuturus*. A communi quoque uerbo, quod in futuro tempore
558 duo habet participia, unum quidem actiuum in *rus*, alterum uero | passiuum in *dus*, illud quod in *rus* desinit secundum praedictam fit regulam : *criminatu criminaturus*, *osculatu osculaturus*. Passiua uero eiusdem temporis participia fiunt a genetiuo participii praesentis temporis *tis* finali in *dus* conuersa : *amans amantis amandus*, *docens docentis* | *docendus*, *legens legentis legendus*, *audiens audientis audiendus*, *praeteriens praetereuntis praetereundus*, *transiens transeuntis transeundus*.

Praeteriti uero temporis participia, quae in *tus* uel *sus* uel *xus* desinunt, similiter a supino extremo fiunt, addita *s* et correpta *u*. || Nascuntur autem 17
a uerbis passiuis et communibus et deponentibus et neutropassiuis | et quibusdam neutris : a passiuis, ut *amatu amatus*, *domitu domitus*, *doctu doctus*, *deletu deletus*, *mersu mersus*, *pexu pexus*, *auditu auditus*; a communibus : *criminatu criminatus*, *osculatu osculatus*; a deponentibus : *for fatu fatus*, *reor ratu ratus*, *uereor ueritu ueritus*, *loquor locutu locutus*, *molior molitu molitus*; a neutropassiuis : *gauisu* | *gauisus*, *factu factus*; a neutris uero paucis praeteritum nascitur : *caenatu caenatus*, *pransu pransus*, *placitu placitus*, *nuptu nuptus*.

Excipitur *mortuus* a *morior*, cuius supinum cum secundum analogiam *moritu* et hinc *moriturus* facere futurum debeat et praeteritum *moritus*, *mortuus*, non *moritus* facit. Praeterea dubitatur utrum *potatu potaturus* et *potatus* secundum analogiam an *potu potus poturus* per syncopam melius dicatur, quae in usu non sunt. Vergilius in *bucolico* :

huc ipsi potum uenient per prata iuuenci[a].

a. Cf. *GL* 2, 475.12.

staturus; *locutu locuturus*. À partir d'un verbe commun aussi [66], qui au futur a
558 deux participes – l'un à l'actif, en *-rus*, l'autre | au passif, en *-dus* –, celui qui se termine en *-rus* s'obtient selon la règle susdite : *criminatu criminaturus*; *osculatu osculaturus*. En revanche, les participes passifs de ce même temps s'obtiennent par la transformation en *-dus* de la syllabe finale *-tis* du génitif du participe présent : *amans amantis amandus*; *docens docentis docendus*; *legens legentis legendus*; *audiens audientis audiendus*; *praeteriens praetereuntis praetereundus*; *transiens transeuntis transeundus*.

Quant aux participes passés, qui se terminent en *-tus*, en *-sus* ou en *-xus*, ils s'obtiennent de la même façon à partir de la dernière forme de supin, en ajoutant un *-s* et en abrégeant le *-u* [67]. || Ils se forment à partir de verbes passifs, 17
communs, déponents, neutro-passifs, et de certains neutres [68] :

– passifs, comme *amatu amatus*, *domitu domitus*, *doctu doctus*, *deletu deletus*, *mersu mersus*, *pexu pexus*, *auditu auditus*;
– communs : *criminatu criminatus*, *osculatu osculatus*;
– déponents : *for fatu fatus*, *reor ratu ratus*, *uereor ueritu ueritus*, *loquor locutu locutus*, *molior molitu molitus*;
– neutro-passifs : *gauisu gauisus*, *factu factus*;
– neutres, mais il n'y a formation d'un participe passé que pour quelques-uns [69] : *caenatu caenatus*, *pransu pransus*, *placitu placitus*, *nuptu nuptus*.

Fait exception *mortuus*, de *morior* [je meurs] : alors que l'analogie voudrait que le supin, de forme *moritu*, fasse à la fois le futur *moriturus* et le passé *moritus*, il fait en réalité *mortuus*, et non *moritus*. En outre, la question se pose de savoir s'il est préférable de dire *potatu*, *potaturus* et *potatus*, conformément à l'analogie, quoique ces formes ne soient pas usitées, plutôt qu'avec syncope *potu*, *potus*, *poturus* [70] : Virgile dans les *Bucoliques*, *huc ipsi potum uenient per prata iuuenci* [d'eux-mêmes les jeunes taureaux viendront boire ici en

66. Sur les verbes communs, de forme passive mais de sens actif et passif, *cf.* livre 8, *GL* 2, 378.18-22.

67. Ces formations font l'objet d'un exposé détaillé *infra*, 569.3-573.16.

68. Priscien cite ici : des verbes passifs (*amor* [je suis aimé], *domor* [je suis dompté], *doceor* [je suis enseigné], *deleor* [je suis détruit], *mergor* [je suis englouti], *pector* [je suis peigné], *audior* [je suis entendu]); des verbes communs (*criminor* [j'accuse / je suis accusé], *osculor* [j'embrasse / je suis embrassé]); des déponents (*for* [je parle], *reor* [je pense], *uereor* [je crains], *loquor* [je parle], *molior* [je réalise]); des « neutro-passifs », ou semi-déponents (*gaudeo* [je me réjouis], *fio* [je deviens]); des neutres (*caeno* [je dîne], *prandeo* [je déjeune], *placeo* [je plais], *nubo* [je me marie]).

69. Cf. *infra* 565.26-566.20 et note 109.

70. *Potum* est présenté dans le livre 9, *GL* 2, 475.7-17, comme la forme usuelle, venant se substituer dans la flexion du verbe *poto*, *-are* [je bois] à l'attendu *potatum*, dont la conformité au système morphologique est exprimée ici par la formule *secundum analogiam* (que l'on retrouve à propos de *moriturus* dans le livre 10, *GL* 2, 502.2-5). Les deux phrases qui présentent les formes *mortuus* et *potus* (558.16-21) comportent l'une et l'autre de fortes bizarreries, inhabituelles chez Priscien : d'une part la place de *moritu*, qu'on attendrait aux côtés de *supinum* et qui est décalé dans la proposition *cum secundum analogiam…*, et d'autre part, à la fin du passage, la place de la relative *quae in usu non sunt*, dont les antécédents sont à l'évidence les formes *potatu*, *potaturus* et *potatus*, mais qui est là encore décalée, à la suite des formes *potu*, *potus*, *poturus*. Les deux passages précédents où ces formes apparaissent, aux livres 9 et 10, sont plus clairs.

Idem IIII *georgicon* :

quoque modo potis gauderent intiba fibris [a].

Lucanus in V :

Strymona sic gelidum bruma pellente relinquunt
poturae te, Nile, grues [b],

ex quo ostenditur *potus* quoque participium esse; nec mirum, cum *lautus* et 18
559 *lauturus* pro *lauatus* et *lauaturus* in usu est. Nam secundum | Terentium *lauatus* et *lauaturus* debet proferri, qui supinum protulit *lauatum* in *eunucho* :

uix elocuta est hoc, foras simul omnes proruunt se,
abeunt lauatum, perstrepunt [c].

Vnde Ouidius in III *fastorum* :

Siluia uestalis (quid enim uetat inde moueri?)
sacra lauaturas mane petebat aquas [d].

Quaeritur *ortum ortu*, unde *ortus*, an *oritum oritu*, unde *oriturus*, Horatius in II *epistularum* :

nil oriturum alias, nil ortum tale fatentes [e];

partum partu, unde *partus*, an *paritum paritu*, unde *pariturus*; *erutum erutu*, unde *erutus*, an *eruitum eruitu*, unde *eruiturus*, Lucanus in IIII :

ruituraque semper
stat, mirum, moles [f];

cassum cassu, unde *cassus*, an *caritum caritu*, unde *cariturus*, Iuuenalis in II :

tollere dulcem
cogitat heredem cariturus turture magno [g].

Vergilius in II *Aeneidos* :

demisere neci, nunc cassum lumine lugent [h].

Quibusdam tamen hoc, id est *cassus*, magis nomen esse uidetur, ut *lassus*.

a. *intiba fibris* Priscianus et cod. $\mathbf{g}^2\boldsymbol{\eta}$ Vergilii (cf. *Georg.* 1,120 *Strymoniaeque grues et amaris intiba fibris*) : *intiba riuis* Vergilius (ed. Ottaviano et Conte). Cf. *GL* 2, 475.14.

b. Cf. *GL* 2, 475.16-17.

c. Cf. *GL* 2, 394.4 (v. 599); 475.3 (v. 600); Arusianus 84.15-16 D.S. (v. 599).

d. Cf. *GL* 2, 475.5-6.

e. Cf. *GL* 2, 502.1.

f. Cf. *GL* 2, 505.13-14.

g. Cf. *infra* 566,11-12; *GL* 2, 483.16-17; 485,11; 492.9-10.

h. Cf. *GL* 2, 485.8; 492.12; 3, 222.7; Arusianus 61.16 D.S.

traversant les prés, *B.* 7, 11] ; le même dans les *Géorgiques* IV : *quoque modo potis gauderent intiba fibris* [et comment les endives aiment avoir leurs fibres abreuvées, *G.* 4, 120] ; Lucain en V : *Strymona sic gelidum bruma pellente relinquunt / poturae te, Nile, grues* [ainsi les grues quittent-elles le Strymon
glacé quand l'hiver les chasse, pour te boire, ô Nil, *Phars.* 5, 711-712] – || ce 18
qui montre bien qu'il y a aussi un participe *potus*[71]. Ce n'est pas étonnant, puisque à la place de *lauatus* et de *lauaturus*, ce sont *lautus* et *lauturus* qui
559 sont usuels. En revanche si l'on en croit | Térence, il faudrait dire *lauatus* et *lauaturus*, puisqu'il a employé le supin *lauatum* dans l'*Eunuque*[72] : *uix elocuta est hoc, foras simul omnes proruunt se, / abeunt lauatum, perstrepunt* [à peine a-t-elle dit cela que toutes se précipitent dehors en même temps, elles partent se laver, elles font du chahut, *Eun.* 599-600] ; d'où Ovide, dans les *Fastes* III : *Siluia uestalis (quid enim uetat inde moueri ?) / sacra lauaturas mane petebat aquas* [la vestale Silvia (car pourquoi ne pas partir d'elle ?) allait chercher de bon matin de l'eau pour laver les objets sacrés, *F.* 3, 11-12].

Questions[73] : *ortum ortu*, d'où *ortus*, ou *oritum oritu*, d'où *oriturus* ? Horace dans les *Épîtres* II : *nil oriturum alias, nil ortum tale fatentes* [avouant que rien de tel n'apparaîtra jamais, que rien de tel n'est apparu, *Ép.*, 2, 1, 17] ; *partum partu*, d'où *partus*, ou *paritum paritu*, d'où *pariturus* ? *erutum erutu*, d'où *erutus*, ou *eruitum eruitu*, d'où *eruiturus* ? Lucain en IV : *ruituraque semper / stat, mirum, moles* [constamment prêt à s'écrouler, l'énorme rocher, étonnamment, reste en place, *Phars.* 4, 455-456] ; *cassum cassu*, d'où *cassus*, ou *caritum caritu*, d'où *cariturus* ? Juvénal en II : *tollere dulcem / cogitat heredem, cariturus turture magno* [il songe à avoir un héritier chéri, prêt à se passer de son grand tourtereau, *Sat.* 6, 38-39] ; Virgile dans l'*Énéide* II, *demisere neci, nunc cassum lumine lugent* [ils l'ont envoyé à la mort ; maintenant qu'il est privé de la lumière, ils le pleurent, *Én.* 2, 85] – mais certains sont plutôt d'avis que ce terme, c'est-à-dire *cassus*, est un nom, comme *lassus*[74].

71. Cette remarque paraît superflue étant donné ce qui a été indiqué en 558.19-21 sur la forme *potus* dans la série *potu potus poturus*, mais il est possible que Priscien ait en tête ici le statut de cette forme, comme « nom » (sc. adjectif) ou participe, de même que plus bas, 559.22-23, à propos de *cassus*.

72. Les deux citations, de Térence et Ovide, se succèdent également dans le livre 9, *GL* 2, 475.1-6, dans un passage où *lauatum*, à côté de *lautum*, est donné pour usuel chez les *uetustissimi* comme supin de *lauo*, *-are* [je (me) lave].

73. Après avoir posé le lien entre supin et participe futur (type *amatu amaturus*, 557.25-28), puis entre supin et participe passé (type *amatu amatus*, 558.7-16), Priscien, se fondant sur les participes « hétérogènes » *ortus / oriturus*, *partus / pariturus*, *erutus / (e)ruiturus*, *cassus / cariturus*, propose deux supins différents pour les verbes *orior* [je nais] (*ortu / oritu*), *pario* [j'engendre] (*partu / paritu*), *eruo* [j'arrache] (*erutu / eruitu*), *careo* [je manque de] (*cassu / caritu*). Il est remarquable que dans les livres 9 et 10, consacrés à la morphologie verbale, Priscien ne cite parfois qu'un seul de ces supins. En fait, l'effort de systématisation dont il fait preuve dans le présent passage le conduit à proposer des formes de supin purement théoriques (ainsi pour *(e)ruo* et *careo*).

74. Le statut ambigu de *cassus* (participe ou nom) est également indiqué au livre 18, *GL* 3, 222.5-7, avec la même citation de l'*Énéide* (*lassus*, rapproché ici de *cassus*, apparaît également dans ce passage du livre 18) ; *infra*, 566.13-15, Priscien penche pour le statut nominal de *cassus*.

In anomalis quoque supra dictae regulae seruantur : *latu laturus latus, ferens ferentis ferendus, esu esurus esus, edens edendus.*

Et sciendum quod, si deficiant supina, deficiunt etiam participia tam futuri **19**
temporis in *rus* desinentia quam praeteriti, quae ex ipsis nascuntur, quod
inuenis in omnibus meditatiuis et inchoatiuis, in quibus deficiunt supina duo
extrema, quibus deficientibus supra dictorum quoque temporum deficiunt
560 participia; rarissime inueniuntur supra dicta supina in usu a | neutris secundae
coniugationis uel tertiae in *uo* desinentibus quae in *ui* diuisas faciunt praeteritum perfectum, ut *lecturio, parturio, esurio, horresco, calesco, feruesco, amasco, miseresco, labasco, hisco, horreo, tepeo, egeo, caleo, ferueo, stupeo, lateo, candeo,* | *niteo, albeo, luo.* Rarissime tamen, ut diximus, inueniuntur ex quibusdam huiuscemodi uerbis supina uel futuri temporis participia, ut *doleo doliturus, careo cariturus.* Et alia tamen multa inueniuntur deficientia in aliis quoque significationibus uel generibus uerborum tam supina quam ex eis nascentia, ut *urgeo, spuo, metuo, timeo, medeor, disco,* | *posco, compesco, cresco.*

Les verbes irréguliers suivent également les règles énoncées ci-dessus[75] : *latu laturus latus*, *ferens ferentis ferendus* ; *esu esurus esus*, *edens edendus*.

Verbes sans participe

Il faut savoir en outre que, si les supins manquent, les participes manquent 19
aussi, tant celui du futur qui se termine en *-rus* que celui du passé, l'un et l'autre se formant sur ces supins. On trouve cela pour tous les verbes désidératifs et inchoatifs[76], qui manquent des deux dernières formes de supin[77], sans lesquelles manquent aussi les participes des temps susdits ; il est
560 très rare qu'on trouve les supins en question en usage pour | les verbes neutres de la 2e conjugaison ou de la 3e à finale *-uo* qui font leur parfait en *-ui* hétérosyllabique[78]. Ainsi *lecturio* [j'ai envie de lire], *parturio* [je suis sur le point d'accoucher], *esurio* [j'ai faim], *horresco* [je frissonne], *calesco* [je m'échauffe], *feruesco* [je bouillonne], *amasco* [je commence à aimer], *miseresco* [je prends pitié], *labasco* [je chancelle], *hisco* [je m'entrouvre], *horreo* [je suis hérissé], *tepeo* [je suis tiède], *egeo* [je manque], *caleo* [j'ai chaud], *ferueo* [je suis bouillant], *stupeo* [je suis engourdi], *lateo* [je suis caché], *candeo* [je suis d'une blancheur éclatante], *niteo* [je brille], *albeo* [je suis blanc], *luo* [je paye][79]. On trouve malgré tout des supins dans certains verbes de ce type, quoique très rarement comme nous l'avons dit, voire des participes futurs, comme *doleo* [je souffre] *doliturus*, *careo* [je manque] *cariturus*. Cela étant, il y a bien d'autres formes manquantes également dans d'autres catégories sémantiques, ou genres, de verbes[80], qu'il s'agisse de supins ou des formes qui en naissent : ainsi pour *urgeo* [je presse], *spuo* [je crache], *metuo* [je redoute], *timeo* [je crains], *medeor* [je soigne], *disco* [j'apprends], *posco* [je réclame], *compesco* [je retiens], *cresco* [je grandis].

75. À propos des verbes cités ici, *fero* [je porte] et *edo* [je mange], *cf.* livre 9, *GL* 2, 417.24-30 et 454.1-21 ; 456.18-457.17 et 522.8-523.2.

76. Sur ces verbes, *cf.* livre 8, notamment *GL* 2, 427.16-429.18.

77. Dans son acception large, *supina* équivaut à *gerundia* ou *participialia* (*cf.* livre 18, note 262) ; étant donné l'ordre traditionnel de présentation (voir livre 8, *GL* 2, 409.7), les « deux dernières formes » dont il est question ici désignent le « supin » au sens restreint, avec ses deux formes, en *-um* et en *-u* (*cf.* 411.17-412.18).

78. Dans les formes se terminant « in *-ui* diuisas », il y a répartition de *ui* sur deux syllabes, par exemple dans *hor-ru-i* (à la différence de *a-ma-ui*). Priscien doit préciser ainsi la syllabation, car dans le système graphique latin, la lettre *u* peut représenter, selon le contexte phonétique, une voyelle ou une consonne, et donc la séquence *ui* noter soit [ui] soit [wi]. De même plus loin, en 570.17-18, les « praesentia in *uo* diuisas desinentia » visent les présents comme *spu-o* (vs *sol-uo*, « in *uo*, *u* loco consonantis posita », *GL* 2, 506.7).

79. Ce dernier verbe fait difficulté dans la mesure où ce n'est pas un neutre ; faut-il lire *pluo* (voir l'*addendum ad loc.* en *GL* 3, 383, col. 2) ?

80. Ces « catégories sémantiques » (*significationes*) coïncident dans certains contextes avec la catégorie de la voix, *cf.* plus haut 550.2 et 555.21, et livre 18 : *GL* 3, 267.6 et 9 (avec note 213) ; 272.28.

Et quocumque tempore defectiua sint uerba, deficiunt etiam participia, ut *ambigo*, *scando*, *niteo*, *uergo*, *arceo*, *mando mandis*, *strideo*, quamuis apud uetustissimos eorum quoque praeterita inueniuntur. *Ferio* quoque et *uescor* quia praeteritum tempus non habent, deficiunt etiam participiis eiusdem temporis. *Coepi* non habet | praesens et futurum nec participium, sed tantummodo *coeptus*. Similiter *odi*, *noui*, *osus*, ex quo *perosus* et *exosus*, *notus* (Plautus in *Amphitrione* :

inimicos semper osa sum optuerier.

Et uerbale tamen nomen ex eo protulit idem Plautus in *asinaria* :

madidum, nihili, incontinentem atque osorem uxoris suae),

et *memini meminens*. Laeuius *erotopaegnion* in IIII :

meminens Varro corde uolutat,

quia *memini* tam praesentis quam praeteriti uim habet, quomodo *odi*. | Vnde et *osus* pro praesenti, et *meminens* pro praeterito licet accipere, nam *noui* praesens *nosco noscens* facit.

Similiter impersonalia deficiunt in supinis et participiis quae ex supinis **20**
nascuntur, ut *piget*, *pudet*, quamuis quidam *puditum* posuerunt, ut Plautus in *Bacchidibus* :

561 *neque mei neque tui te intus puditum est factis quae facis* [a],

taedet, *paenitet*, *liquet*, *licet*, *libet*, *oportet*; sed compositum *pertaesum* inuenitur et *paenitens*, unde *paenitentia*, et *libens* et *licens*, | unde *licentia*, et *licitus*. Vergilius in VIII :

et licito tandem sermone fruuntur.

Horatius :

licentum Satyrorum greges.

Sciendum tamen quod haec omnia inueniuntur perfectorum declinationem habentia in usu ueterum teste Capro : *pigeo*, *taedeo*, *pudeo*, *paeniteo*, *liqueo*, *liceo*, *libeo*, *oporteo*, quomodo *placeo*, *contingo*, *euenio*, *uaco*, *attineo*,

a. *te tui* Plautus (ed. Lindsay). Cf. *GL* 2, 421.3-4 (*te tui*).

En outre, à tous les temps où des verbes sont défectifs [81], les participes manquent aussi, comme pour *ambigo* [je suis en discussion], *scando* [je monte], *niteo* [je brille], *uergo* [je m'incline], *arceo* [j'écarte], *mando, -is* [je mâche], *strideo* [je produis un bruit strident] – quoique chez les auteurs les plus anciens on trouve aussi les formes de parfait de ces verbes. *Ferio* [je frappe] aussi, et *uescor* [je mange], qui n'ont pas de parfait, manquent également de participes de ce temps. *Coepi* [j'ai commencé] n'a pas de présent ou de futur, ni de participes de ces temps, mais seulement *coeptus*. De même, sur *odi* [je déteste] et *noui* [je connais], il n'y a que *osus* (d'où *perosus* et *exosus*) et *notus* : Plaute dans l'*Amphitryon*, *inimicos semper osa sum optuerier* [j'ai toujours détesté regarder mes ennemis en face, *Amph.* 900] – mais, à partir de *odi*, le même Plaute, dans l'*Asinaria*, a produit aussi un nom déverbatif : *madidum, nihili, incontinentem atque osorem uxoris suae* [un ivrogne, un vaurien, un débauché, et contempteur de sa propre femme, *Asin.* 859]. On a aussi *memini* [je me souviens] *meminens* : Laevius, *Bagatelles galantes* IV, *meminens Varro corde uolutat* [à ce souvenir, Varron songe en son cœur…, frg. 3 Blänsdorf], parce que *memini* a autant une valeur de présent que de passé [82], comme *odi*. De ce fait, on peut employer à la fois *osus* avec valeur de présent et *meminens* avec valeur de passé. En revanche, *noui*, au présent, fait *nosco noscens*.

De la même façon, les impersonnels sont défectifs, pour les formes de supin et de participe issues du supin : ainsi pour *piget* [il y a de la répugnance], *pudet* [il y a de la honte] – quoique certains aient employé *puditum*, comme Plaute
561 dans les *Bacchides* : | *neque mei neque tui te intus puditum est factis quae facis* [tu n'as pas eu honte vis-à-vis de moi, vis-à-vis de toi, des actes que tu commets là-dedans, *Bacch.* 379] –, *taedet* [il y a du dégoût], *paenitet* [il y a du regret], *liquet* [il est clair], *licet* [il est permis], *libet* [il plaît], *oportet* [il faut]. On trouve cependant le composé *pertaesum*, et *paenitens*, d'où *paenitentia* [le regret], ainsi que *libens* et *licens*, d'où *licentia* [la permission], et *licitus* : Virgile en VIII, *et licito tandem sermone fruuntur* [et ils profitent enfin de la conversation qu'ils peuvent avoir, *Én.* 8, 468] ; Horace : *licentum satyrorum greges* [des hordes de satyres déchaînés [83]]. Il faut savoir néanmoins que tous ces verbes se trouvent avoir une flexion de verbes non défectifs dans l'usage des Anciens, d'après le témoignage de Caper [84] : *pigeo*, *taedeo*, *pudeo*, *paeniteo*, *liqueo*, *liceo*, *libeo*, *oporteo*, de même que *placeo*, *contingo*, *euenio*, *uaco*, *attineo*,

81. *Cf.* livre 8, *GL* 2, 418.27-421.13.

82. *Meminens* associe un suffixe de participe présent, de type *ama-ns*, au thème de parfait *memini* (lui-même de sens présent).

83. La formule n'apparaissant pas chez Horace, qui emploie 6 fois *licentia* mais ne se sert jamais de *licens*, Hertz suggère dans l'apparat qu'une lacune peut contenir une citation d'Horace et le nom de l'auteur du passage cité ici, non répertorié.

84. Les formes citées ici « d'après le témoignage de Caper » correspondent à des emplois personnels de verbes dont l'usage est très généralement limité à des emplois impersonnels (*cf.* livre 8, *GL* 2, 432.11-14). Les verbes avec lesquels ils sont comparés (*placeo*, *contingo*, *euenio*, *uaco*, *attineo*, *accido*, *iuuo*, *delecto*) sont, eux, des verbes couramment attestés à la fois

accido, iuuo, delecto, quorum tertiae personae impersonalium uice funguntur : *placet, contingit, euenit, uacat, accidit, attinet.* Non tamen etiam si participia deficiant, deficiunt et uerba ; | illa enim ex eis, non ista ex illis nascuntur.

Sunt tamen quaedam participia quorum quamuis deficiant uerba in usu, 21
ratio tamen analogiae quod dici possunt ostendit, ut *triumphatus, erratus, regnatus, laboratus, decursus.* Vergilius in VI :

ille triumphata capitolia ad alta Corintho.

Idem in VI :

regnata per arua
Saturno quondam[a],

et in I :

arte laboratae uestes[b].

Idem in III :

errata retrorsus
litora Achaemenides, comes infelicis Vlixi[c].

Terentius in *adelphis* :

562 *decurso iam spatio*[d].

Quid enim prohibet uerbis quoque eorum uti, nisi auctoritas deficeret? Nec mirum hoc fieri in participiis : in nominibus quoque inueniuntur et in uerbis quaedam deriuatiua uel composita quorum primitiua uel simplicia in usu non sunt, ut dicimus *puella* diminutiuum, quod uidetur a *puera* nasci (ut enim *tener tenera tenella*, sic *puer puera puella* debuit dici), quo tamen, quia auctores quorum maxime usus regnauit non sunt usi, nec nos utimur, licet inueniantur uetustissimi protulisse et *haec puera* et *hic* et *haec puer*; *ocior* quasi ab *oco*, quod in usu non est, licet | a Graeco est ὠκέως;

a. Cf. *Explanat. GL* 4, 515.29-30 ; Arusianus 88.14-15 D.S.
b. Cf. *GL* 3, 269.17.
c. V. 691 : *cf.* [Probus] *Cath. GL* 4, 24.27.
d. *iam decurso spatio* Terentius (ed. Kauer & Lindsay). Cf. *GL* 2, 375.24 ; 378.9 ; 3, 230.23 (*decurso spatio*) ; 269.23.

accido, *iuuo*, *delecto*, dont les troisièmes personnes fonctionnent comme impersonnels : *placet* [il plaît], *contingit* [il arrive], *euenit* [il se produit], *uacat* [il est loisible], *accidit* [il arrive], *attinet* [il concerne]. Il n'est pas vrai – ajoutons-le cependant – que si les participes manquent, les verbes manquent aussi, dès lors que les participes naissent des verbes, et non l'inverse.

Participes sans verbe

A contrario, il y a des participes dont les verbes manquent assurément 21
dans l'usage, mais dont le principe de l'analogie montre qu'ils peuvent malgré
tout être énoncés, par exemple[85] *triumphatus*, *erratus*, *regnatus*, *laboratus*,
decursus, Virgile en VI : *ille triumphata capitolia ad alta Corintho* [lui, de
Corinthe dont il a triomphé jusqu'au sommet du Capitole, *Én.* 6, 836] ; le
même en VI : *regnata per arua / Saturno quondam* [par les champs sur
lesquels régna jadis Saturne, *Én.* 6, 793-794] ; et en I : *arte laboratae uestes*
[des étoffes travaillées avec art, *Én.* 1, 639] ; le même en III : *errata retrorsus /
litora Achaemenides, comes infelicis Vlixi* [ces rivages sur lesquels il avait erré
dans l'autre sens, Achéménide, compagnon du malheureux Ulysse… *Én.* 3,
562 690-691] ; Térence dans les *Adelphes* : | *decurso iam spatio* [ma carrière
désormais parcourue, *Ad.* 860[86]]. Qu'est-ce qui empêche en effet d'employer aussi les verbes correspondant à ces participes, si ce n'est que manquerait la garantie des auteurs ? Il n'est d'ailleurs pas étonnant que cela se produise pour les participes : dans les noms aussi et dans les verbes, on trouve des dérivés, ou des composés, dont les primaires, ou les simples, ne sont pas usités. Nous disons par exemple *puella* [jeune fille], qui est un diminutif manifestement issu de *puera* : on aurait dû dire *puer puera puella* comme on dit *tener tenera tenella*[87] ; mais comme les auteurs dont l'usage s'est le plus imposé n'ont pas employé ce *puera*, nous ne l'employons pas non plus, alors même que les auteurs les plus anciens se trouvent avoir énoncé à la fois le féminin *puera* et *puer* au masculin et au féminin. Tout se passe comme si *ocior* [plus rapide] dérivait de *ocus*, qui est inusité quoiqu'il soit issu du grec *ôkeôs*[88].

dans des emplois impersonnels et personnels. Pour les uns et les autres, les emplois personnels attestés sont le plus souvent à la 3e personne, et leur mention à la 1re personne correspond au mode de présentation usuel des verbes personnels dans l'*Ars Prisciani*, mais en rend la traduction problématique.

85. Les formes citées ici sont des participes passés passifs de verbes sans conjugaison passive personnelle attestée, avec pour sens, à peu près : « qui a subi le triomphe / l'errance / la domination royale / un travail / une course ».

86. Sur cet exemple, *cf.* livre 18, notes 92 et 224.

87. Priscien résume ici ce qu'il a développé dans le cadre de la morphologie nominale au livre 6, *GL* 2, 230.27-232.7, où il donne une vue d'ensemble sur *puer(us)* et *puera* et leurs diminutifs *puellus* et *puella*. Parmi les parallèles à *puera* / *puella*, il retient celui qui en est le plus proche formellement : *tenera* (féminin de *tener* [délicat]) / *tenella*. Ce rapprochement apparaît également dans le développement sur les diminutifs, au livre 3, *GL* 2, 110.17-18.

88. Sur cette chaîne de dérivation gréco-latine, *cf.* livre 15, *GL* 3, 80.11-12 et 88.11-13 (et notes 54 et 84 *ad loc.*), où Priscien expose que l'adverbe latin *ocius* dérive du nom (= adjectif) grec *ôkus*, alors qu'il semble bien présenter ici l'interprétation symétriquement inverse, avec le nom (= adjectif) latin *ocus* dérivé de l'adverbe grec *ôkeôs*.

offendo quasi a uerbo *fendo* componitur, quod non est lectum, sicut *aspicio*, *inspicio*, *despicio*, *suspicio*, *conspicio* a *specio* [non est in usu]. Similiter hoc idem in plurimis aliis inuenies.

Sunt quaedam quae cum formam habeant participiorum, tamen carentia 22
tempore nomina esse ostenduntur, ut *galeatus*, *scutatus*, *pilatus*, | *tunicatus*, *manuleatus*, *caligatus*, *baccatus*, *paludatus*, *togatus*, *praetextatus*, *trabeatus*, *comatus*, *braccatus*, *paenulatus*, *soleatus*, *cristatus*, *hastatus*, *lunatus*, *stellatus*, *literatus*, *cerritus*, *turritus*, *pellitus*, *cornutus*, *astutus*, *hirsutus*. Quaedam enim primae coniugationis participiorum formam obtinent, id est in *atus* desinentia, | quaedam uero tertiae, id est in *itus* uel *utus* terminantia.

Sunt alia eadem et nomina et participia :

Tout se passe comme si *offendo* était un composé du verbe *fendo*, qu'on ne lit nulle part, tout comme *aspicio*, *inspicio*, *despicio*, *suspicio*, *conspicio* viennent de *specio*. À propos de bien d'autres éléments on trouvera des exemples comparables de ce même phénomène.

Participes ou noms ?

Il y a des formes qui ont assurément un aspect de participes, mais qui, dans la mesure où elles sont dépourvues de temps, se révèlent en fait être des noms, comme [89] *galeatus* [casqué], *scutatus* [muni d'un bouclier], *pilatus* [armé d'un javelot], *tunicatus* [vêtu d'une tunique], *manuleatus* [vêtu d'une tunique à manches], *caligatus* [chaussé de brodequins], *baccatus* [orné de perles], *paludatus* [en manteau militaire], *togatus* [en toge], *praetextatus* [en toge prétexte], *trabeatus* [en trabée], *comatus* [à cheveux longs], *braccatus* [en braie], *paenulatus* [en manteau de voyage], *soleatus* [en sandales], *cristatus* [en casque à aigrette], *hastatus* [armé d'une lance], *lunatus* [muni d'un bouclier en croissant de lune], *stellatus* [constellé d'étoiles], *literatus* [lettré], *cerritus* [possédé], *turritus* [couronné de tours], *pellitus* [vêtu de fourrure], *cornutus* [orné de cornes], *astutus* [rusé], *hirsutus* [ébouriffé]. Certains termes ont en effet la forme de participes de la 1re conjugaison, c'est-à-dire qu'ils se terminent en -*atus*, et certains de la 3e, c'est-à-dire avec une finale -*itus* ou -*utus*. 22

Il y en a d'autres qui sont à la fois des noms et des participes [90] :

89. La liste proposée ici est déterminée par un ordre morphologique (dérivés en -*atus*, -*itus*, -*utus* successivement), et dominée par un thème sémantique (l'équipement militaire), mais de façon plus lâche. Dans le livre 8, *GL* 2, 441.13-442.16, Priscien présente ce problème de façon approfondie, et répartit les exemples en deux catégories : *ex omni fere habitu* (441.21) vs *ex aliis nominibus* (442.5).

90. Cette liste comporte 16 termes pouvant être aussi bien des *nomina* que des *participia*, et chaque fois l'ambivalence de la forme latine est mise en évidence par deux traductions grecques, la première participiale, la seconde nominale : par exemple, au premier terme, *armatus*, correspondent le participe aoriste passif *hoplistheis* [ayant été armé] et le nom *hoplitês* [soldat]. Devant les formes de participes grecs l'article explicite systématiquement le genre du terme latin considéré : *ho hoplistheis* parce que *armatus* est un participe masculin ; *hê hoplisousa* parce que *armatura* est un participe féminin ; *to genomenon* parce que *factum* est un participe neutre. De même, les *nomina* grecs sont précédés d'un article, et, lorsqu'il s'agit de *nomina adiectiua*, cet article est déterminé par le genre du terme latin : par exemple, *ho eupaideutos* parce que *doctus* est un masculin (de même pour *thespesios*, *hagios*, *oxus*, *phronimos*, *sophos*, *anagnôsteos*, *philêteos*). Les termes latins sont en majorité des formes en -*tus* (et -*tum* ou -*sum*) analogues à *armatus*. S'y ajoutent : *sapiens*, nom ou participe présent actif ; 4 formes en -*tura* ou -*sura*, noms ou participes futurs actifs ; 2 formes en -*ndus*, noms ou participes futurs passifs (*cf.* 567.6-9 et note 115). Sauf dans le cas de *usura* et *factum*, les deux termes grecs choisis sont morphologiquement proches, comme *hoplistheis* et *hoplitês* (ce qui disparaît dans la traduction française) ; lorsque cette préoccupation formelle entraîne un certain gauchissement sémantique, Priscien corrige en proposant un second équivalent (comme traduction du nom *sanctus*, *thespesios* – formellement lié à *thespistheis* – est précisé par *hagios* ; même cas de figure pour le nom *sapiens*, dont rendent compte *phronimos* et *sophos*).

armatus ὁ ὁπλισθείς *καὶ* ὁ ὁπλίτης, *doctus* ὁ παιδευθείς *καὶ* ὁ εὐπαίδευτος,
sanctus ὁ θεσπισθείς *καὶ* ὁ θεσπέσιος *ἤτοι* ἅγιος, *acutus* ὁ ὀξυνθείς *καὶ* ὁ ὀξύς,
563 *sapiens* ὁ φρονῶν | *καὶ* ὁ φρόνιμος *ἤτοι* σοφός, *monitus* ὁ ὑπομνησθείς *καὶ* ἡ
ὑπόμνησις, *iudicatus* ὁ κριθείς *καὶ* ἡ κρίσις, *armatura* ἡ ὁπλίσουσα *καὶ* ἡ
ὅπλισις, *scriptura* ἡ γράψουσα *καὶ* ἡ γραφή, *usura* ἡ χρησομένη *καὶ* ὁ τόκος,
litura ἡ ἀπαλείψουσα *καὶ* ἡ ἀπαλοιφή, *factum* τὸ | γενόμενον *καὶ* τὸ ἔργον,
dictum τὸ λεχθέν *καὶ* ὁ λόγος, *uisum* τὸ ὁραθέν *καὶ* τὸ ὅραμα, *legendus* ὁ
ἀναγνωσθησόμενος *καὶ* ὁ ἀναγνωστέος, *amandus* ὁ φιληθησόμενος *καὶ* ὁ
φιλητέος; || sic et alia plura, quae cum temporibus participia sunt, absque his **23**
nomina.

Illud quoque attende, quod cum a nominibus nomina et uerba et aduerbia et coniunctiones soleant per deriuationes uel compositiones proficisci, ut ab *Aenea Aeneius*, a *patre patrisso*, a *claro clare*, a *qua* et *re quare*, et a uerbis similiter nomina et uerba et participia et aduerbia, ut a

armatus[91], c'est à la fois *ho hoplistheis* [celui qui a été armé] et *ho hoplitês* [le soldat],
doctus, *ho paideutheis* [celui qui a été éduqué] et *ho eupaideutos* [l'érudit],
sanctus, *ho thespistheis* [celui qui a été consacré[92]] et *ho thespesios*, autrement dit *ho hagios* [le saint],
acutus, *ho oxuntheis* [celui qui a été aiguisé] et *ho oxus* [le piquant],
563 *sapiens*, *ho phronôn* [celui qui pense] | et *ho phronimos*, autrement dit *ho sophos* [le sage],
monitus, *ho hupomnêstheis* [celui qui a été averti] et *hê hupomnêsis* [l'avertissement],
iudicatus, *ho kritheis* [celui qui a été jugé] et *hê krisis* [le jugement],
armatura, *hê hoplisousa* [celle qui armera] et *hê hoplisis* [l'armement],
scriptura, *hê grapsousa* [celle qui écrira] et *hê graphê* [l'écriture],
usura, *hê khrêsomenê* [celle qui empruntera] et *ho tokos* [l'intérêt],
litura, *hê apaleipsousa* [celle qui effacera] et *hê apaloiphê* [la rature],
factum, *to genomenon* [ce qui s'est produit] et *to ergon* [l'acte],
dictum, *to lekhthen* [ce qui a été dit] et *ho logos* [le propos],
uisum, *to horathen* [ce qui a été vu] et *to horama* [le spectacle],
legendus, *ho anagnôsthêsomenos* [celui qui sera lu] et *ho anagnôsteos* [celui qui doit être lu],
amandus, *ho philêthêsomenos* [celui qui sera aimé] et *ho philêteos* [celui qui doit être aimé].

Même chose encore pour bien d'autres, qui sont des participes quand ils sont 23
pourvus de temps, des noms quand ils en sont dépourvus.

Le participe, point de départ d'autres parties du discours

Prends garde aussi à ceci : il est fréquent que des noms servent de points de départ, par dérivation ou par composition, à des noms, des verbes, des adverbes, des conjonctions (par exemple, à partir de *Aeneas* : *Aeneius* [Énée / énéen], de *pater* : *patrisso* [père / j'imite mon père], de *clarus* : *clare* [illustre / de façon illustre], de *quae* et de *res* : *quare* [pourquoi][93]), et de même des verbes servent de points de départ à des noms, des verbes, des participes, des adverbes (par

91. Des explications détaillées sont présentées à propos de ce premier exemple dans le livre 8, *GL* 2, 441.17-21 : une forme telle que *armatus* peut être aussi bien un « nom », exprimant une manière d'être (*habitus*), qu'un participe – avec valeur temporelle et diathétique.

92. Associé au latin *sanctus*, le participe *thespistheis* doit avoir, non pas le sens ancien de « qui a été prédit ou prophétisé », mais le sens, plus récent et lié à l'histoire romaine, de « qui a été prescrit ou ratifié », la valeur religieuse qui permet de l'identifier à *sanctus* s'inférant contextuellement du caractère intangible d'un ordre donné.

93. Les deux éléments constitutifs de *quare* sont considérés l'un et l'autre comme des noms par Priscien (*cf.* livre 16, note 23). Quant à la forme *quare* elle-même, elle est interprétée ici comme conjonction (formant série avec le nom *Aeneius*, le verbe *patrisso*, l'adverbe *clare*), ce qui est conforme à la présentation du livre 16 (*GL* 3, 95.28-96.1), où les « noms » *qua causa*, *qua gratia*, *qua propter*, *quam ob rem* et *quas ob res* « s'emploient en guise de conjonctions causales ». Dans le livre 15, *GL* 3, 89.20-21, *cur*, *quare*, *quamobrem* sont présentés comme adverbes interrogatifs. Les deux perspectives ne sont pas contradictoires.

lego, *lector*, *lecturio* et *legens*, a *curro*, *cursim*, ab aduerbiis nomina et aduerbia : *ultra*, *ulterior ulterius*, a participiis participia | non possunt nasci nec uerba, sed uel nomina, ut *indulgens*, *indulgentia*, uel aduerbia, *indulgenter*.

De casibvs participiorvm

Casus quoque participia sex habent, quomodo nomina, nec sunt in ipsis **24**
deficientia aliquo casu. Nec mirum, nam in eo quoque imitantur | adiectiua,
564 quae nullo deficiunt casu, siue sint mobilia siue in duas | consonantes
desinentia. Quae enim deficiunt, fixa sunt, ut *fas*, *dicione*, *Iuppiter*, *Iouis*, *iter*, *preci* et *prece*, *uicem* et *uice*, *tabi* et *tabo*, *maria*, *aera*. Nam *frugi* et *nihili* et *mancipi* et *huiuscemodi* et similia non deficiunt aliquo casu certo, sed pro omni casu eadem | terminatione funguntur, quamuis possunt haec eadem figurate magis prolata, ut dictum est, per genetiuum uel datiuum quam indeclinabilia esse uideri, ut si dicam *cordi homo est mihi*, *cordi hominis*, hoc est *hominis qui mihi est cordi*, *cordi homini*, *cordi hominem*, et possum cum omnibus casibus figurate iungere datiuum. Sic *frugi homo*, id est | *qui frugi est*,

exemple, à partir de *lego* : *lector*, *lecturio* et *legens* [je lis / lecteur / j'ai envie de lire / lisant], à partir de *curro* : *cursim* [je cours / à la course]) ; des adverbes servent de points de départ à des noms et à des adverbes (par exemple *ultra* : *ulterior*, *ulterius* [au-delà / ultérieur / ultérieurement]). En revanche, à partir de participes, aucun participe ne peut se former, ni aucun verbe, mais ou bien des noms, comme *indulgens* : *indulgentia* [compatissant / compassion], ou bien des adverbes : *indulgenter* [avec compassion].

LES CAS DES PARTICIPES

Les participes ont également six cas, comme les noms, et il n'y en a pas 24
parmi eux qui manquent de tel ou tel cas[94]. Cela n'a rien d'étonnant, puisque sur ce point aussi ils s'alignent sur les adjectifs, qui, multiformes ou terminés
564 par deux consonnes, ne manquent d'aucun cas. | En effet, les noms qui sont défectifs sont des statiques[95], comme *fas*, *dicione*, *Iuppiter*, *Iouis*, *iter*, *preci* et *prece*, *uicem* et *uice*, *tabi* et *tabo*, *maria*, *aera*. Pour autant, *frugi* [honnête], *nihili* [sans valeur], *mancipi* [aliénable], *huiuscemodi* [de ce genre] et les termes de ce type ne manquent pas de tel ou tel cas précis, mais jouent le rôle de n'importe quel cas avec la même terminaison, quoique ces formes puissent également paraître énoncées par figure au génitif ou au datif, comme on l'a dit, plutôt qu'être indéclinables, si je dis par exemple[96] *cordi homo est mihi* [un homme (nomin.) m'est agréable], *cordi hominis* [un homme (gén.) agréable] – c'est-à-dire *hominis qui mihi est cordi* –, *cordi homini* (dat.), *cordi hominem* (acc.), et je peux ainsi associer le datif, par figure, à n'importe quel cas. De même, *frugi homo* [un honnête homme], c'est-à-dire *qui frugi est*,

94. À la différence des noms, pour lesquels l'exposé de la catégorie du cas (livre 5, *GL* 2, 183.19-191.16) comporte un examen détaillé des termes qui ne présentent qu'un seul cas, ou deux, ou trois, etc., *cf.* 187.15-190.2.

95. La catégorie des *nomina fixa* permet à Priscien d'isoler, dans la diversité des *nomina* au regard de la catégorie du genre, ceux qui n'ont qu'un seul genre (que nous appelons substantifs), par opposition aux noms adjectifs, qui ont les trois genres – qu'ils soient, à considérer leur nominatif singulier, « multiformes » (*mobilia*, p. ex. *togatus*, *-a*, *-um*) ou communs aux trois genres, comme c'est le cas notamment de ceux qui se terminent par deux consonnes (*prudens*). Ce sont ces *nomina fixa*, souligne Priscien, que la défectivité affecte. À titre d'illustration, il rappelle les *nomina defectiua* les plus usuels, abondamment étudiés dans les livres précédents (*cf.* notamment livre 5, *GL* 2, 189.5-190.2 ; livre 6, 228.20-229.1 ; livre 7, 310.8-17 ; livre 8, 371.18-19) : noms dont certains cas sont inusités (*fas* [loi divine], **dicio* [domination], **prex* [prière], **uix* [succession], *tabes* / **tabum* [pus], *mare* [mer], *aes* [argent]), noms défectifs associés en un paradigme hétéroclitique (*Iuppiter*, *Iouis* [Jupiter], *iter*, *itineris* [route]). Sur la présentation des genres nominaux chez Priscien, qui s'écarte de la tradition artigraphique latine, *cf.* livre 5, *GL* 2, 141.4-142.16.

96. Dans le tour appelé « double datif » par la grammaire classique, de type *cordi mihi est homo*, Priscien ne s'intéresse qu'au premier datif (*cordi*), auquel il accorde une valeur (*cordi* = *qui mihi est cordi*) qui le rend propre à apparaître comme déterminant de n'importe quel substantif, masculin, féminin ou neutre, à n'importe quel cas, au même titre qu'un adjectif épithète, d'où la série *cordi homo*, *cordi hominis*, *cordi homini*, *cordi hominem*. Sur cette interprétation, et son origine probable, *cf.* livre 18, *GL* 3, 224.7-16 et note 60 *ad loc.*

hoc est *utilitati*, similiter omnibus casibus adiungitur figurate et est magis datiuus. Sed haec etiam de nomine latius tractauimus.

Declinantur autem participia ad similitudinem et regulam nominum in *ns* desinentium uel in *us* mobilium, exceptis, ut supra dictum est, illis quae nascuntur a uerbis quartae coniugationis in *eo* desinentibus, | quorum genetiuus uocales nominatiui *ie* mutat in *eu* : *iens euntis*, *quiens queuntis*, quamuis Plautus *abiendi* dixit pro *abeundi* in *Amphitryone* :

abiendi nunc tibi etiam occasio est.

De temporibvs

Tempora participiis accidunt eadem quae et uerbis infinitis, id est praesens, **25**
quod est etiam praeteritum imperfectum, ut *osculari* et *osculans*, praeteritum perfectum, quod est etiam praeteritum plusquamperfectum, ut *osculatum esse* uel *fuisse* et *osculatus*, futurum, ut *osculatum iri* et *osculaturus*.

Et sciendum quod non ex omni significatione omnia tempora inueniuntur. Nam cum quinque sint significationes, id est actiua, neutra, passiua, communis, deponens, ab actiua quidem et neutra praesentis et futuri ueniunt participia, ut *amans*, *amaturus*. In quibus quia praeteritum deficit, loco participii uerbo utimur et nomine infinito, ut *qui amauit*, | ὃς ἐφίλησεν, id est ὁ
565 φιλήσας. Quomodo enim loco uerbi participium | accipitur necessitatis causa cum uerbo substantiuo, sic etiam, ubi participium deficit, necessario uerbum infinito nomini substantiuo iunctum participii officio fungitur.

ou en d'autres termes *qui utilitati est*[97], et de la même façon cette forme s'associe par figure à tous les cas tout en étant elle-même plutôt un datif. Mais de cela également nous avons traité plus largement à propos du nom[98].

Ainsi, les participes se déclinent à l'exemple et sur le modèle des noms à finale *-ns* ou des multiformes en *-us*, à l'exception, comme on l'a dit plus haut[99], de ceux qui sont issus de verbes de la 4e conjugaison à finale *-eo*, et dont le génitif change les voyelles *ie* du nominatif en *eu* : *iens euntis*, *quiens queuntis*, quoique Plaute ait dit *abiendi* à la place de *abeundi* dans l'*Amphitryon* : *abiendi nunc tibi etiam occasio est* [tu as encore une occasion de partir maintenant, *Amph.*, frg. 3 Lindsay][100].

Les temps

Les temps[101] qui caractérisent les participes sont les mêmes que ceux qui caractérisent les infinitifs, c'est-à-dire le présent, qui est aussi l'imparfait, comme *osculari* et *osculans* [embrasser / embrassant], le parfait, qui est aussi le plus-que-parfait, comme *osculatum esse* ou *fuisse* et *osculatus* [inf. parf. / part. parf.], et le futur, comme *osculatum iri* et *osculaturus* [inf. fut. / part. fut.].

Les temps des participes, selon les voix

Il faut savoir en outre que chacune des voix ne laisse pas place à tous les temps. De fait, alors qu'il y a cinq voix, c'est-à-dire l'actif, le neutre, le passif, le commun et le déponent, ne procèdent de l'actif et du neutre que les participes présent et futur, comme *amans*, *amaturus*, et puisque le passé manque à ces participes, nous employons à la place un verbe et un nom indéfini, comme *qui amauit*, *hos ephilêsen* [qui a aimé], c'est-à-dire *ho philêsas* [ayant aimé]. En effet, de même qu'on emploie un participe associé
565 au verbe « être » pour tenir lieu de verbe, | parce qu'on ne peut pas faire autrement, de même, tout aussi nécessairement, quand le participe manque, le verbe, associé à un nom indéfini de substance, joue le rôle du participe[102].

97. Le rapprochement sémantique entre *frugi* et *utilitati* est sans doute choisi en raison de sa clarté pour les hellénophones, *khrêstos*, « utile », étant employé fréquemment dans le sens de « honnête ». Sur la « figure » (par rupture d'alignement) que représente l'association du datif *frugi* avec n'importe quel autre cas, *cf.* livre 17, *Introduction*, section 6 (*Les principes de l'analyse : figures et* consequentia).

98. *Cf.* livre 4, *GL* 2, 121.10-14, et livre 6, *GL* 2, 204.11-21. Priscien y reviendra au livre 18, *GL* 3, 224.7-16.

99. *Cf.* 557.22-25.

100. Le gérondif dérivant du participe présent (cf. *GL* 3, 454.4-7), la forme employée par Plaute suppose pour le participe présent une flexion *abiens*, **abientis*.

101. Sur ce second chapitre consacré aux temps du participe, cf. *supra* note 53. Cet examen des formes participiales selon la voix des verbes d'origine est introduit (564.20-24) par une évocation de l'« union » des temps (cf. *coniuncta tempora*, 557.2), ou « parenté » des temps (*cognatio temporum*, livre 8, *GL* 2, 408.4), voir *supra*, notes 59 et 62.

102. Sur ces deux équivalences (*participium + uerbum substantiuum = uerbum* et, d'autre part, *infinitum nomen substantiuum + uerbum = participium*), *cf.* livre 17, *GL* 3, 154.1-20.

Passiuum quoque praeteritum et futurum habet, *amatus*, *amandus*; | in praesenti autem deficit, pro quo similiter uerbum cum praedicto nomine proferimus dicentes *qui amatur*, ὃς φιλεῖται, pro ὁ φιλούμενος. Ex quo quoque ostenditur significatio participii, quod tam nominis quam uerbi uim obtinet, quod et hoc pro illis et illa pro hoc ponuntur. Dicimus enim *legens est qui legit* et *qui legit est legens*, *caenatus est qui* | *caenauit* et *qui caenauit caenatus est.*

Illud quoque sciendum quod saepe et praesenti pro praeterito et praeterito **26**
pro praesenti utuntur auctores necessitatis causa, cum deficiant et in *or* desinentia praesenti et in *o* terminantia praeterito. Praesentis tamen participium, quod etiam praeteritum imperfectum significat, solet | coniungi uerbis praeteriti

Le passif, lui, a un participe passé et un participe futur : *amatus*, *amandus*. Au présent en revanche le participe manque. À sa place, de la même façon, nous employons le verbe avec le nom indiqué ci-dessus, en disant *qui amatur*, *hos phileitai* [qui est aimé], avec la valeur de *ho philoumenos* [étant aimé]. C'est encore une indication de ce que signifie le participe, qui assume la valeur aussi bien du nom que du verbe, du fait qu'il est employé comme équivalent de ces deux-là, et réciproquement [103]. Nous disons en effet *legens est qui legit* [*legens*, c'est *qui legit*], et *qui legit est legens* [*qui legit*, c'est *legens*], *caenatus est qui caenauit* [*caenatus*, c'est *qui caenauit*] et *qui caenauit caenatus est* [*qui caenauit*, c'est *caenatus*] [104].

Il faut savoir en outre que souvent les auteurs emploient le présent avec une valeur de passé et le passé avec une valeur de présent : ils y sont contraints, parce que les verbes en *-or* manquent de participe présent et les verbes en *-o* de participe passé [105]. Cela étant, le participe présent, qui signifie également l'imparfait, est régulièrement associé à des formes verbales de **26**

103. Ce retour sur la signification du participe en souligne à nouveau la double valeur, nominale et verbale, comme au début du livre 11, où Priscien relevait la dimension génétique de cette double valeur (*participium... ex utroque nascitur*, 548.4), et en rappelait le corrélat fonctionnel observé par les stoïciens (548.14-549.1), qui met le participe en tension constante : il est en effet susceptible à la fois d'un emploi prédicatif, comme dans *legens est lector* [un lecteur lit], qui le met en tension avec son origine nominale et en fait un *nomen uerbale*, et d'un emploi adjectival, comme dans *lector legens* [un lecteur occupé à lire], qui le met en tension avec son origine verbale et en fait un *modus uerbi casualis* (cf. *Introduction*, section 3, *L'examen du participe*). Ici, Priscien aborde sous un autre angle cette double valeur du participe, en notant l'équivalence sémantique du participe et de la combinaison « nom (indéfini) + verbe » – combinaison qui désigne ici spécifiquement ce que nous appelons la proposition relative. Il illustre cette équivalence avec quatre exemples, groupés deux à deux. Les exemples de la première paire comportent le participe présent *legens* [lisant] et la combinaison « nom (indéfini) + verbe » qui lui équivaut, *qui legit* [qui lit], avec verbe au présent ; ceux de la seconde paire comportent le participe passé *caenatus* [ayant dîné] et la combinaison sémantiquement équivalente *qui caenauit* [qui a dîné], avec verbe au passé. L'équivalence entre *legens* et *qui legit* (et réciproquement) et entre *caenatus* et *qui caenauit* (et réciproquement) est chaque fois exprimée par la copule *est* (mais sur ce point voir aussi la note suivante), tout comme, dans la formule d'introduction de 565.8 (*et hoc pro illis et illa pro hoc ponuntur*), *pro* marque l'équivalence entre *hoc* (scil. *participium*) et *illa* (scil. *nomen* + *uerbum*). Les formules de ce genre, où se trouvent fixées les règles d'équivalence entre un participe et une combinaison « nom + verbe », devaient être usuelles dans les cours de grammaire (cf. *dicimus*) : le livre 17 présente ainsi des variantes du premier exemple, sous forme de question-réponse (*quid est "amans" ? — "qui amat", quid est "nascens" ? — "qui nascitur"*, *GL* 3, 154.10-11).

104. Alors que dans les trois premiers exemples, la copule occupe la place médiane, entre le participe et la combinaison « nom (indéfini) + verbe », la présence de *est* en place finale dans le quatrième et dernier exemple de la série (*qui caenauit caenatus est*) en souligne peut-être le caractère ambigu : *est* peut jouer le double rôle de copule, comme dans les exemples précédents, mais aussi de constituant de la forme verbale composée *caenatus est*. Quoi qu'il en soit, le quatrième exemple fait transition avec le paragraphe suivant, où sont analysées les associations de participes et de formes du verbe « être ».

105. Tout ce paragraphe illustre la propension de Priscien à multiplier les ellipses. Il annonce d'abord une symétrie entre l'emploi de formes de présent avec une valeur de passé, et l'emploi de formes de passé avec une valeur de présent, en proposant d'en voir l'origine dans l'absence de formes participiales de présent pour les verbes en *-or* et de formes participiales de passé pour les

perfecti et plusquamperfecti et significationem eorundem temporum complere, quomodo uerba praesentis temporis, si adiungantur participiis praeteriti, praeteritum significant, ut *caenatus sum*, *caenatus es*, *caenatus est* pro *caenaui*, *caenauisti*, *caenauit*. Sic ergo, si dicam *caenans fui*, *fuisti*, *fuit* pro *caenaui*, *caenauisti*, *caenauit*, | *caenans fueram*, *fueras*, *fuerat* pro *caenaueram*, *caenaueras*, *caenauerat* potest accipi. Itaque quod deest latinitatis linguae naturaliter, completur iuncturae ratione. Multa tamen in his quoque, quae regula exigit dici, siue euphoniae causa deficiunt siue quod in usu non sunt, sicut et in aliis partibus orationis.

A neutris, ut diximus, sicut ab actiuis, duum temporum participia ueniunt, praesentis, *stans*, futuri, *staturus*. || Inueniuntur tamen quaedam ex eis etiam **27**
praeteriti temporis, ut *caeno caenatus*, *prandeo pransus*, *placeo placitus*,

parfait ou de plus-que-parfait et constitue alors l'expression exacte de ces temps [106], de même que des formes verbales de présent, si elles sont associées à des participes passés, signifient le passé, comme *caenatus sum*, *caenatus es*, *caenatus est* dans le sens de *caenaui*, *caenauisti*, *caenauit* [j'ai / tu as / il a dîné]. De même, donc, si je viens à dire *caenans fui*, *fuisti*, *fuit* dans le sens de *caenaui*, *caenauisti*, *caenauit*, alors on peut employer *caenans fueram*, *fueras*, *fuerat* dans le sens de *caenaueram*, *caenaueras*, *caenauerat* [j'avais / tu avais / il avait dîné]. Ainsi, ce qui manque par nature au système de la langue latine se trouve pleinement compensé par la logique de la combinatoire [107]. Cela étant, s'agissant de cette partie du discours aussi, beaucoup de formes voulues par la régularité grammaticale manquent pour des raisons d'euphonie, ou parce qu'elles sont inusitées, comme c'est également le cas pour d'autres parties du discours.

Les neutres, on l'a dit, donnent naissance, comme les actifs, à des participes de deux temps : présent, *stans*, et futur, *staturus* [108]. || Toutefois, certains de ces 27
verbes ont aussi un participe passé [109], comme *caeno caenatus* [je dîne / ayant dîné], *prandeo pransus* [je déjeune / ayant déjeuné], *placeo placitus*

verbes en *-o* (correspondant aux formes grecques *philoumenos* et *philêsas*, *cf.* 565.5-6 et 564.28-30). Cette introduction laisse attendre que soient cités des exemples de participes passés passifs (*amatus*) avec un sens présent, ou de participes présents actifs (*amans*) porteurs d'une valeur de passé (en étant par exemple associés à des verbes au passé). Mais Priscien prend en fait appui sur cette introduction pour passer à la symétrie plus complexe de participes présents associés à des formes de passé et de participes passés associés à des formes de présent : *caenans fui* symétrique de *caenatus sum*. Ou plus exactement, Priscien passe directement à l'étape suivante, qui consiste à faire fond sur *caenans fui* pour légitimer *caenans fueram*. Sur la réalité de ces dernières tournures en latin à époque tardive, *cf.* Löfstedt 1936 : 245-249.

106. Sur ce point, voir *Introduction*, section 3, *L'examen du participe : équivalences et substitutions*.

107. Les notions de *natura* et de (*iuncturae*) *ratio* se trouvent ici opposées, comme le donné linguistique dont dispose originellement une langue par rapport aux procédés d'association qui en régissent le fonctionnement, cette *iuncturae ratio* étant apparemment susceptible de compenser (*completur*) les lacunes de la *natura* (cf. *Introduction*, section 3, *L'examen du participe*). Dans le contexte immédiat du présent paragraphe, ce qui peut correspondre à ces lacunes de la *natura* (*quod deest naturaliter*), c'est ce qui est indiqué dès le début, c'est-à-dire, pour schématiser, l'absence de participes présents passifs et de participes passés actifs (565.12-13). Dans le reste du paragraphe, les périphrases verbales constituées d'un participe et du verbe « être », symétriquement *caenatus sum* et *caenans fui* (ou *fueram*), sont présentées comme équivalant à une forme existant par ailleurs, *caenaui* (ou *caenaueram*). Priscien a certainement eu recours à ce type de verbes pour des raisons pédagogiques : l'équivalence entre tournure périphrastique et forme verbale y est évidente, mais la démonstration, à portée générale, vise l'ensemble des tournures périphrastiques, qui la plupart du temps pallient effectivement un manque. En ce qui concerne la dernière équivalence, *caenans fui / fueram = caenaui / caenaueram*, on doit peut-être tenir compte de la présence en arrière-plan de la distinction grecque de l'aoriste et du parfait : Priscien peut avoir été ici sensible à l'absence en latin d'une forme correspondant au parfait grec, et avoir cherché à en retrouver le sens aspectuel dans une périphrase formée d'un participe et de l'auxiliaire « être » – ce qui expliquerait la présence de ces formules dans cette problématique consacrée au supplétisme. La fréquence de tournures périphrastiques de ce genre en grec même (*cf.* Kühner-Gerth I, 38-40, § 353, 4, Anm. 3) peut en avoir, à Constantinople, favorisé l'emploi en latin.

108. Du verbe *sto*, *-are* [je me tiens debout].

109. *Cf.* déjà dans le livre 9, *GL* 2, 483.22-485.16, et dans le livre 10, 512.11-22.

566 *nubo nupta*, *pateo passus* (et a *patior* tamen *passus* | facit), *assuesco assuetus*, quod quibusdam nomen esse magis uidetur, sicut *quiesco quietus*. *Iuro* etiam *iuratus*, quod etiam in passiua significatione inuenitur, quippe etiam uerbum ipsum Lucanus in V protulit :

et laetae iurantur aues bubone sinistro [a].

Statius etiam in VII :

captiuis etiam iurabere Thebis.

Coniurato Vergilius in II *georgicon* :

aut coniurato descendens Dacus ab Histro.

Addunt quidam etiam a *careo cassus*, quod si esset, deberet *cassurus* | facere futurum, non *cariturus*, quod Iuuenalis in II protulit :

tollere dulcem
cogitat heredem cariturus turture magno [b],

ut supra memorauimus. Ergo *cassus* magis nomen est, sicut *lassus*, et maxime cum *uanum* significat, ut :

cassa fraude parat [c].

Titubo quoque *titubatus* facit. Vergilius in V :

uestigia presso
haud tenuit titubata solo [d].

Et in aliis multis neutrorum praeteriti participia uetustissimi protulisse inueniuntur, ut *discessus*, *interitus*, *obitus*, *occasus*, *potus*, *senectus*.

Neutropassiua quoque, quae sunt quinque, trium temporum habent 28 participia, ut *gaudeo gaudens gauisus gauisurus*, *audeo audens ausus ausurus*, *soleo solens solitus soliturus*, *fio fiens factus futurus* differentiae causa, ne, si *facturus* dicamus, simile sit participio quod uenit a *facio* uerbo, quod uim actiuam possidet *fio* uerbi, unde a supino eius nascitur

a. Cf. *GL* 3, 331.23.
b. Cf. *supra*, 559.18-19.
c. Cf. *GL* 3, 222,9.
d. Cf. *GL* 2, 485.6-7.

[je plais / ayant plu], *nubo nupta* [j'épouse / ayant épousé (pour une femme)], *pateo passus* [je m'ouvre / m'étant ouvert] (mais *passus* vient aussi de *patior*
566 [je subis][110]), | *assuesco assuetus* [je m'habitue / habitué] – dont certains pensent qu'il s'agit plutôt d'un nom[111], comme pour *quiesco quietus* [je me tiens tranquille / tranquille]. Il y a aussi *iuro iuratus* [je jure / ayant juré], qui se trouve aussi au sens passif[112] puisque le verbe lui-même est aussi employé au passif par Lucain en V : *et laetae iurantur aues bubone sinistro* [et l'on jure que les oiseaux sont favorables quand le hibou est à gauche, *Phars.* 5, 396] ; Stace aussi en VII : *captiuis etiam iurabere Thebis* [tu seras même pris à témoin des serments de Thèbes captive, *Théb.* 7, 103] ; *coniurato* chez Virgile, au livre II des *Géorgiques* : *aut coniurato descendens Dacus ab Histro* [ou le Dace qui descend de l'Ister ligué, *G.* 2, 497]. Certains ajoutent encore, de *careo* [je manque], *cassus* ; mais si cette forme existait comme participe, le futur devrait être *cassurus*, et non *cariturus* – que Juvénal a pourtant employé en II, comme nous l'avons mentionné plus haut : *tollere dulcem / cogitat heredem cariturus turture magno* [il songe à avoir un héritier chéri, prêt à se passer de son grand tourtereau, *Sat.* 6, 38-39] ; par conséquent, *cassus* est plutôt un nom, comme *lassus*, surtout quand il a le sens de *uanus*, comme dans *cassa fraude parat* [elle entreprend, par une ruse vaine…, Lucain, *Phars.* 5, 130][113]. *Titubo* [je chancelle] aussi fait *titubatus*, Virgile en V : *uestigia presso / haud tenuit titubata solo* [il ne put affermir ses pas chancelants en foulant le sol, *Én.* 5, 331-332]. S'agissant de beaucoup d'autres verbes encore, parmi les neutres, les auteurs les plus anciens se trouvent avoir employé des participes passés, comme *discessus* [s'étant retiré], *interitus* [ayant péri], *obitus* [étant parti], *occasus* [s'étant couché], *potus* [ayant bu], *senectus* [ayant vieilli].

Les neutro-passifs aussi, qui sont cinq, ont des participes aux trois temps, 28
c'est-à-dire *gaudeo* [je me réjouis] : *gaudens gauisus gauisurus* ; *audeo* [j'ose] : *audens ausus ausurus* ; *soleo* [j'ai l'habitude] : *solens solitus soliturus* ; *fio* [je suis fait / je deviens] : *fiens factus futurus* (par différenciation, pour éviter que la forme, si c'était *facturus*, ne soit identique au participe qui vient du verbe *facio*, lequel comporte le sens actif correspondant au verbe *fio*, ce qui a pour conséquence que c'est le supin de *facio* qui donne naissance

110. Le sujet de *facit*, *participium praeteriti temporis*, se dégage de ce qui précède. La construction est la même que, au livre 9, dans *quamuis a* careo *futuri participium non* cassurus *sed* cariturus *faciat*, litt. « quoique de *careo* le participe futur fasse (= soit), non pas *cassurus*, mais *cariturus* » (*GL* 2, 485.10-11). Même formulation ci-dessous, en 566.9-10, où le sujet de *deberet facere* est *futurum*.

111. C'est-à-dire d'un (nom) adjectif, Priscien distinguant soigneusement les emplois de participe et d'adjectif, cf. *supra*, 550.20-27.

112. *Cf.* livre 9, *GL* 2, 484.2, où *iuratus* est traduit par *ho omosas* et *ho omotheis*.

113. Dans le présent développement – à la différence de *supra*, 559.16-23 – Priscien propose un argument contre l'existence d'un participe *cassus* (en s'appuyant sur le participe futur *cariturus* employé par Juvénal), ce qui l'amène à s'engager davantage en faveur du caractère nominal de *cassus* ; sa position est également plus clairement exprimée ici qu'au livre 18, cf. *GL* 3, 222.4-9 et note 47 *ad loc.*

passiuum praeteriti participium et futuri actiuum : *factum factu*, *factus facturus* ; *fido* quoque *fidens fisus fisurus*.

567 A communi uerbo quattuor nascuntur participia, praesentis siue | praeteriti imperfecti, quod actiuam solum habet significationem, ut *criminor criminans*, ὁ διαβάλλων *οὐκέτι καὶ* ὁ διαβαλλόμενος, praeteriti perfecti et plusquamperfecti, quod communem habet significationem tam passiui quam actiui, ut *criminatus* ὁ διαβαλών *καὶ* ὁ διαβληθείς, futuri unum | actiuum in *rus* desinens, ut *criminaturus*, et unum passiuum in *dus*, ut *criminandus*. || Omnia 29
tamen in *dus* desinentia participia eadem etiam nomina esse possunt, cum amittunt tempus, ut *amandus* ὁ φιληθησόμενος *καὶ* ὁ φιλητέος, *docendus* ὁ διδαχθησόμενος *καὶ* ὁ διδακτέος, *legendus* ὁ ἀναγνωσθησόμενος *καὶ* ὁ ἀναγνωστέος.

A deponenti trium temporum ueniunt participia, praesentis uel praeteriti imperfecti, *sequens*, praeteriti perfecti uel plusquamperfecti, *secutus*, futuri, *secuturus*. Multa tamen ex huiuscemodi uerbis inueniuntur apud antiquissimos participia praeteriti temporis tam actiuam quam passiuam significationem habentia, ut *meditor* μελετῶ, *meditatus* μελετήσας | *καὶ* μελετηθείς (Terentius in *Phormione* :

meditata mihi sunt omnia mea incommoda [a]),

auxilior auxiliatus βοηθήσας *καὶ* βοηθηθείς. Lucilius :

a me auxiliatus [b].

Sic et *amplector amplexus καὶ* περιπλακείς *καὶ* περιπλεχθείς (Petronius :

568 *animam nostro amplexam pectore* [c].

Cicero *pro Roscio* : *quo uno maleficio scelera omnia uideantur conplexa esse* [d]),

a. Cf. *GL* 2, 385.14.
b. Cf. *GL* 2, 379,17 (*a. m. a. siet*).
c. Cf. *GL* 2, 381.3 (*a. n. a. in pectore*).
d. Cf. *GL* 2, 381.7-8 (*complexa esse uideantur*).

au participe passé passif et au participe futur actif : *factum factu* donne *factus facturus* [114]), et enfin *fido* [j'ai confiance] : *fidens fisus fisurus.*

567 Des verbes communs naissent quatre participes : présent ou | imparfait, avec seulement le sens actif, comme *criminor* [j'accuse / je suis accusé], *criminans, ho diaballôn* [qui accuse], mais pas aussi *ho diaballomenos* [qui est accusé] ; parfait et plus-que-parfait, qui a à la fois le sens passif et le sens actif, comme *criminatus, ho diabalôn* [qui a accusé] et *ho diablêtheis* [qui a été accusé] ; et au futur un actif à finale en *-rus*, comme *criminaturus*, et un passif en *-dus*, comme *criminandus.* || Tous les participes à finale en *-dus* peuvent néanmoins être 29
également des noms, quand ils perdent l'expression du temps, comme :

amandus, ho philêthêsomenos [celui qui sera aimé] et *ho philêteos* [celui qui doit être aimé] [115],

docendus, ho didakhthêsomenos [celui qui sera instruit] et *ho didakteos* [celui qui doit être instruit],

legendus, ho anagnôsthêsomenos [celui qui sera lu] et *ho anagnôsteos* [celui qui doit être lu].

Du déponent viennent les participes des trois temps : présent ou imparfait, *sequens* [suivant] ; parfait ou plus-que-parfait, *secutus* ; futur, *secuturus.* Cela étant, parmi les verbes de ce type, on en trouve beaucoup, chez les auteurs les plus anciens, qui ont des participes passés ayant à la fois un sens actif et un sens passif, comme :

meditor, meletô [j'examine] : *meditatus, meletêsas* et *meletêtheis* [ayant examiné / ayant été examiné] ; Térence dans le *Phormion, meditata mihi sunt omnia mea incommoda* [j'ai examiné tous mes malheurs, *Phorm.*, 248] ;

auxilior [j'aide] : *auxiliatus, boêthêsas* et *boêthêtheis* [ayant aidé / ayant été aidé] ; Lucilius, *a me auxiliatus* [aidé par moi, frg. 944 Marx]. De même aussi :

amplector [j'embrasse] : *amplexus, periplakeis* et *periplekhtheis* [ayant
568 embrassé / ayant été embrassé] ; Pétrone, | *animam nostro amplexam pectore* [l'âme enveloppée dans notre poitrine, frg. 5 Müller], Cicéron, *Pour Roscius, quo uno maleficio scelera omnia uideantur conplexa esse* [forfait tel qu'en lui seul tous les crimes à la fois paraissent avoir été rassemblés, *S. Rosc.* 37] ;

114. Ce qui est exprimé ainsi de façon elliptique, c'est que, *fio* étant sémantiquement le passif de *facio* (*cf.* livre 18, note 221), la forme d'origine (cf. *nascitur*) de son participe futur est régulièrement construite sur le supin du verbe de sens actif, c'est-à-dire sur *factum factu*, d'où *facturus*, mais que, pour éviter que cette forme soit ambiguë (comme participe futur de *facio* et de *fio*), *futurus* remplace *facturus* comme participe futur de *fio*. Plus loin, 568.9-10, recensant les participes de *sum*, Priscien n'exclut pas que *futurus* soit le participe futur de *sum*.

115. La double traduction grecque présente un participe futur passif d'une part et un adjectif verbal à valeur d'obligation d'autre part, ce qui révèle la double valeur des termes latins à finale en *-dus* (participe et « nom »), *cf.* 563.6-7, où sont déjà cités *legendus* et *amandus* avec, là aussi, double traduction grecque, et, dans le livre 4, *GL* 2, 137.25-138.4, où Priscien précise la signification d'un *nomen participiale* procédant d'un participe futur passif en *-dus* (*significat dignum esse aliquem eo quo demonstratur*), avec des exemples glosés par *dignus* construit avec un infinitif (comme *amandus, dignus amari* ou *legendus, dignus legi*), mais également avec un substantif, d'où des équivalents sans aucun élément verbal, comme *laudandus, laude dignus* ou *curandus, dignus cura.*

adminiculor adminiculatus βοηθήσας καὶ βοηθηθείς. Varro : *tribunicio auxilio adminiculatus* [a]. || Sed | sciendum quod uerbis quoque plurimis quae nunc in **30** usu deponentia sunt ueteres sicut communibus usi sunt, de quibus, cum de uerbo tractabamus, docuimus.

A uerbo *sum*, quod est anomalum, ueteres praesentis temporis proferebant participium *ens*, unde componitur *potens*; nam *futurus* magis | a *fio* uerbo uidetur nasci, potest tamen etiam a *fui* esse existimari.

De nvmero

Numerus participiis accidit uterque, singularis, ut *currens*, pluralis, ut *currentes*. Et sicut non deficiunt casibus, sic nec numeris defectiua inuenies participia.

De figvris

Figuras habent, quas a uerbis accipiunt. Nam per se numquam componitur **31** participium, nisi prius uerbum eius componatur. Ergo uel simplicia sunt uel decomposita plerumque, quae Graeci παρασύνθετα uocant, id est a compositis uerbis deriuata, ut *efficio efficiens*, *intellego* | *intellegens*; si enim ipsa per se componantur non prius uerbis compositis, transeunt in nominum uim, sicut etiam, si comparentur : *nocens innocens*, *sapiens insipiens*. Simplicia enim eorum possunt et participia esse et nomina, composita uero sine dubio nomina sunt. Ideo autem addidimus *plerumque*, quod sunt quaedam

a. *Cf.* livre 8, *GL* 2, 380.3 (*t. a. adminiculati*).

adminiculor [j'aide] : *adminiculatus*, *boêthêsas* et *boêthêtheis* [ayant aidé / ayant été aidé] ; Varron, *tribunicio auxilio adminiculatus* [soutenu par l'aide d'un tribun, frg. 80 Salvadore]. || Cela étant, il faut savoir qu'il y a aussi 30
de très nombreux verbes, aujourd'hui usités comme déponents, que les Anciens ont employés comme verbes communs ; notre enseignement a porté sur eux quand nous traitions du verbe [116].

À partir du verbe *sum* [je suis], qui est irrégulier, les Anciens énonçaient le participe présent *ens* [étant] [117], dont est issu le composé *potens* [pouvant] ; en revanche, *futurus* paraît plutôt provenir du verbe *fio* [118], mais on peut considérer aussi qu'il est issu de *fui* [je fus].

Le nombre

Le nombre est une caractéristique des participes, sous ses deux formes : singulier, comme *currens* ; pluriel, comme *currentes* [119]. Et de même que les participes n'ont pas de formes casuelles manquantes, on n'en trouvera pas non plus de défectifs en nombre.

Les figures

Ils ont des figures, qu'ils reçoivent des verbes. Par lui-même en effet, un 31
participe n'est jamais composé si son verbe ne l'est pas d'abord. Par conséquent, les participes sont pour la plupart ou bien simples ou bien dérivés de composés, que les Grecs appellent *parasuntheta*, c'est-à-dire formés sur la base de verbes composés [120], comme *efficio efficiens* [je produis / produisant], *intellego intellegens* [je comprends / comprenant]. À supposer en effet qu'il y en ait qui soient par eux-mêmes composés, sans verbes composés en amont, ils prennent une valeur de noms, comme cela se passe également quand ils ont des degrés de comparaison : *nocens innocens* [nuisant / innocent], *sapiens insipiens* [raisonnant / déraisonnable]. Parmi ces formes en effet, les simples peuvent être aussi bien des participes que des noms, mais les composés ne sont incontestablement que des noms. Par ailleurs, si nous avons ajouté « pour la plupart », c'est parce qu'il y a des participes qui ne présentent pas le même

116. *Cf.* livre 8, *GL* 2, 379.2-15, suivi de très nombreuses citations d'auteurs (379.16-388.12), parmi lesquelles figurent celles de Térence, Lucilius, Pétrone, Cicéron et Varron – parfois avec de légères divergences.

117. Sur cette forme, *cf.* livre 15, note 55.

118. Cf. *supra*, 566.23-26.

119. Participe présent de *curro*, *-ere* [je cours].

120. La distinction entre composé et dérivé de composé se trouve déjà chez Apollonius (*sunthetos / parasunthetos, Synt.* 4, 51). *Decompositus*, calqué sur *parasunthetos*, est introduit par Priscien au livre 5, à propos des « figures » du nom : en regard du mot simple *magnus*, *magnanimus* – qui associe deux mots susceptibles d'un emploi autonome – est un composé, tandis que *magnanimitas* est un dérivé de composé dans la mesure où **animitas* n'est pas attesté (*GL* 2, 177.10-178.3).

quae non seruant compositionis | uerborum compaginem, unde apparet ea ex se composita, ut *effringor effractus*, *contingor contactus* et similia.

569 *Indulgens*, *amans*, *acceptus*, si | comparentur, nomina sunt : *indulgentior*, *amantior*, *acceptior*; sic et similia.

De diuersis quoque consonantibus quae ante *us* in praeteriti temporis participiis inueniuntur, quamuis per singulas uerbi terminationes, cum | de supinis tractabamus, docuimus, tamen hic etiam generaliter comprehendere non incongruum uidetur esse. || Omnia igitur participia praeteriti temporis uel **32**
in *tus* desinunt, ut *amatus*, *adiutus*, *datus*, *domitus*, *solitus*, *cultus*, *munitus*, *conuentus*; uel in *ctus*, ut *sectus*, *doctus*, *lectus*, *sanctus*; uel in *ptus*, ut *raptus*, *captus*, *sumptus*; uel in | *stus*, ut *questus*; uel in *sus*, ut *risus*, *morsus*, *lusus*, *iussus*; uel in *psus*, ut *lapsus*; uel in *xus*, ut *fluxus*, *flexus*, *pexus*.

schéma de composition que leurs verbes, ce qui montre qu'ils sont composés indépendamment, comme *effringor effractus*, *contingor contactus*, et les formes du même genre [121].

569 *Indulgens*, *amans*, *acceptus* [122], s'ils ont | des degrés de comparaison, sont des noms : *indulgentior*, *amantior*, *acceptior*, et de même pour les formes du même genre.

Annexe au traitement de la figure : les finales de participes passés

Quant aux différentes consonnes qui se trouvent avant *-us* dans les participes passés, nous les avons enseignées en passant en revue chacune des finales verbales, quand nous traitions des supins [123], mais il ne paraît pas inopportun de les reprendre ici aussi dans leur ensemble. || Donc, tous les 32
participes passés se terminent soit en *-tus*, comme *amatus*, *adiutus*, *datus*, *domitus*, *solitus*, *cultus*, *munitus*, *conuentus*, soit en *-ctus*, comme *sectus*, *doctus*, *lectus*, *sanctus*, soit en *-ptus*, comme *raptus*, *captus*, *sumptus*, soit en *-stus*, comme *questus*, soit en *-sus*, comme *risus*, *morsus*, *lusus*, *iussus*, soit en *-psus*, comme *lapsus*, soit en *-xus*, comme *fluxus*, *flexus*, *pexus* [124].

121. Étant donné la conception de la composition chez les grammairiens latins (*cf.* par exemple *GL* 2, 178.16-20), la configuration du verbe *effringor* [je suis brisé] et celle du participe passé correspondant, *effractus*, diffèrent en ce que *ef-fringor* est composé *ex duobus corruptis*, c'est-à-dire de deux éléments modifiés (*ex* et *frangor*), tandis que *ef-fractus* est composé d'un élément modifié et d'un élément non modifié (*ex corrupto et integro*), respectivement *ef-* et *fractus*, participe passé du verbe simple *frangor*. *Effractus* apparaît donc composé directement à partir du participe simple *fractus*, et indépendamment du verbe *effringor* (c'est un *compositum* de *fractus*), tandis qu'un participe tel que *efficiens* – qui procède du verbe *efficio*, lui-même composé de *facio* – est, dans la terminologie de Priscien, un *decompositum* (voir la note précédente). Même situation pour *contingor* [je suis touché] et le participe *contactus*. La formation des participes non simples a déjà été abordée en *GL* 2, 178.21-179.10 (livre 5) et 439.7-16 (livre 8).

122. Ces trois formes peuvent être des participes (présents, de *indulgeo*, *-ere* [je suis bienveillant] et de *amo*, *-are* [j'aime] et passé, de *accipio*, *-ere* [je reçois]) ou des adjectifs (sc. des « noms » dans la terminologie de Priscien), avec le sens de « indulgent », « épris », « agréable ». *Cf.* livre 3, *GL* 2, 84.21-22.

123. Les développements consacrés aux parfaits de chacune des quatre conjugaisons (livres 9 et 10) précisent systématiquement le lien formel entre chaque type de parfait (caractérisé par sa finale) et le supin correspondant : par exemple *GL* 2, 472.9-475.17 pour la 1re conjugaison ; 480.14-481.4 pour la 2e ; 495.8-11 pour la 3e ; 542.17-543.19 pour la 4e. Étant donné le rapport constant entre supin et participe passé, précisé en 558.7-8, les indications des livres 9 et 10 concernant les consonnes précédant le *-um* ou le *-u* de supin valent également pour les consonnes précédant le *-us* de participe passé correspondant. Dans ces livres, supins et participes sont du reste très souvent envisagés conjointement ; ainsi, parmi de très nombreux exemples, en 512.22-514.11 ou 543.20-547.14.

124. Toutes les formes citées ici se retrouvent par la suite dans le détail de l'exposé, sauf toutefois *solitus* (de *soleo*, *-ere* [avoir l'habitude]), *conuentus* (de *conuenio*, *-ire* [se rassembler]), *sanctus* (de *sancio*, *-ire* [consacrer]), *risus* (de *rideo*, *-ere* [rire]), *lusus* (de *ludo*, *-ere* [jouer]), *fluxus* (de *fluo*, *-ere* [s'écouler]).

In *tus* desinunt omnia quae praeteritum in *ui* syllabam terminant, mutatione *ui* in *tus*, ut *amaui amatus*, *oraui oratus*, *adiuui adiutus*, *deleui deletus*, *cupiui cupitus*, *lacessiui lacessitus*, *decreui decretus*, | *straui stratus*, *muniui munitus*, *audiui auditus*. Excipiuntur differentiae causa tria *a* longam in *au* conuertentia : *lāui lautus*, *fāui fautus*, *cāui cautus*, ne, si *latus*, *fatus*, *catus* diceremus, alias significationes habere putarentur.

Et sciendum quod haec omnia paenultimas productas habent tam in | uerbis praeteriti quam in participiis, exceptis *seui sătus* et *siui sĭtus*, quae in participiis paenultimas corripiunt, et *lini* uel *liui lĭtus*. A *ciui* quoque *citus* licet et corripere et producere paenultimam ; ab *iui* quoque uel *ii* composita et *quiui* uel *quii* corripiunt in participiis *i* ante *tus*, ut *adĭtus*, *obĭtus*, *praeterĭtus*, *nequĭtus*. *Solui* enim *solūtus* | et *uolui uolūtus* abiecta *i* produxerunt tamen *u*.
A uero correptam ante *tus* in quattuor solis participiis inueni, duobus primae 33
coniugationis, quae duplicant in praeterito priorem syllabam, *dedi dătus* et *steti stătus*, quod participio simile nomen est, unde futurum *staturus* ;

En *-tus*, se terminent tous ceux qui ont la syllabe *-ui* comme finale de parfait, par la transformation de *-ui* en *-tus*[125], comme *amaui amatus, oraui oratus, adiuui adiutus, deleui deletus, cupiui cupitus, lacessiui lacessitus, decreui decretus, straui stratus, muniui munitus, audiui auditus*[126]. Font exception, par différenciation, trois verbes qui transforment le *a* long en *au* : *lāui lautus, fāui fautus, cāui cautus* – pour éviter, si nous disions *latus, fatus, catus*, que ces formes ne soient considérées comme ayant une autre signification[127].

Il faut savoir en outre que toutes ces formes ont leur pénultième longue, aussi bien s'agissant des verbes au parfait que des participes – à l'exception[128] de *seui sătus* et *siui sĭtus*, qui abrègent la pénultième des participes, ainsi que de *lini*, ou *liui*, *lĭtus* (de plus, à partir de *ciui*, *citus* peut aussi bien abréger qu'allonger sa pénultième, et les composés de *iui*, ou *ii*, et de *quiui*, ou *quii*, abrègent dans les participes le *i* avant *-tus*, comme dans *adĭtus, obĭtus, praeterĭtus, nequĭtus*). De fait[129], *solui solūtus* et *uolui uolūtus*, une fois le *i* tombé, ont néanmoins allongé le *u*. || Quant à un *a* bref devant *-tus*, je n'en ai trouvé que 33
dans quatre participes, deux de la 1re conjugaison, avec redoublement de la syllabe initiale au parfait, *dedi dătus* et *steti stătus*[130] (lequel *stătus* existe comme nom avec la même forme que le participe[131]), d'où le futur *staturus* ;

125. Dans tout le développement, de 569.12 à 573.16, c'est à partir du parfait de l'indicatif qu'est présentée la formation du participe passé, alors que ci-dessus, en 558.7-8, la règle de formation de ce participe est formulée à partir du supin. Les liens formels entre supin et parfait ont été étudiés en détail dans les livres 9 et 10 (cf. *supra*, note 123).

126. Les verbes concernés sont *amo, -are* [aimer], *oro, -are* [prier], *adiuuo, -are* [aider], *deleo, -ere* [détruire], *cupio, -ere* [désirer], *lacesso, -ere* [assaillir], *decerno, -ere* [décider], *sterno, -ere* [étendre], *munio, -ire* [fortifier], *audio, -ire* [entendre].

127. Alors que *lautus, fautus, cautus* sont sans ambiguïté les participes des verbes *lauo, -are* [(se) laver], *faueo, -ere* [favoriser], *caueo, -ere* [prendre garde], les formes *latus, fatus, catus* pourraient être interprétées respectivement comme le participe parfait passif de *fero, ferre* [porter] ou l'adjectif *latus, -a, -um* [large], le participe parfait passif de **for, fari* [parler], et l'adjectif *catus, -a, -um* [aigu, fin].

128. Les parfaits et participes cités ici comme exceptions proviennent des verbes *sero, -ere* [semer], *sino, -ere* [laisser], *lino, -ere* [enduire], *cieo, -ere* et *cio, -ire* [mouvoir] (*cf.* livre 10, *GL* 2, 543.14-16), *eo, ire* [aller] et ses composés *adeo, obeo, praetereo*, ainsi que *queo, -ire* [pouvoir] (et son composé *nequeo*).

129. Après s'être attardé sur les exceptions, Priscien illustre ici la proposition principale de la phrase précédente, à savoir que « toutes ces formes ont leur pénultième longue ». Les deux verbes choisis, *soluo, -ere* [délier] et *uoluo, -ere* [faire tourner] représentent un cas particulier par rapport à la règle générale énoncée pour ces participes en *-tus* (constitués « par transformation de la finale de parfait *-ui* en *-tus* ») dans la mesure où seul le *-i* final tombe, mais ils montrent l'importance de la règle d'allongement de la voyelle précédant la finale *-tus* dans la mesure où elle s'applique même dans ce cas particulier.

130. Le plus souvent Priscien présente le redoublement d'une manière approximative, comme répétition d'une *syllabe* (ici, et voir aussi, au livre 10, *GL* 2, 517.21-22, *principalem syllabam*, ou 518.23-519.2 *paenultimam syllabam*) ; présentation approximative également pour *dedi* et *steti* au livre 9, *GL* 2, 460.9-11, où il est question de la répétition de *la consonne* de *do* et *sto*. Les quatre exemples viennent des verbes *do, dare* [donner], *sto, stare* [se tenir debout], *reor, reri* [penser], *sero, -ere* [semer].

131. C'est alors un *nomen participiale*, cf. *infra*, note 135.

secundae quoque unum inueni a deponenti *reor*, *rătus*, et tertiae unum, de quo supra | diximus, *seui sătus*. Vnde Vergilius in II *georgicon* :

570 *mutatamque insita mala*
ferre pirum [a].

Sepeliui etiam notandum, quod *sepultus* facit (antiqui tamen et *sepelitus* dicebant), et *salliui sallitus* et *salsus*.

Praeterea notanda sunt a *saliui* uel *salii saltus* et *salturus*. Ab *halo halas halaui halitus* nomen participiale, non *halatus*, et a *spiro spiras spiraui spiritus* similiter nomen participiale factum non *spiratus* [facit] ; a *paui pastus*, non *patus* ; ab *ambio ambĭtus* correpta paenultima, quando nomen est ; nam in participio producitur. Ouidius in I | *metamorphoseon* :

iussit et ambitae circumdare litora terrae [b].

Quod autem *halaui* est ab *halo*, ostendit usus. Iuuenalis in IIII :

et omni
bellorum pompa animam exhalasset opimam,

pro *exhalauisset*.

I uero correptam habent ante *tus* omnia quae praeteritum in *ui* diuisas 34
terminant, nisi sint ex praesentibus in *lo* uel *uo* diuisas desinentibus, ut *domui domĭtus*, *uetui uetĭtus*, *attonui attonĭtus*, *habui habĭtus*, *elicui elicĭtus*, *genui genĭtus*, *strepui strepĭtus*.

a. Cf. *GL* 532, 14-15 ; 534, 12-13 ; 534, 7-8.
b. Cf. *GL* 2, 547.7.

de la 2 e conjugaison j'en ai aussi trouvé un, du déponent *reor* : *rătus* ; et un de la 3 e, dont nous avons parlé ci-dessus, *seui sătus*, d'où Virgile dans les
570 *Géorgiques* II : | *mutatamque insita mala / ferre pirum* [et le poirier métamorphosé porter des pommes dues à la greffe, *G.* 2, 33-34]. Il faut aussi remarquer [132] *sepeliui*, qui fait *sepultus* – mais les Anciens disaient aussi *sepelitus* [133] – et *salliui* : *sallitus* et *salsus*.

En outre, à partir de *saliui*, ou *salii* [134], il faut remarquer *saltus* et *salturus* ; de *halo halas halaui*, le nom issu de participe [135] *halitus*, et non **halatus*, et de *spiro spiras spiraui*, de la même façon, a été bâti le nom issu de participe *spiritus*, et non **spiratus* ; de *paui* : *pastus*, et non **patus* ; de *ambio* : *ambĭtus*, avec abrégement de la pénultième quand c'est un nom, car dans le participe elle s'allonge : Ovide, au livre I des *Métamorphoses*, *iussit et ambītae circumdare litora terrae* [et il ordonna de mettre des rivages autour de la terre encerclée, *M.* 1, 37]. Quant au fait que le parfait de *halo* soit *halaui*, l'usage le montre : Juvénal en IV, *et omni / bellorum pompa animam exhalasset opimam* [et il aurait rendu son âme rassasiée par toute la pompe de ses victoires, *Sat.* 10, 280-281] – avec *exhalasset* à la place de *exhalauisset*.

En revanche, il y a un *i* bref avant *-tus* chaque fois que le parfait se termine 34
en *-ui* hétérosyllabique [136] (sauf si l'origine en est un présent à finale en *-lo* ou en *-uo* hétérosyllabique), comme [137] *domui domĭtus*, *uetui uetĭtus*, *attonui attonĭtus*, *habui habĭtus*, *elicui elicĭtus*, *genui genĭtus*, *strepui strepĭtus*.

132. Des verbes *sepelio*, *-ire* [enterrer] et *sallio*, *-ire* [saler].

133. Forme attribuée à Caton (*Orat.* frg. 184 Malcovati) par Priscien au livre 10, *GL* 2, 546.1-2.

134. De *salio*, *-ire* [sauter]. Les autres formes citées dans ce paragraphe viennent des verbes *halo*, *-are* [exhaler], *spiro*, *-are* [souffler], *pasco*, *-ere* [faire paître], *ambio*, *-ire* [entourer].

135. Le *nomen participiale* est présenté dans le livre 2, *GL* 2, 60.5, comme une sous-espèce dans la catégorie des « noms dérivés ». Les éléments de cette sous-espèce constituent une catégorie composite : ce ne sont pas uniquement des dérivés, mais à l'occasion aussi, plus largement, des noms qui à l'origine appartenaient à une autre catégorie, en l'occurrence aux participes. Priscien les définit en *GL* 2, 138.15 comme *participiis... similia*, et en cite des exemples (ainsi au livre 10, *GL* 2, 521.2 : *factum*, *dictum* et *uisum*) qui sont dans notre terminologie des participes substantivés. Voir livre 15, note 16.

136. Sur *ui*, ou *uo*, hétérosyllabiques, voir *supra*, note 78.

137. Les exemples cités ici viennent des verbes *domo*, *-are* [dompter], *ueto*, *-are* [interdire], *attono*, *-are* [frapper de stupeur], *habeo*, *-ere* [avoir], *elicio*, *-ere* [attirer], *gigno*, *-ere* [produire], *strepo*, *-ere* [retentir]. En revanche, les exceptions visées dans la parenthèse concernent par exemple *colo, colui, cultus* ou *polluo, pollui, pollutus*, cf. *infra*, 571.18-27.

Excipiuntur primae quidem coniugationis duo, quae per synaeresin *i* proferuntur, *secui sectus* et *fricui frictus*. A *neco* quoque uerbo *necatus* et *nectus* inuenitur participium. Sed *necatus* proprie dicitur ferro, *nectus* alia ui. Illud quoque est notandum quod Horatius ponit in *epodo* :

non me Lucrina iuuerint conchylia
magisue rhombus aut scari,
si quos Eois intonata fluctibus
hiemps ad hoc uertat mare [a],

571 *intonata* dixit, non *intonita*, cum Vergilius :

adtonitus magno imperio monituque deorum [b].

Sonaturus quoque pro *soniturus* Horatius in I *sermonum* protulit :

ingenium cui sit, cui mens diuinior atque os
magna sonaturum, des nominis huius honorem [c].

Vergilius in VI :

dum flammas Iouis et sonitus imitatur Olympi.

In secunda quoque coniugatione excipiuntur in *ui* diuisas praeteritum desinentia quae paenultimam *i* in participiis non habent haec : *docui doctus*, *tenui tentus*, *censui census* ; tertiae quoque *rapui raptus* et ex eo composita, *corripui correptus*, *praeripui praereptus*. || Similiter a *canendo* **35** composita absque *i* faciunt participia secundum primitiui formam : *canor cantus*, *occinor occentus*, *accinor accentus*, quamuis *occinui*, *accinui* faciant praeteritum. In *rui* etiam et in *xui* per idem tempus | exeuntia non habent *i* in participiis : *desero deserui desertus*, *dissero disserui dissertus*,

a. Cf. *GL* 2, 473.14-17.

b. *attonitus tanto monitu imperioque deorum* Vergilius (ed. Conte).

c. Cf. *GL* 2, 473.12 *add. in marg.* **B** ².

Il y a deux exceptions à la 1re conjugaison, qui par synérèse[138] se prononcent sans *i* : *secui sectus* et *fricui frictus*[139]. On trouve aussi, à partir du verbe *neco* [je tue], les formes de participe *necatus* et *nectus*, mais *necatus* se dit spécialement pour qui est tué à coups d'épée, *nectus* pour qui l'est par un autre acte de violence[140]. Il faut aussi remarquer ceci, qu'Horace met dans ses *Épodes* : *non me Lucrina iuuerint conchylia / magisue rhombus aut scari, / si quos Eois intonata fluctibus / hiemps ad hoc uertat mare* [les coquillages du Lucrin ne me feraient pas plus de plaisir, pas plus que le turbot ou les sargets, si la tempête, se déchaînant sur les flots orientaux, en poussait vers notre mer,
571 *Épo.* 2, 49-52] | – il a dit *intonata*[141], et non *intonita*, alors que Virgile dit : *adtonitus magno imperio monituque deorum* [frappé de stupeur par la puissance imposante des dieux et leur avertissement, *Én.* 4, 282]. Horace a aussi employé *sonaturus* au lieu de *soniturus* dans les *Satires* I : *ingenium cui sit, cui mens diuinior atque os / magna sonaturum, des nominis huius honorem* [celui qui a du génie, un esprit vraiment divin et une bouche prête à émettre de grandes choses, accorde-lui l'honneur de ce nom, *Sat.* 1, 4, 43-44] ; Virgile en VI : *dum flammas Iouis et sonitus imitatur Olympi* [tandis qu'il imite les flammes de Jupiter et les grondements de l'Olympe, *Én.* 6, 586][142].

À la 2e conjugaison aussi il y a des exceptions, quand le parfait a une finale en *-ui* hétérosyllabique et qu'il n'y a pas de pénultième en *i* au participe, c'est-à-dire[143] *docui doctus*, *tenui tentus*, *censui census* – et à la 3e aussi avec *rapui raptus* et ses composés, *corripui correptus*, *praeripui praereptus*. || De la même façon, les composés de *cano* [je chante] font des participes sans *i*, à l'image du participe du primaire : *canor cantus*, *occinor occentus*, *accinor accentus* – quoiqu'ils fassent au parfait *occinui* et *accinui*. Quand la finale de ce même parfait est en *-rui* ou en *-xui*, il n'y a pas non plus de *i* au participe : *desero* [j'abandonne] *deserui desertus*, *dissero* [je raisonne] *disserui dissertus*,

138. Par *synaeresis*, Priscien désigne en général des phénomènes de diphtongaison (par exemple, en grec, *e* + *i*> *ei*, *GL* 2, 66.16 ; *o* + *u*> *ou*, *GL* 2, 272.12) et de contraction vocalique (par exemple *e* + *i*> *ī*, *GL* 2, 68.2 ; *i* + *i*> *ī*, *GL* 2, 126.17 ; *o* + *u*> *ū*, *GL* 2, 295.15). Ici, où il s'agit des formes *sectus* et *frictus*, au lieu de **secitus* et **fricitus* attendues en vertu de 570.16-19, ce terme concerne un phénomène qui aboutit également à l'annulation d'une syllabe, mais qui relève de la *syncopa* plutôt que de la *synaeresis*.

139. Des verbes *seco*, *-are* [couper] et *frico*, *-are* [frotter].

140. *Cf.* livre 9, *GL* 2, 470.21-22.

141. De *intono*, *-are* [tonner] cependant que la forme citée ensuite, *adtonitus*, est bâtie sur le verbe *adtono*, *-are*, cité au paragraphe précédent. L'exemple parallèle cité ensuite, *sonaturus* / *soniturus*, est issu du verbe *sono*, *-are* [résonner].

142. Étant donné leur rapport formel avec les participes passés correspondants (en *-us*, *-a*, *-um*), les noms abstraits en *-us*, *-us* (de la 4e déclinaison) sont considérés comme des *participialia* (*cf.* livre 15, note 16 et *supra*, note 135). Dans la citation de Virgile, *sonitus*, *-us* m., en tant que *nomen participiale*, permet à Priscien d'évoquer le participe futur *soniturus*, tout comme le ferait le participe passé *sonitus*.

143. Les exemples cités viennent des verbes *doceo*, *-ere* [enseigner], *teneo*, *-ere* [tenir], *censeo*, *-ere* [estimer], et, pour la 3e conjugaison, *rapio*, *-ere* [emporter] et ses composés *corripio*, *-ere* et *praeripio*, *-ere*.

insero inserui insertus, *aperio aperui apertus*, *nexui nexus*, *pexui pexus*. *Messui* quoque *messus* facit, ut *censui census*.

In *lui* uero desinentia *ui* in *tus* conuertunt in participio, ut *colo colui cultus*, *occulo occului occultus*, *consulo consului consultus*, *alo* | *alui altus* et *alitus*. Vnde etiam *uolo uolui uultus* facit, quod nomen est participiale, quomodo *colui cultus*, quando quartae est declinationis, quae etiam *o* uerbi in *u* conuertunt. Quae uero in praesenti in *uo* desinunt, *i* extrema praeteriti in *tus* conuersa faciunt participia : *polluo pollui pollutus*, *acuo acui acutus*, *suo sui sutus*, *tribuo tribui tributus*, | *eruo erui erŭtus*, quod solum paenultimam corripit. Apud antiquiores tamen etiam ab hoc compositum producit paenultimam, *diruo dirui dirūtus*.

572 A *do* quoque composita *i* breuem habent ante *tus* in participio | praeteriti, ut **36**
reddo reddĭtus, *credo credĭtus*, *prodo prodĭtus*, *perdo perdĭtus*, *uendo uendĭtus*.

In *ctus* faciunt participia praeteriti passiua quae uerba per idem tempus actiuorum in *xi* faciunt, ut *intellexi intellectus*, *duxi ductus*, | *uexi uectus*, *auxi auctus*, *traxi tractus*, *pexi pectus*, *iunxi iunctus*; excipitur *flexi*, quod *flexus* facit participium. Similiter in *ci* uel *qui* uocali longa antecedente desinentia in praeterito : *fēci factus*, *iēci iactus*, *uīci uictus*, *relīqui relictus*; similiter in *gi*, ut *legi lectus*, *tetigi tactus*, *fregi fractus*.

In *ptus* exeunt participia praeteriti passiua cum actiua eiusdem temporis in *pi* uel in *psi* uel *mi* terminantur, ut *cepi captus*, *coepi coeptus*, *rupi ruptus*, *scalpsi scalptus*, *compsi comptus*, *sumpsi sumptus*, *prompsi insero* [j'introduis] *inserui insertus*, *aperio* [j'ouvre] *aperui apertus*, *nexui nexus*[144], *pexui pexus*. *Messui* aussi fait *messus*, comme *censui census*.

Par ailleurs, avec la finale *-lui*, il y a changement au participe de *-ui* en *-tus*, comme dans *colo* [je cultive] *colui cultus*, *occulo* [je cache] *occului occultus*, *consulo* [je consulte] *consului consultus*, *alo* [je nourris] *alui altus* et *alitus*. C'est aussi pour cela que *uolo* [je veux] *uolui* fait *uultus*, qui est un nom issu de participe, comme *cultus* de *colui*, quand ce terme est de la 4ᵉ déclinaison[145] : l'un et l'autre changent aussi le *o* du verbe en *u*. Par ailleurs, ceux qui ont une finale *-uo* au présent font leurs participes en changeant le *-i* final de parfait en *-tus* : *polluo* [je salis] *pollui pollutus*, *acuo* [j'aiguise] *acui acutus*, *suo* [je couds] *sui sutus*, *tribuo* [j'attribue] *tribui tributus*, *eruo* [j'arrache] *erui erŭtus* – qui est le seul à abréger la pénultième (mais chez les auteurs un peu anciens son composé allonge également cette pénultième : *diruo* [je détruis] *dirui dirūtus*).

Les composés de *do* [je donne] ont également un *i* bref avant *-tus* au **36**
572 participe | passé[146], comme *reddo* [je rends] *reddĭtus*, *credo* [je crois] *credĭtus*, *prodo* [je livre] *prodĭtus*, *perdo* [je perds] *perdĭtus*, *uendo* [je vends] *uendĭtus*.

En *-ctus* : participes passés passifs des verbes dont le même temps de l'actif se fait en *-xi*[147], comme *intellexi intellectus*, *duxi ductus*, *uexi uectus*, *auxi auctus*, *traxi tractus*, *pexi pectus*, *iunxi iunctus* – à l'exception de *flexi*, qui fait *flexus* comme participe. De même quand la finale au parfait est *-ci* ou *-qui*, précédée d'une voyelle longue[148] : *fēci factus*, *iēci iactus*, *uīci uictus*, *relīqui relictus*. De même avec une finale *-gi*[149], comme *legi lectus*, *tetigi tactus*, *fregi fractus*.

En *-ptus* : finale des participes passés passifs quand les actifs au même temps se terminent en *-pi*, *-psi* ou *-mi*[150], comme *cepi captus*, *coepi coeptus*, *rupi ruptus*, *scalpsi scalptus*, *compsi comptus*, *sumpsi sumptus*, *prompsi*

144. Les trois derniers exemples du paragraphe viennent des verbes *necto*, *-ere* [nouer], *pecto*, *-ere* [peigner], et *meto*, *-ere* [moissonner].

145. Se fondant sur le rapport à la fois formel et sémantique qui existe entre le verbe *colo*, *-is*, *-ere*, *colui*, *cultus* [cultiver] et le substantif *cultus*, *-us*, qui exprime le fait de cultiver, Priscien constate l'analogie formelle des deux séries *colo* / *colui* / *cultus*, *-us* et *uolo* / *uolui* / *uultus*, *-us*, qui lui permet, dans cette seconde série, de rapprocher le substantif *uultus*, *-us*, qui signifie « visage, air, physionomie », du verbe *uolo*, *uelle* [vouloir].

146. À la différence du participe passé, *dătus*, de *do*, *dare*.

147. Les exemples cités viennent des verbes *intellego*, *-ere* [comprendre], *duco*, *-ere* [conduire], *ueho*, *-ere* [transporter], *augeo*, *-ere* [augmenter], *traho*, *-ere* [tirer], *pecto*, *-ere* [peigner], *iungo*, *-ere* [joindre], et l'exception vient de *flecto*, *-ere* [courber].

148. Les exemples cités viennent des verbes *facio*, *-ere* [faire], *iacio*, *-ere* [jeter], *uinco*, *-ere* [vaincre], *relinquo*, *-ere* [laisser].

149. Les exemples cités viennent des verbes *lego*, *-ere* [lire], *tango*, *-ere* [toucher], *frango*, *-ere* [briser].

150. Les exemples cités viennent des verbes *capio*, *-ere* [prendre], *coepio*, *-ere* [commencer], *rumpo*, *-ere* [rompre], *scalpo*, *-ere* [graver], *como*, *-ere* [arranger], *sumo*, *-ere* [prendre], *promo*, *-ere* [retirer], *demo*, *-ere* [ôter], *scribo*, *-ere* [écrire], *nubo*, *-ere* [épouser un homme], *emo*, *-ere* [acheter], *adimo*, *-ere* [enlever], *redimo*, *-ere* [racheter] – auxquels sont ajoutés *rapio*, *-ere* [emporter] et ses composés *corripio*, *-ere* et *praeripio*, *-ere*.

promptus, *dempsi demptus*, *scripsi scriptus*, *nupsi nupta* (*nuptus* enim naturaliter siletur nisi per irrisionem uel figuram dicatur, | quamuis uetustissimi *nouus nuptus* protulisse inueniantur, quod nunc in usu non est), *emi emptus*, *ademi ademptus*, *redemi redemptus*. *Rapui* quoque *raptus* et ex eo composita, ut *corripui correptus*, *praeripui praereptus*.

In *stus* unum inueni deponens, *queror questus*, et passiuum, | *pascor* **37**
pastus, cum alia eiusdem formae soleant abicere *s* : *nascor natus*, *irascor iratus*, *obliuiscor oblitus*, *paciscor pactus*, *nanciscor nactus*, *proficiscor profectus*, *ulciscor ultus*, *expergiscor experrectus*; *defetiscor* solum duplicauit *s* in participio, *defessus*.

X quoque antecedente unum inuenio in *tus*, a *texui textus*.

In *sus* desinunt participia quae ex uerbis ueniunt in *si* uel in *di* praeteritum actiui terminantibus, nisi sint a *do* composita, de quibus superius diximus, uel quartae coniugationis, quae nullum participium in *sus* terminant, ut *laesi laesus*, *mersi mersus*, *iussi iussus*, *mordeo momordi morsus*, *prandeo prandi pransus*, *tondeo totondi tonsus*, | *obsideo obsedi obsessus*, *uideo uidi uisus*,
573 *fodio fodi fossus*, *tendo* | *tetendi tensus*, *tundo tutudi tunsus*, *prehendo prehendi prehensus*, *scindo scidi scissus*, *findo fidi fissus*; excipiuntur *ussi ustus*, *gessi gestus*, *torsi torsus* et *tortus* antique; a *torreo* quoque *tostus* fit. Similiter faciunt participia quae in *li* uel *ri* uel *ti* terminant | praeteritum actiuorum, ut *uelli* uel *uulsi uulsus*, *fefelli falsus*, *pepuli pulsus*, *perculi perculsus*. || *Sustuli* **38**
anomalum est et *sublatus* facit. *Decucurri decursus*, *uerri uersus*, *uerti uersus*. Excipitur *peperi partus* differentiae causa; *peperci* enim *parsus* facit.

promptus, *dempsi demptus*, *scripsi scriptus*, *nupsi nupta* (*nuptus* en effet n'a pas lieu d'être formulé, sauf à être employé par moquerie ou par figure, quoiqu'on trouve énoncé par les auteurs les plus anciens *nouus nuptus*, qui aujourd'hui ne s'emploie pas[151]), *emi emptus*, *ademi ademptus*, *redemi redemptus*. Et *rapui raptus*, ainsi que ses composés, comme *corripui correptus*, *praeripui praereptus*.

En *-stus*, je n'ai trouvé qu'un déponent, *queror* [je me plains] *questus*, et, 37
au passif, *pascor* [je suis mené à la pâture] *pastus*, cependant qu'en général, avec cette même formation, il y a perte du *s* : *nascor* [je nais] *natus*, *irascor* [je me fâche] *iratus*, *obliuiscor* [j'oublie] *oblitus*, *paciscor* [je conclus un pacte] *pactus*, *nanciscor* [je trouve] *nactus*, *proficiscor* [je pars] *profectus*, *ulciscor* [je venge] *ultus*, *expergiscor* [je m'éveille] *experrectus*. Seul *defetiscor* [je me fatigue] a doublé le *s* au participe : *defessus*.

Avec un *x* avant, je n'en trouve qu'un seul en *-tus*[152] : à partir de *texui*, *textus*.

En *-sus* : finale de participes qui viennent de verbes ayant *-si* ou *-di* pour finale du parfait actif, sauf si ce sont des composés de *do* [je donne], dont nous avons parlé plus haut[153], ou s'ils sont de la 4e conjugaison, qui n'a aucun participe en *-sus*[154] : *laesi laesus*, *mersi mersus*, *iussi iussus*, *mordeo* [je mords] *momordi morsus*, *prandeo* [je déjeune] *prandi pransus*, *tondeo* [je tonds] *totondi tonsus*, *obsideo* [j'assiège] *obsedi obsessus*, *uideo* [je vois] *uidi*
573 *uisus*, *fodio* [je creuse] *fodi fossus*, *tendo* [je tends] | *tetendi tensus*, *tundo* [je
bats] *tutudi tunsus*, *prehendo* [je saisis] *prehendi prehensus*, *scindo* [je déchire] *scidi scissus*, *findo* [je fends] *fidi fissus*. Font exception[155] *ussi ustus*, *gessi gestus*, *torsi torsus* avec, anciennement, *tortus* (de *torreo* [je grille] aussi il y a *tostus*). Même formation des participes quand le parfait actif se termine en *-li*, *-ri* ou *-ti*[156], comme *uelli* (ou *uulsi*) *uulsus*, *fefelli falsus*, *pepuli pulsus*, *perculi*
perculsus; || *sustuli* est irrégulier et fait *sublatus*; *decucurri decursus*, *uerri* 38
uersus, *uerti uersus*. Fait exception[157] *peperi partus*, par différenciation : *peperci* en effet fait *parsus*.

151. Sur *nuptus*, cf. *supra*, 556.10-25. Dans le livre 8, *GL* 2, 370.10 et 377.18, où ce participe au masculin est déjà évoqué, Priscien est plus explicite à propos des *uetustissimi* qu'il mentionne ici : il cite sous une forme abrégée le vers de Plaute, *Casina* 859.

152. L'exemple cité vient du verbe *texo*, *-ere* [tisser].

153. *Cf.* 571.27-572.2.

154. Les trois premiers exemples de la série citée ici sont *laedo*, *-ere* [blesser], *mergo*, *-ere* [plonger], *iubeo*, *-ere* [ordonner].

155. Les trois exemples cités viennent des verbes *uro*, *-ere* [brûler], *gero*, *-ere* [accomplir], *torqueo*, *-ere* [tordre].

156. Les exemples cités viennent des verbes *uello*, *-ere* [arracher], *fallo*, *-ere* [tromper], *pello*, *-ere* [pousser], *percello*, *-ere* [frapper], *tollo*, *-ere* [soulever], *decurro*, *-ere* [se précipiter], *uerro*, *-ere* [balayer], *uerto*, *-ere* [tourner].

157. L'exemple cité vient du verbe *pario*, *-ere* [engendrer], distingué du verbe *parco*, *-ere* [épargner].

Quartae coniugationis in *si* uel *ri* praeteritum terminantia in *tus* | non antecedente *i* faciunt participia : *farcio farsi fartus*, *sarcio sarsi sartus*, *fulcio fulsi fultus*, *haurio hausi haustus*, *reperio repperi repertus*, *comperio comperi compertus*.

In *psus* unum inuenio a deponenti *labor* : *lapsus*.

In *xus* tria inuenio passiua : *nexus* a *nexui*, *pexus* a *pexui*, | *flexus* a *flexi*. Similiter faciunt participia *amplector amplexus*, *complector complexus*.

Supra dictas formas seruant in participio praeteriti communia et deponentia, quae facile ex simili terminatione passiuorum dinosci possunt quomodo faciant per singulas coniugationes participia praeteriti temporis. Neutra pauca habent praeteritum, ut supra dictum est : *caeno caenatus*, *prandeo pransus*, *iuro iuratus*, *careo cassus*, quod et nomen est, *passus* a
pateo, *titubo titubatus*, *placeo placitus*, *quiesco quietus*. || A neutropassiuis **39**
quinque sunt : *gaudeo gauisus*, *audeo ausus*, *soleo solitus*, *fio factus*, *fido fisus*. Vetustissimi tamen et ex aliis plurimis | neutris inueniuntur protulisse participia praeteriti, quomodo superius ostendimus, quae nunc in usu non sunt.

Participium quoque futuri actiuum uel neutrale a supino fit : *amatu*
574 *amaturus*, *domitu domiturus*, *doctu docturus*, *flexu flexurus*, *fultu* | *fulturus*, *factu facturus*, *sanctu sancturus*. Pleraque tamen neutrorum secundae coniugationis in *ui* diuisas desinentia praeterito deficiunt in supinis, ut *horrui*, *rubui*, *tepui*, *ferbui*, *senui*, *egui*, *frigui*, *rigui*, *durui*, *stupui* et similia.

Quand le parfait de la 4e conjugaison a une finale en *-si* ou en *-ri*, il fait des participes en *-tus* non précédé de *i* : *farcio* [je remplis] *farsi fartus*, *sarcio* [je raccommode] *sarsi sartus*, *fulcio* [je soutiens] *fulsi fultus*, *haurio* [je puise] *hausi haustus*, *reperio* [je trouve] *repperi repertus*, *comperio* [je découvre] *comperi compertus*.

En *-psus*, je n'en ai trouvé qu'un, du déponent *labor* [je glisse] : *lapsus*.

En *-xus*, je trouve trois passifs [158] : *nexus* de *nexui*, *pexus* de *pexui*, *flexus* de *flexi*. Même formation des participes avec *amplector* [j'embrasse] *amplexus*, *complector* [j'étreins] *complexus*.

Les règles de formation ci-dessus énoncées sont observées au participe passé par les communs et les déponents, dont la finale, identique à celle des passifs, est un moyen facile de déterminer comment, selon chaque conjugaison, ils font leurs participes passés. Pour les neutres, il n'y en a qu'un petit nombre à avoir un participe passé, comme on l'a dit : *caeno* [je dîne] *caenatus*, *prandeo* [je déjeune] *pransus*, *iuro* [je jure] *iuratus*, *careo* [je manque] *cassus* (qui est aussi un nom), *passus* de *pateo* [je suis ouvert], *titubo* [je chancelle] *titubatus*, *placeo* [je plais] *placitus*, *quiesco* [je me repose] *quietus*. || À partir 39
des neutro-passifs [159] il y en a cinq : *gaudeo* [je me réjouis] *gauisus*, *audeo* [j'ose] *ausus*, *soleo* [j'ai l'habitude] *solitus*, *fio* [je deviens] *factus*, *fido* [j'ai confiance] *fisus*. Toutefois, chez les auteurs les plus anciens, on trouve énoncés aussi des participes passés formés sur bien d'autres neutres, comme nous l'avons montré plus haut, mais aujourd'hui ils ne sont plus employés [160].

Il y a aussi un participe futur actif ou neutre, formé sur le supin [161] : *amatu*
574 *amaturus*, *domitu domiturus*, *doctu docturus*, *flexu flexurus*, *fultu* | *fulturus*, *factu facturus*, *sanctu sancturus*. Cela étant, la plupart des neutres de la 2e conjugaison à finale de parfait *-ui* hétérosyllabique sont défectifs en supin [162], comme *horrui*, *rubui*, *tepui*, *ferbui*, *senui*, *egui*, *frigui*, *rigui*, *durui*, *stupui*, et les formes du même genre.

158. Les exemples cités viennent des verbes *necto*, *-ere* [nouer], *pecto*, *-ere* [peigner], *flecto*, *-ere* [courber]. Les trois participes passifs sont suivis de participes de déponents.

159. *Cf.* note 68.

160. Les lignes 573.20-26 résument 565.26-566.27.

161. Les exemples cités viennent des verbes *amo*, *-are* [aimer], *domo*, *-are* [dompter], *doceo*, *-ere* [enseigner] (que l'on retrouve dans cet ordre en tête de la liste des supins servant de base morphologique à des participes passés, en 558.10), *flecto*, *-ere* [courber], *fulcio*, *-ire* [soutenir], *facio*, *-ere* [faire], *sancio*, *-ire* [consacrer].

162. Les neutres de la 2e conjugaison évoqués sont *horreo*, *-ere* [être hérissé], *rubeo*, *-ere* [être rouge], *tepeo*, *-ere* [être tiède] *ferueo*, *-ere* [être bouillant (sur la graphie *ferbeo*, *cf.* 479.19-22)], *seneo*, *-ere* [être vieux], *egeo*, *-ere* [manquer], *frigeo*, *-ere* [être froid], *rigeo*, *-ere* [être raide], *dureo*, *-ere* [être dur], *stupeo*, *-ere* [être engourdi]. Sur les dix verbes mentionnés ici, cinq figurent aussi dans la liste (de dix verbes également) de 560.4-5 : *horreo*, *tepeo*, *ferueo*, *egeo* et *stupeo*.

Et quia superius diximus quod uerba actiua | uel neutra carent praeteriti temporis participio, sicut et passiua et communia et deponentia deficiunt in participiis instantis temporis, sed pro his substantiuo nomine et uerbo utimur, ut ὁ φιλήσας *qui amauit*, ὁ φιλούμενος *qui amatur*, sciendum quod antiqui in actiuis et neutris uerbis pro praeteriti temporis participiis etiam instanti tempore utebantur : ὁ | ἐρχόμενος *καὶ* ὁ ἐλθών *ueniens* dicentes, similiter ὁ παραγενόμενος *καὶ* παραγινόμενος *adueniens*. Vergilius in X :

Caeculus, et ueniens Marsorum montibus Vmbro,

hic enim *ueniens* ὁ ἐλθών significat. Terentius in *Phormione* :

offendi adueniens,
quicum uolebam et ut uolebam collocatam filiam [a],

hic enim quoque *adueniens* παραγενόμενος significat. Statius in I *Thebaidos* :

et caligantes abrupto sole Mycenas

caligantes pro *caligatas* dixit.

a. *filiam* codd. Σ Terentii : *amari* cod. **A** Terentii et ed. Kauer & Lindsay.

Complément sur l'usage des temps du participe

Et puisque nous avons dit plus haut que les verbes actifs ou neutres manquent de participe passé, de même que les passifs, les communs et les déponents sont défectifs en participe présent, et que pour en tenir lieu nous employons le nom de substance[163] avec le verbe, c'est-à-dire, pour *ho philêsas*, *qui amauit*, pour *ho philoumenos*, *qui amatur*, il faut savoir que les Anciens, s'agissant des verbes actifs et neutres, employaient aussi, comme équivalents des participes passés, des participes présents, donnant à *ueniens* le sens de *ho erkhomenos* [venant] et de *ho elthôn* [étant venu], et de même à *adueniens* le sens de *ho paragenomenos* [étant arrivé] et de *paraginomenos* [arrivant], Virgile en X : *Caeculus, et ueniens Marsorum montibus Vmbro* [Caeculus, et, venu des montagnes des Marses, Umbro, *Én.* 10, 544] – ici en effet *ueniens* signifie *ho elthôn* ; Térence dans le *Phormion* : *offendi adueniens, / quicum uolebam et ut uolebam collocatam filiam* [j'ai trouvé, une fois arrivé ici, ma fille mariée avec qui je le voulais et comme je le voulais, *Phorm.* 758-759] – ici également en effet *adueniens* signifie *paragenomenos* ; Stace dans la *Thébaïde* I : *et caligantes abrupto sole Mycenas* [et Mycènes enténébrée par la brusque disparition du soleil, *Théb.* 1, 325] – il a dit *caligantes* dans le sens de *caligatas*[164].

163. Sur le *substantiuum nomen*, qui s'applique ici à *qui*, cf. *supra* 564.25-565.10, où il s'agit plus précisément de l'*infinitum nomen substantiuum* (565.2), et, à la fin du livre 13, *GL* 3, 19.19-20.30. Les exemples illustrant les manques du latin figurent déjà *supra*, *GL* 2, 564.28-30 et 565.5-6 ; quant aux trois citations qui viennent ensuite, elles illustrent, partiellement, 565.11-13.

164. *Caligans* et *caligatus* sont les participes présent et passé de *caligo*, *-are* et signifient respectivement « qui est enveloppé de ténèbres » et « qui a été enveloppé de ténèbres ». Ce *cālīgātus* est distinct de *caligātus* (« chaussé de brodequins ») cité plus haut, en 562.15 (et déjà au livre 8, en 441.16).

PLAN DU LIVRE 12

DE PRONOMINE (1)

- Définition (577.2-3)
- Accidents
  - Espèce (577.6-584.9)
    - Primaires et dérivés (577.6-12)
    - Répartition des pronoms entre les 1re et 2e personnes et la 3e (577.13-578.17)
    - Déictiques et anaphoriques (578.18-579.22)
    - Cas particulier de *ipse* (579.22-580.15)
    - Spécificités des dérivés (580.16-584.9)
      - Dérivés et personnes (1re/2e/3e, possesseur/possédé) (580.16-581.12)
      - Dérivés associés à un nom (581.13-582.6)
      - Dérivés et transitivité (582.6-584.9)
  - Personne (584.10-586.2)
    - Définition (584.11-22)
    - Personnes au pluriel (584.23-585.13)
    - Sens et utilité des pronoms par comparaison avec les noms (585.14-586.2)
  - Genre (586.3-589.8)
    - Pronoms et marques de genre (586.4-587.11)
    - Genre et personnes (587.12-588.8)
    - Genres et référence : les possessifs (pronoms et noms) (588.9-589.8)
  - Figure (589.9-596.16)
    - Structure des composés *idem* et *istic* (589.10-590.25)
    - Pronoms à élément additionnel, *-met*, *-te*, *-pte*, *-ce* (590.26-593.24)
    - Formes problématiques (*eccum*, *ellum*, *mecum*, etc.) : pronoms composés ou adverbes ? (593.25-596.4)
    - Pronom et composition (596.5-16)
  - Nombre (596.17-597.19)

LIBER DVODECIMVS

DE PRONOMINE

577 Pronomen est pars orationis quae pro nomine proprio uniuscuiusque accipitur personasque finitas recipit. 1

Pronomini accidunt sex : species, persona, genus, numerus, figura, | casus [a].

Species pronominum bipertita est; alia enim sunt primitiua, alia deriuatiua. Primitiua : *ego mei*, *tu tui*, *sui*; deriuatiua : *meus*, *tuus*, *suus*. Et primae quidem personae primitiuum est *ego* et reliqui casus sequentes; secundae *tu* et eius obliqui; tertiae uero *ille*, *ipse*, *iste*, | *hic*, *is*, *sui*, quod nominatiuo caret, quomodo ἑαυτοῦ apud Graecos. Et ea quidem octo pronomina sunt primitiua uel simplicia. Deriuatiua sunt septem : *meus*, *tuus*, *suus*, *noster*, *uester*, *nostras*, *uestras*.

a. *Cf.* Apollonius Dyscolus *Pron.* 9.11-15 S. ; *cf.* etiam 9.17-13.3 et 26.9-21 S.

LIVRE 12

Le pronom

Définition et accidents

577 Le pronom [1] est une partie du discours qui tient lieu du nom que chacun a en propre, et qui est déterminée du point de vue de la personne.

Les accidents du pronom sont au nombre de six : l'espèce, la personne, le genre, le nombre, la figure, le cas [2].

L'espèce : primaires et dérivés

L'espèce des pronoms est bipartite : les uns en effet sont primaires, les autres dérivés. Primaires : *ego mei*, *tu tui*, *sui* [moi (nom. / gén.), toi (nom. / gén.), soi (gén.)] ; dérivés : *meus*, *tuus*, *suus* [mon, ton, son / leur]. Le primaire de la 1re personne est *ego* et les autres cas qui suivent, celui de la 2e *tu* et ses obliques, mais à la 3e il y a *ille*, *ipse*, *iste*, *hic*, *is*, *sui* [3] – lequel manque de nominatif, comme *heautou* en grec. Ce sont là les huit pronoms primaires, ou simples [4]. Quant aux dérivés, ils sont sept : *meus*, *tuus*, *suus*, *noster*, *uester*, *nostras*, *uestras* [mon, ton, son / leur, notre, votre, de chez nous, de chez vous].

1. Le pronom a déjà été défini au livre 2, en *GL* 2, 55.13-14. La deuxième partie de la définition (*personasque finitas recipit*, *cf.* au livre 2 *et certas significare personas*) est celle où Priscien se distingue de la tradition artigraphique latine par sa conception restrictive du pronom. Sur ce point, et sur la référence au *nomen proprium*, et sa définition, voir *Introduction*, section 3, *Une notion centrale…*, et *cf.* Baratin 2006, Lallot 2007.

2. Le développement suit en effet ce plan, hormis l'interversion du nombre et de la figure. Relevons qu'un livre entier, le 13e, est consacré au dernier accident du pronom, le cas.

3. Les éléments de cette liste sont distingués ensuite (*infra*, 18-20, et 578.22-24) – distinctions approfondies au livre 13, *GL* 3, 13.1-4.

4. Équivalent occasionnel de *primitiua*, *simplicia* est le plus souvent opposé, non à *deriuatiua*, mais à *composita*, cf. *infra* 589.10-11. L'ambivalence de ce terme permet à Priscien d'adjoindre ici *simplicia* à *primitiua* (il s'agit des 8 pronoms qui relèvent de la *species primitiua*, l. 6-7), peut-être pour dissiper le doute qu'aurait pu faire naître chez le lecteur le rapprochement de *sui* et de *heautou* (l. 10) qui, lui, est composé : *simplex* serait employé ici comme équivalent de *primitiuus* en quelque sorte à cause de sa connotation de « non composé », qu'il tient de son opposition habituelle à *compositus*.

In his igitur quindecim pronominibus nulla fit controuersia quin omnes fateantur ea esse pronomina. Quaeritur tamen cur prima quidem persona et secunda singula habeant pronomina, tertiam uero sex diuersae indicent uoces. Ad quod respondendum quod prima quidem et secunda persona ideo non egent diuersis uocibus, quia semper praesentes inter se sunt et demonstratiuae, tertia uero persona modo demonstratiua est, ut *hic*, *iste*, modo relatiua, ut *is*, *ipse*, modo praesens iuxta, ut *iste*, | modo absens uel longe
posita, ut *ille*. || Si enim super omnes alias partes orationis finit personas 2
pronomen, rectissime tertiarum quoque personarum differentia distincte
578 profertur, quae plurimas habet diuersitates [a]. Vnde non | irrationabiliter tertias uerborum personas infinitas Apollonius dicit [b], cum nulla in eis certa finiatur persona et profundae multitudinis sint capaces, quomodo et pluralis numerus nominum [c], nisi adiungas eis uel nomen uel pronomen, cum prima et secunda persona eis non egeat. Si enim dicam | *scribo* uel *scribis*, in ipsa uoce definiui etiam personam scribentis et ostendi ; sin dicam *scribit*, incertum quis, donec addam uel nomen uel pronomen [d]. Et primae quidem personae pronomen et secundae et tertiae cum non discernunt genera, inaequalem habent etiam casuum declinationem tam in singulari quam in plurali numero, ut *ego mei* uel *mis* | *mihi me a me*, *nos nostrum* uel *nostri nobis nos a nobis* ; similiter secunda ; nam tertia, quae est *sui sibi se a se* non solum genera, sed etiam numeros confundit ; nec mirum : nam cum relatiua sit, ex antecedente cognitione possumus ad quod genus uel numerum refertur scire, quod facit in genere primae et secundae personae ipsa demonstratio | et praesentia utriusque.

a. *Cf.* Apollonius Dyscolus *Pron.* 15-10.7 et 18.2-8 S.
b. *Cf.* Apollonius Dyscolus *Pron.* 33.10 S. ; *Synt.* 1, 17 (18.8-19-2 U.) et 2, 56 (169.1-10 U.).
c. *Cf.* Apollonius Dyscolus *Pron.* 17.19-18.2 S.
d. *Cf.* Apollonius Dyscolus *Pron.* 10.8-17 ; 24.1-5 S.

Pronom et personne

S'agissant donc de ces quinze pronoms-là, aucune discussion ne vient s'opposer à la reconnaissance unanime que ce sont des pronoms[5]. La question qui se pose néanmoins, c'est de savoir pourquoi la 1re et la 2e personne ont chacune un pronom unique, alors que six formes différentes dénotent la 3e. À quoi il faut répondre que si la 1re et la 2e personne n'ont pas besoin chacune de formes variées, c'est parce qu'elles sont toujours présentes l'une à l'autre et déictiques, tandis que la 3e personne est tantôt déictique (*hic*, *iste*), tantôt anaphorique (*is*, *ipse*), tantôt présente à proximité (*iste*), tantôt absente ou située à grande distance (*ille*). || Dès lors en effet que, plus que toutes les autres 2
parties du discours, le pronom délimite les personnes, il est employé de manière particulièrement adaptée pour établir aussi des différences nettes entre les 3e personnes elles-mêmes, qui comportent de très nombreuses variétés. Ce
578 n'est donc pas | sans raison qu'Apollonius dit que les 3e personnes des verbes sont indéterminées[6], dès lors qu'aucune personne précise n'y est déterminée et qu'elles sont de nature à englober une insondable multitude (tout comme aussi le pluriel des noms) si on n'associe pas à ces formes verbales de 3e personne un nom ou un pronom, alors que les formes de 1re et de 2e personne n'en ont pas besoin. En effet, en disant *scribo* [j'écris] ou *scribis* [tu écris], dans la forme elle-même je détermine aussi la personne de celui qui écrit, et ainsi je la désigne ; si en revanche je dis *scribit* [il écrit], on ne sait pas qui le fait tant que je n'ai pas ajouté un nom ou un pronom. En outre, quand les pronoms de 1re, 2e et 3e personnes ne distinguent pas les genres, ils ont aussi une flexion irrégulière en cas, tant au singulier qu'au pluriel, comme *ego*, *mei* ou *mis*[7], *mihi*, *me*, *a me* ; *nos*, *nostrum* ou *nostri*, *nobis*, *nos*, *a nobis*, et de même à la 2e personne, cependant que la 3e, c'est-à-dire *sui*, *sibi*, *se*, *a se*, non seulement ne distingue pas les genres, mais pas non plus les nombres. Rien d'étonnant à cela : puisque cette 3e personne est anaphorique, il est possible de savoir d'après l'information précédemment acquise à quel genre et à quel nombre elle fait référence – ce qui, pour le genre, est l'effet produit à la 1re et à la 2e personne par la deixis elle-même et la présence de ces deux personnes.

5. Cette sorte de « noyau dur » de la classe pronominale s'oppose à une interprétation large, que Priscien rejette, et qui inclut ce qu'il appelle des *nomina generalia* [noms génériques] (*quis*, *qui*, *qualis*, etc.). Il évoque ces termes dès le livre 2, à l'occasion de la présentation générale des parties du discours, dans le développement consacré au pronom, *GL* 2, 55.13-28, et revient sur leur statut nominal dans le livre 13 (*GL* 3, 2.18-21 ; 7.5-9.25, et toute la fin de ce livre leur est consacrée, 19.19-23.10). Sur cette question, à laquelle Priscien tient manifestement beaucoup, *cf. supra*, *Introduction*, section 3, *Quis / qui et les termes assimilés…*, et livre 17, *Introduction* : 21-24.

6. *Infinitas* (*personas*) correspond probablement au grec *aorista* (*prosôpa*), qui figure dans un contexte comparable en *Pron.* 10.9, mais il n'est pas exclu que le terme latin corresponde aussi à *apeira*, qui figure dans *Pron.* 33.10 ainsi que dans *Synt.* 1, 17.

7. Sur cette forme archaïque, *cf.* livre 13, *GL* 3, 2.28 et note 13. Les pronoms de cette liste sont présentés dans l'ordre usuel de la tradition grammaticale latine (cf. *GL* 2, 186.13-187.14), avec l'ablatif précédé de *a*.

Illa uero quae distinguunt genera certam habent et aequalem per utrumque numerum declinationis et casuum regulam, ut *ille*, *iste*, *ipse* et reliqua nouem [a]. **3**

Sunt autem eorum alia demonstratiua, alia relatiua, alia et demonstratiua et relatiua, unde notabiles et certae fiunt personae. Et primae quidem | et secundae personae pronomina sunt semper demonstratiua (utraque enim, ut dictum est, praesens ostenditur persona, et eius qui loquitur, et illius ad quem loquitur), tertiae uero alia sunt demonstratiua, ut *hic*, *iste*, alia relatiua, ut *is*, *sui*, alia modo demonstratiua modo relatiua, ut *ille*, *ipse* [b]. *Ille* demonstratiuum Terentius in *eunucho* :

uiden tu illum, Thais ?

relatiuum Vergilius in VII :

sic Iuppiter ille monebat [c].

579 *Ipse* uero, si per se proferatur in tertia persona, relatiuum est (Vergilius in III :

ipse arduus altaque pulsat
sidera [d]),

si uero cum aliis pronominibus iungatur, eorum accipit significationem, ut idem poeta in V :

ipse ego paulisper pro te tua munera inibo [e] ;

est enim hic demonstratiuum, quoniam et *ego*, cui adiungitur, est demonstratiuum. || Inuenitur tamen saepissime absque aliis per ellipsin prolatum et tamen eorum habet significationem quae cum eo subaudiuntur, ut Vergilius in II *Aeneidos* : **4**

quaeque ipse miserrima uidi [f] ;

subauditur enim *ego*, quamuis uerbum ipsum primae personae, id est *uidi*, habet in se intellectum pronominis eiusdem personae.

Interest autem inter demonstrationem et relationem hoc, quod demonstratio interrogationi reddita primam cognitionem ostendit (*quis fecit ? — ego*), relatio uero secundam cognitionem significat : *is, de quo iam dixi*. Iure igitur *hic*, quod primam cognitionem indicat, praeponitur, unde et praepositiuum nominatur, *is* autem, quod secundam cognitionem significat, | subiungitur, unde et subiunctiuum pro merito nuncupatur,

a. *Cf.* Apollonius Dyscolus *Pron.* 10.27-11.22 S.

b. *Cf.* Apollonius Dyscolus *Pron.* 9.17-10.7 S.

c. *ille* cod. **M²n** Vergilii et ed. Conte : *ipse* cod. **MPRωγ**. Cf. *GL* 3, 143.17 ; *Part.* 108.21 P.

d. V. 691 : *cf.* Donatus *Mai.* 669.4-5 H. (*i. a.*) ; Diomedes *GL* 1, 549.4 et 8 (*i. a.*) ; Pompeius *GL* 5, 307.25-26 (*i. a. a. p. sidera*) ; Iulianus Toletanus 207.129 M.Y. (*i. a.*).

e. Cf. *GL* 3, 203.15 ; 291.10.

f. Cf. *GL* 3, 191.27-27 (vv. 5-6) ; 207.3 ; 290.9 ; *Part.* 108.27-28 et 38 P. ; Sacerdos *GL* 6, 544.13.

En revanche, les pronoms qui distinguent les genres ont un modèle de flexion 3
et de cas fixe et régulier aux deux nombres : *ille*, *iste*, *ipse* et les neuf autres.

Déictiques et anaphoriques

Par ailleurs, certains de ces pronoms sont déictiques, d'autres anaphoriques, d'autres à la fois déictiques et anaphoriques, ce qui permet le repérage et la détermination des personnes. Les pronoms de 1re et de 2e personne sont toujours déictiques (l'une et l'autre en effet, comme on l'a dit, sont désignées comme présentes : à la fois celui qui parle et celui à qui il parle), cependant qu'à la 3e personne les uns sont déictiques (*hic*, *iste*), d'autres anaphoriques (*is*, *sui*), d'autres tantôt déictiques tantôt anaphoriques (*ille*, *ipse*). *Ille* déictique : Térence dans l'*Eunuque*, *uiden tu illum, Thais ?* [le vois-tu, Thaïs ? *Eun.* 754] ; anaphorique : Virgile en VII, *sic Iuppiter ille*
579 *monebat* [c'est Jupiter, c'est lui, qui donnait cette idée, *Én.* 7, 110]. | *Ipse* en revanche est anaphorique s'il est employé de façon autonome à la 3e personne – Virgile en III : *ipse arduus altaque pulsat / sidera* [lui-même est gigantesque et heurte les étoiles dans le ciel, *Én.* 3, 619-620] –, mais s'il est associé à d'autres pronoms, il en reçoit la signification, comme chez le même poète, en V : *ipse ego paulisper pro te tua munera inibo* [moi-même, un petit moment, je m'acquitterai de ta tâche à ta place, *Én.* 5, 846] – ici en effet il est
déictique puisque *ego*, auquel il est associé, est lui aussi déictique. || Cela 4
étant, il arrive très souvent qu'énoncé seul, avec ellipse d'autres pronoms, il ait néanmoins le sens de ces pronoms qui l'accompagnent tout en étant sous-entendus : Virgile dans l'*Énéide* II, *quaeque ipse miserrima uidi* [et les malheurs extrêmes que j'ai vus moi-même, *Én.* 2, 5], où l'on sous-entend en effet *ego* – quoique le verbe à la 1re personne, c'est-à-dire *uidi*, comporte en lui-même la compréhension du pronom de cette même 1re personne.

Par ailleurs, la différence qu'il y a entre la deixis et l'anaphore, c'est que la deixis, en réponse à une question, indique quelque chose qui constitue une connaissance première : *quis fecit ?* — *ego* [qui a agi ? — moi], alors que l'anaphore est l'expression d'une connaissance seconde : *is, de quo iam dixi* [lui, dont j'ai déjà parlé]. C'est donc à bon droit que *hic*, qui indique une connaissance première, est placé en tête, d'où également son nom de « prépositif », tandis que *is*, qui exprime une connaissance seconde, est placé ensuite, d'où également le nom légitime de « postpositif » [8] qu'il reçoit,

8. Sur cet emploi de *subiunctiuus*, *cf.* livre 17, notes 22, 23 et 35. Priscien met sur le même plan deux choses différentes : *hic* est qualifié de *praepositiuus* parce qu'il est chez les grammairiens latins le substitut usuel de l'article grec, et placé à ce titre avant le substantif avec lequel il se construit, cependant que *is* est appelé *subiunctiuus*, postposé, en tant qu'anaphorique : dans l'exemple *Aeneas fuit filius Veneris ; is est qui uicit Turnum*, *is* est postposé par rapport à *Aeneas*.

quod redigat in memoriam primae cognitionis, ut si dicam : *Aeneas filius fuit Veneris ; is est qui uicit Turnum* [a].

Ipse quoque in tertia persona, ut dictum est, per se positum ad recorda- **5**
tionem personae refertur iam cognitae ; recte igitur demonstrationem quae significatur per *ille* et *iste* pronomina | reparat memoriae pronomen quod est *ipse* ; non tamen etiam *ille* et *iste* referri ad pronomen *ipse* possunt : prima enim cognitio est per demonstratiua pronomina, secunda uero per relatiua [b]. Hoc idem pronomen, hoc est *ipse*, quidam commune existimauerunt, quia tribus adiungitur personis : *ego ipse*, *tu ipse*, *ille ipse* ; non est tamen uerum ; figurate | enim uel discretionis uel significantiae causa primae et secundae adiungitur. Quod autem tertiae est ostenditur ex eo quod dicimus *ego feci*, *tu*
580 *fecisti*, *ipse fecit*, et quod tertiae personae in id transferri possunt, quod maxime in interrogationibus animaduerti potest. Numquam enim interrogante aliquo *quis dixit ? quis fecit ? quis audiuit ?* respondemus *ipse* pro *ego* uel pro
tu, sed pro aliqua tertia persona. || Quidam etiam nomen | hoc putauerunt, quia **6**
est quando pro *solus* accipitur, ut Vergilius in VI :

ipse ratem conto subigit uelisque ministrat.

Sed hic quoque per significantiam uel discretionem profertur. Nam cum pro nomine accipitur, quod suum est pronominis implet [c].

a. *Cf.* Apollonius Dyscolus *Pron.* 10, 4-7 et 14, 8-11 S.
b. *Cf.* Apollonius Dyscolus *Pron.* 60.20-61.8 S.
c. *Cf.* Apollonius Dyscolus *Pron.* 63.5-17 et 64.15 S.

parce qu'il n'est que le rappel d'une connaissance première, par exemple si je dis *Aeneas filius fuit Veneris; is est qui uicit Turnum* [Énée était le fils de Vénus; il est celui qui vainquit Turnus].

Cas particulier de ipse

Ipse aussi, employé tout seul à la 3e personne, comme on l'a dit, renvoie au 5
souvenir d'une personne déjà connue. Il est donc correct que la deixis exprimée par les pronoms *ille* et *iste* soit restituée par le pronom de réminiscence qu'est *ipse*. En revanche, il n'est pas possible que, inversement, *ille* et *iste* renvoient au pronom *ipse* : il n'y a connaissance première que par les pronoms déictiques, connaissance seconde que par les pronoms anaphoriques. Ce même pronom, c'est-à-dire *ipse*, certains ont considéré qu'il était commun[9], parce qu'il est associé aux trois personnes – *ego ipse*, *tu ipse*, *ille ipse* [moi-même, toi-même, lui-même] –, mais ce n'est pas vrai : c'est de façon figurée en effet[10], ou encore pour marquer une opposition ou par expressivité, qu'il est associé à la 1re et à la 2e personne. Qu'il soit en revanche de la
580 3e personne, on le voit au fait que nous disons *ego feci*, *tu* | *fecisti*, *ipse fecit*, et au fait que seules des 3e personnes peuvent être rendues par *ipse*, comme on peut l'observer surtout à l'occasion des questions : quand quelqu'un demande *quis dixit?, quis fecit?, quis audiuit?* [qui a parlé?, qui a agi?, qui a écouté?], on ne répond jamais *ipse* avec la valeur de *ego* ou de *tu*, mais seulement avec la valeur d'une 3e personne. || Certains ont également pensé que c'était un 6
nom, parce qu'il arrive qu'on l'emploie avec la valeur de *solus*, comme Virgile en VI : *ipse ratem conto subigit uelisque ministrat* [par lui-même, il pousse sa barque avec une perche et manœuvre les voiles, *Én.* 6, 302], mais ici aussi il est énoncé par expressivité ou pour marquer une opposition – car quand il tient lieu d'un nom, *ipse* ne fait que réaliser ce qui est le propre du pronom[11].

9. C'est-à-dire que *ipse* ferait référence indifféremment à la 1re, la 2e ou la 3e personne.

10. Sur le rôle de la figure dans les associations de pronoms, *cf.* livre 17, *GL* 3, 117.20-23, 166.13-20.

11. Le passage, un peu obscur, paraît développer l'argumentation suivante : dans la citation de Virgile, *Én.* 6, 302, *ipse* a le sens de « à lui tout seul », c'est-à-dire qu'il équivaut à *solus* (de même qu'en grec *autos* peut équivaloir à *monos*, *cf.* Apollonius, *Pron.* 63.16-64.15); comme ce dernier terme peut être considéré par la grammaire antique comme un nom, certains en ont tiré argument pour soutenir que *ipse* était lui-même un nom; mais Priscien retourne l'argument en indiquant que tenir lieu d'un nom est la définition même du pronom (ce qui implique que l'équivalence avec le nom *solus* ne prouve pas que *ipse* soit lui-même un nom); et par conséquent, s'il y a quelque chose de particulier dans l'emploi de *ipse* attesté par ce genre de citations, c'est par effet d'opposition ou d'expressivité.

Verba primae et secundae personae adiuncta pronominibus | perfectionem faciunt : *ego scripsi, tu docuisti*, nominibus autem non, nisi sint uerba substantiua uel uocatiua, ut *Trypho dicor, Cicero sum* ; *ipse* uero omnibus uerbis adiunctum perfectionem habet[a] : *ipse dedi, ipse dedisti*. Ergo hoc pronomen, id est *ipse*, ἐπιταγματικόν, hoc est impositiuum uel subiunctiuum, uocant Graeci, quod uel subiungit uel subiungitur alteri | pronomini[b].

Deriuatiua septem diximus. A prima persona deriuantur tria ; a singulari 7
genetiuo unum, *mei meus*, a plurali duo, *nostrum* uel *nostri*, *noster* et *nostras* ; a secunda quoque tria, a singulari unum, *tui tuus*, unde et corripitur

a. *Cf.* Apollonius Dyscolus *Pron.* 17, 8-9 et 64.17-21 S. ; *Synt.* 1, 15 (17.15-18.4 U.).
b. *Cf.* Apollonius Dyscolus *Pron.* 62.16-17 et 116.1-5 S.

Aux 1re et 2e personnes l'association des verbes avec les pronoms forme un ensemble complet [12] : *ego scripsi, tu docuisti* [moi j'ai écrit, toi tu as enseigné] – ce qui n'est pas le cas avec les noms [13], sauf s'il s'agit du verbe « être » ou de verbes d'appellation, comme *Trypho dicor, Cicero sum* [je m'appelle Tryphon, je suis Cicéron] [14]. *Ipse* en revanche forme un ensemble complet avec toute forme verbale : *ipse dedi, ipse dedisti* [j'ai donné moi-même, tu as donné toi-même]. De ce fait, ce pronom, c'est-à-dire *ipse*, est appelé par les Grecs *epitagmatikos* [15], c'est-à-dire « adjonctif », ou « subjonctif » parce qu'il sub-joint un autre pronom ou est sub-joint à l'un d'eux [16].

Les dérivés

Il y a, nous l'avons dit, sept dérivés [17]. Trois dérivent de la 1re personne, un 7
du génitif singulier, *mei* : *meus*, deux du génitif pluriel, *nostrum* ou *nostri* : *noster* et *nostras*. Trois aussi de la 2e personne, un du singulier, *tui* : *tuus*, de

12. Sur le rapport entre l'association d'un pronom et d'un verbe et l'*oratio perfecta*, *cf.* livre 17, *GL* 3, 116.19-21 et 118.13-21. La phrase entière (580.9-11) est calquée de celle d'Apollonius, *Pron.* 64.17-21, et les exemples similaires. À l'*autoteleia* du grec (*cf.* Lallot 1997, 2 : 8, note 5), qui insiste sur l'autosuffisance de l'assemblage, correspond la *perfectio* du latin, qui exprime son complet achèvement. Le sens est le même, mais le point de vue légèrement différent (celui des éléments assemblés dans le premier cas, celui de l'ensemble constitué dans le second) – au moins au regard de l'étymologie des deux termes.

13. *Cf.* livre 17, *GL* 3, 151.5-9, et voir Apollonius, *Synt.* 2, 46.

14. Sur ces questions relatives au statut du verbe « être » et des verbes d'appellation, *cf.* livre 17, *GL* 3, 151.5-152.25, où Priscien s'inspire d'Apollonius, *Synt.* 2, 46-47 (et voir aussi *Pron.* 24.24-25.5).

15. Le mot *epitagmatikon* (*pronomen*) reprend *epitagmatikê* (*antônumia*) d'Apollonius, dont le sens littéral est « ajouté par surcroît », et qui concerne *autos* (cf. *Pron.* 103.19 et 116.1). Au livre 17, *GL* 3, 179.25-180.1, Priscien applique de nouveau ce même terme grec à *ipse* – en proposant comme équivalents *additiuus* [additif] et *appositiuus* [juxtapositif] (*cf.* la note 277) – en précisant : « non que ce soit le seul pronom qui soit juxtaposé à d'autres pronoms ou même à des noms, mais parce qu'il l'est plus souvent que d'autres, comme dans *ego ipse, tu ipse, ille ipse, Vergilius ipse, Cicero ipse* » (*cf.* Apollonius, *Synt.* 3, 2, et la note 279 du livre 17).

16. Pour le sens de *subiunctiuus* et *subiungere*, *cf.* livre 17, notes 23 et 35.

17. Toute la première partie de cet exposé sur les dérivés (580.16-581.8) repose sur une analyse bipartite de ces dérivés, *intrinsecus* et *extrinsecus* [du côté interne / du côté externe], notamment des possessifs *meus, tuus, suus*. Cette analyse y distingue une partie « interne » (*me-, tu-, su-*), indiquant que le *possessor* est de 1re, 2e ou 3e personne, et une partie « externe » (*-us, -a, -um*) « associée » à la *possessio* et en indiquant ainsi le genre (avec le nombre et le cas). Cette distinction permet d'opposer les informations contenues dans ces dérivés, les unes internes aux formes elles-mêmes (en l'occurrence les *personnes* dont la tripartition structure les dérivés, d'après les « génitifs des primaires » qui sont censés en être l'origine : *me-us* d'après *me-i, tu-us* d'après *tu-i, su-us* d'après *su-i*) et les autres déterminées par la relation des dérivés avec d'autres formes (en l'occurrence le *genre*, selon que le dérivé est associé à un masculin, un féminin ou un neutre). La détermination du nombre du *possessor* est associée à celle de sa personne, la détermination du nombre et du cas de la *possessio* est associée à celle de son genre. Sur cette analyse bipartite, *intrinsecus* et *extrinsecus*, *cf.* Apollonius, *Pron.* 15.2-8 (*entos / ektos*) et les scholies à la *Tekhnê*, *Hel.* 82.18-19 (*en tôi esô / en tôi exô*) ; elle est déjà présente dans le *Dubius sermo* de Pline, frg. 102 Della Casa, qui parle, à propos des formes sujettes à ce genre d'analyse, de *mixtura*.

paenultima, quomodo in primitiuo, a plurali pariter duo, | *uestrum* uel *uestri*, *uester* et *uestras*; a tertia uero persona unum, *sui suus*. Et quia primitiuum tam singularis quam pluralis est numeri commune, deriuatiuum quoque intrinsecus, ex qua parte possessoris persona significatur per genetiuum primitiui ex quo nascitur, utriusque est numeri commune, ut *suus illius* et *suus illorum*. In omnibus enim | deriuatiuis pronominibus duae intelleguntur personae, intrinsecus possessoris, extrinsecus possessionis[a]. Vnde intrinsecus personae, in quibus genetiui primitiuorum, sicut dictum est, intelleguntur, ex quibus et
581 deriuantur, | confundunt genera, quomodo et primitiua eorum, extrinsecus uero distinguunt ea pro generibus nominum quibus adiunguntur : *meus seruus*, *mea ancilla*, *meum mancipium*. Numerus uero intrinsecus hic intellegitur, quem habent genetiui primitiuorum ex quibus deriuantur. Genera | etiam possesso-
rum demonstratio ostendit, quemadmodum in primitiuis[b]. || Extrinsecus uero **8**
terminatio distinguit numerum, quomodo et genera et casus possessionum; in quibus regula eorum consequentiam seruat mobilium nominum[c].

Quaeritur cur *nostras* et *uestras* a plurali tantummodo numero deriuantur. Ad quod respondendum quod patriam seu gentem | significant, patria autem uel gens unius esse non potest, sed semper multorum possessio.

a. *Cf.* Apollonius Dyscolus *Pron.* 15.2-5 S.; *cf.* etiam 17.1-3 S.
b. *Cf.* Apollonius Dyscolus *Pron.* 101.26-102.3 S.
c. *Cf.* Apollonius Dyscolus *Pron.* 105.23-26 S.

sorte que, comme dans le primaire, la pénultième est abrégée[18], et deux de même du pluriel, *uestrum* ou *uestri* : *uester* et *uestras*. Un seul en revanche de la 3e personne, *sui* : *suus*; et parce que le primaire de 3e personne est commun à la fois au singulier et au pluriel, le dérivé l'est aussi, du côté interne de la forme, c'est-à-dire dans la partie qui indique la personne du possesseur d'après le génitif du primaire dont il naît : le dérivé est commun à l'un et l'autre nombre, *suus illius* et *suus illorum* [son / leur][19]. Dans tous les pronoms dérivés en effet on comprend deux personnes, du côté interne le possesseur, du côté externe le possédé. Par conséquent, pour les personnes du côté interne, il y a indistinction des genres, comme pour les primaires, puisqu'on retrouve dans ces personnes, comme on l'a dit, les génitifs des primaires, qui sont
581 précisément à l'origine de ces dérivations; | en revanche, du côté externe, il y a distinction des genres selon celui des noms auxquels ces dérivés sont associés : *meus seruus, mea ancilla, meum mancipium* [mon serviteur, ma servante, mon esclave]. Par ailleurs, le nombre qui est compris du côté interne, c'est celui du génitif des primaires dont proviennent les dérivés[20]. Quant au genre des possesseurs, c'est encore la deixis qui l'indique, comme pour les primaires.
Du côté externe en revanche, le nombre est différencié par la finale, de même 8
que le genre et le cas des possédés. Pour ces catégories, le paradigme de ces dérivés s'aligne sur la régularité des noms multiformes.

La question se pose de savoir pourquoi *nostras* et *uestras* [de chez nous / de chez vous] sont dérivés seulement du pluriel. Il faut répondre à cela qu'ils font référence à une patrie ou une nation et qu'avoir une patrie ou une nation ne peut être le fait d'une seule personne, mais toujours d'un grand nombre[21].

18. La pénultième brève des formes *tŭi* et *tŭus* paraît remarquable à cause de la longue du nominatif *tū*.

19. Sur le renforcement du pronom adjectif possessif *suus* par *illius* (dans le cas d'un « possesseur » unique) et par *illorum* (dans le cas d'une pluralité de « possesseurs »), *cf.* livre 17, note 228, et Baratin 2012a : 713-715; voir aussi *infra* note 45.

20. La distinction singulier / pluriel est en effet contenue dans les formes elles-mêmes : *meus* / *noster* et *nostras*, sur la base de l'opposition des pronoms primaires au génitif, *me-i* / *nos-tri* (de même pour *tuus* / *uester*, *uestras* et *tu-i* / *ues-tri*).

21. Même analyse dans le livre 17, *GL* 3, 178.22-179.3. Comme ci-dessous *cuias* (595.13-14), *nostras* est appelé *gentile* en *GL* 3, 2.3 (livre 13), tandis qu'en *GL* 3, 179.4-6 (livre 17), *nostras*, *uestras* et *cuias* sont présentés comme *patria*. Au livre 2, *GL* 2, 61.3-4, où il ne s'agit que de noms, *gentile* réfère proprement à *gens* et est distingué de *patrium*. La distinction est cependant toute théorique, les *gentilia* – comme aussi les *patria* – pouvant référer à *patria seu gens*. Apollonius de son côté s'attache à montrer que *hêmedapos* et *humedapos* (dont *nostras* et *uestras* sont les correspondants latins) sont des dérivés et non des composés, mais il se montre au moins réticent à les considérer comme des pronoms de plein droit (de même qu'il semble y avoir un consensus dans les scholies de la *Tekhnê*, chapitre 17, pour exclure ces mots de la liste des pronoms) : il en traite dans *Pron.* 31.13-33.12 à l'intérieur d'une série de termes qu'il refuse d'inclure parmi les pronoms, et, dans *Synt.* 2, 161-170, même si l'argumentation de la fin de 163 et de 164 (= 258.11-259.12) semble aller dans le sens de leur statut pronominal, il se sert pour les nommer, tout à la fin de 170, du terme *antônumikon* (et non de *antônumia*). C'est de ce dernier et long développement qu'est extraite la courte analyse sémantique que Priscien reprend ici en 581.9-12.

Itaque *nostras* dicimus qui est a nostra patria uel gente, quam multi possidemus, hoc est tam mea quam meorum ciuium.

Et possessiua quidem egent adiectione nominum ad plenam significationem, primitiua uero non semper. Itaque perfectum ad discretionem est *ego* | *quidem affui, tu autem non aderas*, deficiens uero quantum ad discretionem *affui quidem, non aderas autem*[a]. Iure igitur apud Graecos prima et secunda persona pronominum, quae sine dubio demonstratiuae sunt, articulis adiungi non possunt nec tertia, quando demonstratiua est. Nam ὁ αὐτός quando dicunt, relatiuo utuntur, non demonstratiuo : || cum igitur et | articulus **9**
relationem et pronomen relationem habet, bis eundem ad cognitionem referri ostendunt[b]. Ergo illos secuti nos quoque declinando pronomina non addimus his articularia. Quid enim absurdius quam, cum Graeci articulos pronominibus non praeponant, nos pronomina pronominibus praeponere in declinatione, ad quam dumtaxat *hic haec hoc* loco | articulorum accipiuntur? Nam in omni oratione pronomina sunt ; nihil enim aliud nisi οὗτος αὕτη τοῦτο significant.

a. *Cf.* Apollonius Dyscolus *Pron.* 23.6-30 S.
b. *Cf.* Apollonius Dyscolus *Pron.* 8.24-26, 14.3-7 et 64.9-10 S.

C'est pourquoi nous appelons *nostras* celui qui est de notre patrie ou de notre nation, dont nous sommes nombreux à être les possesseurs, c'est-à-dire d'une patrie ou d'une nation qui est aussi bien à moi qu'à mes concitoyens.

Pronom et adjonction

En outre, les possessifs ont besoin de l'adjonction de noms pour former un sens complet, tandis que les primaires n'en ont pas toujours besoin. Ainsi[22], l'opposition est pleinement exprimée quand on dit *ego quidem affui, tu autem non aderas* [moi en vérité j'étais présent, toi en revanche tu ne l'étais pas], tandis qu'elle l'est insuffisamment quand on dit *affui quidem, non aderas autem*[23]. C'est donc à bon droit que chez les Grecs il ne peut y avoir d'adjonction d'articles aux pronoms des 1re et 2e personnes, qui sont incontestablement déictiques, pas plus qu'à ceux de la 3e quand celle-ci est déictique. (Quand ils disent *ho autos*, ils emploient un anaphorique, pas un déictique[24] : || dès lors 9
que l'article comporte une anaphore et que le pronom en comporte une aussi, ils indiquent doublement qu'une même personne est référée à du connu.) C'est donc à la suite des Grecs que nous aussi, quand nous déclinons les pronoms, nous ne leur ajoutons pas les pronoms fonctionnant comme articles[25]. Qu'y aurait-il en effet de plus absurde de notre part, alors que les Grecs ne font pas précéder les pronoms d'articles, que de les faire précéder nous-mêmes par des pronoms dans la déclinaison, qui est la seule occasion où *hic*, *haec*, *hoc* soient employés avec une valeur d'articles ? Dans n'importe quel énoncé en effet ce sont des pronoms, puisqu'ils ne signifient rien d'autre que *houtos*, *hautê*, *touto*.

22. L'argumentation de ce paragraphe, sinueuse, a semble-t-il pour axe principal l'*adiectio* : d'abord celle des noms (581.13-14), puis celle des pronoms (581.14-16), et celle de l'article en grec et de son équivalent latin (581.16-22), d'où le développement sur *hic*, *haec*, *hoc* qui occupe la fin du paragraphe. Le passage d'un point à un autre de cette argumentation obéit à une logique qui peut surprendre : après avoir évoqué dans la première phrase l'adjonction des noms aux pronoms (cf. *meus seruus / mea ancilla / meum mancipium*), Priscien aborde dans la suivante la question de l'adjonction des pronoms eux-mêmes aux formes verbales, et présente les deux questions comme étant en continuité (cf. *itaque*, 581.14 ; et de même pour *igitur*, 581.16).

23. La *discretio* visée concerne les personnes, et cette opposition entre elles n'est pleinement exprimée (*perfectum*) qu'avec l'emploi des pronoms : sans eux, il y a manque, insuffisance (*deficiens*). Priscien indique ainsi que l'expression des personnes par les seules marques verbales (*affui / aderas*) ne suffit pas pour correspondre au contraste entre personnes marqué par cet énoncé. Le livre 17, où la question de la construction de l'énoncé est centrale, se fait largement l'écho de cette nécessaire présence des pronoms dans ce type de formulations, cf. *GL* 3, 157.6-20, et voir aussi 118.13-21. Au nom de l'adjonction, Priscien adapte ici (581.14-16) Apollonius *Pron.* 23.6-14, qui porte sur l'adjonction des pronoms (aux verbes), mais de ce fait même il s'écarte du propos initialement annoncé, qui porte sur la relation des pronoms avec les noms.

24. Sur l'article anaphorique, incompatible avec la deixis, et la tournure *ho autos*, *cf.* Apollonius, *Synt.* 1, 96-98 et *Pron.* 8.24-26 et 64.9-10.

25. Allusion à la présentation scolaire de la flexion des noms chez les grammairiens grecs : chaque forme était précédée de l'article, ce qui permettait d'en indiquer le genre, le nombre et le cas. Reprenant ce procédé, les grammairiens latins remplacent l'article par *hic*, *haec*, *hoc*, qualifié de ce fait de « pronom fonctionnant comme article » (*pronomen articulare*).

Nec mirum loco articulorum ea nos accepisse in declinatione, cum apud
582 Graecos quoque isdem uocibus et in | articulis et in pronominibus solent uti, ὅς
ἥ ὅ, ex quibus apud nos *hic haec hoc* nascuntur pronomina articularia. Itaque
quia illa apud Graecos aspirantur quae a uocali incipiunt, ea quoque apud
Latinos et a uocali incipiunt et aspirationem habent. || Possessiuis solent 10
praeponi articuli, sed | ad sequentia nomina necessario intelleguntur. Ὁ ἐμὸς
δοῦλος, id est ὁ δοῦλός μου; sic *hic meus seruus*, hoc est *hic seruus meus* [a].

Et primitiuorum quidem nominatiui, si cum uerbis iunguntur, perfecti sunt : *ego scribo*, *tu uides*, *ille facit*; possessiua uero transitiua sunt semper : *meus scribit*, *tuus dicit* [b]. Quemadmodum autem nomina tertiae sunt | personae absque uocatiuo, tunc uero etiam primae et secundae quando uerbis substantiuis uel uocatiuis iunguntur [c], sic etiam ea, ut *meus es amicus*, *meus diceris cognatus*, *tuus sum filius*, *tuus nominor pater*, *tuus uocor socius*, *tuus nuncupor patronus*.

a. *Cf.* Apollonius Dyscolus *Pron.* 14.25-16.13 S.
b. *Cf.* Apollonius Dyscolus *Pron.* 17.8-12 S.
c. *Cf.* Apollonius Dyscolus *Pron.* 25.1-3 et 52.14-16 S.

Il n'est pas étonnant que nous ayons employé *hic*, *haec*, *hoc* avec une valeur d'articles dans la déclinaison puisque chez les Grecs aussi il est usuel de se
582 servir à la fois | comme articles et comme pronoms des mêmes formes, *hos*, *hê*, *ho*, qui sont à l'origine des pronoms fonctionnant comme articles chez nous, *hic*, *haec*, *hoc*[26] – d'où le fait que, puisque en grec ces formes, commençant par une voyelle, sont aspirées, celles qu'il y a en latin commencent aussi par une voyelle et comportent une aspiration. || Les articles précèdent usuellement les possessifs, mais on les comprend forcément comme appliqués aux noms qui suivent ces derniers : *ho emos doulos* [mon esclave], c'est-à-dire *ho doulos mou* ; de même, *hic meus seruus*, c'est-à-dire *hic seruus meus*[27].

Pronom et transition des personnes

En outre, les nominatifs des primaires, s'ils sont associés à des verbes, se suffisent à eux-mêmes[28] : *ego scribo*, *tu uides*, *ille facit* [moi j'écris / toi tu regardes / lui agit]. Les possessifs en revanche sont toujours transitifs : *meus scribit*, *tuus dicit* [le mien écrit / le tien parle][29]. Or, de même que les noms sont de la 3e personne, hormis au vocatif, mais de la 1re et de la 2e quand ils sont associés à des formes du verbe « être » ou des verbes d'appellation[30], de même pour ces possessifs : *meus es amicus*, *meus diceris cognatus*, *tuus sum filius*, *tuus nominor pater*, *tuus uocor socius*, *tuus nuncupor patronus*[31].

26. *Cf.* livre 13, *GL* 3, 4.31-5.10, livre 17, *GL* 3, 120.4-15, et livre 18, *GL* 3, 210.2 et note 2.

27. Les deux tournures, avec possessif ou génitif du pronom primaire (*ho emos doulos / ho doulos mou*), sont sémantiquement équivalentes, mais la seconde, où l'ordre des mots, fixe, rejette le pronom exprimant la possession après le groupe formé par l'article et le nom, permet de souligner la relation spécifique entretenue par ces deux derniers éléments. La transposition de cet exemple en latin ne peut jouer que sur la place libre du possessif, dont le rejet après le nom dégage à nouveau la relation spécifique entretenue par l'équivalent de l'article et le nom. L'objectif de cette observation est de montrer que, dans les syntagmes cités, le grec *ho* et le latin *hic* introduisent le nom, le pronom dérivé n'étant donc pas directement concerné par cette *adiectio*, cf. *Pron.* 14.25-15-12.

28. *Perfectus* (582.7) s'oppose ici à *transitiuus* (582.8) et correspond de ce fait à un point de vue différent de la *perfectio* (*orationis*) évoquée par exemple en 580.9-10.

29. L'objet de ces exemples (sur lesquels *cf.* livre 17, *GL* 3, 173.27-174.11) est de montrer qu'avec un possessif, il y a toujours deux personnes en cause – en l'occurrence 1re + 3e (*meus scribit*) ou 2e + 3e (*tuus dicit*). *Cf.* livre 17, *Introduction*, section 7 : 29, et note 224.

30. Ce point est souvent repris et développé dans le livre 17, notamment en *GL* 3, 151.5-152.25.

31. Successivement, « tu es mon ami / tu es dit mon parent / je suis ton fils / je suis appelé ton père / ton associé / ton défenseur ». Ces exemples permettent d'associer des possessifs de 1re et 2e personne (*meus*, *tuus*) à des verbes de 2e et 1re personne, verbe « être » (*es* / *sum*) et verbes d'appellation (*diceris* / *nominor*, *uocor*, *nuncupor*). La combinaison du possessif de 2e personne (*tuus*) avec un verbe d'appellation à la 1re personne (*nominor*, *uocor*, *nuncupor*) est illustrée à la fin par trois exemples, à verbes synonymes, avec pour seule variation les trois termes *pater*, *socius*, *patronus*. Tous les noms pris ici comme exemples entrent dans la catégorie des *nomina ad aliquid*, c'est-à-dire des noms dont le sens implique l'existence d'un nom sémantiquement associé (type *pater / filius*), *cf.* livre 2, *GL* 2, 60.19-22. Sur l'ordre des éléments dans ces exemples, avec « possesseur » en tête, « possédé » en position finale, verbe au milieu assurant la transition de l'un à l'autre, et sur la conception de la structure de l'énoncé que cet ordre reflète, *cf.* livre 17, note 231.

Et sciendum quod uocatiuum non habet aliud pronomen nisi secundae personae primitiuum : | *o tu*, *o uos*, et primae possessiuum, quando ad secundam transit personam ; nam possessio est, quae uocatur ab ipso possessore, ad quam loquitur prima persona, ut Terentius in *eunucho* :

o mea tu [a],

idem in *Andria* :

o noster Chremes [b],

uno enim eodemque pronomine tam prima quam secunda in hoc significatur persona [c].

Et primae quidem personae possessiuum tam ad secundam quam ad tertiam transit personam, secundae uero ad primam uel ad tertiam, ut | *tuus sum*, *tuus est* ; ipsa enim sese possidere non potest, quomodo nec prima ; nam possessiua necessario in duabus diuersis intelleguntur personis et sunt transitiua. Si igitur transit a secunda persona possessiuum, necesse est, cum separatur ab ea, uel
583 primae adiungi uel tertiae, quae | carent uocatiuo, qui semper inter primam et secundam inuenitur personam : prima enim uocat, secunda uocatur.

Et quaeritur cur, si prima non potest possidere primam nec secunda 11
secundam, tertia possidet tertiam. In quo pariter ostenditur multitudo diuersa

a. *mea tu* Terentius (ed. Kauer & Lindsay). Cf. *infra*, 1.23 ; 2.15 ; *GL* 3, 166.8 ; 174.8 et 207.19.

b. *Chreme* Terentius (ed. Kauer & Lindsay). Cf. *GL* 3, 166.8 (*-es*) ; 207.19 (*-es*) ; *Frg. Bob. nom. et pron.* 18.27 P. (*-e*).

c. *Cf.* Apollonius Dyscolus *Pron.* 21.3-22.3 S.

Il faut savoir en outre que les seuls pronoms à avoir un vocatif sont le primaire de 2e personne – *o tu, o uos* – et le possessif de 1re personne quand il fait transition vers une 2e personne. Il y a en effet un possédé, interpellé par le possesseur lui-même qui est la 1re personne qui s'adresse à lui : Térence dans l'*Eunuque*, *o mea tu* [ma chère ! *Eun.* 664], et le même dans l'*Andrienne* : *o noster Chremes* [notre cher Chrémès ! *And.* 846][32]. Avec un seul et même pronom c'est aussi bien la 1re que la 2e personne qui sont exprimées là.

En outre, le possessif de 1re personne passe aussi bien à la 2e qu'à la 3e personne[33], celui de la 2e à la 1re ou à la 3e – *tuus sum, tuus est* [je suis tien, il est tien][34]. La 2e personne en effet ne peut se posséder elle-même, tout comme la 1re ne le peut pas non plus ; c'est que les possessifs ne peuvent être compris que relativement à deux personnes différentes, et sont transitifs de l'une à l'autre. Si donc la transitivité du possessif s'effectue à partir d'une 2e personne, il est inévitable, par différenciation par rapport à elle, qu'elle soit
583 jointe à une 1re ou à une 3e personne[35] – lesquelles | sont dépourvues de vocatif[36], cas qui n'apparaît jamais que dans la relation de la 1re à la 2e personne : la 1re interpelle, la 2e est interpellée.

La question se pose en outre de savoir pourquoi, dès lors que la 11
1re personne ne peut posséder la 1re ni la 2e la 2e, la 3e, elle, peut posséder une 3e personne. Sur ce point encore une fois [37] se manifeste avec évidence la

32. Sur le vocatif des pronoms, cf. *infra*, livre 13, *GL* 3, 1.3-2.24, et livre 17, *GL* 3, 204.20-206.17 ; développements approfondis chez Apollonius, *Pron.* 21.3-22.3 ; *Synt.* 3, 42-47.

33. Dans des formules du type *meus es, meus est*, cf. *infra*, 583.20-21.

34. En 582.23 a commencé un développement qui se poursuit jusqu'en 583.25, dans lequel Priscien présente les emplois des possessifs *meus, tuus* et *suus* en les illustrant d'exemples comportant le verbe « être » (ou d'exemples similaires). Ainsi qu'il l'a précisé en 582.9-12, un pronom possessif – tout comme un nom – associé à une forme du verbe « être » est de la même personne que cette forme verbale. Étant donné son analyse bipartite des possessifs (sur laquelle voir *supra*, note 17), cela signifie que dans *tuus sum* par exemple le possessif *tuus* est, du côté externe (*extrinsecus*), de la 1re personne. Dans ce possessif *tuus*, quand il est joint à *sum*, se réalise donc une transition, de la 2e personne (celle du possesseur, qui apparaît *intrinsecus*, dans *tu-*) vers la 1re personne (cf. *-us sum*), tandis que dans *tuus est* s'opère un passage de la 2e personne à la 3e (cf. *-us est*). Les exemples seront repris en 583.23 sous la forme *ego tuus sum* et *ille tuus est*, qui met davantage en lumière la personne du possédé.

35. Sur ce rapport entre personnes dans le cadre des possessifs, *cf.* livre 17, *GL* 3, 165.15-167.1.

36. Cette remarque, qui paraît hors de propos dans ce développement sur les relations entre possessif et personne, est sans doute appelée par la référence à la transitivité : celle-ci est employée ici dans son sens originel, c'est-à-dire comme une relation entre personnes, et la référence au vocatif est une manière rapide de rappeler que la relation à partir de la 2e personne concerne toutes les relations entre personnes, sauf l'interpellation, limitée à la relation de la 1re à la 2e personne.

37. *Pariter* fait référence au début du livre 12, voir *supra* 577.20-578.7.

quae significatur per tertiam | personam, unde et uarias habuit uoces et loca, sicut docuimus.

Quamuis ergo alia sit possidens et alia quae possidetur, et in diuersis personis et transitiuis intellegatur, tamen potest in tertia simul utraque inueniri in diuersis, quod in prima et secunda non potest [a], ut ipsa habeat et possessorem una et possessionem, nisi figurate dicamus *meus sum* et *tuus es*, hoc est meae potestatis et tuae, uel pro reciprocis, quae apud Graecos compositae sunt : ἐμαυτοῦ φίλος εἰμί, *meus amicus sum*, ut Persius :

uindicta postquam meus a praetore recessi [b],

et Terentius in *Phormione* :

ego meorum solus sum meus [c].

Nec mirum, cum etiam tertia persona solet figurate primae adiungi, ut Vergilius :

ille ego, qui quondam gracili modulatus auena [d],

et Cicero in IIII *inuectiuarum* : *ego sum ille, patres conscripti, cui non forum, in quo omnis aequitas continetur.*

Et | primae quidem possessiuum personae transit tam ad secundam quam ad tertiam, sicut supra dictum est, ut *tu meus es* et *ille meus est*; secundae

a. *Cf.* Apollonius Dyscolus *Pron.* 18.8-13 S.
b. Cf. *GL* 3, 166.18; 192.7; 205.12; 365.8.
c. Cf. *GL* 3, 192.5 (*nam e. m. s. s. m.*).
d. Cf. *GL* 3, 117.23; 180.3; Pompeius *GL* 5, 202.29 et 298.14; Iulianus Toletanus 40.141-142 M.Y. (v. 1a : *modulabar*); v. 1a-2a : *GL* 3, 143.21-22; 191.23-24; 201.17-18; 206.24-25; 211.13-14.

foisonnante variété signifiée par la 3 e personne, ce qui explique qu'elle apparaisse également sous des formes et avec des points d'application variés, comme nous l'avons montré [38].

Par conséquent, quoique le possesseur et le possédé soient distincts, et qu'ils soient compris comme relevant de personnes différentes et qui supposent une transition de l'une à l'autre, néanmoins, à la 3 e personne, l'un et l'autre peuvent apparaître en même temps tout en étant différents. En revanche, comporter en soi à la fois le possesseur et le possédé n'est pas possible à la 1 re et à la 2 e personne, sauf si l'on dit par figure [39] *meus sum* [je suis mien] et *tuus es* [tu es tien], en d'autres termes « (je suis) en mon / (tu es) en ton pouvoir », en quelque sorte avec une valeur réfléchie, ce qui est exprimé en grec par des formes composées : *emautou philos eimi, meus amicus sum* [je suis mon propre ami], comme Perse, *uindicta postquam meus a praetore recessi* [depuis que, mien grâce à la baguette, j'ai pris congé du préteur, *Sat.* 5, 88 [40]] et Térence dans le *Phormion* : *ego meorum solus sum meus* [je suis, des choses de chez moi, la seule qui soit mienne, *Phorm.* 587]. Cela n'a rien d'étonnant, puisque même la 3 e personne est souvent associée par figure à la 1 re, comme chez Virgile, *ille ego, qui quondam gracili modulatus auena* [moi, celui qui jadis, modulant sur un frêle pipeau… *Én.* 1, 1a [41]], et Cicéron dans les *Invectives* IV, *ego sum ille, patres conscripti, cui non forum, in quo omnis aequitas continetur* [moi, je suis celui, Pères conscrits, à qui ni le forum, qui contient toute justice… *Cat.* 4, 2].

En outre, le possessif de 1 re personne passe aussi bien à la 2 e personne qu'à la 3 e, comme il a été dit plus haut : *tu meus es* et *ille meus est* [toi, tu es mien / lui, il est mien] [42]. De même, le possessif de 2 e personne s'emploie

38. Les *pronomina* de 3 e personne ont été présentés dans leur diversité en 577.14-20 – les lignes suivantes évoquant l'extrême diversité des *nomina* qui, comme ces *pronomina*, sont associés aux 3 e personnes verbales pour déterminer ces dernières (578.1-4).

39. Priscien part du principe que possesseur et possédé sont distincts. Étant donné l'unicité de la 1 re personne, les transitions *a priori* possibles pour un possessif « de 1 re personne » (c'est-à-dire dont le possesseur est de 1 re personne, cf. *me-*) sont au nombre de deux, illustrées par *tu meus es* et *ille meus est* (582.23-24 et 583.20-21). La situation est parallèle pour le possessif de 2 e personne : voir (*ego*) *tuus sum* et (*ille*) *tuus est* (582.24-25 et 583.22-23). Les formulations *meus sum* et *tuus es*, qui s'écartent de ce schéma explicatif, sont tenues pour figurées par Priscien. Sur le concept de figure, voir livre 17, *Introduction*, section 6 (*Les principes de l'analyse : figures et* consequentia), notamment p. 26-27.

40. Cet exemple de Perse et le suivant, de Térence, sont cités ensemble dans le livre 17, *GL* 3, 192.4-7 ; voir aussi dans ce livre 17 la note 232, où il est rappelé que le geste d'affranchissement, officialisé par le préteur muni de sa baguette, rendait l'esclave propriétaire de sa propre personne – d'où l'identité du « possesseur » et du « possédé ».

41. Sur ce premier vers, interpolé, de l'*Énéide*, voir la note 131 du livre 17. L'association « 3 e personne + 1 re personne » est représentée dans ce vers par la formule *ille ego*, le pronom *ille* étant considéré comme relevant de la 3 e personne, cf. *supra*, 577.18-20.

42. Cf. *supra*, 582.23-25. Le possessif de 1 re personne (*meus*) passe à la 2 e (*tu es*) ou à la 3 e (*ille est*). Sur la construction de l'énoncé comme passage d'une personne à une autre, *cf.* livre 17, note 231.

quoque possessiuum tam ad primam dicitur quam ad tertiam, ut *ego tuus sum*
et *ille tuus est*; || tertiae uero ad primam uel secundam transire non potest nisi 12
figurate, ut *suus illius sum* uel *suus illius es* | *filius*, sed ad aliam tertiam, *suus illius iste* uel *suus istius ille* [a].

Et attendendum quod, quomodo *sui*, *sibi*, *se*, *a se*, quod est primitiuum, ad omnes uoces tertiae personae potest esse relatiuum, ut *sui causa facit iste* et
584 *ille* et *ipse* et *hic* et *is*, sic *suus*, quod ab | eo deriuatur, possessiuum est omnis tertiae personae, ut *suus illius*, *istius*, *ipsius*, *huius*, *eius*.

Illud quoque sciendum quod *sui* non solum ἑαυτοῦ uel ἑοῦ, sed etiam αὐτοῦ uel οὗ significat [b], id est non solum tunc refertur ad tertiam personam,

a. *Cf.* Apollonius Dyscolus *Pron.* 102.14-103.4 S.
b. Cf. *infra*, 18.9-19.8.

aussi bien en direction de la 1re que de la 3e : *ego tuus sum* et *ille tuus est* [moi, je suis tien / lui, il est tien]. || En revanche, celui de 3e personne ne peut passer à 12
la 1re ou à la 2e – sinon par figure, comme *suus illius sum* ou *suus illius es filius* [je suis son fils / tu es son fils] –, mais il peut passer à une autre 3e : *suus illius iste* ou *suus istius ille* [celui-ci sien de celui-là / celui-là sien de celui-ci][43].

Il faut faire aussi attention au fait que, de même que *sui*, *sibi*, *se*, *a se*, pronom primaire, peut être anaphorique de toute forme de 3e personne, par
584 exemple *sui causa facit iste / ille / ipse / hic / is*[44], de même, *suus*, qui | dérive de ce primaire, est le possessif de n'importe quelle 3e personne : *suus illius*, *istius*, *ipsius*, *huius*, *eius*[45].

Il faut également savoir que *sui* a le sens non seulement de *heautou* ou *heou*, mais aussi de *autou* ou *hou*[46], c'est-à-dire fait référence non seulement à une 3e personne quand celle-ci exerce une action sur elle-même par réflexion,

43. En 583.2-9 Priscien a montré comment une 3e personne peut posséder une 3e personne. Cette possibilité semble être devenue la norme en 583.23-25, où le schéma proposé est du type *suus illius iste*, c'est-à-dire la transition d'un possesseur de 3e personne (*su- illius*) à un possédé également de 3e personne (*iste*), avec toutes les combinaisons que rend possibles la *profunda multitudo* de la 3e personne (578.2) : *suus illius iste*, *suus istius ille*, etc. Les formulations *suus illius sum filius* ou *suus illius es filius*, qui sortent de ce cadre, sont présentées comme figurées (transition de *su- illius*, de 3e personne, à une 1re ou à une 2e personne). Sur la figure, voir *supra* la fin de la note 39. Dans le passage d'Apollonius, *Pron.* 102.14-20, que Priscien reprend ici (583.19-25), la formule correspondant à *suus illius sum* (*filius*), *hos eimi*, équivalant à *autou eimi*, n'est pas présentée comme une figure.

44. Le réfléchi *sui*, dans la locution *sui causa* [pour soi] renvoie ici à n'importe quel pronom, *iste*, *ille*, *ipse*, *hic* ou *is*, sujet du verbe à la 3e personne *facit* [il agit].

45. Le possessif *suus* peut être renforcé par le génitif d'un pronom de 3e personne ; la forme le plus couramment attestée est *suus ipsius*, mais Priscien cite fréquemment *suus illius*, qu'il emploie lui-même ; les autres tournures sont peut-être théoriques. Cf. *supra*, note 19.

46. Après avoir indiqué que le pronom *sui* peut faire référence à « toute forme de 3e personne » (583.27), Priscien précise les emplois de ce pronom en le rapprochant de ses correspondants grecs, en l'occurrence les deux couples *heautou / heou* et *autou / hou*, puis en commentant ce rapprochement, et en quelque sorte en l'encadrant, par des exemples d'emplois de *sui*. Le premier couple de formes grecques, *heautou* ou *heou*, pronoms réfléchis, correspond ainsi à l'emploi de *sui* comme réfléchi proprement dit (référence au sujet du verbe, ou plus largement à l'agent), illustré par les exemples du type *ille sui miseretur* [il s'apitoie sur lui-même, 584.5-6], et les deux formes grecques concernées sont l'usuelle et classique *heautou* et la forme archaïsante *heou* (sur le statut de ce type de forme, *cf.* livre 13, note 99). De là Priscien passe au point sur lequel il veut insister (*sed etiam...*), parce que moins évident : *sui* peut aussi dépasser le cadre strict des réfléchis du grec. La description de 584.6-7, avec la référence à la « rétro-transition » (cf. *retransitiue*) et l'exemple de Térence qui l'illustre, montre qu'il s'agit de l'emploi de *sui* comme « réfléchi indirect », selon notre terminologie, c'est-à-dire référant au sujet du verbe qui régit la proposition subordonnée où il se trouve. Alors que dans ce cas l'emploi du réfléchi est obligatoire en latin, il ne l'est pas en grec, d'où le couple *autou / hou*, morphologiquement parallèle au précédent, et dont la première forme est simplement l'anaphorique employé usuellement comme non-réfléchi, et la seconde la forme simple, tonique, d'aspect archaïque et attestée notamment chez Platon comme réfléchi indirect (ainsi *Banquet* 174 d). Dans le livre 13, *GL* 3, 18.19-19.8, Priscien revient sur ces formes grecques et leur emploi homérique ou censé l'être, en faisant à nouveau de *heou* le réfléchi (« direct »), par opposition à *hou*, assimilé à *autou*, non réfléchi. Pour le détail des formes du pronom *hi*, *hou*, etc., citées par les grammairiens grecs et attestées en attique classique, voir Ruijgh 1991, et *infra*, livre 13 note 30.

quando ipsa in se agit per | reciprocationem, id est κατ' ἀντανακλασμόν uel αὐτοπάθειαν, ut *ille sui miseretur* uel *sibi prodest* uel *se custodit*, sed etiam cum ipsa agit et sic alia in ipsam, id est cum retransitiue dicitur, ut Terentius in *Andria* :

orare iussit era, si se ames, ut ad se uenias [a].

De personis

Personae pronominum sunt tres, prima, secunda, tertia. Prima est, cum ipsa 13
quae loquitur de se pronuntiat ; secunda, cum de ea ad quam directo sermone loquitur ; tertia, cum de ea quae nec loquitur nec ad se directum accipit sermonem. Nam si dicamus, prima est, quae loquitur, | potest nihil de se loqui, sed de secunda uel tertia, et fit dubitatio ; similiter de secunda si dicamus, ad quam loquitur, potest intellegi et ad primam et ad tertiam : nam locutio ipsa pertinet non solum ad secundam, sed etiam ad primam et ad tertiam ; de tertia quoque si dicamus, de qua loquitur, commune inuenitur trium personarum : nam et de prima et de | secunda et de tertia loquitur. Melius igitur Apollonius, quem nos, quantum potuimus, sequi destinauimus, praepositis personarum definitionibus est usus [b].

Enucleatim tamen in singulari numero prima dicitur persona : nam in plurali conceptionem facit aliarum personarum, hoc est secundarum uel tertiarum ; secundarum quidem, quando ad ipsas praesentes loquitur,

a. *o. i., s. m. a., era, iam u. ad sese u.* Terentius (ed. Kauer & Lindsay).
b. *Cf.* Apollonius Dyscolus *Pron.* 18.19-19.8 S.

c'est-à-dire *kat' antanaklasmon*, ou *kat' autopatheian* [par auto-passivité][47], comme *ille sui miseretur*, ou *sibi prodest*, ou *se custodit* [il s'apitoie sur lui-même / se rend service / se préserve], mais aussi quand elle exerce une action sur une autre personne et cette dernière sur elle, c'est-à-dire quand elle s'emploie par rétro-transition[48], comme Térence dans l'*Andrienne* : *orare iussit era, si se ames, ut ad se uenias* [ma maîtresse te fait demander, si tu l'aimes, de venir la voir, *And.* 687[49]].

Les personnes

Les pronoms ont trois personnes[50], la 1re, la 2e, la 3e : la 1re, quand la personne qui parle s'exprime sur elle-même ; la 2e, quand elle parle de celle à laquelle elle s'adresse directement ; la 3e, quand elle parle de celle qui n'est ni celle qui parle ni celle qui reçoit le propos qui lui est directement adressé. En revanche, si nous disons que la 1re est celle qui parle, celle-ci peut ne rien dire d'elle-même et parler au contraire de la 2e ou de la 3e personne, d'où une ambiguïté. De la même façon, si nous disons seulement de la 2e que c'est celle à qui l'on parle, on peut comprendre que cela implique aussi la 1re et la 3e, car par lui-même le propos concerne non seulement la 2e personne, mais aussi la 1re et la 3e. Et de la 3e aussi, si nous disons seulement que c'est celle à propos de laquelle on parle, c'est une caractéristique partagée par les trois personnes, car on parle aussi bien de la 1re, de la 2e et de la 3e personne. C'est donc à plus juste titre qu'Apollonius[51], que nous nous sommes fixé pour objectif de suivre autant que possible, a eu recours aux définitions des personnes que nous présentions plus haut. 13

Pluralité et englobement

Cela étant, la 1re personne ne se dit à proprement parler qu'au singulier, car au pluriel, elle englobe d'autres personnes, c'est-à-dire des 2e ou des 3e personnes : des 2e quand elle parle à celles-là même qui sont présentes[52],

47. Sur la terminologie de la réflexion, *cf.* livre 17, note 264.

48. Sur la *retransitio*, cf. *supra*, note 46, et livre 17, note 240.

49. Dans le livre 17, *GL* 3, 176.5 et 177.9, Priscien donne un exemple non littéraire de cette construction : *rogat me ille ut ad se ueniam* [il me prie de venir le voir].

50. Sur la définition de ces trois personnes, cf. *Introduction*, section 3, *Une notion centrale...*

51. Cf. *Pron.* 18.19-22. Apollonius déjà faisait suivre les définitions par une critique des définitions jugées insuffisantes, *Pron.* 19.1-8.

52. L'emploi du féminin, *ad ipsas praesentes* (sc. *personas*), montre que Priscien n'évite pas la superposition, pour ne pas dire la confusion, entre la *persona* comme personne grammaticale (1re / 2e / 3e) et la *persona* comme individu physique. Il est remarquable néanmoins qu'il prend soin dans le reste du paragraphe d'employer des masculins pour désigner les individus (*alios*, 585.1-2 ; sans doute *omnibus*, 585.7, *cf.* note suivante ; *multi*, 585.8 ; *unusquisque*, 585.9-10), ce qui paraît montrer que le problème ne lui échappe pas. Sur cette « confusion », *cf.* Amacker 1990, et *Introduction*, section 3, *Une notion centrale.*

585 ut | *ego et uos facimus*, tertiarum uero, quando ad alios loquens, id est ad secundam personam, alios sibi uel praesentes adiungit uel absentes, ut *ego et isti facimus* uel *ego et illi fecimus*; potest tamen et utrasque simul sibi adiungere, ut *ego et uos et illi fecimus.* || Secunda uero | tertiam concipit solam, 14
tu et ille uel *uos et illi fecistis*, tertia autem tertiam solam, *isti et illi fecerunt*[a]. Itaque etiam in hoc ostenditur late patens tertiae personae copia, quae omnibus adiungi potest. Quid igitur quod multi simul loquentes dicunt *nos fecimus?* non est supra dicto contrarium : unusquisque enim loquentium conceptionem facit eorum qui | una secum loquuntur, quippe cum unusquisque pars est totius, qui si uelit ceteros indicare secum loquentes, necessario secundae uel tertiae eos attribuit personae[b]. Idque tam in pronominibus quam in uerbis contingit, in quibus et finiuntur personae.

Et sciendum quod in prima quidem et secunda persona pronomen ponitur, in tertia uero non, nisi demonstratione egeat uel relatione. Nam plerumque nomen in eius locum ponimus, ut si Pompeius dicat ad Caesarem *ego et tu et Crassus teneamus rempublicam*; sin autem egeat demonstratione

a. *Cf.* Apollonius Dyscolus *Pron.* 19.11-26 S.
b. *Cf.* Apollonius Dyscolus *Pron.* 20.14-18 S.

585 comme | *ego et uos facimus* [vous et moi, nous agissons]; des 3e en revanche quand, en s'adressant à tel ou tel, c'est-à-dire à une 2e personne, elle s'adjoint des tiers, présents ou absents, comme *ego et isti facimus* ou *ego et illi fecimus* [ceux-ci et moi agissons / ceux-là et moi avons agi]; elle peut même s'adjoindre les deux en même temps, comme *ego et uos et illi fecimus* [eux, vous et moi avons agi]. || La 2e personne en revanche n'englobe que la 3e : *tu* 14
et ille ou *uos et illi fecistis* [lui et toi / eux et vous avez agi]; quant à la 3e, elle n'englobe que la 3e : *isti et illi fecerunt* [ceux-ci et ceux-là ont agi]. Cela montre ainsi encore une fois la très riche extension de la 3e personne, qui admet toutes les associations[53]. Qu'en est-il donc du fait que des gens parlant en même temps disent *nos fecimus* [nous avons agi][54]? Ce n'est pas contradictoire avec ce qui a été dit plus haut : chacun de ceux qui parlent englobe ceux qui parlent à l'unisson, puisque chacun est une partie de l'ensemble, et si chacun veut faire référence aux autres, il est obligé de les affecter à la 2e ou à la 3e personne. Et cela arrive aussi bien pour les pronoms que pour les verbes[55], dans lesquels aussi les personnes sont définies.

Pronom et nom, substance et qualité

Il faut savoir en outre qu'à la 1re et à la 2e personne le pronom est normalement exprimé, alors qu'il ne l'est à la 3e que s'il est besoin d'un geste d'indication ou d'une référence anaphorique. Le plus souvent en effet, à la place du pronom de 3e personne, on emploie un nom. Ainsi, Pompée pourrait dire à César *ego et tu et Crassus teneamus rempublicam* [toi, Crassus et moi, dirigeons l'État!], tandis que s'il est besoin d'un geste d'indication ou d'une

53. *Omnibus* peut être un féminin, et représenter les personnes grammaticales, la 3e étant susceptible d'être associée à la 1re, la 2e ou la 3e, et donc à toutes. Il peut aussi s'agir, plus vraisemblablement, d'un masculin, la *copia* à laquelle il est fait allusion en 585.7, écho de la *multitudo diuersa* de 583.4, supposant que la 3e personne, du fait de son extension, est susceptible d'être associée à tous les êtres.

54. Priscien a souligné que la 1re personne est intimement liée au nombre singulier, et, corrélativement, que la 1re personne dite du pluriel implique, non pas une pluralisation, mais une *conceptio* (584.24, correspondant à Apollonius, *Pron.* 19.13, *cf.* livre 13, *GL* 3, 13.22-23, correspondant de son côté à *Pron.* 53.9, et livre 17, note 273), la 1re personne (*ego*) « s'agrégeant » d'autres personnes, 2e (*tu* / *uos*) et / ou 3e (*ille*, *illi*, etc.). Un cas particulier est néanmoins évoqué ici, qui semble faire apparaître un véritable pluriel de 1re personne : dans une sorte d'ensemble choral, plusieurs personnes énoncent en même temps *nos fecimus*. L'analyse de Priscien fait ressortir que du point de vue de chacun des locuteurs (*unusquisque (loquentium)*, 585.9 et 10) la situation d'énonciation est la même que dans les cas envisagés précédemment : chaque énonciateur de *nos fecimus* s'inclut comme élément dans l'ensemble du groupe (*pars totius*) et y englobe les autres non pas comme d'autres *ego* (il n'y a d'autre *ego* que lui-même), mais en tant que 2e et/ou 3e personnes puisqu'il recourrait à des 2e ou à des 3e personnes pour les désigner, selon le fonctionnement nécessaire des personnes présenté en 584.12-14. Le groupe qui parle à l'unisson est certes constitué de plusieurs locuteurs, mais c'est à partir de chacun d'eux que se détermine la situation d'énonciation. Ainsi ce cas très particulier ne fait en définitive que confirmer l'affirmation de 584.23 : *enucleatim in singulari numero prima dicitur persona*. Même analyse de ce cas de *conceptio* [*sullêpsis*] chez Apollonius, *Pron.* 20.14-18.

55. En fait, comme on le voit dans tout le paragraphe que cette formule conclut, le verbe est déjà constamment présent dans cette analyse du périmètre des personnes, au moins pour le pluriel.

uel relatione, tunc ponimus pronomen, ut *ego et tu et ille quem uides* uel *ego et tu et is de quo dixi*; || nam omne | nomen tertiae est personae absque uocatiuo, **15** sicut supra dictum est, nisi substantiuo uel uocatiuo uerbo coniungatur[a], et iure, quia ipsa positio prima nominum non ad aliquem, sed de aliquo habet locutionem; dicimus enim *nominetur hic qui natus est Vergilius*, nominatiuum proferentes[b]; prima enim et secunda, nisi figurate, adiunctione nominis non egent, cum et | substantiam et qualitatem tam suam ipse qui loquitur, quam eius ad quem praesens praesentem loquitur, uidetur scire uel aspicere. Tertiae uero personae ideo congrue adiunguntur nomina, quia potest uel abesse persona uel spatio eius qualitas obscurari. Itaque pronomine quidem substantia per se, nomine uero etiam qualitas manifestatur, de qua saepe fit dubium in | ea persona, ut Vergilius in VI :

quis, pater, ille, uirum qui sic comitatur euntem?

cum ignoratur propria eius qualitas, quaeritur nomen. Solam enim substantiam,
586 non etiam qualitatem significant pronomina, quantum est in ipsius prolatione uocis[c].

De generibvs pronominvm

Genera pronominum sunt quinque : masculinum, *hic*, femininum, | *haec*, **16** neutrum, *hoc*, commune, *nostras*, *uestras*, trium generum, ut *ego*, *tu*. Cum igitur omnia pronomina, ut supra docuimus, sint quindecim, alia omnia mobilia sunt, id est ex masculinis feminina et neutra faciunt, absque tribus primitiuis primae et secundae personae, *ego* et *tu*, in quibus demonstratio ipsa secum genus ostendit, et *sui*, quod | cum sit relatiuum, ut docuimus,

a. *Cf.* Apollonius Dyscolus *Pron.* 24.24-25 et 25.1-13 S. ; *Synt.* 2, 45 (158.5-159.7 U.).
b. *Cf.* Apollonius Dyscolus *Synt.* 1, 19 (20.6-21,3 U.).
c. *Cf.* Apollonius Dyscolus *Pron.* 25.13-22 S. ; *Synt.* 1, 119 (100,13-101,11 U.).

référence anaphorique, alors nous employons un pronom, comme dans *ego et tu et ille quem uides* [toi, lui que tu vois, et moi] ou *ego et tu et is de quo dixi*
[toi, lui dont j'ai parlé, et moi]. || Tout nom en effet, hormis au vocatif, est à la 15
3e personne, comme on l'a déjà dit précédemment[56] – à moins qu'il soit associé au verbe « être » ou à un verbe d'appellation –, et cela légitimement puisque l'institution initiale des noms[57] consiste en elle-même non pas à dire quelque chose à quelqu'un mais à propos de quelqu'un. Nous disons en effet *nominetur hic qui natus est Vergilius* [que cet enfant qui vient de naître s'appelle Virgile], en nous servant d'un nominatif. De fait, la 1re et la 2e personne n'ont pas besoin, sinon par figure, de l'adjonction d'un nom dès lors que celui-là même qui parle connaît évidemment ou a sous les yeux aussi bien la substance et la qualité qui sont les siennes propres que celles de celui auquel, face à face, il s'adresse. En revanche, à la 3e personne, il est approprié d'associer des noms puisque la personne peut être absente ou sa qualité rendue difficile à percevoir parce que trop éloignée : avec le pronom, c'est la substance en elle-même que l'on montre, tandis qu'avec le nom c'est aussi la qualité[58], qui est souvent l'objet d'une incertitude s'agissant de la personne en question. Ainsi chez Virgile, en VI, *quis, pater, ille, uirum qui sic comitatur euntem ?* [qui est cet homme, père, qui accompagne ainsi les pas du héros ? *Én.* 6, 863] : comme on ne connaît pas sa qualité propre, on demande son nom.
586 Les pronoms en effet ne signifient que la substance, | mais pas, en plus, la qualité, conformément à ce qu'indique leur morphologie même[59].

Les genres des pronoms

Les pronoms ont cinq genres : masculin, *hic*, féminin, *haec*, neutre, *hoc*, 16
commun, *nostras*, *uestras*, commun aux trois genres, *ego*, *tu*[60]. Étant donné qu'il y a au total quinze pronoms, comme nous l'avons enseigné précédemment[61], il n'y en a donc que trois à ne pas être multiformes, c'est-à-dire à ne pas produire des féminins et des neutres à partir des masculins : ceux de 1re et de 2e personne, *ego* et *tu*, pour lesquels le geste d'indication lui-même montre le genre, et *sui*, qui, étant anaphorique, met en évidence, comme nous l'avons

56. Cf. *supra*, 582.9-11.

57. *Cf.* livre 17, note 41 *ad GL* 3, 116.26, note 47 *ad* 118.1, et voir aussi 150.1-8.

58. La relation entre « substance » et « qualité » est développée de façon détaillée dans le livre 17, cf. *GL* 3, 117.7-118.1 et note 45, 122.9-123.12 et note 63, 129.5-131.14 et note 90.

59. Formule comparable dans le livre 17, *GL* 3, 131.9-10 : *substantiam solam sine qualitate significant, quantum in ipsa uoce est eorum.* Priscien fait allusion ici à la différence entre le foisonnement formel des noms, qui correspond à la multiplicité illimitée des *qualitates*, et le très faible nombre des formes pronominales, qui correspond à l'unicité de la substance (sur ce point, développé dans le livre 17, voir note précédente).

60. Cette distinction entre des formes communes au masculin et au féminin d'une part (*commune <masculini et femini>*), et des formes communes aux trois genres d'autre part (*<commune> trium generum*, cf. *infra*, 588.3), est déjà présente dans l'exposé des genres du nom au livre 5, *GL* 2, 141.8-9 et 19-21.

61. Cf. *supra*, 577.11-13.

tam genus quam numerum non uocis discretione, sed priore cognitione subicit. Relatio enim est cognitionis ante latae repraesentatio[a], ut *scribit Vergilius ad laudem sui, rogat te ille ut sui causa facias*. Quodsi quis dicat cur ergo etiam *is*, cum sit semper relatiuum, non est commune trium generum? respondemus, quod *sui, sibi, se, a se*, non solum relationis causa, quod supra diximus, sed etiam ipsius terminationis singulorum casuum, qui consimiles sunt primae et secundae, hoc habuit, ut confundat genera. Quomodo enim Graeci per tres personas primitiuorum obliquos casus similiter habent terminantes, qui et communes sunt omnium generum, ἐμοῦ σοῦ οὗ, | ἐμοί σοί οἷ, ἐμέ σέ ἕ, sic nos quoque illorum auctoritatem in plerisque secuti per tres personas habemus pronomina similiter terminantia per obliquos casus et omnis communia generis : *mei tui sui, mihi tibi sibi, me te se, a me a te a se*; alia uero omnia, sicut apud Graecos, mobilia sunt, ut *ille illa illud, iste ista istud, hic haec hoc, is ea* | *id, ipse ipsa ipsum*; || deriuatiua quoque : *meus mea meum, tuus tua* 17
tuum, suus sua suum, noster nostra nostrum, uester uestra uestrum[b].

Duo tantum inueniuntur communia *nostras* et *uestras*, quorum perfecta
587 *nostratis* erant et *uestratis*. Vnde quia *ti* syllabae syncopa facta est, | mansit in *a* accentus perfecti, quomodo et in aliis multis, ut *Arpinas* pro *Arpinatis, fumat* pro *fumauit, cupit* pro *cupiuit, illic* pro *illice*; itaque neutrum quoque eorum in *e* finitur : *nostrate, uestrate*, ex quo ostenditur illorum quoque nominatiuus in *tis* secundum analogiam | a uetustissimis prolatus esse. Cassius Emina in III *annalium* : *hos libros si quis nostratis sapiens*. M. Cato in

a. *Cf.* Apollonius Dyscolus *Pron.* 37.15-26 S. ; *Synt.* 2, 24 (143.9-144.10 U.).
b. *Cf.* Apollonius Dyscolus *Pron.* 17.12-14 S.

enseigné[62], aussi bien le nombre que le genre, non par une différenciation formelle, mais par une connaissance préalable. L'anaphore consiste en effet à présenter quelque chose dont on a eu connaissance auparavant, comme *scribit Vergilius ad laudem sui* [Virgile écrit pour sa gloire], *rogat te ille ut sui causa facias* [il te demande d'agir pour lui]. Si l'on demande : « pourquoi *is*, dès lors qu'il est toujours anaphorique, n'est-il donc pas lui aussi commun aux trois genres ? », nous répondons que *sui* (*sibi*, *se*, *a se*) a reçu cette caractéristique de ne pas distinguer les genres, non seulement parce qu'il est anaphorique, comme nous l'avons dit plus haut, mais aussi parce qu'à tous les cas il a la même finale que les pronoms de 1re et de 2e personne[63]. De même en effet que les Grecs ont aux trois personnes des primaires des cas obliques qui se terminent de la même façon, et qui sont aussi communs à tous les genres – *emou*, *sou*, *hou* / *emoi*, *soi*, *hoi* / *eme*, *se*, *he* –, de même en latin, où nous suivons en général l'autorité des Grecs, nous avons, aux trois personnes, des pronoms qui se terminent de la même façon aux cas obliques et qui sont communs à tous les genres : *mei*, *tui*, *sui* / *mihi*, *tibi*, *sibi* / *me*, *te*, *se* / *a me*, *a te*, *a se*. En revanche, comme en grec, tous les autres pronoms sont multiformes : *ille illa illud*, *iste ista istud*, *hic haec hoc*, *is ea id*, *ipse ipsa*
ipsum. || Même chose pour les dérivés : *meus mea meum*, *tuus tua tuum*, *suus* 17
sua suum, *noster nostra nostrum*, *uester uestra uestrum*.

On ne trouve que deux communs, *nostras* et *uestras*, dont les formes complètes étaient *nostratis* et *uestratis* – et la syncope de la syllabe *ti*
587 explique | que l'accent de la forme complète soit resté sur le *a*[64], de même que pour beaucoup d'autres formes, comme *Arpinas* à la place d'*Arpinatis*, *fumat* à la place de *fumauit*, *cupit* à la place de *cupiuit*, *illic* à la place de *illice*. C'est également pourquoi leur neutre se termine en *-e*, *nostrate*, *uestrate* – ce qui montre bien que chez les auteurs les plus anciens, leur nominatif aussi, conformément à l'analogie, était prononcé avec *-tis* : Cassius Emina, dans ses *Annales* III, *hos libros si quis nostratis sapiens* [ces livres, si un savant de nos compatriotes…, frg. 33 Chassignet] ; Marcus Caton dans

62. Cf. *supra*, 578.12-15.

63. Le rapport entre la question sur *is* et la réponse sur *sui* peut surprendre, mais s'inscrit dans une argumentation en trois temps sur l'absence d'oppositions de genres dans le pronom *sui* : Priscien attribue tout d'abord ce trait au caractère anaphorique de *sui* (586.9-13) ; puis il oppose à cette première raison l'objection que le pronom *is*, qui est lui-même anaphorique, comporte néanmoins des oppositions de genres (13-14) ; ce qui le conduit enfin à proposer comme autre raison de cette absence d'oppositions le fait que *sui* s'aligne sur les pronoms des deux premières personnes (*cf.* la morphologie des cas obliques, type *me* / *te* / *se*), qui eux-mêmes ne distinguent pas les genres (14-17).

64. Les dénominatifs en *-as* du type de *Arpinas*, dont l'accentuation sur la syllabe finale est exceptionnelle en latin pour des polysyllabes, font l'objet de plusieurs développements dans les livres sur le nom, notamment en *GL* 2, 128.23-130.6 et 337.9-338.15. Comme dans ces derniers passages, l'évocation de cette particularité accentuelle liée à une réduction syllabique est illustrée d'exemples relevant de différentes parties du discours.

legis Meuiae suasione : *rex Seleucus arma nostratia facit.* Plautus in *Sticho* :

ergo oratores populi summates uiri
summi accubent, ego infimatis infimus [a],

pro *infimas.*

Necesse est autem omnia pronomina tria habere genera uel in una eademque uoce confusa uel in diuersis distincta terminationibus ideo, quia pro uniuscuiusque rei propriis accipiuntur nominibus, quae tam in | masculinis et femininis quam in neutris inueniuntur generibus, quae in pronominibus quoque necesse est ostendi, seu demonstratione siue relatione. **18**

Quaeritur tamen cur habeat genus neutrum prima et secunda persona, cum naturaliter sermo nonnisi inter mares aut feminas exercetur, quorum sunt primae et secundae personae, id est a quibus profertur et ad | quos dirigitur loquella. Ad quod dicemus quod possunt equidem etiam hominum inueniri nomina neutri generis, ut in maribus hoc *Basion*, *Heliconion*, quomodo etiam in feminis *Glycerium*, *Dorcium*. Possumus tamen etiam ad res quae non habent naturam loquendi uel audiendi, per conformationem, id est προσωποποιΐαν, primas et secundas | adiungere personas, etiamsi sint generis neutri, ut *foro*, *mari*, *caelo*.

588 Illud | quoque notandum, quod deriuatiua pronomina, quae sunt septem, ut supra ostendimus, *meus*, *tuus*, *suus*, *noster*, *uester*, *nostras*, *uestras*, alterius sunt intrinsecus generis, hoc est communis trium generum, in quo possessor **19**

a. *accubent* Plautus ed. Lindsay : *accumbent* archet. **P** Plauti : *incubabunt* **A**^{1} : *accubabunt* ut uid. **A**^{2}. Cf. *GL* 2, 338.12-13.

son discours en faveur de la loi Mévia : *rex Seleucus arma nostratia facit* [le roi Séleucus transforme en armes ce qui vient de chez nous, frg. 228 Malcovati] ; Plaute dans le *Stichus* : *ergo oratores populi summates uiri / summi accubent, ego infimatis infimus* [les ambassadeurs publics, très hauts personnages, prendront place à table tout en haut, moi qui suis de basse condition, tout en bas, *St.* 492-493] – avec *infimatis* équivalant à *infimas.*

Genres et personnes

Il est par ailleurs indispensable que tous les pronoms aient trois genres, qu'ils soient confondus en une seule et même forme ou différenciés par des terminaisons distinctes. La raison en est qu'ils tiennent lieu des noms qui sont spécifiques à chaque chose[65] : ces noms se trouvant aussi bien au masculin et au féminin qu'au neutre, il est indispensable que les formes pronominales comportent aussi l'indication de ces genres, que ce soit par deixis ou par anaphore. **18**

Cela pose néanmoins la question de savoir pourquoi la 1re et la 2e personne auraient le genre neutre, alors que des propos ne peuvent par nature s'échanger qu'entre des êtres de sexe masculin ou féminin, dont relèvent les 1re et 2e personnes, c'est-à-dire ceux par qui la parole est émise et à qui elle est adressée. Nous répondrons à cela que même des êtres humains peuvent tout à fait avoir des noms de genre neutre, comme chez les hommes *Basion*, *Heliconion*, de même qu'aussi chez les femmes *Glycerium*, *Dorcium*[66]. Cela étant, nous pouvons aussi associer des 1re et des 2e personnes à des choses qui ne disposent pas de l'aptitude naturelle à parler ou à écouter, par personnification, c'est-à-dire par *prosopopée*, même si elles sont de genre neutre, comme *forum* [forum], *mare* [mer], *caelum* [ciel][67].

588 Il faut aussi remarquer que les pronoms dérivés, qui sont sept, comme nous l'avons indiqué plus haut, *meus*, *tuus*, *suus*, *noster*, *uester*, *nostras*, *uestras*, relèvent de deux genres[68] : du côté interne de celui, à forme identique aux masculin, féminin, neutre, dont relève le possesseur qui se trouve indiqué, **19**

65. Cf. *supra*, note 1.

66. *Cf.* livre 5, *GL* 2, 148.13-18, et livre 6, *GL* 2, 215.15-216.2, où Priscien souligne que le genre neutre de ce type de noms propres, portés par des femmes, n'empêche pas l'accord au féminin. Ce phénomène s'inscrit dans l'ensemble des divergences entre forme et sens : voir la remarque d'ordre général de *GL* 2, 376.14-20 (livre 8).

67. La *prosopopée* (grec *prosôpopoiïa*, latin *conformatio*) est évoquée au livre 8 (*GL* 2, 376.9-10) pour justifier les formes passives de 1re personne du type *aror* [je suis cultivé], qui supposent la prise de parole d'un inanimé. Remarque du même genre à propos des verbes impersonnels du type *pluit* à la fin du même livre, *GL* 2, 450.9-14. Voir également la présentation qui en est faite dans les *Praeexercitamina*, 45.10-13 P.

68. S'agissant des dérivés possessifs de type *meus*, l'opposition *intrinsecus* vs *extrinsecus*, cf. *supra* note 17, conduit Priscien à mettre sur le même plan référence et accord : référence (au « possesseur ») exprimée par la syllabe initiale (*me-*) et accord (avec le nom du « possédé ») exprimé par la syllabe finale *-us*, *-a*, *-um*. Pour ces deux genres (du possesseur et du possédé), la terminologie technique (*communis trium generum / mobilis*) est la même que *supra*, 586.4-7.

ostenditur, et alterius extrinsecus, hoc est mobilis, in quo | possessio denuntiatur, quod terminatione consequenti discernitur, quomodo et numerus, sicut supra docuimus, quamuis qualitatem ipsius possessionis non declarant, nisi adiungas nomen [a]. Et sciendum quod intrinsecus proprii loco funguntur, extrinsecus uero magis appellatiui.

Nec solum in pronominibus deriuatiuis, sed etiam in nominibus possessiuis et quae a propriis deriuantur, infinitae possunt intellegi possessiones, nisi adiectione nominis alicuius discernantur, ut *meus filius*, *Telamonius natus*, *Euandrius ensis*, || et uide quod appellatiua magis asciscunt, quae communis **20** sunt qualitatis. Tam autem possessiua pronomina quam nomina in genetiuum primitiuorum resoluuntur. Quid est enim *meus* |*filius*? — *mei filius*; *Euandrius ensis?* — *Euandri ensis*.

Commune habent possessiua pronomina cum possessiuis nominibus, quod in utrisque possessio subauditur, quod binae intelleguntur personae, quod in genetiuos primitiuorum similiter resoluuntur cum possessione; non commune, quod pronomina possessiua omnis sunt communia

a. *Cf.* Apollonius Dyscolus *Pron.* 102.1-4 S.

et du côté externe, à formes distinctes, de celui dont relève le possédé désigné, et qui est particularisé par une finale en accord avec ce possédé. Sur ce dernier point, même chose aussi pour le nombre, comme nous l'avons enseigné précédemment[69], et cela alors même que ces dérivés ne font rien connaître de ce qui caractérise le possédé lui-même[70], si on ne leur associe pas le nom de celui-ci. Il faut savoir en outre que du côté interne ils représentent des noms propres[71], du côté externe plutôt des appellatifs.

Genre et référence : les possessifs

Ce n'est pas seulement à propos des pronoms dérivés, mais aussi à propos des noms possessifs[72], y compris ceux qui dérivent de noms propres, qu'il peut y avoir indétermination dans la compréhension du possédé, si celui-ci n'est pas particularisé par l'ajout d'un nom, comme dans *meus filius* [mon fils], *Telamonius natus* [le rejeton télamonien], *Euandrius ensis* [l'épée évandrienne] – || et il est à noter que ces dérivés demandent plutôt à être associés à des appellatifs, qui sont l'expression d'une qualité commune[73]. Par ailleurs, aussi bien les pronoms que les noms possessifs se résolvent en génitifs de leurs primaires[74] : qu'est-ce en effet que *meus filius*? — *mei filius* [le fils de moi] ; *Euandrius ensis ?* — *Euandri ensis* [l'épée d'Évandre].

Ce qu'il y a de commun entre les pronoms possessifs et les noms possessifs[75], c'est que de part et d'autre le possédé est sous-entendu, qu'à chaque fois deux personnes sont impliquées, et qu'ils se résolvent de la même façon en génitifs de primaires associés au possédé. Ce qu'en revanche ils n'ont pas en commun[76], c'est que les pronoms possessifs sont communs à tous les

69. Cf. *supra*, 580.25-581.8.

70. Sur l'expression de la *qualitas*, qui est l'apanage du nom, *cf.* 585.28-586.2 et notes *ad loc.*

71. Sauf personnification en effet, comme Priscien vient de l'indiquer, et au moins aux deux premières personnes, les dérivés (*meus* et *tuus* pour se limiter au singulier) font référence à des « possesseurs » (*ego* et *tu*) animés, porteurs en tant que tels d'un nom propre. En revanche, ces dérivés sont « associés » à des noms de « possédés » qui sont généralement (cf. *magis*) des appellatifs.

72. Sur les noms possessifs, voir le chapitre *de possessiuis* du livre 2, *GL* 2, 68.14-82.22.

73. Sur cette « qualité commune », *cf.* livre 2, *GL* 2, 57.4-7 : *<nomen> communem quidem corporum qualitatem demonstrat, ut* homo, *propriam uero, ut* Vergilius, *rerum autem communem, ut* disciplina, ars, *propriam, ut* arithmetica Nicomachi, grammatica Aristarchi.

74. Formule identique dans le livre 17, *GL* 3, 166.8-9, et *cf.* note 230 *ad loc.*

75. Ayant évoqué en 588.9-12 les noms possessifs, Priscien reprend ici (jusqu'à 589.8) la comparaison systématique menée par Apollonius, *Pron.* 104.21-105.22, entre pronoms possessifs et noms possessifs, ce qui l'écarte de l'analyse du genre.

76. Opposant deux catégories principales de possessifs, selon que leur base est nominale (type *Hectoreus* ou *humanus*) ou pronominale (type *meus, tuus, suus*), Priscien établit d'abord deux distinctions de portée générale : a) les références pronominales s'appliquent à n'importe quel « possesseur », alors que dans le cas d'une base nominale la référence ne s'applique qu'à un seul individu (Hector) ou tout au plus à un ensemble qui, si large soit-il en lui-même, reste intrinsèquement limité (les humains) ; b) les références pronominales s'appliquent à des

possessoris, nomina uero possessiua non omnis (*Hectoreus* enim *clipeus* unius est proprium possessoris ; nec non ab appellatiuis quoque deriuata, quamuis sint multorum communia possessorum, non tamen sic possunt esse communia, quomodo pronomina, ut *humanus*, *marinus*), et quod nomina tertiae intelleguntur personae, nisi adiungantur uerbis substantiuis | uel uocatiuis, pronomina uero et primae et secundae inueniuntur personae.

589 Dubitatur numerus possessoris in nominibus possessiuis quae ab appellatiuis deriuantur, ut, si dicam *taurina uestigia*, possunt et unius et multorum intellegi taurorum, in pronominibus uero non, quia tam per singularem quam per pluralem numerum positiones sunt, excepto *suus*, cuius primitiuum, id est *sui*, commune est utriusque numeri.

Possessiua nomina ascendentibus non solent adiungi, ut *Hectoreus pater* non dicimus, frater uero uel seruus dicimus ; pronomina uero adiunguntur, ut *meus pater* [a].

De figvris

Figura pronominum duplex est ; aut enim simplicia sunt pronomina aut composita. Simplicia sunt omnia alia per nominatiuos, tria tantum componuntur unam interpretationem apud Graecos habentia οὗτος : *iste*, *hic*, *is*. **21**

a. *Cf.* Apollonius Dyscolus *Pron.* 104.21-105.22 S.

possesseurs, à la différence des noms possessifs (*Hectoreus clipeus* [le bouclier hectoréen] est le bouclier propre à un seul possesseur; même chose également pour les dérivés d'appellatifs, comme *humanus* [humain], *marinus* [marin] : quoiqu'ils soient communs à une pluralité de possesseurs, ils ne peuvent néanmoins pas l'être comme les pronoms); en outre, les noms sont compris comme étant de la 3 e personne, sauf association avec des formes du verbe « être » ou des verbes d'appellation[77], tandis qu'on trouve aussi des pronoms de 1 re et de 2 e personne.

589 Il y a incertitude sur le nombre de possesseurs dans les noms possessifs qui dérivent d'appellatifs. Par exemple, si je parle de *uestigia taurina* [traces taurines], on peut comprendre que ces traces concernent un seul ou plusieurs taureaux. Ce n'est pas le cas pour les pronoms puisqu'ils ont reçu des formes spécifiques à la fois au singulier et au pluriel, à l'exception de *suus*, dont le primaire, c'est-à-dire *sui*, est commun à l'un et l'autre nombre.

Les noms possessifs ne sont pas usuellement associés à des ascendants : nous ne disons pas *pater Hectoreus* [père hectoréen], alors qu'on le dit pour un frère ou un esclave. En revanche, on leur associe les pronoms : *meus pater* [mon père].

LES FIGURES

La figure des pronoms est double : les pronoms sont en effet simples ou **21**
composés. Au nominatif, tous sont simples, et il n'y en a que trois à entrer dans des composés, *iste*, *hic*, *is*, qui ont pour unique et même sens celui du grec *houtos*.

« possesseurs » des trois personnes (*me-*, *tu-*, *su-*), alors que dans le cas d'une base nominale la référence ne s'applique qu'à des « possesseurs » de la 3 e personne (Hector / les humains). Les deux distinctions suivantes (589.1-8) ne sont en revanche que partielles : c) dans le cas d'une base nominale il y a neutralisation de l'opposition du singulier et du pluriel dans les références (*taurinus* fait référence à un ou plusieurs taureaux alors que les oppositions formelles *meus* / *noster*, *tuus* / *uester* permettent de distinguer référence singulière et référence plurielle – mais cette distinction ne vaut pas pour *suus*); d) il n'y a pas de contrainte d'association pour les possessifs à base pronominale (*meus*, *tuus*, *suus* peuvent s'associer à n'importe quel nom), alors qu'il y en a occasionnellement pour les possessifs à base nominale (on ne dit pas **Hectoreus pater*, mais ce genre de limitation ne peut être généralisé à l'ensemble de la catégorie). Pour tout ce développement, Priscien suit de très près Apollonius, *cf.* note précédente.

77. Cette incise accompagne quasi systématiquement l'affirmation qu'un nom est de la 3 e personne, cf. *supra* 582.9-11 et note 30, mais elle ne correspond pas ici à ce qui est visé par le contexte. Dans les dérivés possessifs à base nominale (type *Hectoreus*), le « possesseur », sc. Hector, est toujours à la 3 e personne : c'est le « possédé », présent dans le dérivé possessif par la finale *-us*, qui, dans un syntagme du type *Hectoreus filius sum*, passe à la 1 re personne à cause du verbe « être ».

Componuntur igitur *iste* et *hic* secum, ut *istic istaec istoc*; *is* uero cum aduerbio *idem*, quod significat *is demum*, ex | quibus et componitur [hoc est iterum is]. Eius femininum *eadem*, neutrum *idem i* correpta, quae in masculino producitur. Vergilius in IIII *Aeneidos* :

idem ambas ferro dolor atque eadem hora tulisset.

Iuuenalis in I :

et tamen alter
si fecisset idem, caderet sub iudice morum.

In neutro tamen praeterea geminatur compositio : dicimus enim *identidem*, id est *idem et idem*, cuius obliqui deficiunt casus. Et nominatiuus quidem tam masculini quam neutri ex duobus est corruptis nec non | accusatiuus tam masculini quam feminini : mutatur enim *m* in *n* ante *d* euphoniae causa, ut *eundem*, *eandem*, quod in aliis quoque compositis fieri solet propter eandem consonantem, ut *quendam*, *quandam*; *quorundam*, *quarundam*, quae tamen
possunt et per adiectionem habere extremam syllabam. || Ceteri uero casus **22**
supra dictorum pronominum, hoc est *eadem*, | *eiusdem*, *eidem*, *eodem*, *eaedem*,
590 *eisdem*, *easdem*, *eosdem*, ex integro et | corrupto inueniuntur. Itaque regula exigit per duas *i* uel per *e* et *i* tam nominatiuum pluralem masculini quam datiuos et ablatiuos omnium plurales scribi, id est *iidem* uel *eidem* et *iisdem* uel *eisdem*. Iuuenalis in V *saturarum* :

dat eisdem ferre cinaedis [a].

a. Cf. *infra GL* 3, 10.20; *GL* 2, 298.16 (*implet et ad moechos d. e. f. c.*); 304.16-17 (vv. 29-30); 3, 361.8 (*implet et ad moechos d. e. f. c.*).

Composition

Iste et *hic* forment ainsi l'un avec l'autre le composé *istic*, *istaec*, *istoc*; quant à *is*, il forme avec un adverbe le composé *idem* [le même], dont la signification est *is demum* [celui-ci précisément] – éléments dont il est justement composé. Son féminin est *eadem*, son neutre *idem* avec *i* bref – voyelle qui est allongée au masculin : Virgile dans l'*Énéide* IV, *īdem ambas ferro dolor atque eadem hora tulisset* [la même souffrance et la même heure nous auraient par le fer emportées toutes deux, *Én.* 4, 679]; Juvénal en I : *et tamen alter / si fecisset ĭdem, caderet sub iudice morum* [et cependant, si un autre en avait fait autant, il aurait été déféré au juge des mœurs, *Sat.* 4, 11-12]. Cela étant, il peut y avoir aussi, au neutre, redoublement de la composition : nous disons en effet *identidem* [de manière répétée][78] – c'est-à-dire *idem et idem* [la même chose et encore la même chose] – dont les cas obliques manquent. Par ailleurs, le nominatif, tant masculin que neutre, procède de deux formes altérées, et il en va de même aussi pour l'accusatif[79], tant masculin que féminin; le *m* en effet se change en *n* devant *d* pour une raison d'euphonie : *eundem*, *eandem*, ce que la même consonne *d* provoque usuellement dans d'autres composés aussi, par exemple dans *quendam*, *quandam*, *quorundam*, *quarundam* (il est néanmoins possible que dans ces dernières formes la syllabe finale soit due à une simple addition[80]). || En revanche, tous les autres cas des 22
pronoms ci-dessus énoncés, c'est-à-dire *eadem*, *eiusdem*, *eidem*, *eodem*,
590 *eaedem*[81], *eisdem*, *easdem*, *eosdem*, sont formés d'un élément intact et | d'un élément altéré[82]. C'est pourquoi la règle veut qu'on écrive avec deux *i* ou avec *e* et *i* aussi bien le nominatif pluriel masculin que les datif et ablatif pluriels des trois genres, c'est-à-dire *iidem* ou *eidem*, et *iisdem* ou *eisdem* : Juvénal, dans les *Satires* V, *dat eisdem ferre cinaedis* [elle les fait porter par les mêmes

78. Le contexte invite ici à penser que *identidem* est considéré comme une forme pronominale, mais il est clairement présenté comme un adverbe dans le livre 15, *GL* 3, 75.2.

79. Le phénomène décrit laisse attendre, en plus des formes d'acc. sg. *eundem* et *eandem*, celles de gén. pl. *eorundem* et *earundem*. L'absence de ces dernières s'explique peut-être par le fait que le mécanisme qui les concerne est identique, puisqu'elles se terminent en *-undem* comme le masc. sg.

80. Et non à un processus de composition : ces formes ne pourraient alors servir d'exemples de composés. Sur la différence entre *adiectio* ou *additio* et *compositio*, cf. *infra*, 593.19-24.

81. La répétition de *eadem*, adoptée par Hertz en 589.30, ne se justifie pas : cette liste recense des formes, ce qui fait que *eidem*, à la fois dat. sg. des trois genres et nomin. pl. masc., n'apparaît qu'une fois; il en va de même pour *eadem* : cette forme, citée au début, à la place où l'on attend le nomin. sg. fém., vaut aussi pour l'abl. sg. fém. et le nomin.-acc. pl. n. *Eaedem* en revanche, attesté d'ailleurs dans un manuscrit cité par Hertz (D) à la place de *eadem*, est la forme attendue de nomin. pl. fém., seule absente de la liste adoptée par Hertz.

82. Priscien applique au pronom, comme à toutes les parties du discours connaissant la composition, l'analyse qu'il a exposée, à propos du nom, au livre 5, *GL* 2, 178.16-20 (le participe est dans une situation particulière, cf. *supra* livre 11, en 568.16-17). Cette conception, traditionnelle chez les artigraphes latins, coïncide avec celle de la *Tekhnê* (chap. 12), où à *integrum / corruptum* <*nomen*> correspondent *teleion / apoleipon* <*onoma*>; terminologie similaire chez Apollonius, *Synt.* 4, 33.

Solent autem auctores etiam per synaeresin unam *i* ponere pro duabus, ut Vergilius in I :

et crudelia secum
fata Lyci,

pro *Lycii*, et

ille urbem Pataui[a],

pro *Patauii*, Iuuenalis in IIII :

Antoni gladios potuit contemnere, si sic[b],

pro *Antonii*.

Iste uero et *hic* non componitur nisi per eos casus | qui in *c* desinunt, absque datiuo, id est per nominatiuum, accusatiuum, ablatiuum singularem, per pluralem uero nullum nisi nominatiuum neutri, qui est et accusatiuus. Nam hic solus in plurali numero *c* habet finalem ut *hic istic*, *haec istaec*, *hoc istoc*, *hunc istunc*, *hanc istanc* (Terentius in *heautontimorumeno* :

suspicionem istanc ex illis quaere),

hoc istoc, *hac istac*, *haec istaec*, qui semper singularem sequitur feminini. Quidam tamen haec quoque per metaplasmum finis quam compositionem proferri confirmant, unde nec aspirationem seruant, quomodo nec *illic illaec*; quod autem composita seruant, ostendunt aduerbia *adhuc*, | *abhinc*. **23**

a. Cf. *GL* 2, 296.11 (*hic tamen i. u. P. sedesque locauit*) ; Charisius 89.19-20 et 178.11 B. ; *Frg. Bob. nom. et pron.* 4.24 P. (*hic tamen i. u. P. sedesque locauit*).

b. Cf. *GL* 2, 296.19.

invertis, *Sat.* 14, 30]. – Il est cependant fréquent que les auteurs ne mettent aussi, par synérèse, qu'un seul *i* à la place de deux [83], comme Virgile en I : *et crudelia secum / fata Lyci* [et en lui-même le cruel destin de Lycius, *Én.* 1, 221-222] – à la place de *Lycii* –, et *ille urbem Pataui* [lui une ville, à Padoue, *Én.* 1, 247] – à la place de *Patauii*; Juvénal en IV : *Antoni gladios potuit contemnere, si sic* [il aurait pu mépriser les poignards d'Antoine si de cette façon... *Sat.* 10, 123] – à la place de *Antonii.*

Iste et *hic*, en revanche, ne s'associent en un composé qu'aux cas qui se terminent en *-c*, à l'exception du datif [84], c'est-à-dire aux nominatif, accusatif et ablatif singuliers, et au pluriel seulement au nominatif neutre (qui est également l'accusatif), car au pluriel il n'y a que cette forme à avoir un *-c* final : *istic* à partir de *hic*, *istaec* de *haec*, *istoc* de *hoc*, *istunc* de *hunc*, *istanc* de *hanc* (Térence dans l'*Heautontimoroumenos* : *suspicionem istanc ex illis quaere* [renseigne-toi auprès d'eux sur ce soupçon, *Heaut.* 994]), *istoc* de *hoc*, *istac* de *hac*, *istaec* de *haec* (nominatif qui s'aligne toujours sur le féminin singulier). Certains cependant soutiennent que ces formes elles aussi procèdent moins d'une composition que d'un « métaplasme de la finale » [85], et pour cette raison elles ne conservent pas l'aspiration, pas plus que *illic*, *illaec*
– aspiration que conservent les composés, comme le montrent les adverbes 23
adhuc et *abhinc* [86].

83. En *GL* 2, 297.21-298.23 (livre 7) Priscien envisage au cours du même développement le rapport entre *ei* ou *ii* et *i* dans des formes nominales de la 2ᵉ déclinaison et dans les formes des pronoms *is* et *idem*. Cette association explique qu'il puisse ici (590.7-14) illustrer par des citations comportant des formes nominales (*Lyci*, *Pataui*, *Antoni*, du type de celles qui sont citées dans le livre 7, *cf.* 296.8-20) les formes pronominales considérées, *idem* et *isdem* – où la synérèse aboutit à des composés à premier élément altéré (*i-* à la place de *ii-* ou *ei-*, et *is-* à la place de *iis-* ou *eis-*).

84. Priscien considère les formes de type *istic* comme composées de *iste* et de *hic*. De ce fait, parmi les formes de *hic* qui participent selon lui de cette composition, il exclut celles qui sont dépourvues de *-c* final (au singulier le génitif *huius* et au pluriel les nominatifs *hi hae*, les accusatifs *hos has*, les génitifs *horum harum*, les datifs et ablatifs *his*), mais parmi les formes à *-c* final il écarte également le datif *huic*, manifestement au motif que **istuic* n'existe pas.

85. Cette catégorie, autant stylistique que morphologique, permet de caractériser des formes qui relèvent dans leur principe du barbarisme, mais qu'il n'est pas possible de condamner comme telles dans la mesure où elles sont attestées chez des auteurs, *cf.* Holtz 1981 : 170-182. D'un emploi rarissime dans l'*Ars Prisciani* (uniquement dans ce passage-ci et dans le livre 7, *GL* 2, 290.20), le métaplasme joue un rôle essentiel dans les *uitia uirtutesque orationis* de la tradition artigraphique latine, *cf.* Donat, *Mai.*, 660.8-663.3 H. – et dans ce cadre il est classé selon sa place dans le mot, à l'initiale, en position centrale, ou à la finale. C'est à coup sûr à cette tradition que Priscien renvoie ici par la formule *quidam... confirmant.*

86. L'absence d'aspiration dans les formes censées être des composés de *hic* n'est évoquée qu'ici, à propos des adversaires de cette analyse, qui proposent d'interpréter les formes de type *istic* comme de simples variantes formelles (« métaplasmes ») de *iste* (au même titre que *illic* de *ille*). Rien n'est dit auparavant, quand il s'agit de présenter *istic* comme un composé de *iste* et de *hic*, pour répondre par anticipation à cet argument de l'absence d'aspiration. C'est un exemple parmi d'autres d'un mode de présentation fréquent chez Priscien, qui consiste à proposer une première interprétation tout à fait détaillée et apparemment approuvée, suivie d'une seconde, qui

Nam *egomet* et cetera quibus adiungitur *met* magis per porrectionem uel
591 assumptionem, quam Graeci uocant ἐπέκτασιν uel παραγωγήν, | solent proferri. Et primae quidem personae omnibus adiungitur casibus : *egomet*, *meimet*, *mihimet*, *memet*, secundae uero personae obliquis solis : *tuimet*, *tibimet* (Statius in VIIII *Thebaidos* :

ceu tibimet sceptra et proprios laturus honores),

temet; nominatiuo autem ideo non additur, ne dubitationem faciat, cum etiam uerbum intellegi possit, si dicamus *tumet.* Itaque breuem *te* syllabam pro *met* ei addere solent auctores uel *temet.* Lucretius in primo :

accipe praeterea, quae corpora tute necesse est.

Idem in eodem :

tutemet a nobis iam quouis tempore uatum.

Ennius :

o Tite tute Tati tibi tanta tyranne tulisti [a].

Alphius Auitus in II *excellentium* :

seu tute malis hospites
seu tute captiuos, habes;

a. Cf. *Part.* 96.20 P. ; Sacerdos *GL* 6, 454.30 ; Donatus *Mai.* 665.13 H. ; Charisius 370.26 B. ; Pompeius *GL* 5, 287.29 et 303.33.

Éléments additionnels

En ce qui concerne *egomet* et toutes les autres formes, usuelles, présentant l'adjonction de *-met*, elles procèdent plutôt d'un allongement, c'est-à-dire d'une addition, ce qu'en grec on appelle *epektasis* ou *paragôgê* [87]. | À la 1re personne, 591
-met est ajouté à tous les cas – *egomet, meimet, mihimet, memet* –, tandis qu'à la 2e personne il ne l'est qu'aux cas obliques : *tuimet, tibimet* (Stace dans la *Thébaïde* IX : *ceu tibimet sceptra et proprios laturus honores* [comme si, pour toi-même, tu étais prêt à t'emparer du sceptre et des honneurs pour les faire tiens, *Théb.* 9, 67]) et *temet* ; si on ne l'ajoute pas au nominatif, c'est pour éviter qu'il ne provoque une ambiguïté, dans la mesure où l'on pourrait aussi comprendre un verbe si l'on disait *tumet* [88]. C'est la raison pour laquelle, au lieu de *-met*, les auteurs ajoutent souvent à *tu* la syllabe brève *-te*, voire *-temet* : Lucrèce en I, *accipe praeterea quae corpora tute necesse est* [apprends en outre quels corps il est indispensable que toi-même... *Nat.* 1, 269] ; le même dans le même texte : *tutemet a nobis iam quouis tempore uatum* [toi-même bientôt, loin de nous, à un moment quelconque, des poètes... *Nat.* 1, 102] ; Ennius : *o Tite tute Tati tibi tanta tyranne tulisti* [c'est toi-même, Titus Tatius, qui t'es fait à toi, tyran, tant de torts, *Ann.* 109 Vahlen 2 = 104 Skutsch] ; Alphius Avitus dans les *Grands hommes* II : *seu tute malis hospites / seu tute captiuos, habes* [que tu préfères, toi, les avoir comme hôtes ou comme prisonniers, ils sont en ton pouvoir, *Carm.*, frg. 3 Blänsdorf] (ce sont en effet des dimètres iambiques [89]).

comporte des arguments assez forts pour constituer une prise de distance nette par rapport à la première interprétation. L'effet produit est que Priscien ne désapprouve pas l'analyse initiale, mais reconnaît la pertinence du contre-argument avancé par les partisans d'une autre solution. Voir ainsi la présentation de *mecum*, etc., *infra*, 594.15-595.4, où l'indication de 595.2-4 constitue une prise de distance par rapport à la longue analyse précédente (*cf.* note 108).

87. Ces termes grecs désignent d'une manière générale une addition en fin de mot : *epektasis* dans le domaine grammatical grec, *cf.* Apollonius, *Pron.* 29.14, et *paragôgê*, sous la forme latinisée *paragoge* (ou *paragoga*), dans la tradition latine, *cf.* Sacerdos, *GL* 6, 452, 3-4 ; Donat, *Mai.* 661.3 et 9 H. ; Diomède, *GL* 1, 441.17-19, et d'autres encore. Ils sont d'un usage exceptionnel dans l'*Ars Prisciani* : *epektasis* n'apparaît qu'ici en caractères grecs, et sous forme latinisée une fois dans le livre 5, *GL* 2, 182.15, et une fois dans les *Partitiones*, 96.19 P. ; quant à *paragôgê*, il n'apparaît que dans ce seul livre 12, ici et en 592.14. Pour désigner l'addition d'un élément dans un mot, Priscien recourt le plus souvent à *additio* et à *adiectio* (ainsi qu'à *addere*, ou encore *adiungere*) ; les deux termes latins employés ici, *porrectio* et *assumptio*, sont en revanche, comme les deux termes grecs, d'un usage exceptionnel : *porrectio* n'apparaît qu'ici et *assumptio* n'a que trois occurrences dans ce sens (*GL* 2, 429.11 ; 483.9 ; et ici, 590.27), alors même que le verbe *assumere* est fréquent dans toutes les œuvres de Priscien. Aucune correspondance terme à terme n'est établie entre *porrectio* et *epektasis*, *assumptio* et *paragôgê*, mais *porrectio* permet de dégager le sens originel de « allongement, rallonge » de ces termes grecs, et *assumptio* présente ce phénomène d'addition d'un élément à un mot non pas de l'extérieur, mais depuis ce mot lui-même, en tant qu'il s'adjoint et s'agrège cet élément supplémentaire. Sur la différence entre adjonction et composition, voir les indications conclusives de Priscien en 593.18-24.

88. Forme du verbe *tumeo*, *-ere* [être gonflé].

89. Cette remarque rend compte de la quantité brève du *-e* de *tute*.

sunt enim dimetri iambici. Vnde neque in alio casu eandem *te* syllabae adiectionem inuenies. Nec non pluralis numeri casibus additur *met* aliis absque genetiuo : *nosmet*, *nobismet* et *uosmet*, *uobismet* (Cicero | *de domo sua* : *uobismet ipsis, pontifices*), || tertiae quoque personae triptoto, id est *suimet*, **24**
sibimet, *semet*.

Pte quoque ablatiuum [trium] pronominum possessiuorum inuenio asciscere : *meapte*, *tuapte*, *suapte*, *nostrapte*, *uestrapte*.

Sciendum tamen, quod *met* et *te* adduntur supra dictis | pronominibus uel discretionis causa plerumque uel significantiae, ut Terentius in *adelphis* :

592 *egomet rapui*,

intellegimus enim *ego et non alius*. Cicero *pro Murena : quid quod, cum admoneris, tamen quasi tute noris, ita salutas? tute* dixit pro *tu ipse per te et non per alium*. Nam *tete* utraque | producta accusatiuus esse geminatus ostenditur uel ablatiuus, quod et in prima et in tertia solet fieri persona, ut *meme*, *sese*; composita tamen ostenduntur accentu paenultimo acuto. Nec mirum eam compositionem in his solis casibus inueniri, qui soli inter obliquos supra dictorum pronominum singulares sint monosyllabi : supra dicta enim geminatio in | aliis casibus fieri non solet.

C'est ce qui explique qu'on ne trouvera pas cet ajout de la syllabe *-te* à un autre cas[90]. En outre, au pluriel, *-met* est ajouté à tous les cas, sauf au génitif : *nosmet, nobismet* et *uosmet, uobismet* (Cicéron, *Sur sa maison* : *uobismet ipsis, pontifices* [pour vous-mêmes, pontifes, *Dom.* 45]). || À la 3 e personne 24
également, il est ajouté au pronom à trois formes[91] : *suimet, sibimet, semet.*

Quant à *-pte*, je constate que c'est l'ablatif des pronoms possessifs qui se l'adjoint : *meapte, tuapte, suapte, nostrapte, uestrapte*[92].

Cela étant, il faut savoir que la plupart du temps *-met* et *-te* s'ajoutent aux pronoms ci-dessus énoncés soit pour marquer une opposition soit par
592 expressivité, ainsi Térence dans les *Adelphes* : | *egomet rapui* [c'est moi qui ai commis l'enlèvement, *Ad.* 628] – nous comprenons en effet « moi et pas un autre » ; Cicéron, *Pour Muréna* : *quid quod, cum admoneris, tamen quasi tute noris ita salutas ?* [que dire du fait qu'une fois qu'on te fait souvenir de leur nom, tu les salues comme si c'étaient des connaissances à toi ? *Mur.* 77] – il a dit *tute* dans le sens de « toi-même de ton propre fait, et non par l'intermédiaire d'autrui ». Pour ce qui est en revanche de *tētē*[93], les deux longues montrent qu'il s'agit d'une forme redoublée d'accusatif ou d'ablatif, ce qui est courant aussi à la 1 re et à la 3 e personne : *mēmē, sēsē* – d'ailleurs l'accent aigu sur la pénultième montre que ce sont des composés[94]. Il n'est pas surprenant que ce type de composition ne se trouve qu'à ces seuls cas, dans la mesure où ce sont les seuls cas obliques de ces pronoms à être monosyllabiques au singulier. De fait, le redoublement en question ne se produit pas aux autres cas.

90. Cette remarque vise à souligner le fait que l'adjonction de la syllabe *-te* est spécifique au nominatif *tu* : pour les autres formes, *tui, tibi* et *te*, l'adjonction de *-met* ne provoque pas d'homonymie, à la différence de *tu-met*, identique à la forme verbale *tumet*, et donc ni le recours à *-te* ni la suradjonction de *-te* avant *-met* ne se justifient.

91. Sur les *triptota*, ou termes à trois formes, et plus généralement sur le classement des formes nominales selon le nombre de variations morphologiques que leur déclinaison provoque, *cf.* livre 5, *GL* 2, 187.15-189.4. Pour le *triptotum* dont il est question ici, *sui, sibi, se*, voir livre 13, *GL* 3, 2.7-8.

92. Proposition reprise *infra*, 595.17-18.

93. La différence établie avec le *-tĕ* de *tutĕ*, évoqué *supra* (591.6-17 et 592.2-4), est due à la quantité du *-tē* de *tētē*.

94. La formulation de Priscien est elliptique, dans la mesure où il attribue au phénomène même de la composition ce qui n'en est qu'un effet, le problème principal relevant de la quantité du second élément. S'il s'agissait en effet non pas d'un composé (comportant en tant que tel un second élément susceptible d'un emploi autonome, et donc en l'occurrence le pronom *tē*), mais de la simple addition d'une syllabe de renforcement (et donc en l'occurrence *tĕ*), l'accent sur l'unique syllabe longue accentuée précédente ne serait pas aigu, mais circonflexe (*cf.* livres 14-16, *Introduction* : 26).

Et sciendum quod hoc quoque ad Graecorum imitationem facimus, ut 25
inueniantur quidam casus adhibentes compositionem uel adiectionem, alii uero abnegent. Solent enim apud illos Attici ἔγωγε, ἔμοιγε per duos casus, id est nominatiuum et datiuum, addere, quae παραγωγή per alios casus non inuenitur[a]; ἐμαυτοῦ, | σαυτοῦ deficiunt nominatiuo[b].

Ce quoque solebant per omnes casus uetustissimi addere articularibus uel demonstratiuis pronominibus, hoc est ab aspiratione incipientibus, ut *hicce*, *huiusce*, *haecce*, *hocce*, unde *hoc* quasi duabus consonantibus sequentibus solent poetae producere, ut :

hoc erat alma parens, quod me per tela, per hostes
eripis[c] *?*

et sic in antiquissimis codicibus inuenitur bis *c* scriptum, quomodo est apud Terentium in *Andria* :

hoccine est credibile aut memorabile ?

593 Nunc uero eorundem pronominum his casibus frequenter additur *ce*, qui in *s* 26
desinunt, euphoniae causa : *huiusce*, *hisce*, *hosce*, *hasce*. Nec solum poetae, sed etiam oratores his utuntur supra dictis adiectionibus. Cicero in II *inuectiuarum* : *hosce ego non tam milites acris* | *quam infitiatores lentos esse*

a. *Cf.* Apollonius Dyscolus *Pron.* 49.29-50.4 S.

b. *Cf.* Apollonius Dyscolus *Pron.* 69.18-70.26 et 113.17-114.32 S.

c. *per ignis e.* Priscianus *GL* 3, 6.3 ; Velius Longus 23.16-17 D.N. et Vergilius (ed. Conte) : *per hostes* Vergilius *Aen.* 2, 358 ; 527 ; 664 cod. **b**. V. 664 *hoc erat alma parens* : *cf.* Terentianus 1667 C. (*h. e. a.*) ; Dositheus § 12.12 B. (*h. e. a. p.*) ; Marius Victorinus 4 § 90 ; 5 § 10 (*h. e.*) et 48 M. ; Charisius 9.4 ; 10.29 ; 13.4 B. ; Diomedes *GL* 1, 434.18 (*a. p.*) ; Mallius Theodorus 13.6 R. (*h. e.*) ; Aphthonius *GL* 6, 36.8 (*h. e.*) ; 37,18 ; Seruius *Mai. GL* 4, 424.35-36 ; Sergius *Syll.* 479.21-22 ; Consentius *Barb.* 25.1 N. ; Cledonius *GL* 5, 30.1 ; [Probus] *Vlt. syll. GL* 4, 222.1 ; Pompeius *GL* 5, 119.14 ; [Maximus Victorinus] *fin.* 35.5 C. (*cf.* etiam *GL* 6, 242.16-17) ; [Sergius] 111.51 M. ; *Frg. Bob. acc.* 539.4-5 ; Iulianus Toletanus 132.128 M.Y.

Il faut savoir en outre que si des formations par composition, ou par 25
addition, apparaissent à certains cas tandis que d'autres ne s'y prêtent pas, c'est encore une fois à l'imitation des Grecs[95]. Chez eux en effet les Attiques disent usuellement par ajout *egôge*, *emoige*, à deux cas, nominatif et datif, *paragôgê* qui ne se trouve pas à d'autres cas[96]; *emautou* et *sautou* de leur côté n'ont pas de nominatif[97].

Il y a aussi *-ce*, qu'il était usuel chez les auteurs les plus anciens d'ajouter à tous les cas des pronoms à fonction d'articles[98] – autrement dit démonstratifs –, c'est-à-dire des pronoms commençant par une aspirée : *hicce, huiusce, haecce, hocce*; d'où l'usage poétique d'allonger *hoc* comme si deux consonnes se succédaient, comme dans *hoc erat, alma parens, quod me per tela, per hostes / eripis?* [était-ce pour cela, mère bienfaisante, que tu m'enlèves à travers les traits, à travers les ennemis? Virg., *Én.* 2, 664-665]; et c'est ainsi que dans les plus anciens manuscrits on trouve *c* écrit deux fois, comme c'est le cas chez Térence dans l'*Andrienne* : *hoccine est credibile aut memorabile?* [cela est-il croyable ou vraisemblable? *And.* 625].
593 Aujourd'hui en revanche, s'agissant de ces mêmes pronoms, c'est aux cas qui 26
se terminent en *-s* qu'il est fréquent d'ajouter *-ce*, pour des raisons d'euphonie : *huiusce*, *hisce*, *hosce*, *hasce*, et ce ne sont pas seulement les poètes, mais aussi les orateurs qui recourent à ce type d'ajouts : Cicéron, dans les *Invectives* II, *hosce ego non tam milites acris quam infitiatores lentos esse*

95. L'association paradoxale d'une démarche autonome et volontariste (*facimus*) et d'une réalité passivement constatée (*ut inueniantur*) est peut-être ici un écho lointain d'une conception varronienne de la langue, faite de décisions collectives dont chaque locuteur applique plus ou moins docilement les effets, *cf.* Baratin 2008. Il peut s'agir aussi, dans une perspective plus lâche mais peut-être elle aussi d'origine varronienne, de la perception de la langue comme ensemble d'éléments naturellement disponibles, où chaque communauté effectuerait un choix et un tri particuliers.

96. Apollonius signale le caractère spécifiquement attique des formes pronominales en *-ge* et évoque la défectivité du paradigme, *Pron.* 49.9 et 49.29-50.4. Sur la *paragôgê*, cf. *supra*, 590.27 et note 87. Chez Apollonius, *paragôgê* et le verbe correspondant *paragô* désignent le plus souvent la dérivation possessive sur le pronom personnel, mais apparaissent aussi pour les finales *-then* ou *-de* qui s'ajoutent aux noms ou aux pronoms (*Pron.* 66.3-67.22), et, surtout, figurent à deux reprises pour le *-ge* qui suit les pronoms (49.30 et 54.7), c'est-à-dire pour les mots mentionnés par Priscien.

97. *Emautou* et *sautou* représentent ici non des formes isolées mais les paradigmes des pronoms réfléchis de 1re et 2e personne, dont ils sont les premiers éléments en l'absence des nominatifs (le génitif succédant immédiatement au nominatif dans la présentation des cas chez les grammairiens anciens), *cf.* Apollonius, *Pron.* 114.24-32, *Synt.* 2, 141-146, et dans les scholies à la *Tekhnê* (*Vat.* 265.28-266.13). Ces paradigmes servent d'exemples de *compositio*, cependant que les deux formes citées auparavant (*egôge*, *emoige*) constituent le paradigme lacunaire illustrant l'*adiectio*.

98. Sur ces *pronomina articularia*, cf. *supra*, 581.21-582.4 et notes 25 et 26.

arbitror. Inueniuntur tamen etiam nominatiuum pluralem *hisce* proferentes antiqui, ut Terentius in *eunucho* :

hisce hoc munere arbitrantur
suam Thaidem esse,

in quo uidentur euphoniae causa *s* interposuisse. Nec non similiter *illicce*, unde *illic* quasi apocopa facta in fine seruat accentum. Terentius in *Andria* :

illic est huic rei caput.

Illiusce, *istiusce*, *illucce*, *istucce* ueteres dicebant teste | Papiriano, qui *de orthographia* hoc ostendit. Terentius in *heautontimorumeno* :

illancine mulierem alere cum illa familia.

Haec igitur, hoc est *met te pte ce* adiectiones esse ipse sensus arguit, qui nullus in his separatis potest inueniri : nihil enim compositum | diuiditur, quod cum separetur, quamuis sit ex corruptis, non tamen haec eadem corrupta ab integris esse ostendat, ut *expers* ab *ex* praepositione et *pars*, *conficio* a *con* et *facio*, *idem is demum*. Ergo *egomet*, *tute*, *suapte*, *huiusce* minime dicenda sunt composita, quia additio, si separetur, nihil significare possit per se.

Quaeritur, *eccum*, *eccam*, *ellum*, *ellam*, *eccos*, *eccas*, *mecum*, *tecum*, *secum*, **27**
nobiscum, *uobiscum* pronomina sint composita an aduerbia. Ad quod dicendum
594 quod aduerbia personas simul et numeros et | casus in eodem habere

arbitror [ces gens-là, je considère que ce ne sont pas tant des soldats fougueux que des débiteurs lents à payer, *Cat.* 2, 21]. D'ailleurs, on trouve même des Anciens qui énoncent le nominatif pluriel *hisce*[99], comme Térence dans l'*Eunuque* : *hisce hoc munere arbitrantur / suam Thaidem esse* [les voilà qui pensent qu'avec ce cadeau Thaïs leur appartient, *Eun.* 269-270], où il semble bien qu'on ait intercalé un *s* pour des raisons d'euphonie. Même chose encore pour *illicce*, d'où *illic*[100] avec l'accent sur la finale après une sorte d'apocope : Térence dans l'*Andrienne*, *illic est huic rei caput* [voilà le cerveau de cette affaire, *And.* 458]. Les Anciens disaient *illiusce*, *istiusce*, *illucce*, *istucce*, au témoignage de Papirianus, qui le montre dans son *Traité d'orthographe*[101]. Térence dans l'*Heautontimoroumenos* : *illancine mulierem alere cum illa familia* [cette femme-là, la nourrir, avec toute sa suite ! *Heaut.* 751].

Ces éléments, c'est-à-dire *-met*, *-te*, *-pte*, *-ce*, c'est le sens lui-même qui montre que ce sont des ajouts, puisque, si on les considère isolément, on ne peut y trouver aucun sens : aucun composé en effet ne se divise sans mettre en évidence, une fois réparti en éléments, et même s'il est constitué d'éléments altérés, que ces éléments altérés viennent d'éléments intacts[102], par exemple *expers* de la préposition *ex* et de *pars*, *conficio* de *con* et de *facio*, *idem* de *is demum*. Par conséquent, il ne faut pas du tout dire que *egomet*, *tute*, *suapte*, *huiusce* sont des composés, puisque l'élément ajouté, si on l'isole, ne peut rien signifier par lui-même.

Problèmes de catégorisation

La question se pose de savoir si *eccum*, *eccam*, *ellum*, *ellam*, *eccos*, *eccas*, *mecum*, *tecum*, *secum*, *nobiscum*, *uobiscum* sont des pronoms composés ou des adverbes[103]. On répondra que les adverbes ne peuvent comporter à la fois **594** personne, nombre et | cas. Il y a en effet des adverbes qui expriment la **27**

99. À la différence de ce nominatif pluriel, attribué aux *antiqui*, 593.6, la forme homonyme citée *supra*, 593.2, censée relever de la langue actuelle, cf. *nunc*, 593.1, est un datif-ablatif pluriel.

100. De même que *hocce* a abouti à *hoc* (592.16-24), *illicce* a évolué en *illic*. Il s'agit là vraisemblablement du pronom au nominatif masculin singulier, comme plus haut *hicce* (592.18). Il n'est pas exclu toutefois qu'il s'agisse de l'adverbe (cité dans le livre 5, *GL* 2, 182.16, précisément après *hisce* et *hosce*, sous la forme *illice*, qui dans le présent passage, en 593.10, est la leçon des mss G et L). Le petit développement des lignes 10-13 viendrait alors seulement appuyer le processus phonétique reconstitué précédemment à propos de *hoc* (et, dans la citation de l'*Andrienne*, qui suit, détachée de son contexte, le pronom *illĭc* serait compris comme étant l'adverbe *illīc*).

101. Le *De orthographia* de Papirianus, qui vécut au IVe ou au Ve siècle (Kaster 1997 : 421, n° 244), n'est connu que par un bref fragment (*GL* 7, 216.8-14) – assigné toutefois à un Papirius –, par les extraits que présente Cassiodore dans son propre traité orthographique, où ils constituent le chapitre 4 (*GL* 7, 158.9-166.8 = 26-36 Stoppacci), et par les allusions et bribes de doctrine que nous conserve Priscien ici et dans les livres 1 (*GL* 2, 27.11 et 31.2), et 10 (*GL* 2, 503.16). La remarque de Papirianus citée ici par Priscien n'est pas conservée par Cassiodore.

102. Sur les éléments des composés, cf. *supra*, 589.29-590.1 et note 82.

103. Donat par exemple considère *mecum*, *tecum*, etc., comme des *aduerbia personalia*, *Min.* 596.11-12 et *Mai.* 641.13-14 H., cf. *infra* note 119.

non possunt. Sunt enim quaedam personas tantum significantia, ut *meatim facis* et *facitis*, quaedam casus uidentur certos nominum habere, carent autem personis, ut *domi*, *domo*, *domum*, quaedam numeros, ut *semel*, *bis*; omnia autem simul supra dicta nisi | in pronominibus inueniri non possunt. Sunt igitur sine dubio pronomina.

Adeo autem non est idem dicere *ecce* et *eccum*, quod *ecce* aduerbium licet tam mares quam feminas et unum et plures demonstrantibus dicere, *eccum* autem non nisi marem et unum et *eccam* non nisi feminam et unam, *eccos* et *eccas* non nisi plures. Quid est enim aliud | *eccum* nisi *ecce eum? eccam* nisi *ecce eam? eccos* nisi *ecce eos? eccas* nisi *ecce eas? ellum* nisi *ecce illum?* quae omnia tam genera diuersa quam casus habent accusatiuos utriusque numeri, quos exigit uerbum *uide* uel *aspice* uel *cerne*, quod saepe per ellipsin solet intellegi.

Mecum autem et *tecum*, *secum*, *nobiscum*, *uobiscum* per anastrophen cum pronomine praepositio est, unde et casus qui seruiunt praepositioni *cum*, id est ablatiui, in utroque numero trium personarum componuntur; || quomodo igitur, **28** si dicam *propter te* et *te propter*, idem significo et *cum quibus* et *quibuscum*, sic *cum me* et *mecum*. | Nam antiquissimi utrumque dicebant, sed in plurali primae personae cacemphati causa solebant per anastrophen dicere *nobiscum* pro *cum nobis*. Itaque propter hoc reliquarum quoque personarum ablatiuos similiter praepostere proferre coeperunt teste Plinio, qui hoc in II *sermonis dubii* ostendit, et Cicerone, qui *de oratore* his utitur uerbis :

personne, mais elle seulement, comme *meatim facis* et *facitis* [tu agis / vous agissez à ma manière [104]], d'autres ont manifestement la forme de noms à un cas précis, mais n'expriment pas la personne, comme *domi*, *domo*, *domum* [à la maison, de la maison, vers la maison], d'autres n'expriment que le nombre, comme *semel*, *bis* [une fois, deux fois]. Toutes les catégories ci-dessus énoncées ne peuvent en revanche se trouver à la fois, sinon dans des pronoms. Les formes en question sont donc incontestablement des pronoms.

C'est d'ailleurs d'autant moins la même chose de dire *ecce* et *eccum* qu'il est possible d'employer l'adverbe *ecce* quand on montre aussi bien des êtres de sexe masculin que féminin, et aussi bien un seul que plusieurs, tandis que *eccum* ne peut s'employer qu'en montrant un être masculin, et un seul, *eccam* un être féminin et un seul, *eccos* et *eccas* seulement plusieurs êtres. Qu'est-ce d'autre en effet que *eccum* sinon *ecce eum*? *eccam* sinon *ecce eam*? *eccos* sinon *ecce eos*? *eccas* sinon *ecce eas*? *ellum* sinon *ecce illum*? Tous ces termes présentent des formes différenciées en genre ainsi que les deux nombres, à l'accusatif – cas appelé par les verbes *uide* [vois], ou *aspice* [regarde], ou *cerne* [observe], que souvent on ne comprend que par ellipse.

Par ailleurs, *mecum*, ainsi que *tecum*, *secum*, *nobiscum*, *uobiscum*, constituent, par anastrophe [105], l'association d'un pronom et d'une préposition, ce qui explique que ce soient également des formes du cas régi par la préposition *cum*, c'est-à-dire l'ablatif, qui, au singulier et au pluriel des trois personnes, entrent dans ces composés. || De même donc que si je dis *propter te* 28
et *te propter*, cela a le même sens, ou *cum quibus* et *quibuscum*, de même aussi *cum me* et *mecum*. Les auteurs les plus anciens disaient les deux, mais, à la 1re personne du pluriel, pour éviter une équivoque [106], l'usage était de dire, par anastrophe, *nobiscum* à la place de *cum nobis*. C'est la raison pour laquelle on se mit à inverser de la même façon les ablatifs des autres personnes aussi, comme en témoignent Pline, qui l'indique au livre II des *Problèmes grammaticaux*, et Cicéron, qui s'exprime ainsi dans *L'orateur* [107] :

104. L'association de *meatim* aussi bien au singulier *facis* qu'au pluriel *facitis* est destinée à souligner que l'adverbe lui-même est indifférent au nombre, comme il est précisé dans le livre 8, *GL* 2, 447.25-448.5.

105. L'*Ars Prisciani* présente 5 occurrences de *anastrophe* (toujours en caractères latins) : outre 594.15-16, 594.21 et 595.3 (dans le passage qui suit), *GL* 2, 8.12 (livre 1) et *GL* 3, 16.20-21 (livre 13). Ce terme désigne une inversion d'ordre, notion pour laquelle Priscien recourt également à *ordinis commutatio* (au livre 14, *GL* 3, 27.14 – *cf.* aussi *mutant ordinem*, 29.16) et, surtout, à *praepostere*, comme ici-même, en 594.23 (voir notamment livres 14-16, *Index* 4 : 319) ou encore à *praeposterus* (livre 8, *GL* 2, 372.7-9).

106. D'origine grecque (il apparaît à plusieurs reprises dans les scholies d'Aristophane pour signifier qu'un mot est obscène ou prend un sens obscène dans son contexte), le terme *cacemphaton* est usuel dans les listes latines de *uitia orationis* pour désigner une séquence de mots malencontreuse, *cf.* Holtz 1981 : 72 et 165-166. C'est ici sa seule occurrence dans l'*Ars Prisciani*.

107. Ce sujet est en effet abordé dans l'*Orator* 154, et l'argument est le même, mais les termes rapportés ici ne sont pas ceux de Cicéron. Ils remontent selon toute vraisemblance au *Dubius sermo* de Pline (frg. 7 Della Casa), qui lui-même devait citer Cicéron tout en se contentant

noluimus cum me et cum te dicere, ne eadem conputatione adiungendum esset cum nobis, sed potius mecum et tecum et nobiscum diximus, cum
595 *praepositione,* | *quae facit obscenum, assidue postposita*[a]. || Antiqui tamen 29
absque obseruatione naturali ordine haec protulisse inueniuntur. Nulla tamen monosyllaba praepositio anastrophen patitur nisi ea, et fortassis ideo enclitici uice fungitur, quia enclitica monosyllaba sunt : *que*, *ue*, *ne*.

Nec mirum supra dicta pronomina unius causa idem pati, cum in aliis quoque quibusdam structuris haec eadem sola communes habent quasdam proprietates. *Interest* et *refert* genetiuo solent adiungi omnium casualium absque supra dictis quinque pronominibus, pro quorum genetiuis ablatiuos ponimus possessiuorum, ut *interest* et *refert mea, tua,* | *sua, nostra, uestra. Cuia* quoque infiniti possessiuum cum supra dictis uerbis pro genetiuo primitiui ponitur (Cicero *pro Vareno* : *ea caedes si potissimum crimini datur, detur ei cuia interfuit, non ei cuia nihil interfuit*),

a. *Cf.* Cicero *Orat.* 154 *quid, illud non olet unde sit, quod dicitur* cum illis, cum *autem* nobis *non dicitur, sed* nobiscum ? *quia si ita diceretur, obscaenius concurrerent litterae, ut etiam modo, nisi autem interposuissem, concurrissent. Ex eo est* mecum *et* tecum, *non* cum te *et* cum me, *ut esset simile illis* uobiscum *atque* nobiscum.

« nous n'avons pas voulu dire *cum me* et *cum te* pour éviter d'être contraints d'associer selon le même principe *cum* et *nobis* : nous avons préféré dire
595 *mecum*, *tecum* et *nobiscum*, en prenant bien soin de mettre la préposition, | qui
provoque ici une obscénité, en postposition ». || Cela étant, on trouve des 29
Anciens qui se sont dispensés de cette précaution et ont employé ces formules dans leur ordre naturel. Toujours est-il que *cum* est la seule préposition monosyllabique à admettre l'anastrophe, et peut-être joue-t-elle le rôle d'un enclitique pour la raison que les enclitiques sont eux-mêmes monosyllabiques : *-que*, *-ue*, *-ne* [108].

Il n'est pas étonnant qu'un mot particulier [109] suffise pour que les pronoms précédemment cités soient tous concernés par un même phénomène : dans d'autres constructions aussi ces mêmes pronoms sont seuls à partager certaines particularités. Ainsi, *interest* et *refert* sont couramment associés au génitif de tous les mots à cas, à l'exception des cinq pronoms précédemment cités : au lieu de leur génitif, nous employons l'ablatif des possessifs, dans *interest* et *refert mea*, *tua*, *sua*, *nostra*, *uestra* [il est important pour moi, toi, lui/eux, nous, vous]. Avec ces mêmes verbes on emploie aussi *cuia*, le possessif de l'indéfini [110], à la place du primaire au génitif : Cicéron *Pour Varenus*, *ea caedes si potissimum crimini datur, detur ei cuia interfuit, non ei cuia nihil interfuit*

de reproduire la substance du propos de celui-ci. La formulation de Priscien suppose qu'il disposait du passage en question de Pline, et n'a pas jugé utile de vérifier l'exactitude de la citation attribuée à Cicéron. La présence dans cette citation du terme *conputatio*, absent du vocabulaire des grammairiens, et qui n'a pas d'autre occurrence dans l'*Ars Prisciani*, mais que Pline emploie dans son *Histoire Naturelle*, va dans le sens de cette attribution.

108. Sur l'interprétation de *cum* dans les formes *mecum*, *tecum*, etc., voir livre 14, notes 16 et 62, et livres 14-16, *Introduction* : 26-27. L'explication de l'anastrophe par l'alignement sur la 1re personne du pluriel, où elle serait due au désir d'éviter un *cacemphaton* – une des scies de la tradition artigraphique latine – est confirmée par les témoignages de Cicéron et de Pline, mais l'ajout ensuite de l'interprétation par l'enclise, même si celle-ci n'a pour elle que l'alignement de *cum* sur d'autres monosyllabes enclitiques, constitue une prise de distance par rapport à l'explication traditionnelle (sur la succession des arguments, cf. *supra* note 86). Le livre 14 ne reprend du reste pas la théorie du *cacemphaton* et propose de voir dans le *cum* de *mecum*, etc. une préposition postposée fonctionnant comme enclitique (*cf.* notamment *GL* 3, 27.13-16 et 51.7-9).

109. *Vnius causa* est ambigu. Il est possible que l'élément visé soit *nobis*, dont la construction particulière, c'est-à-dire l'antéposition à *cum*, due à la prévention d'un *cacemphaton*, entraînerait celle des autres pronoms personnels, d'où *mecum*, *tecum*, etc. La construction des impersonnels *interest* et *refert*, citée ensuite en appui, permettrait alors de souligner que la solidarité des pronoms en question n'est pas exceptionnelle, puisque c'est tout aussi solidairement que ces pronoms sont écartés de la construction de ces impersonnels, au profit des possessifs féminins singuliers correspondants (*interest / refert mea*, *tua*, etc., et non *mei*, *tui*, etc.). Il paraît cependant préférable de considérer que l'élément visé par *unius causa* est la préposition *cum* : de même qu'elle est seule à entraîner les formes à enclise *mecum*, *tecum*, etc., de même les verbes *interest* et *refert* sont seuls à se construire avec les ablatifs *mea*, *tua*, etc. Cette interprétation va dans le sens d'une prise de distance de Priscien par rapport à l'interprétation des formes à *cum* postposé comme étant dues à un *cacemphaton*, au profit de leur interprétation par l'enclise.

110. L'indéfini en question est le « nom » *qui / quis*, dont *cuius, a, um*, litt. « à qui appartenant », ici à l'ablatif féminin singulier, est le correspondant possessif. Le nom indéfini a ainsi, comme les pronoms primaires *ego*, *tu*, etc., un possessif, ainsi que, comme *nos* et *uos*, un ethnique (*cf.* livre 17, *GL* 3, 179.3-9, entre autres).

cuius gentile non solum *cuias*, sed etiam *cuiatis* proferebant communi genere. Plautus in *Poenulo* :

quid sit, cuiatis, unde sit, ne parseris.
— *Quid est ? cuiates estis ? aut quo ex oppido*[a] *?*

Pte quoque ea sola in eodem ablatiuo assumere solent : *meapte*, *tuapte*, *suapte*, 30
nostrapte, *uestrapte*.

Sed si quem forte tangit quod in fine sit *cum* praepositio, in | compositione autem plus dicatur ualere ea pars, quae in fine sit, sciat[b] quod coniunctiones et praepositiones et aduerbia uim nominum uel pronominum ante se positorum in compositione non mutant, ut *uterque*, *quisque*, *quicumque*, *qualiscumque*, *totidem*, *idem*, *tantundem*, cuius genetiuus solus ex obliquis in usu inuenitur, *tantidem* (Terentius in *adelphis* :

tantidem emptam),

quod quamuis uideatur pro *eiusdem* poni, tamen significat quantitatem, quae in pronomine esse minime potest, quod substantiam solum, ut saepe diximus, significat. Est igitur nomen, quomodo et simplex eius, *tantus tanta tantum*.
596 Vsus quoque hoc confirmat. *Tantidem* dixit *emptam*, | quantitatem similem pretii ostendens. *Tantundem* ergo nihil aliud significat nisi relationem et similitudinem quantitatis, quod etiam si posset pro *idem* accipi, non tamen iam et pronomen esset. Non enim id quod pro aliquo accipitur omnimodo etiam ex eadem specie accipiendum est[c].

Componuntur nomina cum pronominibus, ut *huiusmodi*, *istiusmodi*, 31
huiuscemodi, sicut et apud Graecos αὐτοκασίγνητος, αὐτοδίδακτος, φίλαυτος, et sunt omnia nomina, etiam quae in fine pronomen habuerint : cum enim qualitatem significant, pronomina esse non possunt. Componuntur etiam cum aduerbiis pronomina[d] : *eccum*, *eccam*, *eccos*, *eccas*, *ellum*;

a. *qui sit...* | *auo. quoiates estis* Plautus (ed. Lindsay). Cf. *GL* 3, 122.17-18.
b. *Cf.* Apollonius Dyscolus *Pron.* 30.2, 32.4-5, 64.21-22 S.
c. *Cf.* Apollonius Dyscolus *Pron.* 7.8-19 et 64.3-7 S.
d. *Cf.* Apollonius Dyscolus *Pron.* 63.2-4 S.

[quand bien même ce meurtre ferait l'objet d'une accusation, qu'on en accuse celui qui y avait intérêt, non celui qui n'y avait aucun intérêt, frg. 6 Crawford] (l'ethnique[111] correspondant était non seulement *cuias*, mais également *cuiatis*, de genre commun : Plaute dans le *Poenulus*, *quid sit, cuiatis, unde sit, ne parseris. /. — quid est ? cuiates estis ? aut quo ex oppido ?* [... ce que c'est, de quel pays, de quel endroit il est, n'épargne pas les questions. — qu'est-ce que c'est? de quel pays êtes-vous? et de quelle ville? *Poen.* 993-994]). || Ces 30
pronoms sont aussi les seuls, toujours à l'ablatif, à s'adjoindre *-pte* : *meapte*, *tuapte*, *suapte*, *nostrapte*, *uestrapte*.

Si l'on est surpris pourtant que la préposition *cum* se trouve à la fin, alors qu'on dit que dans les composés c'est la partie finale qui a le plus d'importance[112], il faut savoir qu'en composition les conjonctions, les prépositions et les adverbes ne modifient pas le statut des noms ou pronoms placés avant eux : ainsi *uterque*, *quisque*, *quicumque*, *qualiscumque*, *totidem*, *idem*, *tantundem*[113]. Pour ce dernier, parmi ses cas obliques, seul le génitif *tantidem* est usité, Térence dans les *Adelphes* : *tantidem emptam* [payée juste autant, *Ad.* 199] ; cette forme, tout en paraissant employée à la place de *eiusdem*, signifie cependant la quantité, laquelle n'a pas du tout sa place dans un pronom, qui, comme nous l'avons souvent dit[114], n'exprime que la substance – et donc *tantidem* est un nom, comme l'est aussi la forme simple dont il procède, *tantus*, *tanta*, *tantum*. L'usage le montre bien, lui aussi : on a dit
596 *tantidem emptam* | en indiquant une quantité d'argent identique. *Tantundem* ne signifie donc rien d'autre qu'un rapport d'identité quantitative, et même si cette forme pouvait être employée à la place de *idem*, cela n'en ferait toujours pas un pronom : ce qui est employé à la place d'un élément ne doit pas pour autant être considéré comme relevant de la même catégorie que cet élément[115].

Des noms forment des composés avec des pronoms, comme *huiusmodi*, 31
istiusmodi, *huiuscemodi* [de ce genre][116], et comme en grec *autokasignêtos* [son propre frère], *autodidaktos* [qui s'est instruit lui-même], *philautos* [amoureux de soi-même]. Tous sont des noms, même ceux qui ont reçu le pronom dans leur partie finale[117]. Dès lors en effet qu'ils signifient une qualité, ils ne peuvent pas être des pronoms. Des pronoms entrent également en composition avec des adverbes : *eccum*, *eccam*, *eccos*, *eccas*, *ellum*[118],

111. Sur *gentile*, cf. *supra*, 581.11 et note 21 ; pour la forme en *-atis*, voir 586.26-587.1.

112. C'est notamment l'enseignement d'Apollonius, *cf.* par exemple *Synt.* 2, 163.

113. Priscien voit dans la syllabe finale des trois derniers termes, *totidem*, *idem*, *tantundem*, la forme « altérée » de l'adverbe *dem[um]*, cf. *supra*, 589.14-15. Les exemples précédents illustrent la présence de la préposition *cum* et de la conjonction *-que*. Pour une autre interprétation que par la conjonction *-que*, *cf.* livre 14, *GL* 3, 25.10-22 et note 8, et 52.26-53.3.

114. Cf. *supra*, 585.28-586.2 et notes 58 et 59, ainsi que, plus rapidement, 588.6-7.

115. Cet argument remonte à Apollonius, cf. *Synt.* 1, 145-147, et, de façon plus développée, *Pron.* 7.8-19. Sur le statut nominal de *tantus*, cf. *infra*, livre 13, *GL* 3, 21.11-22.3.

116. Sur le statut de composés de ces formes, *cf.* livre 6, *GL* 2, 205.16-19.

117. *Cf.* Apollonius, *Pron.* 63.2-4 (où la problématique est néanmoins différente).

118. Pour l'analyse de ces formes, cf. *supra*, 593.25-594.14.

cum praepositione etiam secundum Donatum[a] : *mecum*, *tecum*. Nec mirum per singulos quosdam casus ea componi, quomodo et *meme*, *tete*, *sese*, cum nomina quoque supra dicta per genetiuos composita sint solos ; quos enim casus separata per appositionem habere exigebat structura, eos in compositione seruauere. Quid est enim *eiusmodi* nisi | *modi eius*? *eccum* nisi *ecce eum*? *mecum* nisi *cum me*? quod uetustissimis erat in usu, sicut supra dictum est.

De nvmero

Numerus pronominibus accidit, qui et nominibus et uerbis et participiis, id est 32
singularis et pluralis. Sola enim declinabilia possunt habere ex | eisdem uocibus tam singularem quam pluralem numerum, id est quae sub personas finitas cadere solent, sine quibus numeri declinabiles, id est singulares et plurales, inueniri non possunt. Itaque si careat uerbum persona, quod dictum est iam, caret necessario etiam numero, ut infinita et impersonalia et gerundia.

a. *Cf.* Donatus *Mai.* 641.13-14 H. *personalia* [sc. *aduerbia*], *ut* mecum, tecum, secum, nobiscum, uobiscum.

et avec une préposition, même selon Donat : *mecum, tecum*[119]. Il n'est pas surprenant que ces composés ne soient formés que sur la base de tel ou tel cas en particulier, comme également *meme, tete, sese*, puisque les noms composés précédemment cités ont eux-mêmes été formés uniquement sur la base de génitifs. Les cas voulus par la construction des éléments juxtaposés sont en effet ceux-là même qui ont été maintenus en composition. Qu'est-ce en effet que *eiusmodi* sinon *modi eius*? *eccum* sinon *ecce eum?* *mecum* sinon *cum me* (ce qui, comme il a été dit plus haut[120], était usité chez les auteurs les plus anciens) ?

Le nombre

Le nombre, c'est-à-dire le singulier et le pluriel, est une caractéristique des 32
pronoms comme il l'est aussi des noms, des verbes et des participes. Seul en effet ce qui se fléchit peut comporter aussi bien le singulier que le pluriel dans les mêmes mots – ce qui se fléchit, c'est-à-dire ce qui est ordinairement déterminé en personne : sans cette détermination, on ne peut trouver de variations flexionnelles en nombre, c'est-à-dire des singuliers et des pluriels[121]. C'est pourquoi, si une forme verbale ne relève pas de la catégorie de la personne, alors nécessairement, comme il a déjà été dit, elle ne relève pas non plus du nombre, ainsi pour les infinitifs, les impersonnels et les gérondifs.

119. Donat, *Mai.* 641.13-14 H., présente les formes *mecum, tecum*, etc., comme des *aduerbia personalia*, et en 648.7 il précise que ces adverbes résultent de la composition de pronoms et d'une préposition. Le désaccord que suggère ici Priscien en citant Donat est justifié par l'interprétation de ces formes comme adverbes, mais il est encore accentué par le fait que dans le présent livre Priscien, tout en reconnaissant encore qu'il s'agit de composés (*cf.* 596.10-16), pose les jalons de leur interprétation par l'enclise (voir *supra*, 595.2-4 et note 108), qu'il distingue nettement de la composition (*cf.* déjà dans le livre 5, *GL* 2, 183.14-18). Dans le livre 14, Priscien ne reconnaît plus que cette interprétation par l'enclise (cf. *GL* 3, 39.17-21 et note 62).

120. *Cf.* 594.20.

121. La relation entre nombre et personne apparaît ici clairement comme hiérarchisée, la catégorie du nombre dépendant de celle de la personne, comme la référence au verbe le confirme (pas de formes verbales au singulier ou au pluriel en dehors des formes personnelles, *cf.* Apollonius, *Synt.* 3, 59). Cela étant, la formulation alambiquée employée ici (*<declinabilia>… quae sub personas finitas cadere solent*), qui reprend des éléments d'une mise au point faite au livre 5 à propos du nombre des noms, *GL* 2, 173.5-6 (*numeros autem hae habent dictiones quae personas quoque habent uel finitas uel infinitas, id est nomina, uerba, participia, pronomina*), est l'indice, dans la grille d'analyse de Priscien, d'une difficulté théorique à laquelle le grammairien se heurte sans chercher à la résoudre. Le nom en effet n'a pas parmi ses catégories celle de la personne (*cf.* par exemple *GL* 2, 57.8) – dans la mesure où cette partie du discours ne comporte pas d'oppositions morpho-sémantiques interprétables en termes de personnes (ce qui serait le cas si les noms se répartissaient entre les trois personnes); néanmoins, selon Priscien, les noms relèvent en eux-mêmes (sc. hors de toute association particulière) de la 3e personne, et de la 2e lorsqu'ils sont au vocatif (*cf.* entre autres livre 17, *GL* 3, 150.4-8) : ils sont donc déterminés en termes de personne (d'où la formule employée ici : *sub personas finitas cadere solent*, qui inclut les noms), alors même qu'ils ne relèvent pas de la catégorie de la personne. Même situation pour les participes (cf. *GL* 3, 1.6-7).

Principales igitur duae partes, nomen et | uerbum, et quae loco eorum funguntur, hoc est participium et pronomen, supra dictos numeros habent in declinatione. Aliae autem quattuor partes, hoc est praepositio, coniunctio, aduerbium, interiectio, declinatione carentes numeros supra dictos habere non possunt.

597 Quamuis igitur aduerbia sunt | quaedam numerorum, tamen non ex eadem uoce singularem et pluralem significant nec ad personas uel singulas singularem uel plures pluralem, quomodo supra dictae partes, reddunt numeros, sed similiter uel uni uel pluribus eadem adiunguntur, siue singularis sint numeri siue pluralis, ut | *semel facio, facis, facit, facimus, facitis, faciunt*, similiter *bis, quater, saepe*, cum declinabiles partes necessario sibi adiunctae eosdem numeros seruant, ut *facimus nos, faciunt homines, faciunt scribentes* : ecce omnes plurales. Et iterum *facio ego, facit homo, facit scribens* : en ubique singularibus utimur.

Cum igitur duo in pronomine quoque, quomodo in | nomine, sint numeri, **33**
singularis et pluralis, sunt quaedam numero communia, ut *idem*, dicimus enim *idem uir* et *idem uiri*; sunt alia non solum numero, sed etiam diuerso genere communia, ut *haec mulier* et *haec mancipia*.

Possessiua autem, quemadmodum iam diximus, duplicem significant numerum. Et intrinsecus quidem eundem habent quem primitiua | eorum, extrinsecus autem pro terminationis forma singularem et pluralem : *meus mei, noster nostri*. Vnde *suus*, quia et primitiuum eius utriusque est numeri commune, id quoque intrinsecus utriusque est numeri commune tam per singularem quam pluralem declinationem : dicimus enim *suus illius* et *suus illorum*.

Ce sont donc les deux parties du discours principales, le nom et le verbe, et celles qui ont pour fonction d'en tenir lieu, c'est-à-dire le participe et le pronom, qui ont les nombres précédemment cités dans leur flexion. Les quatre autres en revanche, c'est-à-dire la préposition, la conjonction, l'adverbe, l'interjection, dans la mesure où elles ne sont pas fléchies, ne peuvent avoir les nombres précédemment cités.

597 Par conséquent[122], quoiqu'il y ait des adverbes | de nombre, ils n'expriment pas singulier et pluriel dans un même mot, et, contrairement aux parties du discours précédemment citées, ils ne font pas correspondre le nombre qu'ils expriment avec les personnes, singulier avec singulier, pluriel avec pluriel : au contraire, ces adverbes, qu'ils relèvent du singulier ou du pluriel, s'associent indistinctement à une ou à plusieurs personnes, comme *semel facio*, *facis*, *facit*, *facimus*, *facitis*, *faciunt* [j'agis, tu agis, il agit, nous agissons, vous agissez, ils agissent une fois], et de même *bis*, *quater*, *saepe* [deux fois, quatre fois, souvent], alors que les parties du discours à flexion qui se combinent les unes avec les autres maintiennent nécessairement les mêmes nombres entre elles : dans *facimus nos*, *faciunt homines*, *faciunt scribentes* [nous agissons, les hommes agissent, ceux qui écrivent agissent], tout est ici au pluriel, et derechef dans *facio ego*, *facit homo*, *facit scribens* [j'agis, l'homme agit, celui qui écrit agit], nous employons là des singuliers partout.

Dès lors donc qu'il y a dans le pronom, comme dans le nom, deux 33
nombres, le singulier et le pluriel, certaines formes sont communes à ces deux nombres, comme *idem* : nous disons en effet *idem uir* et *idem uiri* [le même homme / les mêmes hommes] ; d'autres sont communes non seulement aux deux nombres, mais également à des genres différents, comme *haec mulier* (fém. sg.) et *haec mancipia* (n. pl.) [cette femme / ces esclaves].

Par ailleurs, les possessifs, comme nous l'avons déjà dit, signifient le nombre de deux façons [123] : du côté interne ils ont le même nombre que leurs primaires [124], et du côté externe ils sont au singulier ou au pluriel selon la forme de leur terminaison : *meus mei*, *noster nostri* [mon mes / notre nos]. De ce fait, son primaire étant lui-même commun aux deux nombres, *suus* est également commun à ces deux nombres, du côté interne, aussi bien au singulier qu'au pluriel : nous disons en effet *suus illius* et *suus illorum* [son / leur].

122. Les précisions précédentes sur le rapport des parties du discours au nombre conduisent Priscien à distinguer le nombre comme catégorie grammaticale, caractérisée par l'opposition du singulier et du pluriel, et le nombre comme catégorie sémantique, incluant toute référence à un nombre. Le principe syntaxique d'alignement, qui sera largement développé dans le livre 17 (*cf.* l'*Introduction* à ce livre, section 6), se dessine déjà ici, au moins en creux, puisque la différence entre ces deux aspects du nombre est marquée par la non-correspondance (cf. *nec ad... reddunt*, 597.2-3) entre référence sémantique et catégorie grammaticale : un adverbe comme *semel* [une fois] peut être associé (cf. *adiungi*, 597.4) indifféremment à un verbe au singulier ou au pluriel. Remarques comparables à propos du temps dans les *participia* et les *nomina temporalia* au début du livre 11, 549.21-550.1.

123. Priscien résume ici le développement de 580.21-581.7.

124. C'est-à-dire qu'ils réfèrent à un singulier dans *me-us*, *tu-us*, à un pluriel dans *nos-ter*, *ues-ter*, et à l'un ou à l'autre dans *su-us*, comme il est indiqué ensuite.

PLAN DU LIVRE 13

De pronomine (2)

- Cas (1.1-14.17)
  - Introduction : le nombre de formes casuelles dans les déclinaisons pronominales (1.1-2.24)
  - 1er type de déclinaison (à génitif *-i* /*-is*) (2.25-4.3)
    - Question annexe 1 : génitif des possessifs et génitif des primaires (4.4-4.23)
    - Question annexe 2 : nominatif et réfléchis (4.24-5.16)
  - 2e type de déclinaison (à génitif *-ius*) (5.17-7.4)
    - Annexe 1 : les noms à déclinaison pronominale (7.5-8.20)
    - Annexe 2 : cas particulier de *qui(s)* (8.21-9.25)
    - Annexe 3 : réalisation syllabique dans le 2e type de déclinaison (9.26-11.1)
  - 3e type de déclinaison (sur le modèle des noms en *-us*, *-a*, *-um*) (11.2-14)
  - 4e type de déclinaison (sur le modèle des noms de la 3e déclinaison) (11.15-18)
  - Annexes à propos du nominatif et du vocatif (11.19-14.17) :
    - Statut de *o* (11.19-12.16)
    - Nominatif et vocatif aux 3 personnes (12.17-13.11)
    - Nominatif, vocatif et coordination (13.12-27)
    - Formes de nominatif sans vocatif correspondant (13.28-14.6)
    - Sens absolu du nominatif des pronoms (14.6-17)

Compléments à la présentation des accidents du pronom (14.18-23.10)

- *Sui* et les autres formes du réfléchi de 3e personne (14.18-19.18)
  - Spécificité du pronom *sui* (14.18-15.5)
  - Réfléchi et transition des personnes : la question du nominatif du réfléchi (15.6-19.18)
- *Quis* et les termes du même type (19.19-22.11)
  - Pronoms ou noms ? (19.19-21.10)
  - Deixis pronominale et deixis nominale (21.11-22.20)
- *Alius*, *alter* et les termes assimilés (22.21-23.10)

LIBER TERTIVSDECIMVS

De pronomine

Casus quoque accidit pronominibus, quemadmodum nominibus. 1

Et prima quidem persona et tertia plus quinque casibus habere non possunt, quippe cum uocatiuus in eis nullo modo possit inueniri, qui | proprius est secundae, quae sola habens uocatiuum sex casus potest habere, scilicet ad quam sermo rectus dirigitur. Vnde nomina quoque et participia in uocatiuo casu secundae sunt personae sine dubio et finitae. Itaque etiam in appellatiuis nominibus ipsa demonstratione secundae personae propriorum loco fungi uidentur in eo casu, ut si dicam *grammatice*, | neminem alium significo nisi eum ad quem loquor. Si igitur in illis partibus quae tertiae sunt plerumque personae, tanta uis est uocatiui ut transferat illas ad secundam personam, quomodo in pronomine quod totum est secundae personae, hic deficiat casus uel ad aliam transferatur personam, cum nulla alia pars sic discernat trium personarum differentias, quomodo | pronomen ?

LIVRE 13

LE PRONOM (SUITE)

LES CAS

1 Le cas aussi est une caractéristique des pronoms, tout comme des noms. 1

Cas et personne : la question du vocatif

La 1re et la 3e personne ne peuvent avoir plus de cinq cas puisqu'il est absolument impossible qu'elles aient un vocatif : ce cas est propre à la 2e personne, et celle-ci, pourvue de ce vocatif dès lors que c'est à elle qu'on s'adresse directement[1], est la seule à pouvoir avoir six cas. Il s'ensuit que les noms aussi et les participes, quand ils sont au vocatif, sont incontestablement à la 2e personne, c'est-à-dire à une personne déterminée. C'est pourquoi, même quand il s'agit de noms appellatifs, il apparaît que ces 2e personnes, du fait même de leur caractère déictique, fonctionnent comme des noms propres – au vocatif : si par exemple je dis *grammatice* [ô grammairien !], ce qui est signifié, c'est une personne particulière, celle à qui je parle. Si donc, pour ces parties du discours qui sont globalement à la 3e personne, la valeur du vocatif est assez forte pour les faire passer à la 2e, comment serait-il possible pour le pronom qui est tout entier à la 2e personne, que ce cas manque ou qu'il y ait passage à une autre personne, alors même qu'aucune autre partie du discours ne marque aussi nettement que le pronom les différences entre les trois personnes[2] ?

1. Sur la formule *ad quam sermo rectus dirigitur*, cf. *supra*, livre 12, *GL* 2, 584.12-13, également à propos de la 2e personne, *ad quam directo sermone loquitur*. *Rectus sermo* indique que le propos est tenu « sans détours », « directement », et cette tournure apparaît dans d'autres textes grammaticaux, *cf.* Donat, *Mai.* 660.8-9 H. (et la définition proposée, Holtz 1981 : 170 note 1), mais dans des contextes différents.

2. Le problème soulevé ici s'entend dans le cadre de la question, classique dans la grammaire ancienne, de savoir si le pronom de 2e personne, *tu*, est seulement au nominatif ou également au vocatif, *cf.* livre 17, *GL* 3, 202.8-25 et Apollonius, *Pron.* 51.18-53.8.

Primae quoque personae possessiuum, quod solum etiam secundae potest **2**
adiungi personae, sicut supra dictum est, habet uocatiuum, non possessoris, qui est in prima persona, quae intrinsecus secundum genetiuum intellegitur primitiui, sed possessionis, quae cum extrinsecus declinatur, uocatiuum quoque propter secundam assumit personam, cum ad | eam dirigatur. Terentius in *Andria* :

pater mi [a].

Idem in *eunucho* :

o mea tu [b].

In eodem :

o mea Thais,
meum sauium [c].

2 Idem in *adelphis* :

o noster Demea.

Nostras quoque gentile eundem habet nominatiuum et uocatiuum. Alia uero, sicut docuimus, possessiua pronomina, quia secundae adiungi non | possunt, carent uocatiuo.

a. *mi pater* Terentius (ed. Kauer & Lindsay). Cf. *GL* 3, 166.7-8 (*mi pater*).
b. Cf. *supra*, 582.18.
c. *o Thais mea* Terentius (ed. Kauer & Lindsay). *Frg. Bob. nom. et pron.* 18.24-25 P. (*Thais mea meum suauium*).

Le possessif de 1re personne également, qui est le seul à pouvoir être 2
associé aussi à une 2e personne, comme il a été dit plus haut[3], a un vocatif, non celui du possesseur, qui est à la 1re personne (celle que l'on comprend par le côté interne, alignée sur le génitif du primaire[4]), mais celui du possédé : décliné du côté externe, il reçoit aussi un vocatif en raison de la 2e personne, du fait qu'il lui est adressé : Térence dans l'*Andrienne*, *pater mi* [ô mon père ! *And.* 889[5]] ; le même dans l'*Eunuque* : *o mea tu* [ma chère ! *Eun.* 664] ; dans le même texte : *o mea Thais, / meum sauium* [ma chère Thaïs, mon petit cœur !
2 *Eun.* 455-456] ; | le même dans les *Adelphes* : *o noster Demea* [notre cher Déméa ! *Ad.* 961]. L'ethnique *nostras*[6] [de chez nous] a lui aussi un nominatif et un vocatif identiques. En revanche, comme nous l'avons montré, les autres pronoms possessifs, ne pouvant être associés à une 2e personne, n'ont pas de vocatif[7].

3. Cf. *supra*, livre 12, *GL* 2, 582.13-22.

4. L'opposition *intrinsecus / extrinsecus*, « côté interne / côté externe », développée dans le livre 12, cf. *GL* 2, 580.16-581.8 et note 17, permet de localiser dans une forme comme *meus* ce qui concerne le possesseur (*me-*) et ce qui concerne le possédé (*-us*).

5. Citée à coup sûr de mémoire, l'*Andrienne* présente en fait, v. 889, avec reprise en 890, la séquence *mi pater*, alors que c'est dans les *Adelphes*, v. 901, que l'on trouve *pater mi*. Les exemples extraits de Térence cités dans ce passage se retrouvent, identiques ou proches, dans les livres 12 (*GL* 2, 582.17-20) et 17 (*GL* 3, 166.7-8 – cette fois sans aucune référence).

6. *Nostras* est évoqué dans le livre 12, avec *uestras*, comme pronom dérivé (*GL* 2, 577.11-12, 581.8-12 et note 21, 586.5 et 27), le seul « ethnique » (*gentile*) cité comme tel étant *cuias* (595.13-14). *Nostras* est un ethnique par métonymie (*nos* et *nostri* = *Romani* ou *Latini*, donc *nostras* [de chez nous] = *Romanus* ou *Latinus*), et ce sens vaut pour l'ensemble des dérivés construits avec ce suffixe.

7. Apollonius traite de cette question du vocatif des possessifs, *Pron.* 21.29-22.24, mais considère, lui, qu'on ne peut pas rejeter la possibilité théorique du vocatif de 3e personne (*sphetere*, 22.16-17).

Sunt igitur alia monoptota, ut *istuc*, *eccum*, *eccos*, *ellum*, *mecum*, *tecum*, *secum*, *nobiscum*, *uobiscum*; alia triptota, ut *sui, sibi, se*, *meum*, *tuum*, *suum*, *nostrum*, *uestrum*; alia tetraptota, ut *tuus*, *suus*, *illud*, *istud*; alia pentaptota, ut *ille*, *ipse*, *iste*. Nam hexaptota | pronomina non inueniuntur, quia secunda persona, in qua sola sex casus inueniri possunt, similem habet nominatiuo uocatiuum, ut Vergilius in IIII nominatiuum protulit :

tuque puerque tuus [a],

Terentius uocatiuum in *eunucho* :

o mea tu [b].

Deriuatiua quoque primae personae habent uocatiuos, quia possunt 3
secundae adiungi personae, ut dictum est, non tamen in omnibus uariantur casibus. Nec in nominibus tamen hoc inuenies nisi tribus quae nominatiuum in *us* et genetiuum in *ius* terminantia secundum quorundam pronominum | declinationem flectuntur. Vnde quidam decepti pronomina ea esse putauerunt, ut *unus unius*, *solus solius*, *totus totius*; nam *ullus*, *nullus*,

a. V. 93-94 : cf. *GL* 3, 310.7-8 ; Sacerdos *GL* 6, 461.15-16 ; Donatus 672.4-5 H. ; Pompeius *GL* 5, 310.34-35.

b. Cf. *supra*, 582.18.

Par conséquent, il y a des pronoms à forme unique [8], comme *istuc*, *eccum*, *eccos* [9], *ellum*, *mecum*, *tecum*, *secum*, *nobiscum*, *uobiscum* ; d'autres à trois formes, comme *sui / sibi / se* : c'est le cas de *meum* [10], *tuum*, *suum*, *nostrum*, *uestrum* ; d'autres à quatre formes, comme *tuus*, *suus*, *illud*, *istud* ; d'autres à cinq formes, comme *ille*, *ipse*, *iste*. En revanche, on ne trouve pas de pronoms à six formes, parce qu'à la 2 e personne, qui est la seule où il puisse y avoir six cas, le vocatif est identique au nominatif : Virgile a dit ainsi au nominatif, en IV, *tuque puerque tuus* [toi et ton fils, *Én.* 4, 94], et Térence au vocatif dans l'*Eunuque*, *o mea tu* [ma chère ! *Eun.* 664]. || Les dérivés, eux, ont aussi un 3
vocatif quand ils sont de la 1 re personne, comme on l'a dit, parce qu'ils peuvent s'associer à une 2 e personne, mais ils n'ont pas cependant des formes différentes à tous les cas. Cela étant, la différence de formes à chaque cas ne se trouvera pas non plus dans les noms – sauf dans trois qui, avec un nominatif à finale *-us* et un génitif à finale *-ius*, se fléchissent selon la déclinaison de certains pronoms, ce qui a conduit certains [11] à faire l'erreur de penser qu'il s'agissait de pronoms : il s'agit de *unus unius*, *solus solius*, *totus totius*. En revanche, *ullus*, *nullus*

8. Deux définitions sont données successivement des *monoptota* dans le chapitre du livre 5 consacré à la présentation générale des cas, *GL* 2, 183.20-191.16 : dans un premier temps, 184.15-27, seules sont concernées les formes nominales invariables, comme les noms de nombres ou de lettres, *mille* ou *alpha*, à quelque cas qu'elles soient employées ; dans un second temps en revanche, 187.16-188.2, Priscien ajoute que « certains » incluent également dans les *monoptota* les formes nominales isolées, employées à un seul cas, comme *huiusmodi* ou *istiusmodi*, qui ne constituent pas une série avec d'autres formes correspondant à d'autres cas. C'est cette dernière catégorie qui est clairement visée par les exemples cités ici, 2.6-7, parmi lesquels figurent, déjà évoqués au livre précédent, des pronoms composés, qui étant donné leur origine ne présentent qu'une forme casuelle : accusatif, à chacun des deux nombres, pour *eccum*, *eccos*, *ellum* (cf. *GL* 2, 594.5-14), ablatif pour *mecum*, *tecum*, etc., déterminé par la préposition *cum* postposée (594.15-22). Le premier exemple cité, *istuc*, pose un problème plus complexe. Priscien considère qu'il existe deux formes de nominatif-accusatif neutre singulier de *iste*, à savoir *istoc* et *istuc* (cf. *GL* 2, 589.13-14 vs 45.17), d'origines différentes : le premier résulte d'une *composition*, à second élément *hoc* (cf. *GL* 2, 589.13-14 et 590.14-22), le second d'une *adjonction*, en l'occurrence de la syllabe *-ce*, avec réduction de celle-ci par chute du *-e* final (*cf.* 593.10-15). Cette différence d'origine est manifestement constitutive aux yeux de Priscien de deux paradigmes distincts dans la flexion du neutre singulier de *iste* : celui des formes composées, et celui des formes augmentées. Or ce dernier paradigme, qui chez les *ueteres* comportait *istucce* et *istiusce* (cf. *GL* 2, 593, 14), s'est réduit ultérieurement à *istuc*, seul pris en compte par Priscien, et constitue donc un *monoptoton*. Le fait que cette forme corresponde à deux cas, alors que le *monoptoton* est censé correspondre à un *casus unus* (cf. *GL* 2, 188.1-2) ne constitue pas un obstacle : au neutre, l'identité formelle de ces deux cas fait qu'il est admis qu'il ne s'agit que d'une seule forme (cf. *GL* 2, 590.16-17, que confirme l'intégration de *meum* aux *triptota*, voir *infra*, 2.8 et note 10).

9. Le classement de 2.6-18 est fondé sur le décompte des formes casuelles nombre par nombre – croisé, pour les pronoms à plusieurs genres, avec le dénombrement par genres –, comme celui établi pour les noms au livre 5, *GL* 2, 187.15-189.4. C'est pour cette raison que *eccum* et *eccos* sont considérés comme constituant deux pronoms *monoptota*, et non pas un seul pronom à deux formes.

10. De même que le primaire de 3 e personne (*sui*, *sibi*, *se*), chaque neutre singulier des dérivés possessifs constitue un paradigme à trois formes (*triptotum*) : *meum*, *mei*, *meo* ; *tuum*, *tui*, *tuo*, etc.

11. *Cf.* livre 2, *GL* 2, 55.13-28, où Priscien précise les éléments de ce débat (repris à la fin du présent livre, en 19.26-20.16). Les trois noms en question ont une forme différente à chaque cas – du moins au masculin singulier : *unus*, *-e*, *-um*, *-ius*, *-i*, *-o*.

alius uocatiuos habere non possunt, cum abnegant praesentium demonstrationem personarum, uocatiuus autem praesentem solet demonstrare personam [a].

Sunt igitur in pronominibus modi declinationum quattuor. **4**

Primus, qui in tribus primitiuorum personis cernitur per obliquos casus (nam nominatiuus primae personae dissonus est a genetiuo, tertiae uero deficit), ut *ego mei* uel *mis*, *tu tui* uel *tis*, *sui* quod debuit secundum analogiam esse *sui* uel *sis*, quod dubitationis causa ne uerbum esse | putetur, recusauerunt proferre. Nam ad Graecorum imitationem his quoque utimur duplicibus
3 genetiuis pronominum [b], apud illos enim ἐμοῦ et ἐμοῦς | dorice et σοῦ et σοῦς et οὗ et οὗς dici solet. In ους autem desinens genetiuus solet apud nos in *is* definiri, ut Δημοσθένους *Demosthenis*, Ἑρμογένους *Hermogenis*, in ου uero in *i* : Πριάμου *Priami*, Κύρου *Cyri*. Sic ergo ἐμοῦ, σοῦ, οὗ *mei*, *tui*, *sui*, ἐμοῦς *δὲ* σοῦς, οὗς *mis*, *tis*, | *sis*. Sed propter supra dictam causam tacitus est tertiae huiuscemodi genetiuus. Ennius in II :

ingens cura mis concordibus aequiperare [c],

mis dixit pro *mei*. Datiuus *mihi*, *tibi*, *sibi*. Nec mirum in easdem uocales genetiuum et datiuum exire, cum in nominibus quoque inueniantur | similiter desinentes genetiui et datiui tam in prima quam in quinta declinatione. Accusatiuus *me*, *te*, *se*. || Ablatiuus similis est accusatiuo in singulari numero; **5**
nec dubium hoc quoque a Graecis esse acceptum. Illi enim ἐμέθεν, σέθεν, ἕθεν

a. *Cf.* Apollonius Dyscolus *Pron.* 33.13-16 S.
b. *Cf.* Apollonius Dyscolus *Pron.* 74.10, 74.24, 77.5 S.
c. *ingens cura †mis cum† concordibus aequiperare* Ennius (ed. Skutsch).

et *alius* ne peuvent avoir de vocatif, puisqu'ils expriment négativement l'indication de personnes présentes, alors qu'en règle générale le vocatif indique sous forme positive une personne présente[12].

Or donc, il y a quatre types de déclinaison dans les pronoms. 4

Premier type de déclinaison

Le premier, on le dégage des cas obliques dans les primaires des trois personnes (parce que le nominatif de la 1re personne est hétérogène par rapport au génitif et que celui de la 3e personne manque), ainsi pour *ego* : *mei* ou *mis*; pour *tu* : *tui* ou *tis*; et pour *sui*, il aurait dû y avoir par analogie *sui* ou *sis* – qu'on s'est cependant refusé à employer pour éviter qu'on se demande s'il ne s'agissait pas de la forme verbale[13]. C'est en effet à l'imitation des Grecs que nous utilisons aussi ces doubles génitifs de pronoms : on dit chez eux *emou* et,
3 en dorien, *emous*, et de même *sou* et *sous*, *hou* et *hous*[14]. Or le génitif qui se termine en *-ous* a chez nous en règle générale une finale *-is*, comme *Dêmosthenous* / *Demosthenis*, *Hermogenous* / *Hermogenis*, cependant que celui qui se termine en *-ou* est en *-i* : *Priamou* / *Priami*, *Kurou* / *Cyri*. Et de même, donc, *emou sou hou* / *mei tui sui*, et *emous sous hous* / *mis tis sis* (mais, pour la raison indiquée ci-dessus, ce dernier type de génitif de la 3e personne reste virtuel) : Ennius en II, *ingens cura mis concordibus aequiperare* [inquiétude immense : avoir le même sort que mes frères, *Ann.* 133 Skutsch] – il a dit *mis* avec la valeur de *mei*. Le datif est *mihi*, *tibi*, *sibi* : rien d'étonnant à ce que le génitif et le datif se terminent par la même voyelle dès lors que dans les noms aussi on trouve des génitifs et des datifs avec la même terminaison, aussi
bien à la 1re qu'à la 5e déclinaison. L'accusatif est *me*, *te*, *se* || et l'ablatif est 5
identique à l'accusatif au singulier – ce qui, indubitablement, vient aussi des Grecs. Ils emploient en effet en guise de génitifs *emethen*, *sethen*, *hethen*[15],

12. Cf. *infra*, 22.21-23, où l'*abnegatio* exprimée par *alius* correspond à *neque ego neque tu*.

13. Parmi les formes archaïques de génitif *mis*, *tis*, *sis*, celle de 1re personne n'apparaît que dans le vers d'Ennius cité 3.7, dont Priscien est la seule source; celle de 2e personne, *tis*, est rare mais attestée (Plaute, *Mil.* 1033, *Pseud.* 6, *Trin.* 343); celle de 3e personne, *sis*, n'a d'autre témoin que ce passage de Priscien (la forme verbale avec laquelle elle risquerait d'être confondue est la 2e personne du singulier du subjonctif présent du verbe *sum*). La présentation de deux formes de génitif pour les pronoms de 1re et 2e personnes apparaît chez d'autres grammairiens latins, *cf.* Donat, *Min.*, 588.19 et 21 H.

14. *Cf.* Apollonius, *Pron.* 74.10-75.11 pour les deux premières personnes, et 77.5-9 pour la troisième. Il est à remarquer que pour justifier le rapprochement avec le grec, Priscien recourt ici à des formes dialectales, qui par définition n'apparaissent pas dans les mêmes contextes. D'autre part, les formes de 2e et de 3e personne mentionnées par Priscien s'écartent dans le détail de celles que donne le traité d'Apollonius : comme formes doriennes en *-ous*, ce dernier cite pour la 2e personne *teous* et *tious* (et non *sous*), et pour la 3e personne *heous* (et non *hous*). Cf. *Introduction*, section 7 : *Le pronom, sources grecques*.

15. Apollonius aborde à plusieurs reprises la question des dérivés en *-then* (*Adv.* 154.4-5, 155.23-25, 185.2-6, 186.1-8, 188.3-4, 195.9-17, 207.20-209.4; *Pron.* 66.3-67.22; *Synt.* 2, 50), et un fragment d'Hérodien (*GG* 3/1, 201.12) y fait également référence, où ce grammairien considère, comme Priscien, que des accusatifs sont à la base de ces dérivés (*emethen* < *eme-*).

accusatiuos cum adiectione proferentes loco genetiui accipiunt eumque quidam ex ipsis sextum esse casum existimauerunt. Nec | non etiam in nominibus simili modo plurima inueniuntur prolata, οὐρανόθεν *ἀπ'* οὐρανοῦ, οἴκοθεν *ἀπ'* οἴκου, et cum praepositione ἐξ οὐρανόθεν *καὶ* ἐξ οἴκοθεν. Vnde Romani sextum casum assumpserunt.

qui sont les formes d'accusatif avec l'adjonction d'un élément, et certains chez eux [16] ont jugé qu'il s'agissait là d'un sixième cas [17]. Dans les noms aussi on trouve fréquemment le même type de formes : *ouranothen* [du ciel] à partir de *ouranos* [ciel] [18], *oikothen* [de la maison] à partir de *oikos* [maison], et, avec préposition, *ex ouranothen* et *ex oikothen* [19]. C'est de là que les Romains ont tiré leur sixième cas.

Apollonius de son côté se fonde le plus souvent sur la valeur de génitif attribuée à ces dérivés et considère qu'ils sont bâtis sur des formes à ce cas. Il rend ainsi compte de *oikothen* à partir de *oikou*, en supposant la chute du *-u* final, ou de *emethen* à partir de *eme(u)* (forme de génitif attestée en ionien et en dorien). Surtout, il affirme (dans *Pron.* 66.3-67.22) que ces dérivés relèvent des mêmes parties du discours que leur base et conteste ainsi l'interprétation adverbiale qui en était parfois donnée, pour y voir au contraire des variantes de génitifs. Par ailleurs, il considère que le sens du suffixe *-then* équivaut à celui de la préposition *ex* (cf. *Synt.* 2, 50), ce qui lui fait condamner les tournures du type *ex oikothen*, jugées pléonastiques, qu'il n'admet qu'en contexte poétique (*cf.* Lallot 1997, 2 : 337 et 340, notes 49 et 64). Priscien reprend certains éléments de cette argumentation, mais sans se référer à Apollonius et dans une perspective tout à fait différente (voir *infra*, note 17).

16. Ces Grecs sont également évoqués au livre 5 (*GL* 2, 187.7-14), où Priscien propose de voir dans les *uetustissimi Graecorum grammatici* les véritables inventeurs d'un « sixième cas », identifié en grec dans les formes *ouranothen*, *emethen*, *sethen*, *hethen*, les mêmes que celles qui sont évoquées ici. Aucune précision n'est apportée sur ces grammairiens grecs qui auraient cherché dans la langue grecque l'origine réelle de ce qui pouvait apparaître comme spécifiquement romain, mais il est vraisemblable que ce genre de préoccupations est apparue chez les grammairiens qui, à la fin de la République et au début de l'Empire, identifiaient le latin au dialecte grec éolien, *cf.* livre 14, note 14, et Briquel 2001.

17. Dans la présentation de la flexion de *ego*, *tu*, *sui*, Priscien, arrivé à l'ablatif (3.11), formellement semblable à l'accusatif, se préoccupe de justifier cette identité. Il le fait à partir du grec, qui offre le couple *eme / eme-then*, où Priscien voit l'exemple d'une forme casuelle en engendrant une autre : il présente ce couple comme formé d'un accusatif (*eme*) engendrant un substitut de génitif (*emethen*). Il renforce en outre sa démonstration en l'élargissant au domaine nominal (3.14), où on retrouve cette formation par ajout de *-then* (cf. *ourano-then*) : ces formes nominales sont elles-mêmes susceptibles d'un emploi comme cas autonome puisqu'on les trouve avec préposition : *ex ouranothen* (c'est-à-dire également comme génitif). Ce principe de formes casuelles de base (*eme*, *se*, *he* en l'occurrence) engendrant d'autres formes potentiellement casuelles (*emethen*, *sethen*, *hethen*) sert de matrice à l'idée que l'ablatif latin est le produit de ce mécanisme, et se trouve donc précisément à la place qu'occupent en grec les formes en *-then*. Ce rapprochement des dérivés en *-then* et de l'ablatif latin, qui justifie le parallélisme entre les couples gr. *eme* / *emethen* et lat. *me* / *me*, est implicitement appuyé par le rapprochement entre le génitif grec et l'ablatif latin, dont certaines valeurs sont communes, et par la référence à la préposition *ex*, dans la tournure *ex ouranothen* / *ex oikothen*. Non seulement en effet cette préposition est employée en grec avec le génitif et en latin avec l'ablatif (comme Priscien le relève par ailleurs, *cf.* livres 5, *GL* 2, 187.10-14, et 18, *GL* 3, 287.11-19 et note 298), mais son emploi dans *ex ouranothen*, concurremment à *ouranothen*, ouvre la voie à l'emploi du nouveau cas avec ou sans préposition, comme l'ablatif, alors que le génitif latin, à la différence du génitif grec, n'admet pas de préposition (comme Priscien le souligne à plusieurs reprises).

18. Dans l'élargissement de l'argument au domaine nominal (*cf.* note précédente), il ne s'agit plus de montrer précisément quelle est la base de la dérivation : il s'agit simplement de montrer qu'on passe d'une forme casuelle à une forme qui est elle-même susceptible de fonctionner comme forme casuelle autonome, d'où la formule *ap' ouranou*, qui peut viser aussi bien le mot *ouranos* que la forme de génitif *ouranou* ; sur la formation des termes en *-then* à partir de génitifs, cf. *supra*, note 15.

19. À la différence de Hertz, nous accentuons *oikothen* proparoxyton, comme l'indiquent Apollonius, *Adv.* 192.1-10, et Hérodien, *GG* 3/1, 500.12.

In plurali uero numero, quia tertia persona, id est *sui*, tam singularis
communis est quam pluralis numeri, prima et secunda sibi congruunt, *nos*
uos, *nostrum* uel *nostri uestrum* uel *uestri*, *nobis uobis*, *nos uos*, *a nobis a*
uobis. Ex primis igitur syllabis tam primitiuorum quam possessiuorum
personae intelleguntur, ab extremis casus et numeri, nec non etiam in
4 possessiuis genera, quae in possessione sunt, cum uerba soleant | personas in
fine magis ostendere : *amo amas amat*. || Quod igitur habent nominum, id est **6**
casus et genera, in fine ostendunt; quod uero uerborum, in principalibus
syllabis uitandae causa confusionis [a].

Quaeritur inter *mei*, *tui*, *sui*, *nostri*, *uestri* genetiuos | possessiuorum et primitiuorum quid interest. Ad quod dicendum quod primitiuorum genetiuis omnes casus adiungi possunt et numeri, ut *mei ager est* et *mei agri instrumentum* et *mei agro dedi* et *mei agrum colo* ; similiter *mei agri* et *mei agrorum* et *mei agris* et *mei agros* dicimus ; similiter *tui agrum* et *tui agros*, *sui agrum* et *sui agros*, *nostri agrum* et *nostri agros*, *uestri agrum* et *uestri agros*. Quando autem sunt possessiua, genetiuis adiunguntur solis eiusdem numeri : *mei serui filius*,

a. *Cf.* Apollonius Dyscolus *Pron.* 104.1-16 S.

Au pluriel en revanche, du fait que la forme de 3 [e] personne, c'est-à-dire *sui*, vaut à la fois pour le singulier et pour le pluriel, seules les formes de 1 [re] et de 2 [e] personne sont homogènes [20] : *nos* / *uos*, *nostrum* ou *nostri* / *uestrum* ou *uestri*, *nobis* / *uobis*, *nos* / *uos*, *a nobis* / *a uobis*. Ainsi donc, c'est à partir de la syllabe initiale, tant dans les primaires que dans les possessifs, que l'on comprend les personnes, et à partir de la syllabe finale que l'on comprend les cas et les nombres (et même aussi, dans les possessifs, les genres, qui relèvent
4 du possédé), alors que les verbes | préfèrent indiquer les personnes en fin de
formes : *amo*, *amas*, *amat*. || Donc, ce qu'il y a de nominal dans les pronoms, 6
c'est-à-dire le cas et le genre, ils l'indiquent à la finale, et ce qu'il y a de verbal, ils l'indiquent dans les syllabes initiales, pour éviter toute confusion [21].

Génitif de possessifs et génitif de primaires

Une question se pose, à propos des génitifs *mei*, *tui*, *sui*, *nostri*, *uestri* : quelle différence y a-t-il entre possessifs et primaires [22] ? Il faut répondre à cela qu'on peut associer aux génitifs des primaires tous les cas et tous les nombres : *mei* [23] *ager* (nomin. sg.) *est*, *mei agri* (gén. sg.) *instrumentum*, *mei agro* (dat. sg.) *dedi*, *mei agrum* (acc. sg.) *colo* [c'est mon terrain / l'équipement de mon terrain / j'ai fait des frais pour mon terrain / je cultive mon terrain], et de même nous disons *mei agri* (nomin. pl.), *mei agrorum* (gén. pl.), *mei agris* (dat. pl.) et *mei agros* (acc. pl.) [mes terrains], ou encore *tui agrum* et *tui agros*, *sui agrum* et *sui agros*, *nostri agrum* et *nostri agros*, *uestri agrum* et *uestri agros* (acc. sg. / acc. pl.) [ton / tes, son ou leur / ses ou leurs, notre / nos, votre / vos terrain(s)]. En revanche, quand ce sont des possessifs, ils ne s'associent qu'à des génitifs du même nombre qu'eux [24] : *mei serui filius*,

20. L'« homogénéité » en question, exprimée par la formule *sibi congruunt*, repose sur la ressemblance formelle perceptible dans des séries comme *me* / *te* / *se*, ou *mei* / *tui* / *sui*. Cette homogénéité des pronoms primaires n'est entamée, au singulier, qu'au nominatif, *ego*, qui, lui, est « hétérogène » (*dissonus*, *cf.* 2.26-27). Au pluriel des pronoms considérés, du fait que la forme de 3 [e] personne, *sui*, est identique à ce qu'elle est au singulier, l'homogénéité en question ne concerne que les deux premières personnes (type *nos* / *uos*, *nostrum* / *uestrum*).

21. Sur cette localisation des variations flexionnelles, *cf.* Apollonius, *Pron.* 103.26-104.16 et *Synt.* 2, 2-4.

22. Cette question est également traitée dans le livre 17, *GL* 3, 173.21-174.25, de façon plus développée : Priscien y oppose la « possession simple » (exprimée par le génitif du primaire) et la « possession double » (exprimée par le génitif du possessif), et enchaîne sur l'article, qui permet en grec d'éviter les ambiguïtés du latin. Apollonius de son côté met en évidence les différences entre les deux tournures en *Synt.* 2, 117-123, notamment 120 et 122.

23. Ce type de tournure, déclinée sous la forme d'une chrie (*cf.* livre 18, note 53), avec le génitif du « primaire » plutôt que le possessif accordé (*mei ager* [litt. « le terrain de moi »] vs *ager meus* [mon terrain]) est rare en latin classique, mais usuel en grec, *cf.* livre 17, note 237, et *infra*, 18.10-11 (où sont présentés comme équivalents *emautou doulon etupsa* et *mei seruum cecidi*). L'absence d'ablatif dans toutes les séries d'exemples de ce paragraphe est due ou bien à l'identité des formes casuelles de datif / ablatif pour le terme considéré (*ager*), ou bien à l'influence du susbstrat grec des exemples choisis.

24. En l'occurrence à un génitif singulier, *serui*, complément des noms *filius*, *uestis*, *ministerium*, *frater*, *soror*, dans les séquences citées ici.

tui serui uestis, *sui serui ministerium*, *nostri serui frater*, *uestri serui soror*; nec mirum, cum in nominibus quoque hoc idem seruatur. Nam primitiuorum genetiuis omnes casus adiungi possunt uel | numeri, ut *Tullii ager*, *agri*, *agro*, *agrum*, *agri*, *agrorum*, *agris*, *agros*. In possessiuis uero similis casus adiungitur et numerus, ut *Tulliani agri*, *Tullianum agrum*, *Tullianos agros*[a].
In omnibus autem concidentibus hoc sciendum quod structura uel ordinatio 7
orationis dubitationem repellit. Nulla enim alia re discernuntur a se tam partes orationis quam accidentia eis | nisi significatione, ad quam et constructio fit. Nam inueniuntur uoce saepe similia, ut *amator*, *accusator*, *orator* et nomina sunt et uerba; similiter *poetae*, *Musae*, *diei*, *rei* et genetiui sunt et datiui. Significatione igitur discernuntur a se, quae attentissime est in omnibus inspicienda.

a. *Cf.* Apollonius Dyscolus *Pron.* 101.7-18 S.; *Synt.* 2, 120 (218.6-219.12 U.) et 122 (220.13-221.6 U.).

tui serui uestis, sui serui ministerium, nostri serui frater, uestri serui soror [le
fils de mon esclave / le vêtement de ton esclave / la fonction de son ou de leur
esclave / le frère de notre esclave / la sœur de votre esclave]. Cela n'a rien de
surprenant, puisqu'on observe ce même phénomène également avec les noms :
on peut associer aux génitifs des primaires tous les cas et tous les nombres,
comme dans *Tullii ager, agri, agro, agrum, agri, agrorum, agris, agros*
[*Tullius* au gén. sg. + *ager* au nomin., gén., dat., acc. sg. et pl., le(s) terrain(s)
de Cicéron], alors qu'avec les possessifs [25], on associe le même cas et le même
nombre, comme dans *Tulliani agri, Tullianum agrum, Tullianos agros*
[*Tullianus ager* au gén. sg., acc. sg., acc. pl., mêmes sens]. || En fait, s'agissant 7
de toutes les formes qui se trouvent être identiques [26], il faut savoir que c'est la
construction de l'énoncé, ou syntaxe [27], qui en lève l'ambiguïté. La seule chose
en effet qui distingue aussi bien les parties du discours que leurs accidents,
c'est leur sens, qui détermine aussi leur syntaxe [28]. Les exemples d'identité
formelle sont en effet nombreux : *amator, accusator, orator* [29] sont à la fois
des formes nominales et des formes verbales, tout comme *poetae, Musae, diei,
rei* sont à la fois des génitifs et des datifs. Si ces formes se distinguent les unes
des autres, ce n'est donc que par leur sens, qu'il faut examiner à chaque fois
avec la plus grande attention.

25. Sur les *nomina possessiua*, voir la présentation qui en est faite au livre 2, *GL* 2, 68.14-69.19, suivie d'un examen détaillé des formes à partir de 69.20. Priscien les a déjà évoqués au livre 12, cf. *supra*, *GL* 2, 588.16-589.8, en comparant noms et pronoms possessifs.

26. Sur l'emploi de *concidere*, *cf.* livre 17, *GL* 3, 145.22, 159.3, et la note 145. Le phénomène visé ici concerne des formes homophones, mais distinctes les unes des autres dans la mesure où leur sens et leur emploi diffèrent, ainsi quand elles appartiennent à des paradigmes distincts (par ex. *mei*, gén. de *ego* ou de *meus*), ou quand, à l'intérieur d'un même paradigme, elles relèvent de cas différents (par ex. *poetae*, génitif ou datif singulier). En revanche, pour reprendre un exemple fréquemment cité par Priscien, il n'y a bien qu'une seule forme *Aiax*, les deux personnages ainsi désignés portant le même nom (cf. *GL* 2, 175.6-9).

27. Sur les termes *structura* et *ordinatio* (*orationis*), et, dans la phrase suivante, *constructio*, *cf.* livre 17, note 1. Le principe selon lequel des formes homophones par *concidentia* (*cf.* note précédente) peuvent être désambiguïsées par leur construction (*suntaxis*) est souvent affirmé et illustré par Apollonius : voir par exemple, outre *Synt.* 2, 117-123 (génitifs des pronoms primaires et possessifs), *ibid.* 3, 103 et 116-119.

28. *Cf.* l'*Introduction* du livre 17, section 5 : 21.

29. Ces formes peuvent être non seulement des substantifs [amoureux, accusateur, orateur], mais également les impératifs futurs passifs, aux 2ᵉ et 3ᵉ personnes du singulier, des verbes *amare* [aimer], *accusare* [accuser], *orare* [parler]. Le rapprochement avec les formes *poetae*, *Musae*, *diei*, *rei* peut paraître déroutant, Priscien mettant sur le même plan de la *significatio* (ici à deux reprises, 4.20 et 22) le rapport entretenu par deux termes lexicalement distincts (par ex. le substantif *amator* et la forme verbale homophone d'impératif futur passif) et le rapport entretenu par deux formes casuelles d'un même lexème (par ex. le génitif et le datif de *poeta*). C'est que par *significatio* Priscien entend non seulement le sens lexical, lié à la catégorisation en parties du discours, qui permet de distinguer le substantif *amator* de la forme verbale homonyme, mais aussi l'ensemble des *accidentia* (*cf.* 4.19), et donc entre autres les variations casuelles, qui permettent de distinguer le génitif et le datif de *poeta* – d'où la formule *significatione, ad quam et constructio fit*, en 4.20.

Quaeritur etiam illud, cur, cum apud Graecos tertia persona pronominum primitiuorum et in singulari numero habeat nominatiuum, ut ἐγώ, σύ, ἵ, et in plurali, apud Latinos *sui* et nominatiuo deficit et pluralia separatim non habuit. Et existimo eam esse causam quod necesse erat uel cum aspiratione proferre nominatiuum et *hi* dicere, qui pluralis erat alterius pronominis, uel loco aspirationis *s* praeponere et *si* dicere, quod | est coniunctio. Ergo iure deficit, ne dubitationem faceret, sicut et *sis* in genetiuo pro *sui*. Pluralis quoque, qui est οἵ apud Graecos, in *hi* transfertur. Omnia enim pluralia apud Graecos οι desinentia mutant eam | in *i* : Λατῖνοι *Latini*, sic οἵ *hi*. Et quomodo Λατίνων *Latinorum*, sic ὧν *horum*, et sicut Λατίνοις *Latinis*, sic οἷς *his*, et quemadmodum Λατίνους *Latinos*, sic οὕς *hos*. Femininum quoque Λατῖναι *Latinae*, sic αἵ *hae*, Λατινῶν *Latinarum*, ὧν *harum*, Λατίνας | *Latinas*, ἅς *has*, unde aspirationem quoque ubique seruauit quae est et in Graecis ex quibus nascuntur pronominibus. || Hoc tamen interest, quod tertia persona **8**
primitiui apud Graecos relatiua est, quomodo et *sui sibi se a se*

Nominatif et réfléchis

Une autre question encore, que voici : pourquoi, alors qu'en grec la 3ᵉ
personne des pronoms primaires a un nominatif à la fois au singulier – *hi*,
comme *egô* ou *su* – et au pluriel [30], en latin en revanche *sui* à la fois manque de
nominatif et n'a pas reçu de pluriel distinct [31] ? La raison en est, à mon avis,
qu'il fallait ou bien former un nominatif en le prononçant avec une aspiration
et dire *hi*, qui se trouvait être le pluriel d'un autre pronom, ou bien mettre au
début un *s-* à la place de l'aspiration et dire *si*, qui est une conjonction. C'est
donc à bon droit que le nominatif manque, pour éviter qu'il ne provoque une
ambiguïté, comme c'est également le cas de *sis* au génitif, comme équivalent
de *sui* [32]. Le pluriel aussi, c'est-à-dire *hoi* en grec, se transpose en latin en *hi*.
Tous les pluriels du grec se terminant en *-oi* changent en effet cette syllabe
5 en *-i* : *Latinoi* / *Latini*, et de même *hoi* / *hi*. En outre, de même qu'il y a
Latinôn / *Latinorum*, il y a *hôn* / *horum*, et tout comme *Latinois* / *Latinis*, *hois*
/ *his*, et de même que *Latinous* / *Latinos*, de même *hous* / *hos*. Même chose au
féminin : *Latinai* / *Latinae*, et de même *hai* / *hae* ; *Latinôn* / *Latinarum*, *hôn* /
harum ; *Latinas* / *Latinas*, *has* / *has* – c'est pour cela que le pronom latin a
également maintenu partout l'aspiration qu'il y a aussi dans les pronoms grecs
dont naissent les formes latines [33]. || La différence cependant, c'est qu'en grec 8
la 3ᵉ personne du primaire est anaphorique, comme aussi *sui*, *sibi*, *se*, *a se*,

30. Le chapitre 17 de la *Tekhnê* présente en parallèle les formes des pronoms primaires des 3 personnes – *egô*, *su*, *hi* –, d'où ressort le paradigme (de genre commun au masculin et au féminin) : nomin. *hi*, gén. *hou*, dat. *hoi*, acc. *he*, avec un pluriel *spheis*, etc. (comme *hêmeis* et *humeis*). Ce sont les formes qu'Apollonius indique aussi (pour l'attique), *cf.* Brandenburg 2005 : 597. Priscien s'écarte de cet enseignement quand il considère (4.31-5.5) que le pluriel correspondant à *hi* est constitué des séries *hoi*, etc. (pour le masculin) et *hai*, etc. (féminin), communément présentées par les grammairiens grecs de l'Antiquité comme relevant de l'« article postpositif » (le « relatif » de la grammaire classique, *cf.* livre 17, note 70 et *Introduction* : 22).

31. Ce constat d'un double manque conduit Priscien à un long développement justificatif fondé sur la mise en parallèle, par moments obscure, de formes pronominales grecques et latines. Il prend pour point de départ (4.24-26) le pronom grec « primaire » de 3ᵉ personne du singulier, au nominatif (rarissime mais attesté) *hi* (et dont les cas obliques sont *he hou hoi* : *cf.* note précédente et Ruijgh 1991) – c'est-à-dire, dans les classifications de la grammaire classique, le pronom personnel (réfléchi ou non-réfléchi selon les époques et les aires dialectales, ainsi que selon l'accentuation). Sur cette base, Priscien établit une triple comparaison. Un premier rapprochement, avec les formes latines de pronom (réfléchi) *se sui sibi se*, s'infère du début du passage (4.27-31) et est repris explicitement dans la suite du livre 13 (16.12-18). Un deuxième rapprochement (4.31-5.6) consiste à proposer, comme pluriel de ce pronom « primaire » grec de 3ᵉ personne, les formes *hoi* (fém. *hai*) *hous* (fém. *has*) *hôn hois* (*cf.* note précédente), et d'en rapprocher le pluriel de lat. *hic haec*, sur la base des correspondances phonétiques établies entre grec et latin (*hoi* / *hi*, *hai* / *hae*, etc.). Enfin dans un troisième temps (5.6-8), Priscien introduit *is eius ei*, en raison de sa valeur anaphorique et de la proximité de *is* avec le *hi* initialement cité (cf. *infra* 16.20-22). En tous cas, juste après cette présentation, une formule paraît bien en faire la synthèse, *cum tria pronomina pro uno habuimus* (5.10), et poser ainsi les trois pronoms latins, *sui*, *hic* et *is*, comme correspondants du pronom grec « primaire » de 3ᵉ personne.

32. Cf. *supra*, 2.29-30 et note 13. À la suite des grammairiens grecs, Priscien invoque volontiers la prévention d'une ambiguïté pour expliquer l'absence d'une forme que la logique de la langue pourrait laisser attendre, *cf.* Lallot 1997, 2 : 48, note 200.

33. Origine déjà évoquée dans le livre 12, *GL* 2, 581.26-582.4.

et *is eius ei. Hic* uero et *haec* et *hoc* apud nos demonstratiua sunt proprie et praepositiua, quamuis a relatiuo Graeco uideantur | genita. Necessario igitur, cum tria pronomina pro uno habuimus, deficit *sui* nominatiuo et communes habuit numeros; nec mirum, cum apud Graecos nominatiuus supra dicti pronominis, id est ἵ, rarus est in usu, propterea quod non solum οὗ uel αὐτοῦ, sed etiam ἑαυτοῦ significat frequentius, quod nec apud Graecos habet nominatiuum, quia ipse in se agere | qui patitur per hoc pronomen ostenditur. Nec eget recto casu, quem uerbum habet in se [a].

Secundus est modus eorum quae in *ius* terminant genetiuos, quorum datiui 9
abiecta *us* genetiuorum solent proferri : *ille illius illi, ipse ipsius ipsi, iste istius isti, is eius ei, hic huius huic*, quod solum | assumpsit *c* per omnes casus singulares absque illis quibus tamen frequenter auctores solent addere

a. *Cf.* Apollonius Dyscolus *Pron.* 45.4-7 et 69.18-70.26 S.

et *is*, *eius*, *ei*, alors que chez nous en revanche *hic*, *haec*, *hoc* sont essentiellement déictiques et prépositifs[34], quoiqu'ils soient manifestement nés de l'anaphorique grec. Dès lors donc que nous avons trois pronoms au regard d'un seul, il est inévitable que *sui* manque de nominatif et qu'il vaille à la fois pour le singulier et pour le pluriel[35]. Rien d'étonnant à cela[36], puisqu'en grec le nominatif du pronom évoqué plus haut, c'est-à-dire *hi*, est rarement employé, pour la raison qu'il signifie non seulement *hou* ou *autou*, mais aussi, plus fréquemment, *heautou*, qui n'a pas de nominatif en grec non plus puisque par ce pronom celui qui subit l'action est désigné comme exerçant lui-même cette action sur lui, et que ce pronom n'a pas besoin du cas direct, que le verbe contient en lui-même.

Deuxième type de déclinaison

Deuxième type, celui des pronoms qui ont des génitifs à finale *-ius*, et dont 9
les datifs se forment usuellement par le retrait du *-us* de génitif : *ille illius illi*, *ipse ipsius ipsi*, *iste istius isti*, *is eius ei*, *hic huius huic* – ce dernier pronom étant le seul à avoir reçu un *-c* à tous les cas du singulier, sauf aux formes auxquelles, néanmoins, les auteurs ajoutent fréquemment la

34. Sur la relation entre déictique et prépositif, par opposition à anaphorique (et postpositif), *cf.* livre 12, *GL* 2, 579.18-27, et livre 17, note 22.

35. Priscien pose une situation de départ déséquilibrée – la présence en latin de trois pronoms, *sui*, *hic* et *is*, comme équivalents du pronom primaire grec de 3 e personne *hi* (cf. *supra* notes 30 et 31) – et déduit de ce déséquilibre les lacunes du paradigme de *sui*, présentées de ce fait comme inévitables (*necessario*, 5.10). C'est ainsi que les formes de pluriel, *hoi hai*, etc., qui ont constitué le pluriel du démonstratif latin (4.31-5.10), n'étaient plus disponibles pour le réfléchi – qui, de ce fait, connaît la non-distinction des nombres (et des genres, comme le singulier du primaire grec) ; de plus (4.27-30), le nominatif *hi* du grec ne pouvait fournir de nominatif à *sui sibi se*, ni sous la forme *hi* (risque de confusion avec le démonstratif *hi*, masc. ni sous la forme *si* (confusion avec la conjonction).

36. Alors que le « primaire » grec de 3 e personne (sc. le pronom *hi hou hoi he*) est qualifié d'anaphorique en 5.7 ou *infra* en 16.21-22, ses emplois sont présentés ici comme disjoints, selon qu'ils relèvent de la valeur anaphorique attendue (*hou* uel *autou*), ou, « plus fréquemment », d'une valeur réfléchie (*heautou*). Priscien y revient un peu plus loin (15.1-5) en faisant appel à l'usage homérique, où le pronom *hou*, « qui est toujours anaphorique », se trouve souvent *pro composito*, c'est-à-dire employé avec la valeur d'un réfléchi (*heautou*). Dans le présent passage, cette disjonction en deux groupes permet de rendre compte du nominatif *hi*, rarissime mais attesté (*cf.* Apollonius, *Pron.* 45.4-5 et 55.22), et ainsi présenté comme étant simplement anaphorique (il apparaît aux yeux des Modernes comme réfléchi indirect, *cf.* livre 12 note 46), alors que ce nominatif n'a aucune place dans le cadre des emplois spécifiquement réfléchis (*heautou*, réfléchi direct), ce qui justifie par parallèle l'absence de nominatif du pronom latin *sui*. En somme, dans les passages où ces formes sont rapprochées de façon systématique, dans le livre 12 (584.2-9) et ici dans le livre 13 (5.11-16, ou encore 15.1-5), le mode d'analyse est identique : le pronom *sui* est un *pronomen reciprocum* ayant, en plus, des emplois anaphoriques, de même que, symétriquement, le pronom *hi* est un *relatiuum* qui est employé en plus comme réfléchi. La présentation varie selon les besoins de la démonstration : ici, où il s'agit d'expliquer l'absence de nominatif du pronom *sui*, Priscien met au premier plan les emplois de son correspondant grec *hou* comme réfléchi (direct), tandis que dans le livre 12 (584.2-9), où Priscien insiste sur l'étendue des emplois de *sui* (*reciprocatio* mais aussi *retransitio*), *hou*, au même titre que l'anaphorique *autou*, fournit le correspondant de *sui* employé *retransitiue*.

ce syllabam : *huiusce*, quomodo et pluralibus eius in eandem terminantibus consonantem, ut *hisce hosce hasce*, quamuis reliquis quoque casibus uetustissimi addebant eandem *ce* syllabam : *hicce huncce hocce*. Vnde uocali
6 quoque sequente ablata per | synaloepham, manentibus duabus *c* solebant producere *hoc*, ut Vergilius in II *Aeneidos* :

> *hoc erat, alma parens, quod me per tela, per ignes*
> *eripis* [a].

Sed scriptorum neglegentia praetermisit unum *c*. Et sciendum quod accusatiui casus singulares et genetiui plurales *m* in *n* conuertunt *c* consequente : *hunc hanc*, *horunce harunce*.

Genetiuus et datiuus supra dictae declinationis in *ius* terminantium **10**
communis est trium generum : *ille illius illi*, et producitur paenultima *i* genetiui, quam tamen poetae etiam corripiunt absque uno *alterius*, quod quia solum duabus uincit syllabis proprium nominatiuum, corripit semper paenultimam *i*. Reliqui uero casus secundum mobilium regulam nominum declinantur : *illum illam illud*, *ab illo ab illa ab illo*, similiter plurales : *illi illae illa*, *illorum illarum illorum*, *illis*, *illos illas illa*, *ab illis*; sic | cetera eiusdem formae tam pronomina quam nomina. Et sciendum quod in *e* quidem terminantia masculina mutatione *e* in *a* faciunt feminina : *ille illa*, *ipse ipsa*, *iste ista*; *is* uero *ea* facit, quod solum literam principalem mutauit in feminino; masculinum enim ab *i*, femininum ab *e* incipit. *Hic* enim et *haec* ab eadem uidentur litera incipere, cum | aspiratio in principio utriusque ascribitur, quomodo et apud Graecos οὗτος et αὕτη uel ἥ et ὅς, quamuis diuersas habeant uocales, ab eodem tamen incipiunt spiritu. Eorum neutrum *hoc*, quia et principium et finem seruauit masculini, mediam uocalem mutauit.

a. Cf. *supra*, 592.20-21 (*per hostes e.*).

syllabe *-ce* (*huiusce*, de même aussi que les formes du pluriel qui se terminent par la même consonne, comme *hisce hosce hasce*). Toutefois les auteurs les plus anciens ajoutaient également à tous les autres cas cette même syllabe *-ce* : *hicce huncce hocce* (d'où, avec la chute de la voyelle finale par élision [37], l'usage d'allonger *hoc* à cause des deux *-c* qui restaient, comme Virgile dans l'*Énéide* II, *hoc erat, alma parens, quod me per tela, per ignes / eripis ?* [était-ce pour cela, mère bienfaisante, que tu m'enlèves à travers les traits, à travers les flammes ? Virg., *Én.* 2, 664-665], mais la négligence des copistes a laissé de côté l'un de ces *c* [38]). Il faut savoir en outre que les accusatifs singuliers et les génitifs pluriels changent le *m* en *n* quand il est suivi de *c* : *hunc hanc*, *horunce harunce*.

Le génitif et le datif de la déclinaison indiquée ci-dessus, des termes à finale *-ius* [39], sont communs aux trois genres : *ille illius illi*, et la pénultième du génitif, *-i-*, est longue, quoique les poètes l'abrègent aussi (à l'unique exception d'*alterius*, qui est la seule forme à dépasser son nominatif de deux syllabes et de ce fait à toujours abréger le *-i-* de sa pénultième [40]). Tous les autres cas se déclinent en revanche selon le paradigme des noms multiformes : *illum illam illud*, *ab illo ab illa ab illo*, et de même au pluriel, *illi illae illa*, *illorum illarum illorum*, *illis*, *illos illas illa*, *ab illis*. Même chose pour toutes les formes du même type, pronoms aussi bien que noms [41]. Il faut savoir en outre que les masculins à finale *-e* font leur féminin par la transformation du *-e* en *-a* : *ille illa*, *ipse ipsa*, *iste ista*. *Is* en revanche fait *ea* : c'est le seul à transformer la lettre initiale au féminin, le masculin commençant par *i-*, le féminin par *e-*. Il est clair en effet que *hic* et *haec*, eux, commencent par la même lettre, puisque l'aspirée est inscrite au début de chacun, tout comme en grec *houtos* et *hautê*, ou *hê* et *hos*, qui ont des voyelles différentes, commencent néanmoins par le même esprit. Quant à leur neutre, *hoc*, vu qu'il a conservé le début et la fin du masculin, il a transformé pour cette raison la voyelle médiane.

37. Sur le sens du terme *synaloepha*, *cf.* Holtz 1981 : 174-175.

38. De 5.20 à 6.5, Priscien reprend les données exposées dans le livre 12, *GL* 2, 592.16-593.5.

39. Rapidité de formulation : il s'agit bien sûr des termes dont le génitif a une finale *-ius* (*cf.* 5.17). Avec la remarque sur *alterius*, 6.10-12, et la présentation de 6.15, Priscien anticipe sur le développement consacré aux noms à génitif en *-ius*, *cf.* 7.5.

40. Même enseignement *infra*, 20.7-8 : la différence de deux syllabes entre le génitif (*alterius*) et le nominatif [masc.] (*alter*) – qui est exceptionnelle (*cf.* p. ex. livre 7, *GL* 2, 324.11-325.7, pour les noms de la 3ᵉ déclinaison) – rendrait impossible un *-ī-* dans la finale *-ius* de génitif, en vertu des équilibres rythmiques que les grammairiens latins décelaient à l'intérieur des paradigmes. La présentation est moins catégorique au livre 6, *GL* 2, 228.6-12, où l'abrégement du *-i-* est donné seulement comme majoritaire (*magis*). Priscien n'ignorait pas en effet la possibilité de *alterīus* (en dehors de l'hexamètre dactylique), comme le montre la fin du développement, avec la citation de Terentianus Maurus.

41. Cf. *infra*, 7.5-8.20.

Illud etiam attendendum, quod, cum *ille illud, iste istud, is id* faciant 11
neutra, *ipse* solum, quod | et *ipsus* inuenitur a uetustissimis prolatum, neutrum in *um* desinens facit. Terentius in *Andria* :

ipsus mihi Dauus, qui intimus est eorum consiliis, dixit.

Idem in eadem :

hoc ipsum — atque hoc ipsum nihil pericli est, me uide [a].

7 Illa enim quae quibusdam uisa est ratio non adeo firma uidetur, ideo in *um* facere neutrum, quia in *us* desinit masculinum : nam *alius*, cum in *us* terminetur, neutrum tamen *aliud* facit.

Omnia neutra pluralia similia sunt singularibus femininis, ut *illa, ea, haec*.

Supra dictorum pronominum declinationem sequuntur nomina octo. In *us* quidem desinentia quinque : *unus, solus, totus, alius, ullus* (quod tamen ab *uno* diminutiuum esse plerisque uidetur, sicut a *uino uillum*) et quod ab eo componitur *nullus*; in *er* duo : *uter, alter* et ex eis composita : *uterque, alteruter, neuter*; in *is* uel *i* unum, *quis* | uel *qui* et quae ex eo componuntur. Haec tamen ipsa secundum mobilium regulam nominum solebant apud uetustissimos terminare etiam genetiuos et datiuos, ut Terentius in *Andria* :

tam iners, tam nulli consili [b],

pro *nullius consilii*. Idem in *heautontimorumeno* :

dum loquitur alterae [c],

a. *istuc ipsum … istuc ipsum* Terentius (ed. Kauer & Lindsay).

b. Cf. *GL* 2, 227.16 (*quandoquidem t. i. t. n. c.*); Charisius 142.10 B. (*iners iam nulli consilii sum*).

c. *in itinere alterae* Terentius (ed. Kauer & Lindsay). Cf. *GL* 2, 197.19-20 *haec ipsa in itinere alterae | dum narrat forte audiui.*

Il faut également remarquer que, tandis que *ille*, *iste* et *is* font au neutre 11
illud, *istud* et *id*, *ipse* de son côté, qui se trouve aussi sous la forme *ipsus* chez les auteurs les plus anciens, est le seul à faire un neutre à finale *-um* : Térence dans l'*Andrienne*, *ipsus mihi Dauus, qui intimus est eorum consiliis, dixit* [Dave lui-même, qui est dans la confidence de leurs intentions, me l'a dit, *And.* 576] ; le même dans la même pièce : *hoc ipsum — atque hoc ipsum nihil pericli est, me uide* [c'est cela même — et cela même est sans risque ; regarde-
7 moi, *And.* 350]. | Mais ce que certains prennent pour un rapport systématique – le neutre en *-um* dès lors que le masculin se termine en *-us* – n'est pas si constant : *alius* se termine bien en *-us*, mais fait *aliud* au neutre.

Tous les neutres pluriels sont identiques aux féminins singuliers, comme *illa*, *ea*, *haec*.

Les noms à déclinaison pronominale

La déclinaison des pronoms indiqués ci-dessus est suivie par huit noms[42], dont cinq se terminent par *-us* : *unus*, *solus*, *totus*, *alius*, *ullus* (quoiqu'on considère en général que c'est un diminutif de *unus*, comme *uillum* de *uinum*) et son composé *nullus* ; deux en *-er* : *uter*, *alter*, et leurs composés, *uterque*, *alteruter*, *neuter* ; et un en *-is* ou *-i* : *quis* ou *qui*[43], et ses composés. Cela étant, chez les auteurs les plus anciens, ces noms eux-mêmes avaient souvent aussi leurs finales de génitif et de datif conformes au paradigme des noms multiformes, comme Térence dans l'*Andrienne* : *tam iners, tam nulli consili* [tellement mou, tellement indécis, *And.* 608] – à la place de *nullius consilii* ; le même dans l'*Heautontimoroumenos* : *dum loquitur alterae* [tandis qu'elle

42. Dans le décompte de ces huit « noms » ne sont pris en considération que les termes de base, à l'exclusion de leurs composés et diminutifs. La liste en comporte donc cinq « terminés par *-us* » (*unus* [un], *solus* [seul], *totus* [tout], *alius* [autre], *ullus* [quelconque]), deux « en *-er* » (*uter* [l'un des deux], *alter* [l'autre de deux]), et enfin *quis* ou *qui*. En revanche Priscien ne compte pas les composés (comme *nullus* [aucun], *uterque* [chacun des deux], *alteruter* [l'un des deux], *neuter* [ni l'un ni l'autre], et les composés de *quis* ou *qui*, illustrés ensuite dans des citations), et il précise qu'il inclut *ullus* dans le décompte parce qu'il ne le traite pas comme un diminutif de *unus*, à la différence de l'opinion la plus généralement répandue, qui le compare à *uillum* [piquette], diminutif de *uinum* [vin]. Ces termes sont déjà présentés avec de nombreuses citations dans le livre 6, notamment en 196.18-198.5 (dans les noms en *-a*), 225.19-228.13 (dans les noms en *-er*), 265.23-266.24 (dans les noms en *-us*) – à quoi s'ajoute, dans le livre 7, 303.21-26, la différenciation entre *alius* nomin. et *alius* gén. (chez les *uetustissimi*). Si ces huit termes, et leur flexion, apparaissent à la fois dans les livres consacrés au nom, et dans ce livre 13 sur le pronom, c'est que, considérés comme des noms par Priscien, ils touchent à la délimitation du pronom comme *pars orationis*, cf. *infra* 19.26-20.16 et *Introduction*, section 3, *Quis / qui et les termes assimilés : pronoms ou noms ?* À l'exception des citations de Caelius, *Annales* 1, de C. Fannius et du *Pro S. Roscio*, toutes les citations de 7.12-8.20 se trouvent déjà dans le livre 6, parfois en deux endroits, comme les citations de Caelius, *Annales* 5, et de l'*Anticaton*, qui apparaissent en outre dans le livre 7 ; certaines proviennent d'auteurs qui n'apparaissent qu'exceptionnellement dans le reste de l'*Ars*, comme C. Licinius (Macer) ou Caelius (Antipater).

43. Sur le rapport entre ces deux formes, cf. *infra*, 9.20-25 et note 48.

pro *alteri*, et in *eunucho* :

solae mihi ridiculo fuit[a],

pro *soli*, et *cuicuimodi* pro *cuiuscuiusmodi* Cicero *pro Sexto Roscio* : *uereor enim, cuicuimodi es, Titi Rosci, ne ita hunc* | *uidear seruare ut tibi omnino non pepercerim.* Cum igitur iuniores frequentius supra dicta nomina secundum in *ius* terminantium pronominum formam declinauerint, in uno ex eis magis nominum declinationem sequuntur, *neuter neutri neutro* dicentes, cum apud ueteres etiam in *ius* secundum simplicis sui declinationem inueniatur desinens genetiuo et | in *i* datiuo. Plautus in *uidularia* :

neutri reddibo,
donicum res diiudicata sit[b].

Cum igitur supra dictae formae nomina soleant in *um* facere neutra : *unus* **12**
unum, solus solum, totus totum, ullus ullum, uter utrum, alter alterum,
8 duo tantum in *d* finiunt ea : *quis quid, alius aliud. Alis* quoque antiquissimi pro *alius* protulerunt; eius genetiuus rarus est in usu et, cum debuit una syllaba uincere suum nominatiuum et datiuum, tamen par est syllabis, sed producit *i* paenultimam semper. Nec non etiam | secundum nominum secundae declinationis regulam in *i* quoque inuenitur. Marcus Cato *de uestitu et uehiculis : nam periniurium siet, cum mihi ob eos mores quos prius habui honos detur, ubi datus sit, tum uti eos mutem atque alii modi sim*[c]. C. Licinius in II : *peruersum esse, alii modi postulare Pyrrum in* | *te atque in ceteris fuisse*[d]. Caelius in I : *neque ipsi eos alii modi esse atque Amilcar dixit, ostendere possunt aliter.* Idem in quinto : *nullius alius rei nisi amicitiae eorum causa*[e]. C. Caesar in *Anticatone* priore : *uno enim excepto quem alius modi atque omnis natura finxit, suos quisque habet caros*[f].

a. *mihi solae* Terentius (ed. Kauer & Lindsay).

b. Cf. *GL* 2, 224.3-5 (*animum aduortite, amabo, sultis, uidulum hic apponite ;* | *ego seruabo, quasi sequestro detis, n. r.* | *d. r. iudicata erit haec*) ; 226.15.

c. Cf. *GL* 2, 226.20-22 ; 266.21-23.

d. Cf. *GL* 2, 227.1-2 ; 266.24.

e. Cf. *GL* 2, 226.23-227.1 ; 266.17-18 ; 303.25-26.

f. Cf. *GL* 2, 227.2-4 ; 266.19-20 ; 303.24-25.

parle à l'autre, *Heaut.* 271] – à la place de *alteri* ; et dans l'*Eunuque*, *solae mihi ridiculo fuit* [cela ne fit rire que moi, *Eun.* 1004], à la place de *soli* ; et *cuicuimodi* à la place de *cuiuscuiusmodi* : Cicéron, *Pour Sextus Roscius*, *uereor enim, cuicuimodi es, T. Rosci, ne ita hunc uidear seruare ut tibi omnino non pepercerim* [en effet, que tu sois innocent ou coupable, Titus Roscius, je crains de n'avoir l'air de le sauver que pour mieux te perdre, *S. Rosc.* 95]. Les auteurs plus récents déclinent donc plus souvent les noms cités plus haut sur le modèle des pronoms à finale *-ius*, mais pour l'un d'entre eux ils suivent plutôt la déclinaison des noms, en disant *neuter neutri neutro* (nomin. / gén. / dat.), alors que chez les Anciens ce terme se trouve également avec une finale de génitif *-ius* et de datif *-i*, conformément à la déclinaison du terme simple : Plaute dans *La valise*, *neutri reddibo, / donicum res diiudicata sit* [je ne la rendrai ni à l'un ni à l'autre tant que la chose n'aura pas été décidée, *Vid.*, frg. 5 Lindsay].

Les noms du type indiqué ci-dessus font usuellement leurs neutres en *-um* : 12
unus unum, *solus solum*, *totus totum*, *ullus ullum*, *uter utrum*, *alter alterum*,
8 et deux seulement se terminent en *-d* : *quis quid* et *alius aliud*. En outre, les auteurs les plus anciens disaient *alis* à la place de *alius*. Quant à son génitif, il est employé rarement et, alors qu'il aurait dû dépasser son nominatif et son datif d'une syllabe [44], il a en fait le même nombre de syllabes qu'eux, mais il allonge toujours la voyelle pénultième *-i-*. Ce génitif se trouve même aussi avec une finale *-i*, conformément au paradigme des noms de la 2ᵉ déclinaison :

– Caton, *Sur le vêtement et les moyens de transport*, *nam periniurium siet, cum mihi ob eos mores quos prius habui honos detur, ubi datus sit, tum uti eos mutem atque alii modi sim* [car il serait scandaleux, si la conduite qui a été la mienne jusqu'alors me fait obtenir une magistrature, qu'une fois celle-ci obtenue je change d'attitude et que je me comporte différemment, *Orat.* frg. 93 Malcovati] ;

– C. Licinius en II : *peruersum esse, alii modi postulare Pyrrum in te atque in ceteris fuisse* [qu'il est absurde de prétendre que Pyrrhus se soit comporté différemment avec toi et avec les autres, *Ann.*, frg. 21 Chassignet] ;

– Caelius en I : *neque ipsi eos alii modi esse atque Amilcar dixit, ostendere possunt aliter* [et eux-mêmes n'ont pas d'autres moyens de montrer que ces hommes se sont comportés différemment de ce qu'Hamilcar a dit, *Ann.* frg. 4 Chassignet] ;

– le même en V : *nullius alius rei nisi amicitiae eorum causa* [pour rien d'autre, si ce n'est leur amitié, *Ann.* frg. 44 Chassignet] ;

– César dans l'*Anticaton* I : *uno enim excepto quem alius modi atque omnis natura finxit, suos quisque habet caros* [à la seule exception de celui que la nature a façonné différemment de tous les autres, chacun aime ses proches, frg. 8 Tschiedel] ;

44. Comme, par exemple, *unius* dépasse d'une syllabe *unus* et *uni* : présentation détaillée au livre 7, *GL* 2, 303.14-26.

C. Fannius in I *annalium* : *cum in uita agenda didicimus multa quae inpraesentiarum bona uidentur post pessima inuenta et multa amplius alius modi atque ante uisa essent.* Sed quod est mirum, feminini etiam generis genetiuum quidam in *i* protulerunt. Caelius in I : *antequam Barcha perierat alii rei causa in | Africam missus.*

Quis etiam communis esse generis putauerunt uetustissimi, sicut apud **13**
Graecos τίς. Terentius in *eunucho* :

hunc oculis
9 *nostrarum quisquam non uidit, Phaedria* [a],

nostrarum quisquam dixit pro *quaequam*. Plautus in *aulularia* :

dic mihi, si audes, quis ea est quam uis ducere uxorem ?

et obliquos eius casus tam secundum tertiam quam secundam declinationem terminabant, unde nunc quoque accusatiuus masculini in *em* secundum tertiae proportionem profertur, quamuis feminini in *am*, ut *quem quam*, ablatiuus quoque non solum in *o*, sed etiam in *i* : *a quo* uel *a qui* et *a qua* uel *a qui*. Vergilius in XI :

Accam ex aequalibus unam,
quicum partiri curas [b],

pro *quacum*. Terentius in *eunucho* :

quicum ? — cum Parmenone.

Nominatiuum quoque pluralem non solum in *i* et *ae*, sed etiam in *es*, *qui, quae* uel *ques*, accusatiuum etiam *quos, quas* uel *ques*, ut Pacuuius | in *Medo* :

ques sunt isti ? [c]

Cato : *quescumque Romae regnauissent* [d]. Accius in *Neoptolemo* :

sed quesdam.

Nam datiuum et ablatiuum nunc quoque tam per *is* quam per *bus* | proferimus, *quis* uel *quibus*.

a. *h. o. suis* | *n. numquam q. u. P.* Terentius (ed. Kauer & Lindsay). *Cf.* Cledonius *GL* 5, 50.29 (*ut illum nemo nostrarum quisquam uidit*).

b. *Cf.* Arusianus 86.1-2 (*A. e. a. u. q. p. c. atque ita fatur*) ; *quicum partiri curas* : [Palaemon] *Reg.* 43.18 R. ; [Augustinus] *Reg.* 63.3 M.

c. *Cf.* Charisius 115.31 (*ques sunt < is ? > ignoti, nescio ques ignobiles*) ; 169,25 B.

d. *Cf.* Charisius 115.29 B.

– C. Fannius dans ses *Annales* I : *cum in uita agenda didicimus multa quae inpraesentiarum bona uidentur post pessima inuenta et multa amplius alius modi atque ante uisa essent* [alors qu'au fil de notre vie nous avons appris que beaucoup de choses qui paraissent bonnes sur le moment s'avèrent désastreuses après coup, et plus souvent différentes de ce qu'elles étaient apparues auparavant, *Ann.*, frg. 1 Chassignet].

Ce qui est surprenant cependant, c'est que certains ont également formé en *-i* le génitif féminin : Caelius en I, *antequam Barcha perierat alii rei causa in Africam missus* [envoyé en Afrique pour tout autre chose avant la mort de Barca, *Ann.* frg. 3 Chassignet].

Cas particulier de quis

Quis, enfin, a été considéré comme étant de genre commun[45] par les 13
auteurs les plus anciens, comme *tis* en grec : Térence dans l'*Eunuque*, *hunc*
9 *oculis* / | *nostrarum quisquam non uidit, Phaedria* [lui, aucune des nôtres ne l'a vu de ses yeux, Phédria, *Eun.* 677-678] – il a dit *nostrarum quisquam* à la place de *nostrarum quaequam*; Plaute dans *La marmite* : *dic mihi, si audes, quis ea est quam uis ducere uxorem ?* [dis-moi, s'il te plaît, qui est celle que tu veux prendre pour épouse? *Aul.* 170]. En outre, ces auteurs donnaient aux cas obliques de *quis* aussi bien des terminaisons de 3e que de 2e déclinaison[46], ce qui fait qu'aujourd'hui encore on forme l'accusatif masculin en *-em* par analogie avec la 3e déclinaison, alors même que le féminin est en *-am* : *quem quam*; l'ablatif également n'est pas seulement en *-o*, mais aussi en *-i* : *a quo* ou *a qui*, *a qua* ou *a qui*; Virgile en XI, *Accam ex aequalibus unam, / quicum partiri curas* [Acca, une de ses compagnes, avec qui elle partageait ses peines, *Én.* 11, 820 et 822] – *quicum* à la place de *quacum*; Térence dans l'*Eunuque*, *quicum ? — cum Parmenone* [avec qui? — avec Parménon, *Eun.* 698]. Même chose, nominatif pluriel non seulement en *-i* et en *-ae*, mais aussi en *-es* : *qui quae*, ou *ques*, et de même à l'accusatif : *quos quas*, ou *ques*, comme Pacuvius dans *Médus* : *ques sunt isti ?* [qui sont ces hommes? *Trag.* frg. 221 Ribbeck]; Caton : *quescumque Romae regnauissent* [tous ceux qui avaient régné à Rome, *Orig.* 2, frg. 33 Chassignet]; Accius dans *Néoptolème* : *sed quesdam* [mais certains..., *Neop.* frg. 13 Dangel]. Quant au datif et à l'ablatif, aujourd'hui encore nous le formons aussi bien en *-is* qu'en *-bus* : *quis* ou *quibus*.

45. C'est-à-dire commun au masculin et au féminin; sur *communis generis*, voir livre 12, note 60.

46. Cette remarque s'inscrit dans la problématique du genre « commun ». Les formes construites sur la 2e déclinaison permettent en effet de caractériser le masculin (ainsi l'ablatif *a quo*), alors que les formes construites sur la 3e déclinaison (ainsi l'ablatif *a qui*) sont communes au masculin et au féminin, comme l'illustrent les exemples suivants, avec la référence à Acca et Parménon, personnages respectivement féminin et masculin. La 1re déclinaison n'est pas citée, alors même qu'elle est intégrée dans la description à travers les formes *quam* et *a qua*, selon toute vraisemblance parce qu'elle est considérée comme solidaire de la 2e déclinaison.

Sciendum autem quod *qui*, quando pro interrogatiuo uel infinito, id est pro *quis* ponitur, circumflectitur, quando autem pro relatiuo, acuitur per se, in lectione uero grauatur. || Similiter obliqui casus generalem accentuum regulam **14**
seruant, quando sunt infinita uel interrogatiua, quando uero relatiua, acuuntur per se, idem in lectione | grauantur per omnes syllabas.

Quaeritur in hoc modo declinationis, cum omnis datiuus una syllaba minor sit genetiuo (*illius illi*, *istius isti*, *ipsius ipsi*, *unius uni*, *solius soli*, *utrius utri*, *alterius alteri*) an *huius huic*, *cuius cui*, *eius ei* monosyllaba sint

Il faut savoir par ailleurs que, quand *qui* est employé en guise d'interrogatif ou d'indéfini, c'est-à-dire dans le sens de *quis*, il reçoit l'accent circonflexe, cependant que quand il est employé comme anaphorique [47], pris en lui-même il reçoit l'accent aigu, mais en contexte l'accent grave [48]. || De la même façon, les 14
cas obliques suivent la règle générale des accents quand ils sont indéfinis ou interrogatifs, mais quand ils sont anaphoriques, pris en eux-mêmes ils reçoivent l'accent aigu, et en contexte l'accent grave, sur toutes leurs syllabes.

Questions de réalisation syllabique

Question : dans ce type de déclinaison, dès lors que, par rapport au génitif,
10 le datif a toujours une syllabe | de moins (*illius illi*, *istius isti*, *ipsius ipsi*, *unius uni*, *solius soli*, *utrius utri*, *alterius alteri*), est-ce que, pour *huius huic*, *cuius cui*, *eius ei*, les datifs doivent être interprétés comme des monosyllabes, ce

47. Sur la traduction de *relatiuum*, *cf.* livre 17, *Introduction* : 55-56.

48. À propos de l'emploi de *qui* avec la valeur de *quis*, Priscien introduit une opposition accentuelle entre *qui* « interrogatif ou indéfini », porteur d'un accent circonflexe (*circumflectitur*), et *qui* « anaphorique », porteur d'un accent aigu ou grave (*acuitur* / *grauatur*). Cette distinction surprend. L'accent circonflexe caractérise la syllabe longue accentuée (finale de mot, ou pénultième si la syllabe finale est brève), dans le cas où la voyelle de cette syllabe est longue en elle-même (longue « par nature » selon la formule classique), *cf.* livres 14-16, *Introduction* : 26-28. Le monosyllabe *qui* comportant une voyelle longue, son accentuation comme « interrogatif ou indéfini » est celle qu'on attend. C'est *qui* en tant que *relatiuum* [anaphorique] qui constitue un cas particulier dans la mesure où « pris en lui-même il reçoit l'accent aigu, mais en contexte l'accent grave ». Pourquoi cet accent aigu ? Il semble que l'essentiel soit, pour Priscien, de marquer que, « en contexte » (*in lectione*), sc. dans la chaîne parlée, *qui* « anaphorique » n'est pas accentué, autrement dit que l'accent qu'il porte quand il est « pris en lui-même » s'efface (*sopitur*, cet accent « s'endort », comme il est dit dans les *Partitiones*, 109.19 et 22 P.). Cet effacement accentuel de l'« anaphorique » par rapport à l'« interrogatif » ou à l'« indéfini » n'aurait rien d'étonnant, et constituerait tout au plus une interférence entre accentuation de phrase et accentuation de mot. Le problème, c'est que Priscien ne dispose, pour exprimer cet effacement accentuel, que de l'« accent grave », et que celui-ci, dans le schéma à trois accents empruntés au grec, fait couple avec l'accent aigu. Il est possible que Priscien, voulant marquer surtout que *qui relatiuum* perdait son accent *in lectione*, ait été amené pour cette raison à lui attribuer artificiellement un accent aigu quand il est « pris en lui-même » – ce qui permettait en outre de le distinguer nettement du *qui* « interrogatif ou indéfini », équivalant à *quis*, et porteur, lui, de l'accent circonflexe. Il s'agit en effet en dernier ressort d'opposer des emplois – mais la valeur sans doute essentiellement contrastive du critère accentuel dans ce domaine entraîne certains flottements : alors qu'il est souligné ici (9.20-21) que *qui* indéfini, sc. avec la valeur de *quis*, est circonflexe comme l'interrogatif, à la différence de l'anaphorique, il est indiqué au livre 2 (*GL* 2, 61.5-8) que *quis* indéfini, à la différence de l'interrogatif, n'est pas accentué, du moins en contexte (*in lectione graui accentu pronuntiantur*). Cette hésitation est peut-être le reflet de la position inhabituelle de l'indéfini par rapport à l'interrogatif et l'anaphorique s'agissant de *quis* / *qui*. En général en effet, quand interrogatif, indéfini et anaphorique sont opposés, l'interrogatif constitue un pôle, l'indéfini et l'anaphorique l'autre (*cf.* dans le livre 17, à propos de *quorsum*, *GL* 3, 138.21-27, et dans les *Partitiones*, à propos de *qualis*, 95.15 P., et à propos de *quot*, 95.21 P.). Ici, le rapprochement inhabituel de l'interrogatif et de l'indéfini est manifestement dû à la morphologie des termes considérés (ces emplois étant fréquents pour *quis*, par opposition à l'emploi de *qui* comme *relatiuum*), mais la présentation de l'emploi de *quis* / *qui* comme indéfini paraît en avoir souffert.

accipienda in datiuo, quod regula exigit et plerique poetarum metris comprobant, ut Vergilius in IIII *Aeneidos* :

cuique loci leges dedimus, conubia nostra
reppulit [a],

idem in I *georgicon* :

huic a stirpe pedes temo protentus in octo,

et ubique hoc seruat. Inueniuntur tamen, sed raro, bisyllaba, et maxime | *ei* differentiae causa, ne interiectio esse putetur, quod de nomine quoque tractantes memorauimus.

Vnde pluralis etiam datiuus et ablatiuus secundum analogiam in *ius* terminantium genetiuum singularem, quorum datiuus singularis in *i* terminans et pluralis in *is* desinens pares habent syllabas, *ei*, *eis* uel *iis*, ut *cui*, *quis*, *huic*, in quo *c* per adiectionem differentiae | causa accedit, *his*, || quamuis et *hibus* **15**
pro *his* antiqui protulerunt. Plautus in *Curculione* :

eodem Hercle uos paro et pono, parissimi estis hibus [b].

Quod per diaeresin autem *ei* et *eis* inuenitur bisyllabum, ostendit Iuuenalis in V :

implet, et ad moechos dat eisdem ferre cinaedis [c].

Statius quoque *huic* uidetur protulisse per diaeresin in primo *siluarum* :

laetus huic dono uideas dare tura nepotes.

Idem in eodem :

falsus huic pinnas et cornua sumeret aethrae [d].

Cui quoque Terentianus *de literis* :

uerum ut cuique est proximitas loci soniue ;

est enim sotadeum ex duobus ionicis a maiore et tribus trochaeis. In eodem :

11 *ex ordine fulgens cui dat nomen sinopes.*

a. *Cf.* Consentius *GL* 5, 389.1.

b. *pono et paro* Plautus (ed. Lindsay). *Cf.* Charisius 68.7 B.

c. *moechos* cod. **Φ** Iuuenalis : *moechum* cod. **PU** Iuuenalis et ed. Willis. Cf. *supra* 590.5.

d. *pennas* Statius (ed. Courtney).

qu'impose la règle et que confirment la plupart des poètes par leurs vers? Ainsi Virgile dans l'*Énéide* IV : *cuique loci leges dedimus, conubia nostra / reppulit* [et elle à qui nous avons concédé les lois du pays, elle a repoussé notre hymen, *Én.* 4, 213-214]. Le même dans les *Géorgiques* I : *huic a stirpe pedes temo protentus in octo* [pour lui, depuis la racine, un timon de huit pieds de long, *G.* 1, 171]; Virgile respecte constamment cette règle. On trouve toutefois ces formes comme dissyllabes, mais rarement, et surtout *ei*, par souci de différenciation, pour éviter une confusion avec l'interjection, comme nous l'avons mentionné aussi en traitant du nom[49].

De là encore le datif et l'ablatif pluriels, par analogie avec les termes à génitif singulier en *-ius* et qui ont un même nombre de syllabes au datif singulier en *-i* et au datif pluriel en *-is* : *ei / eis* ou *iis*, comme *cui / quis*, *huic* (où le *-c* vient s'ajouter à titre d'élément supplémentaire par souci de différenciation[50]) / *his* – || quoique les Anciens aient également employé *hibus* à la 15
place de *his* : Plaute dans le *Charançon*, *eodem Hercle uos paro et pono, parissimi estis hibus* [par Hercule, je vous mets dans le même sac et le même panier, vous êtes tout pareils à eux, *Curc.* 506].

Quant au fait qu'on trouve par diérèse *ei* et *eis* dissyllabes, c'est clair chez Juvénal, V : *implet, et ad moechos dat eisdem ferre cinaedis* [elle couvre <des tablettes> entières, les fait porter par les mêmes invertis que pour les amants <de sa mère>, *Sat.* 14, 30[51]]. On voit aussi chez Stace, au livre I des *Silves*, l'emploi de *huic* avec diérèse : *laetus huic dono uideas dare tura nepotes* [puisses-tu avoir la joie de voir tes petits-fils donner leur encens au cadeau que je te fais là, *Silv.* 1, 1, 107]; le même dans la même œuvre : *falsus huic pinnas et cornua sumeret aethrae* [pour elle, le mystificateur du Ciel prendrait plumes et cornes, *Silv.* 1, 2, 135[52]]. Même chose pour *cui* chez Terentianus, *Sur les lettres* : *uerum ut cuique est proximitas loci soniue* [mais selon les affinités de chacune en termes de point d'articulation ou de son[53], *Let.* 183] – c'est en effet un sotadéen composé de deux ioniques majeurs et de trois trochées[54]; dans le
11 même texte : | *ex ordine fulgens cui dat nomen sinopes* [dans l'ordre auquel donne son nom la terre flamboyante de Sinope, *Let.* 234[55]].

49. *Cf.* livre 7, *GL* 2, 303.13-304.4. Sur l'interjection *ei*, *cf.* livre 15, *GL* 3, 90.15-18.

50. Par rapport à l'interjection *hui*, cf. *Institutio*, 22.19-21 P.

51. Cité notamment dans le catalogue du livre 18, n° 283 = *GL* 3, 361.6-8.

52. Dans le texte de Stace, *aethrae* est complément d'un terme que Priscien ne cite pas ici, *rector*, qui est au début du vers suivant et dont *falsus* est l'épithète; le découpage qui apparaît ici invite plutôt à interpréter *falsus* comme substantivé, et régissant *aethrae*.

53. Il s'agit de l'ordre à suivre dans l'examen des consonnes, qui ne se fera pas selon l'ordre habituel (sc. alphabétique), mais selon des critères phonétiques.

54. Cette remarque rend compte de la scansion de *cui* comme dissyllabe comportant deux brèves, dans ce vers et dans le suivant : le sotadéen comporte en effet deux ioniques majeurs (2 longues + 2 brèves) suivis de trois trochées (1 longue + 1 brève).

55. Le texte de Terentianus Maurus comporte *locum* et non *nomen*, dont le *ō* ne s'accorde pas avec la scansion indiquée par Priscien.

Tertius modus declinationis pronominum est qui sequitur per omnia mobilium declinationem nominum, *meus mea meum*, *tuus tua tuum*, *suus sua suum*, *noster nostra nostrum*, *uester uestra uestrum*. Notandum tamen | quod *meus*, cum secundum regulam uocatiuum deberet facere *o mee*, euphoniae causa duas *e* breues in *i* longam conuertit. Terentius in *adelphis* : **16**

o mi Aeschine!

o mi germane!

Idem in *eunucho* :

eho, Parmeno mi, nostin [a] *?*

adeo autem masculini est uocatiuus possessiui, et non genetiuus uel datiuus primitiui per syncopam, quod quibusdam uidetur, quod numquam uocatiue positum feminino uel neutro adiungitur. Cuius quidam nominatiuum etiam in *ius* dixerunt, quod et Charisius [b] et Celsus ostendunt.

Quartus modus est qui sequitur per omnes casus tertiae declinationis nomina, *nostras nostratis*, quod ideo in extrema circumflectitur syllaba, quod per syncopam profertur; uetustissimi enim similem genetiuo nominatiuum quoque proferebant.

O non esse pronomen, multis modis ostenditur. Nam ex quo sit nominatiuo? *tu* enim, quod est secundae personae, eundem habet nominatiuum et uocatiuum, qui assumit *o*, ut *o tu*. *Hic*, *haec*, *hoc* tertiae sunt personae, **17**

a. *Cf.* Agroecius 101.3 P. (*Parmeno nosti*).
b. *Cf.* Charisius p. 203.1-2 B.

Troisième type de déclinaison

Le troisième type de déclinaison des pronoms est celui qui suit en tous points la déclinaison des noms multiformes : *meus mea meum, tuus tua tuum, suus sua suum, noster nostra nostrum, uester uestra uestrum.* Il faut remarquer cependant que *meus*, qui conformément à ce paradigme devrait faire *o mee*, transforme ces deux *e* brefs en un *i* long par euphonie : Térence dans les *Adelphes, o mi Aeschine! / o mi germane!* [mon Eschine ! mon frère ! *Ad.* 268-269] ; le même dans l'*Eunuque, eho, Parmeno mi, nostin?* [ho ! mon cher Parménon, tu la connais ? *Eun.* 351]. Ce qui montre que c'est le vocatif du possessif masculin, et non le génitif ou le datif du primaire par syncope, comme certains le pensent, c'est que jamais cette forme, employée comme vocatif, n'accompagne un féminin ou un neutre. Certains ont dit que ce *mi* avait aussi un nominatif en *-ius*, comme le montrent Charisius [56] et Celsus. 16

Quatrième type de déclinaison

Le quatrième type de déclinaison est celui qui suit à tous les cas les noms de la 3ᵉ déclinaison : *nostras nostratis* [57] – qui reçoit l'accent circonflexe sur la dernière syllabe parce qu'il procède d'une syncope : les auteurs les plus anciens employaient en effet aussi comme nominatif une forme identique à celle de génitif.

O est-il un pronom ?

O n'est pas un pronom [58] : cela se montre de multiples manières. 17
De fait, quel en serait le nominatif ? *Tu* en effet, qui est de la 2ᵉ personne, a au vocatif la même forme qu'au nominatif, et au vocatif il s'adjoint *o*, dans *o tu*. Quant à *hic haec hoc*, ils sont de la 3ᵉ personne,

56. *Cf.* Charisius, 203.1-2 B. : *ueteres* mius *dicebant, ut merito et uocatiuus secundum regulam manserit, ut sit* o mi. Le Celsus mentionné ici est sans doute Ar(r)untius Celsus, grammairien de date inconnue (IIᵉ siècle ?), cité également par Charisius.

57. Sur ces formes, voir livre 12, *GL* 2, 586.26-587.11.

58. Donat par exemple présentait explicitement *o* comme le vocatif de *hic* en *Mai.* 631.6-7 H. et, de même que beaucoup de grammairiens latins (Diomède notamment), se conformait probablement à l'habitude pédagogique de faire figurer *o* dans bon nombre d'autres paradigmes pronominaux à la place du vocatif (entre datif et ablatif), au singulier et au pluriel (sur ce dernier point, difficile, voir Holtz 1981 : 134-135 et 535-536). Ce statut de *o* trouve, en dernière analyse, son origine dans une opinion largement répandue chez les grammairiens grecs (mais méthodiquement réfutée par Apollonius en *Synt.* 1, 73-85), qui nous est connue en particulier par la *Tekhnê* : l'article (au masculin et au féminin) aurait comme vocatif la forme *ô* (ch. 16). La présentation scolaire des flexions nominales (*cf.* notes 25 et 26 du livre 12, *ad* 581.21-582.4) pouvait inciter à voir dans *hic haec hoc* un équivalent de l'article grec et donc à conférer à lat. *o* le même statut qu'à gr. *ô*. L'argumentation de Priscien vise à établir que *o* ne saurait être un vocatif, et notamment pas du *pronomen articulare hic haec hoc* (*cf.* note suivante) : quand il n'est pas interjection ou adverbe de souhait, c'est un adverbe d'interpellation, *aduerbium uocandi* (12.7) ou *uocatiuum* (12.8) – comme en grec *ô*, selon Apollonius (*epirrêma klêtikon*, *Synt.* 1, 85).

quae caret uocatiuo. Non est igitur pronomen. Nec articulus uero, cum semper in demonstratione ponitur *o*, quae contraria est relationi, quam articulus significat. | Deinde articulum Romani non habent. Nam *idem*, quamuis ὁ αὐτός, quod est articulus praepositiuus cum pronomine, significet, apud nos tamen non ex articulo et pronomine componitur, quemadmodum apud Graecos, sed ex pronomine et aduerbio, *is* et *demum*. *Qui* quoque, ὅστις, significatione interpretationis uidetur habere articulum subiunctiuum, simplex
12 tamen est nomen apud Latinos, quomodo plurima quoque alia inueniuntur apud nos simplicia, quae apud Graecos composita sunt, ut *felix* εὐτυχής, *sanctus* εὐαγής, *pius* εὐσεβής, et alia mille. Non tamen ideo significationem Graecam attendentes debemus ea composita dicere uel quae ex | contrario inueniuntur simplicia apud illos, apud nos composita, ut *incestus* μεμολυμμένος, *ineptus* μωρός, *superfluus* περιττός, sicut et multa alia. Sine dubio igitur o aduerbium est uocandi et optandi, est etiam interiectio.

Nihil tamen interest inter *o*, hoc est uocatiuum, et *heus*. Quomodo enim **18**
dicimus *heus iuuenes* ! sic *o iuuenes* ! itaque omnibus uocatiuis | praeponitur : *o tu*, *o mi*, *o noster*, quippe aduerbium uocandi, quod nulli alii casui nisi uocatiuo huiuscemodi aduerbia possunt adiungi, sicut etiam uerba secundae personae, ut *uenisti ad me Vergili*, et pronomina, *fecisti tu Homere*, *uenisti tu Terenti*,

qui n'a pas de vocatif. Ce n'est donc pas un pronom[59]. Mais ce n'est pas non plus un article, puisque l'emploi de *o* est toujours déictique, ce qui s'oppose à l'anaphore, qui est ce qu'exprime l'article[60]. Et puis, les Romains n'ont pas d'article : tout en ayant en effet le sens de *ho autos* [le même], qui est un article prépositif accompagné d'un pronom, *idem* n'est cependant pas composé en latin d'un article et d'un pronom, comme en grec, mais d'un pronom et d'un adverbe, *is* et *demum*[61]. *Qui* également semble comporter un article, post-
12 positif[62], comme le montre sa traduction grecque par *hostis*, | mais en latin c'est un nom simple, de même que plusieurs autres termes aussi se trouvent être simples chez nous tandis qu'ils sont composés en grec, comme *felix* / *eu-tukhês* [chanceux], *sanctus* / *eu-agês* [saint], *pius* / *eu-sebês* [pieux], et mille autres. Nous n'avons pas pour autant à nous focaliser sur ce qu'indique le grec et à considérer ces formes comme des composés, et de même pour celles qui à l'inverse sont simples en grec mais composées en latin, comme *in-cestus* / *memolummenos* [souillé], *in-eptus* / *môros* [insensé], *super-fluus* / *perittos* [excessif], de même que bien d'autres encore. Par conséquent, il n'y a pas de doute que *o* est un adverbe, d'interpellation ou de souhait – et c'est également une interjection[63].

Cela étant, il n'y a aucune différence entre *o*, l'interpellatif, et *heus*[64] : 18
nous disons de la même façon *heus iuuenes!* et *o iuuenes!* [holà, jeunes gens !]. C'est pourquoi *o* est préposé à tous les vocatifs : *o tu*, *o mi*, *o noster*, évidemment comme adverbe d'interpellation, parce que les adverbes de ce type ne peuvent s'associer à aucun autre cas que le vocatif. Il en va de même pour les verbes à la 2ᵉ personne[65] (*uenisti ad me Vergili* [tu es venu à moi, Virgile]) et les pronoms de 2ᵉ personne (*fecisti tu Homere*, *uenisti tu Terenti* [toi Homère, tu as agi ; toi Térence, tu es venu])

59. Argument elliptique, mais dont il est possible de reconstituer les étapes successives. Constat de départ : *o*, qui servait dans les paradigmes à caractériser les vocatifs (*o Aenea*), est une marque d'interpellation, et si c'était un pronom, ce serait le vocatif d'un des pronoms indiqués au début du livre 12 : il n'y en a pas d'autres. Question : de quel pronom pourrait-il donc être le vocatif ? Deux possibilités : a) *o* étant un vocatif, et relevant en tant que tel de la 2ᵉ personne, ce pourrait être le vocatif du pronom de 2ᵉ personne, mais celui-ci, *tu*, a pour vocatif une forme identique à celle du nominatif, et donc non seulement ce vocatif n'est pas *o*, mais il se l'adjoint (dans *o tu*) ; b) compte tenu de cette fonction d'adjonction de *o* (dans *o tu*, etc.), ce pourrait être le vocatif du pronom qui occupe volontiers cette fonction d'adjonction, *hic haec hoc*, mais ce pronom est lui-même à la 3ᵉ personne, et en tant que tel il manque de vocatif – ce qui fait qu'il ne peut avoir *o* pour vocatif. Aucune des deux possibilités envisageables ne pouvant être retenue, *o* n'est pas un pronom.

60. Pour l'analyse de l'article, *cf.* livre 17, *GL* 3, 124.14-16, et, sur la différence entre deixis et anaphore, *cf.* livre 12, *GL* 2, 579.15-22, et, pour la terminologie, livre 17, notes 22 et 23.

61. Sur *idem*, *cf.* livre 12, *GL* 2, 589.14-15, et livre 17, *GL* 3, 124.19-125.3.

62. Sur l'*articulus subiunctiuus*, *cf.* livre 17, *GL* 3, 120.3 et note 70.

63. Sur la multiplicité des emplois de *o*, *cf.* livre 15, *GL* 3, 89.2-10 et 91.5-8.

64. Sur *o* et *heus*, *aduerbia uocatiua* ou *uocandi*, *cf.* livre 17, *GL* 3, 197.6-13 et note 356.

65. L'objet de ces remarques est de relativiser la restriction d'emploi de *o* avec le seul vocatif. Un parallèle est ainsi établi avec d'autres formes présentant la même restriction : les verbes à la 2ᵉ personne (*uenisti Vergili*) et les pronoms de 2ᵉ personne (*tu Homere*). Cette restriction n'est

nisi cum substantiuis uel uocatiuis adiungantur uerbis. Tunc enim etiam nominatiuis utimur, quomodo et in prima et | in tertia persona [a], ut *tu es doctus, ego sum prudens; Priscianus ego uocor, tu uocaris Herodianus.*

Male igitur quidam secundam personam nominatiuum non putauerunt habere. Si enim nomina, quae semper tertiae sunt personae, tamen, si cum supra dictis uerbis sint iuncta, possunt etiam primam et secundam | significare, ut *Socrates sum*, *Socrates es*, *Socrates est*; *Socrates uocor*, *Socrates uocaris*, *Socrates uocatur*, quomodo non in pronominibus quoque, quae maxime discernunt personas, accipiamus nominatiuum etiam in secunda persona : *ego sum bonus*, *tu es bonus*, *ille est bonus ?*

Non igitur nominatiui nominum uel participiorum semper tertiae sunt **19**
personae, sed quando carent substantiuo uerbo uel uocatiuo. Nemo enim recte
dicit *Apollonius ambulo*, *Aristophanes ambulas*. Pronomina enim primae et
secundae personae ideo maxime accipiuntur ut loco propriorum fungantur
nominum cum uerbis earundem personarum, ut *ego ambulo*, *tu ambulas* [b].
13 Itaque loco tertiae personae melius nomen ponitur, et maxime si | abest : *ego
facio*, *tu facis*, *Tullius facit*, nisi uel praesens sit iuxta et demonstratiue hoc
ipsum uolentes indicare dicamus *hic* uel *iste*, uel longe uideatur et dicamus *ille*,
uel, si absit, quasi de iam cognito utamur relatiuo *is*, dicentes de quo iam
nouimus aliquid uel locuti ante sumus. | Cum igitur semper in demonstratione
sit prima et secunda persona, hoc autem nominis careat nominatiuus, iure ad
tertiam retruditur personam. || Substantiuis autem et uocatiuis solis ideo **20**

a. *Cf.* Apollonius Dyscolus *Pron.* 34.19-35.5 S. ; *Synt.* 1, 73-85 (62.6-74.3 U.).
b. *Cf.* Apollonius Dyscolus *Pron.* 52.3-54.3 S.

– sauf si ces derniers sont associés à des formes du verbe « être » ou à des verbes d'appellation[66] : dans ce cas en effet nous employons aussi des nominatifs, comme nous le faisons également à la 1re et à la 3e personne : *tu es doctus, ego sum prudens; Priscianus ego uocor, tu uocaris Herodianus* [tu es savant, je suis sage; moi je m'appelle Priscien, toi tu t'appelles Hérodien].

Relations du nominatif et du vocatif aux trois personnes grammaticales; cas de tu

C'est donc à tort que certains[67] ont pensé que la 2e personne n'avait pas de nominatif. Si en effet les noms, qui sont toujours à la 3e personne, peuvent néanmoins, pourvu qu'ils soient associés aux verbes qu'on vient d'évoquer, signifier aussi la 1re et la 2e personne, comme dans *Socrates sum, Socrates es, Socrates est; Socrates uocor, Socrates uocaris, Socrates uocatur* [je suis, tu es, il est Socrate; je m'appelle, tu t'appelles, il s'appelle Socrate], comment n'admettrions-nous pas également, s'agissant des pronoms, qui distinguent tout particulièrement les personnes, qu'il y a également un nominatif à la 2e personne (*ego sum bonus, tu es bonus, ille est bonus* [je suis, tu es, il est bon])?

Il est donc faux que les noms ou des participes soient 19
toujours à la 3e personne : ils le sont quand ils ne sont pas associés au verbe « être » ou à un verbe d'appellation. Personne en effet ne dit correctement *Apollonius ambulo, Aristophanes ambulas* [*Apollonius je marche, *Aristophane tu marches]. C'est que les pronoms de 1re et de 2e personne ont surtout pour fonction, avec des verbes à la même personne qu'eux, de tenir lieu de noms propres, comme dans *ego ambulo, tu ambulas* [moi je marche, toi tu marches]. De ce fait, le nom, lui, est mieux employé en place de 3e
13 personne, surtout si | la personne n'est pas là : *ego facio, tu facis, Tullius facit* [moi j'agis, toi tu agis, Cicéron agit]. Dans le cas en revanche où la personne est présente à nos côtés, en voulant précisément l'indiquer déictiquement nous disons *hic* ou *iste*; si la personne est visible mais éloignée, nous disons *ille*; si elle est absente et que nous fassions comme si nous la connaissions déjà, nous employons l'anaphorique *is*, parlant de quelqu'un dont nous sommes déjà informés ou dont nous avons déjà parlé auparavant. Dès lors donc que la 1re et la 2e personne impliquent toujours la deixis, alors que c'est ce dont le nominatif du nom manque, c'est à bon droit que celui-ci est cantonné à la
3e personne. || Si en revanche les nominatifs des noms s'associent à des formes 20

donc d'aucun effet sur le statut du terme concerné comme partie du discours (adverbe, verbe ou pronom). Il y a là un écho d'un passage d'Apollonius, *Pron.* 34.28-35.3, où ce dernier explique à propos de *ômoi* que cet adverbe ne peut s'associer qu'à une 1re personne sans cesser pour autant d'être un adverbe, alors même qu'en principe les adverbes ne distinguent pas les personnes.

66. Sur les constructions particulières au verbe « être » et aux verbes d'appellation, *cf.* livre 17, *GL* 3, 151.5-13.

67. Selon Apollonius, *Pron.* 51.18, il s'agirait de Tryphon, dont la doctrine se trouve réfutée (52.3-16) avec les arguments qu'on retrouve chez Priscien.

adiunguntur uerbis et primae et secundae personae nominatiui nominum, quod uidentur ipsa haec uerba uim demonstratiuam habere. Ostendunt enim substantiam ipsarum personarum | uel nominationem, in qua similiter substantia demonstratur, nec egent pronominibus, quae demonstrationem substantiae significant [a].

Cum igitur omnia quae sibi coniunguntur in diuersis posita personis casualia, siue disiungantur seu copulentur, eundem seruant casum, uocatiuus hoc solus seruare non potest. Dicimus enim *uel Probus uel* | *Donatus, et Priscianus et Theoctistus, et ego et ille, uel mei uel tui, et mihi et tibi, uel me uel te, et a me et a te*; uocatiuus autem, nisi in una eademque persona conferantur diuersa nomina, iungi non potest, ut *bone et caste et formose!* Quia enim alia persona hunc casum habere non potest nisi secunda, eo diuersas iungere personas non possumus, ceteris uero casibus | diuersas personas iungimus, quippe cum in omnibus illi inueniuntur personis (ergo quando dicimus *et ego et ille et tu*, sine dubio nominatiuus est *tu*. Idque maxime dinoscitur in plurali numero, quod pluralia conceptionem habent personarum. Ergo quando dicimus *ego et tu docti sumus*,

a. *Cf.* Apollonius Dyscolus *Pron.* 24.26-25.13 S.

verbales de 1re et de 2e personne uniquement quand il s'agit du verbe « être » ou de verbes d'appellation, c'est parce que ces verbes contiennent à l'évidence par eux-mêmes une valeur déictique. Ils font voir en effet la substance[68] des personnes elles-mêmes ou leur dénomination – qui recèle de la même façon la désignation de la substance –, et ils n'ont pas besoin des pronoms, lesquels désignent précisément la substance.

Donc[69], les mots à cas qui se conjoignent les uns avec les autres, par disjonction ou par coordination, se mettent tous au même cas même s'ils sont à des personnes différentes, mais le vocatif est le seul à ne pouvoir se conformer à ce type d'agencement. Nous disons en effet[70] *uel Probus uel Donatus, et Priscianus et Theoctistus, et ego et ille, uel mei uel tui, et mihi et tibi, uel me uel te, et a me et a te*. Le vocatif en revanche ne peut être conjoint que si les différents noms sont ramenés à une seule et même personne[71], comme dans *bone et caste et formose!* [bon, intègre et beau !]. Du fait en effet que la seule personne à pouvoir porter ce cas est la 2e, nous ne pouvons conjoindre des personnes différentes en conservant ce cas, alors qu'à tous les autres cas nous associons des personnes différentes, puisque quelle que soit la personne, elle peut se présenter à tous ces cas. Par conséquent, quand nous disons *et ego et ille et tu*, *tu* est incontestablement un nominatif[72]. Ce phénomène se voit surtout au pluriel, parce que les pluriels comportent l'englobement des personnes, et donc, quand nous disons *ego et tu docti sumus* [toi et moi

68. Pour traduire *uerbum substantiuum*, la formule « verbe substantif », longtemps présente dans les textes grammaticaux français, permettrait de rendre compte plus précisément du rapprochement fait ici entre *substantia* et *substantiuum*, mais elle est trop peu usuelle aujourd'hui : *cf.* livre 17, *GL* 3, 152.7-25, ainsi qu'*Introduction* : 56, et note 83.

69. Priscien reprend ici l'argumentation relative au cas du pronom de 2e personne, *tu*, interrompue en 12.24 par la question de la personne grammaticale dont relève le nominatif du nom. Dans le paragraphe qui commence ici (inspiré d'Apollonius, *Pron.* 52.24-53.16), il s'agit de montrer, contre l'avis de certains (cf. *supra*, note 67), que *tu* peut être au nominatif, et non pas seulement au vocatif. Après s'être attaché à la relation du pronom avec le verbe, qui permet d'établir un parallélisme entre *tu es* et *ego sum* ou *ille est*, dont il s'infère que *tu* y est un nominatif, Priscien passe à l'argument de l'identité catégorielle des éléments conjoints, pour montrer que les éléments associés par un coordonnant sont au même cas, mais la complexité du développement proposé vient de ce que l'identité catégorielle des éléments conjoints vaut pour le cas (*et Priscianus et Theoctistus* : nomin. + nomin.), mais pas pour la personne (*et ego et ille* : 1re + 3[e]) – sauf précisément s'il s'agit du vocatif, qui impose la 2e personne pour tous les éléments conjoints.

70. Les exemples cités ici permettent de montrer que la conjonction par disjonction ou coordination, qui associe des formes nominales (*uel Probus uel Donatus*) ou des formes pronominales (*et ego et ille*), met au même cas les formes ainsi associées même si elles sont à des personnes différentes (par exemple 1re et 3e : *et ego et ille* – toutes deux en revanche au même cas); les différents cas cités (dans l'ordre usuel : nominatif, génitif, datif, accusatif, ablatif) soulignent le caractère régulier du mécanisme.

71. C'est-à-dire à la 2e personne, la seule concernée par le vocatif, comme Priscien le précise dans la suite du paragraphe. Les trois adjectifs de l'interpellation *bone et caste et formose!* s'appliquent indifféremment à une seule ou à plusieurs personnes physiques, mais toujours dans le cadre de la même personne grammaticale, la 2e.

72. Cette phrase et la suivante correspondent à Apollonius, *Pron.* 53.7-13. Sur le calque de *sullêpsis* par *conceptio* [englobement], en 13.22, *cf.* livre 12, *GL* 2, 584.24 et note 52.

sine dubio *tu* nominatiuus intellegitur), || et quod pronomina isdem casibus 21
adiunguntur in nominibus : *ego Vergilius, tu Vergilius, ille Vergilius*; *mei Vergilii, tui Vergilii, illius Vergilii,* et quod ad interrogationes nominatiui redduntur : *quis scripsit? ego, quis scripsit? tu, quis scripsit? ille.*

Et quicquid habet uocatiuum, hoc et nominatiuum habet, quicquid autem nominatiuum non omnimodo et uocatiuum. Neque enim interrogatiua nomina nec infinita nec abnegatiua nec distributiua uel impertitiua nec relatiua, quae
14 omnia carent demonstratione, uocatiuos pollicentur, ut *quis* uel *qui, qualis, talis, quantus, tantus, alius, nullus, alter, alteruter, uter, uterque, singuli, bini, terni, quaterni* et similia, nec primae et tertiae personae pronomina. Cetera uero nomina per uocatiuos casus, etiam si sint appellatiua, loco | propriorum funguntur, cum demonstratio ipsa definit praesentem secundam personam et habet in se uim et significationem pronominis *tu* uocatiui [a].

Illud etiam sciendum quod omnia pronomina apud Latinos absoluta sunt et tam praepositiua quam subiunctiua rectique accentus, id est ὀρθοτονούμενα, cum apud Graecos sint quaedam inclinatiua, ut μου, μοι, με, | *ego dico, dico ego*; *tu dicis, dicis tu*; *ille dicit, dicit ille*; || absoluta autem dicuntur, 22

a. *Cf.* Apollonius Dyscolus *Pron.* 52.3-54.3 S.

sommes savants], *tu* est incontestablement compris comme nominatif. Et puis il y a aussi le fait que, quand il y a des noms, les pronoms qu'on 21
leur ajoute sont au même cas qu'eux : *ego Vergilius*, *tu Vergilius*, *ille Vergilius* (nomin. + nomin.) ; *mei Vergilii*, *tui Vergilii*, *illius Vergilii* (gén. + gén.) [moi Virgile, toi Virgile, lui Virgile] ; et puis le fait qu'à des questions, on répond par le nominatif : *quis scripsit ?* — *ego* ; *quis scripsit ?* — *tu* ; *quis scripsit ?* — *ille* [qui a écrit ? — moi / toi / lui].

En outre, tout ce qui a un vocatif a aussi un nominatif, tandis que tout ce qui a un nominatif n'a pas forcément aussi un vocatif. De fait, parmi les noms, ni les interrogatifs, ni les indéfinis, ni les négatifs, ni les distributifs ou
14 répartitifs, ni les anaphoriques[73] | – dont aucun n'exprime la deixis –, ne laissent attendre de vocatifs : ainsi *quis* ou *qui*, *qualis*, *talis*, *quantus*, *tantus*, *alius*, *nullus*, *alter*, *alteruter*, *uter*, *uterque*, *singuli*, *bini*, *terni*, *quaterni* et les termes du même genre. Même chose encore pour les pronoms de 1re et 3e personne. Tous les autres noms en revanche, même si ce sont des appellatifs, ont pour fonction, quand ils sont au vocatif, de tenir lieu de noms propres puisque la deixis détermine par elle-même la présence d'une 2e personne et comporte en soi la valeur et la signification du pronom *tu* au vocatif.

Sens absolu des pronoms en latin

Il faut également savoir ceci : les pronoms en latin sont toujours absolus[74] et, aussi bien prépositifs que postpositifs, accentués normalement, c'est-à-dire *orthotonés*[75] (alors qu'en grec certains sont enclitiques, comme *mou*, *moi*, *me*) : *ego dico / dico ego* ; *tu dicis / dicis tu* ; *ille dicit / dicit ille*[76]. || On appelle 22

73. Cette liste et les exemples qui suivent se retrouvent sous une forme un peu différente dans le livre 17, également à propos du vocatif des noms, *GL* 3, 204.10-14 (et voir note 384). Ce qui est présenté ici est précisé et approfondi à la fin du livre 13 (*infra*, 22.17-23.10).

74. Priscien juge nécessaire de préciser dans la phrase suivante (14.10-11) le sens du terme *absolutus*, pourtant déjà souvent employé dans l'*Ars*. Cette précision est sans doute due au fait que *absolutus* est ici le calque du grec *apolutos*, employé par Apollonius dans le passage correspondant de son traité (*Pron.* 36.5-6, cf. *infra* note 77). La définition à laquelle Priscien recourt alors (*cum aliis sociari possunt uel non*) marque une nette insistance sur le sens étymologique de ce participe de *ab-soluo* (« dégagé de tout lien », « laissé libre », « non contraint »). *Infra* en revanche, 17.18, Priscien place l'adverbe *absolute* dans un contexte où il s'agit simplement de faire comprendre que le pronom, hors de toute considération contrastive, peut être employé pour lui-même, et par conséquent « de façon absolue », *cf.* livre 17, *GL* 3, 118.13-119.12.

75. La formule *rectus accentus* (ici au génitif), dont c'est la seule occurrence dans les textes grammaticaux latins, est un calque du grec *orthos tonos*, Apollonius employant de façon équivalente la locution *kat' orthon tonon* et le verbe *orthotoneisthai*, cf. *Pron.* 36.7-10. Dans tout ce passage (*Pron.* 35.20-36.30), Apollonius fait la liste des différences entre *orthotonés* et *enclitiques*, et indique notamment que les enclitiques sont toujours « absolus » (*apolutoi*, 36.5-6), alors que les orthotonés peuvent avoir indifféremment un sens absolu ou un sens relatif, cf. *infra* note 77. Sur l'image employée en grec avec cet élément *ortho-* pour définir l'accentuation « normale » par opposition à l'enclise, *cf.* Lallot 1997, 2 : 84, note 14 *ad Synt.* 2, 7.

76. Ces exemples indiquent que, à la différence du grec, les pronoms *ego*, *tu*, *ille* conservent, quelle que soit leur place, la même forme (ainsi que, à l'oreille des lecteurs latinophones, la même accentuation).

quae cum aliis sociari possunt uel non ; nam dicendo *ego dico* possum et solus intellegi et cum alio. Solet tamen *met* addita plerumque significantiam uel discretionem ostendere, quam Graeci διαστολήν dicunt : *egomet*, ego et non alius [a]. Nec non etiam *ipse ego* uel *egomet ipse*, ut | Terentius in *adelphis* :

egomet rapui, ipse egomet solui argentum,

id est ego et nullus alius.

Sui solum apud Latinos reciprocum fit in eadem tertia persona, quod Graeci ἀντανάκλαστον uocant, id est quando ipsa in se actum | reflectit persona, ut eadem sit et agens et patiens, potest significare ἑαυτοῦ *sui*. Nam *τὸ* ἐμαυτοῦ et σαυτοῦ, quod est primae et secundae personae, non habemus, sed pro eis simplicibus primitiuis utimur, quae tam in reciprocatione quam in transitione poni possunt, ut *mei misereor* et *mei misereris*, similiter *tui misereris* et *tui misereor*. | Nec mirum, cum apud Graecos quoque uetustissimus omnium fere auctorum Homerus simplicibus utitur pro compositis, ut :

ἐμὲ λύσομαι [b]

15 pro ἐμαυτόν. *Sui* quoque tam ἑαυτοῦ quam οὗ significat, quod semper est relatiuum. Nec mirum, cum hoc quoque apud Homerum inueniatur saepe simplex pro composito, ut :

πρόσθεν ἕθεν φεύγοντα [c],

id est *ante se fugientem*, αὐτοῦ pro ἑαυτοῦ dixit [d].

a. *Cf.* Apollonius Dyscolus *Pron.* 35.20-36.11 S.

b. Cf. *infra*, 15.22. Hoc exemplum etiam praebet Apollonius *Pron.* 36.13 ; 47.7 S. ; *Synt.* 2, 100 (203.13 U.).

c. Hoc exemplum etiam praebet Apollonius Dyscolus *Pron.* 43,30 S.

d. *Cf.* Apollonius Dyscolus *Pron.* 36.11-16, 42.1-3, 43.29-31 S.

« absolus » ceux qui peuvent ou non être associés à d'autres : quand je dis en effet *ego dico*, on peut comprendre indifféremment que je suis seul en cause ou que je le suis par rapport à quelqu'un d'autre. Cela étant, c'est fréquemment l'ajout de *-met* qui indique l'expressivité ou la différenciation, appelée en grec *diastolê*[77] : *egomet*, c'est « moi et pas un autre ». Même chose aussi pour *ipse ego* ou *egomet ipse* : Térence dans les *Adelphes*, *egomet rapui, ipse egomet solui argentum* [c'est moi qui ai commis l'enlèvement, c'est moi-même qui ai versé l'argent, *Ad.* 628] – c'est-à-dire « moi et personne d'autre ».

Le réfléchi sui

Sui est le seul pronom en latin à se trouver réfléchi, dans le cadre de la seule et même 3ᵉ personne. C'est ce type de pronoms que les Grecs qualifient d'*antanaklastos*[78] : en d'autres termes, quand la personne retourne son acte sur elle-même, en sorte qu'elle en est à la fois l'agent et le patient, il y a identité de sens entre *heautou* et *sui*. Pour ce qui est en revanche de *emautou* et *sautou*, qui sont de la 1ʳᵉ et de la 2ᵉ personne, nous ne les avons pas en latin, mais à la place nous utilisons les primaires simples, qu'il est possible d'employer aussi bien en réflexion qu'en transition : *mei misereor* et *mei misereris* [j'ai pitié de moi / tu as pitié de moi], et de même *tui misereris* et *tui misereor* [tu as pitié de toi / j'ai pitié de toi]. Cela n'est pas étonnant, puisque en grec aussi celui qui est en quelque sorte le plus ancien de tous les auteurs, Homère, emploie des simples à la place des composés, comme dans *eme lusomai* [je me rachèterai,
15 *Il.* 10, 378] | – à la place de *emauton*. *Sui* a également aussi bien le sens de *heautou* que de *hou*, qui est toujours anaphorique[79]. Cela n'est pas étonnant, puisque chez Homère on trouve souvent ce pronom sous sa forme simple à la place du composé : *prosthen hethen pheugonta* [fuyant devant lui, *Il.* 5, 56 et 80] – c'est-à-dire *ante se fugientem* : il a dit *autou*[80] à la place de *heautou*.

77. Ce terme apparaît chez Apollonius, par exemple en *Pron.* 37.7, et la notion elle-même est évoquée par la formule *pros ti* dans le passage dont s'est manifestement inspiré Priscien pour son développement de 14.7-14, c'est-à-dire *Pron.* 35.7-36.11 et notamment 36.5-10 : *apolutoi hai egklinomenai, hai de pros ti en orthotonêsei legontai*, dos emoi, *ouk anastrephontos tou logou ; ou gar ei ti orthotoneitai, touto kai pros ti* : *to* hos sphôi proiei *kat' orthon tonon, kai to nooumenon apoluton* [Les pronoms enclitiques sont absolus, tandis que ceux de sens relatif sont orthotonés – *dos emoi* (« donne-moi à moi ») –, sans qu'on puisse dire l'inverse ; ce n'est pas en effet parce qu'il y a orthotonèse qu'il y a sens relatif : dans *hos sphôi proiei* (« qui vous envoie vous deux… », Homère, *Il.* 1, 336), *sphôi* est orthotoné et le sens est absolu].

78. Sur ce terme, *cf.* livre 17, note 264, et ici même, *Index* 3.

79. *Cf.* livre 12, *GL* 2, 584.2-9 et note 46.

80. La formulation est évidemment surprenante puisqu'Homère dit en fait *hethen* (équivalent du génitif *hou*, cf. *supra*, 3.12-14). Pour montrer qu'Homère emploie un pronom simple, Priscien, coutumier de ce genre de raccourcis, recourt au pronom simple de la paire antithétique considérée comme usuelle par ses auditeurs et lecteurs hellénophones (*autou* / *heautou*). Cet exemple d'Homère est cité par Apollonius, *Pron.* 43.30, pour illustrer les emplois homériques du pronom de 3ᵉ personne avec la valeur d'un pronom simple (sc. non réfléchi), l'explication avancée étant qu'« on ne fuit pas devant soi-même ». Le commentaire de Priscien va contre cette remarque de bon sens, puisqu'il affirme de son côté que le pronom simple a en l'occurrence la valeur d'un

Nominatiuum autem ideo non habet hoc pronomen (id est *sui sibi se* 23
a se) quia necesse est, quando *τὸ* ἑαυτοῦ significat, tam actionem quam passionem in eadem intellegi persona. Non aliter igitur potest proferri is in quem aliquid agitur nisi per obliquos casus[a]. Euenit enim ut a nominatiuis actus proficiscentes ad obliquos siue in transitione personarum intellegantur siue in una eademque persona. In transitione, ut *Aristophanes Aristarchum docuit*, *ego te honoraui*, *tu mihi dixisti*, et per sola quoque uerba nominatiuus intellegitur et transit rursus ad obliquos, *dedi tibi*, *honoraui te*. In una quoque eademque persona hoc idem fit, ut | *Phemius se docuit*, docendi enim transitio non ad alteram fit personam, sed ad ipsum Phemium reciprocatur, *Aiax se interfecit*, rursum enim *interfecit* ad ipsum Aiacem reciprocatur. Huiuscemodi igitur structuris primitiuorum pronominum cum uerbis accidit una eademque uoce et transitiuam demonstrare personam et reciprocam. Vnde Homerus quoque, | antiquitatis auctor,

a. *Cf.* Apollonius Dyscolus *Pron.* 69.18-70.26 S.

Réfléchis et transition des personnes : la question du nominatif

Si par ailleurs il n'y a pas de nominatif à ce pronom, c'est-à-dire à *sui sibi se a se*, c'est parce que, quand ce pronom a le sens de *heautou*[81], on comprend forcément dans le cadre de la même personne aussi bien l'acte effectué que l'acte subi ; or celui sur lequel une action est exercée ne peut être énoncé autrement qu'aux cas obliques. La réalité en effet, c'est que les actes qui partent de nominatifs en direction de cas obliques se comprennent ou bien dans la transition d'une personne à une autre, ou bien dans une seule et même personne[82] : dans la transition, comme dans *Aristophanes Aristarchum docuit, ego te honoraui, tu mihi dixisti* [Aristophane a instruit Aristarque / moi je t'ai fait honneur / toi tu m'as parlé] (les verbes à eux tout seuls permettent aussi de comprendre le nominatif, qui là encore passe aux cas obliques : *dedi tibi, honoraui te* [je t'ai donné, je t'ai fait honneur]) ; et dans une seule et même personne, c'est le même processus, comme dans *Phemius se docuit* [Phemius s'est instruit] : l'instruction ne transite pas vers une autre personne, mais se réfléchit sur Phemius lui-même, et dans *Aiax se interfecit* [Ajax se tua], *interfecit* se réfléchit à nouveau sur Ajax lui-même. Ce type de constructions de pronoms primaires avec des verbes laisse ainsi apparaître, avec une seule et même forme, aussi bien une personne transitive qu'une personne réfléchie. C'est pourquoi Homère également, l'auteur par excellence de l'ancienne langue, se sert toujours, comme il a été dit[83], 23

composé (autrement dit qu'il est réfléchi). En fait, Priscien prend manifestement en compte ici le contexte des vers concernés, qui montre que le pronom a bien une valeur réfléchie (il renvoie dans les deux cas au sujet du verbe régissant *pheugonta*). Le passage du grec au latin invite souvent Priscien à s'écarter de son modèle, mais ce genre d'exemples montre que même dans l'interprétation du grec sa dépendance par rapport à Apollonius n'est pas inconditionnelle.

81. Nous avons modifié ici la ponctuation de Hertz parce que le sujet de *significat* n'est pas *to heautou*, comme on était invité à le comprendre, mais *hoc pronomen*, c'est-à-dire *sui*, dont Priscien vient de rappeler qu'il peut avoir le sens aussi bien de *heautou* que de *hou* (15.1).

82. La formule *in una eademque persona* ne peut laisser indifférent dans un texte qui date d'une époque marquée par les interrogations sur l'articulation entre nature humaine et nature divine dans la personne du Christ. Rappelons qu'en 431, le concile d'Éphèse affirma, sous l'impulsion de Cyrille d'Alexandrie, l'unité de la personne du Christ, « un seul et le même » (*heis kai ho autos*), quoique étant de deux natures (humaine et divine). Les implications de cette affirmation ayant fait l'objet de multiples contestations, notamment celle qui est connue sous le nom d'hérésie d'Eutychès et qui soutient que la nature du Christ est elle-même une, le concile de Chalcédoine réaffirma en 451, à la suite du *Tome à Flavien* de Léon (de 449), l'union des deux natures du Christ « dans une seule personne » (cf. *Tome à Flavien*, 3, *salua igitur proprietate utriusque naturae et substantiae, et in unam cœunte personam*). Une tentative de conciliation, l'*Hénotique*, fut rédigée en 482 par le patriarche de Constantinople, Acace, à la demande de l'empereur Zénon, mais mécontenta les deux parties et ne fit qu'envenimer le conflit. À l'époque de l'activité de Priscien à Constantinople, c'est-à-dire sous l'empereur Anastase, monophysite, et ses successeurs Justin et Justinien, dyophysites, ce débat est au centre de la vie politique et domine les relations entre l'empire d'Orient, la papauté romaine et le pouvoir gothique installé en Italie. La formule employée ici, plus précise que celle d'Apollonius (*kata tou autou prosôpou*) dans un passage où les modifications par rapport au traité de ce dernier sont rares (cf. *infra*, note 84), reflète l'exigence de rigueur, à l'époque, dans l'analyse de la personne.

83. *Cf.* 14.25-15.1.

in simplicibus semper pronominibus et intransitiuas ponit, ut dictum est, personas et transitiuas, ut

ἐμὲ λύσομαι [a]

pro ἐμαυτόν, unus enim et idem loquitur;

ἐμέ autem ἔγνω [b]

transitiue : alter enim cognouit et alter est cognitus. || Postea iuniores **24**
addiderunt composita | pronomina quae intransitiuas significarent personas, simplicibus uero usi sunt transitiuis. Itaque αὐτοπαθεῖς compositas, id est *ipsas agentes easdemque patientes* dixerunt, illas uero, hoc est simplices, ἀλλοπαθεῖς, hoc est *in alias passionem facientes* nominauerunt [c]. Iure igitur
16 nos, qui in | plerisque antiquitatem seruauimus Graeciae, in pronominibus quoque secundum Homericam auctoritatem simplicibus utimur etiam pro compositis, id est non solum cum in aliam personam agit, sed etiam cum ipsa in se. In aliam, ut Vergilius in IIII *Aeneidos* :

cui me morituram deseris, hospes [d] *?*

Terentius in *adelphis* :

facio te apud illum deum [e].

In se idem in *Andria* :

nec quid nunc me faciam scio [f].

Idem in *adelphis* :

edepol, Syrisce, te curasti molliter [g].

Quaeritur igitur cur, si *mei* pro ἐμοῦ et ἐμαυτοῦ et *tui* pro σοῦ et σεαυτοῦ accipiantur, tamen nominatiuos habeant, *sui*, cum pro οὗ et ἑαυτοῦ accipiatur, non habeat nominatiuum. Ad quod multa sunt dicenda.

Primum quod, si loco aspirationis, ut supra diximus, quae est in principio tertiae personae apud Graecos, id est ἵ, *s* praeponeretur nominatiuo, esset dubitatio ad coniunctionem *si* ; quomodo enim οὗ *sui* et οἷ *sibi* et ἕ *se*, sic nominatiuus ἵ *si* debuit esse. || Et in aliis enim dictionibus quibusdam solent Aeolis **25**

a. Cf. *supra*, 14.27.

b. Hoc exemplum (ἐμὲ δ' ἔγνω καὶ προσέειπεν) etiam praebet Apollonius Dyscolus *Pron.* 39.20; 43.6 S.; *Synt.* 2, 73 (179.19 U.); 2, 98 (201.11 U.).

c. *Cf.* Apollonius Dyscolus *Pron.* 44.1-18 S.

d. *morituram* cod. **n** Vergilii : *moribundam* Vergilius ed. Conte.

e. *Cf.* Cledonius *GL* 5, 34.3.

f. Cf. *GL* 3, 189.4 (*quid mei faciam*).

g. Cf. *GL* 2, 115.2; 3, 237.2; Cledonius *GL* 5, 67.12 (*Surisce*).

de pronoms simples à la fois pour des personnes intransitives et pour des personnes transitives : ainsi dans *eme lusomai* [je me rachèterai, *Il.* 10, 378] – *eme* à la place de *emauton*, puisqu'il ne s'agit que du seul et même personnage qui parle; en revanche[84], *eme egnô* [il m'a reconnu, *Od.* 11, 91] s'entend transitivement : l'un a reconnu, l'autre a été reconnu. || Par la suite, les auteurs 24
plus récents ont ajouté des pronoms composés pour exprimer les personnes intransitives tandis qu'ils employaient les pronoms simples transitivement. C'est pourquoi on a appelé celles qui sont composées *autopatheis*, c'est-à-dire « exerçant une action et la subissant en même temps », et les autres, c'est-à-dire les simples, on leur a donné le nom d'*allopatheis*, c'est-à-dire « faisant
16 subir un acte à d'autres ». C'est donc à bon droit que nous, qui en | de très nombreuses occasions avons conservé ce qu'il y a de plus ancien dans le grec, s'agissant des pronoms également, nous suivons l'autorité d'Homère en employant les simples au sens des composés aussi, c'est-à-dire non seulement quand une personne exerce une action sur une autre, mais aussi quand elle l'exerce sur elle-même : sur une autre, comme Virgile dans l'*Énéide* IV, *cui me morituram deseris, hospes ?* [à qui m'abandonnes-tu quand je vais mourir, mon hôte ? *Én.* 4, 323], et Térence dans les *Adelphes*, *facio te apud illum deum* [je fais de toi un dieu à ses yeux, *Ad.* 535]; sur elle-même, le même Térence dans l'*Andrienne*, *nec quid nunc me faciam scio* [je ne sais plus que faire de moi, *And.* 614], et le même dans les *Adelphes*, *edepol, Syrisce, te curasti molliter* [par Pollux, mon petit Syrus, tu t'es moelleusement traité, *Ad.* 763].

Rapport avec le grec : formes et emplois

Une question se pose alors : si *mei* est employé dans le sens de *emou* et de *emautou* et *tui* dans le sens de *sou* et de *seautou*, tout en ayant chacun un nominatif, pourquoi *sui*, quoiqu'il soit employé dans le sens de *hou* et de *heautou*, n'a-t-il pas, lui, de nominatif ? Il y a plusieurs réponses à faire.

D'abord, comme nous l'avons dit plus haut[85], si comme équivalent de l'aspiration qui est à l'initiale de la 3e personne du grec, c'est-à-dire de *hi*, nous avions un *s-* au début du nominatif, on pourrait se demander s'il ne s'agit pas de la conjonction *si*. De même en effet qu'on a *hou* / *sui*, *hoi* / *sibi*, et *he* / *se*, de même au nominatif on devrait avoir *hi* / *si*. || De fait, dans certains autres 25
mots aussi, l'usage est de suivre les Éoliens et de transformer l'aspiration en

84. Dans le développement d'Apollonius, *Pron.* 44.1-18, que Priscien suit de très près en 15.9-28 (*cf.* Schmidhauser 2009 : 172-174), apparaissent successivement les séquences *eme gar lusomai* et *eme d' egnô* (*Pron.* 44.13-14), qui présentent les citations d'Homère *eme lusomai* (*Il.* 10, 378) et *eme d' egnô* (*Od.* 11, 91). Le connecteur *gar* qu'Apollonius a inséré, pour les besoins de sa démonstration, entre les deux termes de la citation de l'*Iliade* n'a pas d'équivalent chez Priscien, mais à *d(e)* correspond *autem*, comme si ce *d(e)* avait chez Apollonius le même statut que *gar* (alors qu'il fait partie de la citation de l'*Odyssée*).

85. *Cf.* 4.27-30, où est envisagée une seconde possibilité – qui aurait également créé une ambiguïté –, à savoir que gr. *hi* soit représenté en latin par *hi*.

sequentes uel in digamma uel in *s* conuertere | aspirationem : ἥμισυ *semis*, ἕξ *sex*, ἑπτά *septem*. Et fortasse ideo ex eo per anastrophen factum est *is* aliud pronomen, quod propterea puto et relatiuum esse, quomodo ἵ apud Graecos; deinde quod huius ipsius, id est ἵ nominatiui, rarus est etiam apud Graecos usus [a]; postremo quod numquam potest hoc pronomen inueniri (hoc est *sui sibi*
17 *se a se*) siue | reciprocum siue transitiuum, ut non intellegatur actus uel ab ipsa in se uel et ab ipsa in aliam simul et ab alia in ipsam, nisi possessiuis uel adiunctis copuletur; tunc enim agere solum, non etiam pati significat, ut *ille miseratur sui seruum* et *sibi similem* et *se sequentem* et *se ducentem*. Ab ipsa in se, ut Terentius in *Andria* :

ipsus sibi esse iniurius uideatur;

in aliam ab ea et in eandem ab alia, ut idem in eadem :

hanc fidem
sibi me obsecrauit, qui se sciret non deserturum, ut darem.

Huiuscemodi uero structura nominatiuum habere quantum ad transitionem non potest.

Omnis enim genetiuus uel uerbo adiungitur ad perfectionem sensus, ut *mei* **26**
uel *illius potior*, uel possessioni, ut *mei seruo loquor*; alii uero casus non ad possessiones, sed ad uerba solum referuntur. Igitur | *sui* pronomen uel ad

a. *Cf.* Apollonius Dyscolus *Pron.* 45.4-7 S.

digamma ou en *s* : *hêmisu* / *semis*, *hex* / *sex*, *hepta* / *septem*[86]. Et peut-être cela a-t-il entraîné la formation d'un autre pronom, *is*, par anastrophe à partir de ce même *hi*[87] – ce qui explique aussi, je pense, que *is* soit anaphorique, comme *hi* en grec. Ensuite, cette forme elle-même, c'est-à-dire le nominatif *hi*, est rarement employée, même en grec[88]. Enfin, ce pronom (c'est-à-dire *sui sibi se*
17 *a se*) ne peut jamais se trouver comme | réfléchi ou comme transitif sans que l'on comprenne qu'une action est exercée ou bien par la personne sur elle-même ou bien à la fois par la personne sur une autre et par cette autre sur elle (sauf s'il y a association avec des possessifs ou avec des éléments adjoints[89] : dans ce cas en effet le sens est bien que la personne exerce une action, mais pas en plus que cette action s'exerce sur elle, comme dans *ille miseratur sui seruum*, ou *sibi similem*, *se sequentem*, *se ducentem* [il s'apitoie sur un esclave à lui / qui lui ressemble / qui le suit / qui le guide]) :

– action exercée par la personne sur elle-même : Térence dans l'*Andrienne*, *ipsus sibi esse iniurius uideatur* [lui-même se croirait être dans son tort, *And.* 377] ;

– action exercée par la personne sur une autre et par cette autre sur celle-là : le même Térence dans la même pièce, *hanc fidem / sibi me obsecrauit, qui se sciret non deserturum, ut darem* [cette promesse, elle m'a supplié de la lui faire, pour être sûre que je ne l'abandonnerais pas, *And.* 401-402].

En tout état de cause, ce type de construction ne peut comporter un nominatif pour ce qui concerne ce à quoi aboutit la transition.

De fait, pour ce qui est du génitif, il est associé ou bien à un verbe de façon 26
à produire un sens complet, comme dans *mei* ou *illius potior* [je suis maître de moi / de lui], ou bien à ce qui est possédé, comme dans *mei seruo loquor* [je parle à mon esclave] ; quant aux autres cas, ils se rapportent non à ce qui est possédé, mais seulement à des verbes. Par conséquent, le pronom *sui*

86. Au livre 1, *GL* 2, 15.1-2, Priscien a posé l'équivalence entre le digamma éolien et le *u* consonne du latin. Selon lui, tandis que la transformation de l'aspiration (initiale) en digamma est constante en éolien, elle ne représente que l'une des évolutions possibles en latin (cf. *GL* 2, 17.6-9), l'autre étant le passage à *s-* (cf. *GL* 2, 32.19-21, où sont cités, entre autres, *semis* [moitié], *sex* [six], *septem* [sept] et *se*).

87. Le mécanisme phonétique suggéré est le passage de *hi* à *si* (du grec au latin), suivi en latin de l'inversion (ou anastrophe) dans *si*, d'où *is*.

88. Cf. *supra*, 5.11-16 et note 36. La formulation *etiam apud Graecos* employée dans une proposition concernant *hi* (comme *nec apud Graecos* à propos de *heautou* en 5.13-14) peut surprendre ; elle révèle que Priscien ne cesse, en fait, d'envisager globalement l'ensemble des pronoms de 3e personne – grecs et latins.

89. Elliptique mais éclairée par les exemples cités ensuite, la formule écarte les cas de figure où le pronom réfléchi ne relève pas étroitement de la définition proposée pour la réflexion directe ou indirecte (cf. *siue reciprocum siue transitiuum*, 16.24-17.1, sc. acte exercé par une personne ou bien sur elle-même ou bien sur un tiers qui à son tour l'exerce sur elle : voir note suivante). Ces cas de figure concernent les tournures où, en termes modernes, le réfléchi est complément non du verbe mais d'un complément de ce verbe : le pronom dépend alors directement de ce complément, avec valeur possessive (*sui seruum*, litt. « l'esclave de lui »), ou dépend d'un terme adjoint à ce complément (*seruum sibi similem* / *seruum se sequentem* / *seruum se ducentem*, litt. « l'esclave semblable à lui » / « l'esclave le suivant » / « l'esclave le conduisant »).

uerbum semper ponitur reciprocum, id est sui passionem significans, uel retransitiuum uel ad possessionem, ut *sui seruo loquitur* uel *sui miseretur* uel *rogat me uidua ut sui miserear*, numquam autem absolute, quomodo alia, ut *ego loquor* et *tu loqueris* et *ille loquitur*. Cum enim, sicut diximus, necesse sit actum uel a semet ipsa | in se uel ab alia in eam intellegi, numquam potest uerbum uel reciprocari uel transire nisi in obliquos casus. Omnis autem obliquus nominatiuo adiungitur transitionem personae ad personam significans uel uerbo in se nominatiuum demonstranti, ut *ego te docui*, *ille mihi profuit*, uel *docui te*, *profuisti mihi*; similiter per reciprocationes : *ego mihi profui*, *tu tibi* | *profuisti*, *ille profuit sibi* uel *me accuso*, *te uituperas*. Nominatiuus enim per se positus transitionem non significat, ut *ego scripsi*; una enim eademque
18 persona intellegitur. Nec potest esse nominatiuus, cuius etiam obliquus | eidem uerbo possit sine transitione uel reciprocatione adiungi, ut *ego scribo* (*mei* autem *scribo* dicere non possumus), *ille facit* (*illius facit* nemo dicit). || Cum **27**
igitur *sibi loquitur* dicimus, in uerbo *loquitur* nominatiuum intellegimus *ille*,

est toujours employé ou bien en relation avec un verbe, comme réfléchi, c'est-à-dire en tant que signifiant l'auto-passivité[90], ou comme rétro-transitif, ou bien en relation avec un possédé, ainsi dans *sui seruo loquitur* [il parle à son esclave] ou *sui miseretur* [il a pitié de lui-même] ou *rogat me uidua ut sui miserear* [la veuve me demande d'avoir pitié d'elle], mais il n'est jamais employé de façon absolue[91] comme d'autres le sont, par exemple dans *ego loquor, tu loqueris* et *ille loquitur* [moi, je parle / toi, tu parles / lui, il parle]. Dans la mesure en effet où, comme nous l'avons dit[92], un acte est nécessairement compris comme exercé ou bien sur une personne par elle-même ou bien sur cette personne par une autre, jamais un verbe ne peut être réfléchi ou transitif sinon vers des cas obliques. Or tout cas oblique est associé à un nominatif et exprime la transition d'une personne à une autre, ou est associé à un verbe qui lui-même comporte l'indication d'un nominatif : *ego te docui, ille mihi profuit* [moi, je t'ai instruit; lui, il m'a servi], ou *docui te, profuisti mihi* [je t'ai instruit, tu m'as servi]. Même chose s'il y a réflexion : *ego mihi profui, tu tibi profuisti, ille profuit sibi* [moi, je me suis servi; toi, tu t'es servi; lui, il s'est servi], ou *me accuso, te uituperas* [je m'accuse, tu te critiques]. En revanche, par lui-même, l'emploi du nominatif n'exprime pas la transition, par exemple dans *ego scripsi* [j'ai écrit], puisqu'on comprend qu'il ne s'agit que d'une seule et même personne. Et il n'est pas possible qu'un nominatif ait un
18 oblique qui | puisse lui aussi s'associer au même verbe sans transition ou réflexion[93] : on dit *ego scribo*, mais on ne peut pas dire **mei scribo*; on dit *ille facit*, mais personne ne dit **illius facit*. || Donc, quand nous disons *sibi loquitur* 27
[il se parle], nous comprenons dans le verbe *loquitur* le nominatif *ille*,

90. Sur l'expression de la réflexion comme acte subi par son auteur lui-même (cf. *sui miseretur*), voir livre 17, note 264, et *Introduction* : 42. Dans *reciprocum... uel retransitiuum*, le terme *retransitiuum*, comme plus haut *transitiuum* (17.1), vise le phénomène que Priscien appelle *retransitio* [rétro-transition] (cf. *rogat me uidua ut sui miserear*), voir livre 17, note 240; l'adverbe correspondant, *retransitiue*, est employé au livre 12, *GL* 2, 584.7.

91. Cf. *supra*, fin de la note 74.

92. *Supra*, 15.9-11.

93. Les explications données dans ce passage (17.25-18.5) peuvent surprendre. Elles sont dues au fait que Priscien, tout en percevant manifestement la réalité de ce qu'on appellera par la suite « sujet » ou « actant 1 », et plus particulièrement la différence entre sujet et compléments verbaux – ou encore entre actant 1 et actants 2 ou 3 –, en rend compte avec des outils uniquement morphologiques (les cas) et sémantiques (les personnes). À l'occasion en effet de l'examen de l'expression d'un acte, effectué ou subi, Priscien évoque la construction d'un cas oblique avec un verbe « qui lui-même comporte l'indication d'un nominatif » (type *docui te*, 17.23), puis celle non plus d'un cas oblique, mais d'un nominatif avec un verbe « qui lui-même comporte l'indication d'un nominatif » (type *ego scripsi*, 17.26). Cette dernière étape permet de souligner que « par lui-même, l'emploi du nominatif n'exprime pas la transition ». En d'autres termes, il y a dans *ego scripsi* deux nominatifs (l'un exprimé, l'autre virtuel), mais pas de transition de l'un à l'autre de ces deux éléments. Le motif donné de cette absence de transition est « qu'on comprend qu'il ne s'agit que d'une seule et même personne ». Ainsi, alors que les cas obliques supposent le passage d'une personne à une autre, le nominatif, lui, n'exprime pas par lui-même ce passage, et de ce fait une pluralité de nominatifs, exprimés ou virtuels, renvoie toujours à une « même personne ». Cela revient à réduire la multiplicité et la variété des formes exprimées en l'occurrence (nominatif / 1re personne verbale) à l'unité de la réalité syntaxique représentée (le sujet ou actant 1). Et pour

cum *sibi* uero coniungimus, ad eum casum, hoc est datiuum, | qui est unus ex obliquis, ferri actum significamus. Non mirum autem *sui* pronomen et reciprocum et transitiuum aliquando esse, cum ἐμαυτοῦ quoque et σαυτοῦ apud Graecos et ἑαυτοῦ, quando quidem ad actum, hoc est ad uerbum, proferuntur, reciproca sunt, ut ἐμαυτοῦ ἀκούω, id est *egomet ipse me audio*, quando autem ad possessionem adiunguntur, quod fit | per solum genetiuum, transitiua sunt, ut ἐμαυτοῦ δοῦλον ἔτυψα, id est *mei seruum cecidi* [a].

a. *Cf.* Apollonius Dyscolus *Pron.* 67.25-68.8 S.

cependant que quand nous y adjoignons *sibi*, nous faisons comprendre que c'est en direction de ce cas, c'est-à-dire de ce datif, qui est l'un des cas obliques, que l'acte se porte. Par ailleurs, il n'est pas étonnant que le pronom *sui* soit à la fois réfléchi et, parfois, transitif, puisque en grec[94] *emautou*, *sautou* et *heautou* sont également réfléchis, du moins[95] quand ils sont énoncés en relation avec l'acte exercé, c'est-à-dire en relation avec le verbe, comme dans *emautou akouô* [je m'écoute], c'est-à-dire *egomet ipse me audio*[96], cependant que, quand ils sont associés à un possédé, ce qui ne se produit que quand ils sont au génitif, ils sont transitifs, comme dans *emautou doulon etupsa* [j'ai frappé mon esclave], c'est-à-dire *mei seruum cecidi*.

confirmer en quelque sorte ce phénomène, Priscien envisage un dernier cas de figure, qui est le corollaire du précédent (17.27-18.3) : en admettant que la personne qui est exprimée au nominatif se retrouve à un cas oblique, il y a bien à nouveau pluralité des expressions de la personne et identité de celle-ci, mais du fait du cas oblique il y a forcément transition (ou réflexion) de l'une à l'autre de ces deux expressions de la même personne. Priscien exprime néanmoins ce corollaire de façon obscure, en présentant cette nécessité sous la forme de l'impossibilité de son contraire. Il constate en effet qu'il est impossible d'associer une forme de cas oblique de *ego* avec un verbe à la 1 re personne *sans qu'il y ait transition* (ou réflexion), c'est-à-dire sans modification de la relation instaurée quand il y a *ego* : il est impossible de dire **mei scribo* sans qu'il y ait transition de <*ego*> *scribo* à *mei*. Cela revient à souligner que l'identité de la personne (la 1 re personne exprimée par *mei* et par *scribo*) n'implique pas par elle-même une unité syntaxique (il ne peut y avoir un seul actant dès lors qu'il y a forcément transition de l'une à l'autre de ces deux expressions de la 1 re personne).

94. Pour faire apparaître que les pronoms usuellement réfléchis fonctionnent de la même manière en grec et en latin, Priscien souligne qu'ils connaissent dans les deux langues deux types d'emplois : réfléchi et transitif. Le second de ces emplois n'est toutefois pas exactement le même dans les deux langues. Comme le montre l'exemple forgé *emautou doulon etupsa* / *mei seruum cecidi*, la transitivité vise la relation de possession (sur la diversité des supports de la *transitio personarum*, cf. *Introduction*, section 3, *Une notion centrale*...). Elle vise sans doute également, mais spécifiquement pour le latin, la rétro-transition, comme le montre l'emploi de *transitiuus* en 16.24-17.1 et de *retransitiuus* en 17.16-17, où l'on voit que le second est inclus dans le premier. Cette rétro-transition est toutefois laissée ici dans l'ombre, sans doute parce que, sans être ignorée du grec, elle n'avait pas été identifiée par les grammairiens alexandrins.

95. *Quando quidem* (18.7) est en relation avec *quando autem* (18.9). Hertz l'écrit à tort en un seul mot. *Quandoquidem* n'apparaît dans l'*Ars Prisciani* que dans deux citations, de Térence et Lucrèce (*GL* 2, 227.16 et 542.20).

96. Dans la traduction de gr. *emautou akouô* par lat. *egomet ipse me audio*, l'adjonction de *egomet ipse* laisse penser que Priscien a voulu équilibrer le « volume phonique » de la formule grecque. On peut aussi observer, à la ligne suivante, l'équivalence posée entre gr. *emautou doulon etupsa* et lat. *mei seruum cecidi*, qui fait partie des hellénismes que selon toute vraisemblance le latin de Constantinople présentait à l'époque de Priscien, *cf.* livre 17, note 237 ; par ailleurs, alors que dans le passage du livre 17 concerné par cette note 237, les exemples grecs, du type *ton sautou doulon tupteis* (167.6), comportent l'article, son absence ici dans l'exemple *emautou doulon etupsa* relève sans doute de la volonté, sensible dans tout ce développement (18.5-11), de rapprocher au maximum les deux langues.

Hoc autem (id est *sui sibi se a se*) tertiae esse personae primitiuum, coniunctum illis personis, quod σύζυγον Apollonius uocat[a], comprobat etiam ipsa declinatio, in qua sequitur declinationem primae et secundae | personae, quomodo apud Graecos ἐμοῦ σοῦ οὗ, ἐμοί σοί οἷ, ἐμέ σέ ἕ, sic etiam apud nos *mei tui sui*, *mihi tibi sibi*, *me te se*, *a me a te a se*, et quod, quemadmodum praediximus, loco aspirationis quam habet tertia apud Graecos persona, *s* habet principalem per omnes casus.

In hoc autem quoque, id est ut hoc pronomine modo transitiuo | modo 28
reciproco utamur, Homerum sumus, ut iam dictum est, secuti, qui tertia quoque persona primitiui modo reciproca modo transitiua utitur, ut :

δεύτερον αὖ θώρηκα περὶ στήθεσσιν ἔδυνεν
οἷο κασιγνήτου[b],

οἷο dixit pro ἑοῦ. Idem :

19 πάρ τε κασιγνήτῳ Θρασυμήδεϊ καὶ πατέρι ᾧ[c],

pro ἑαυτοῦ. Idem :

οὕνεκ᾽ ἄρ᾽ οὐχ ᾧ πατρὶ χαριζόμενος θεράπευον[d]

ἀντὶ τοῦ τῷ πατέρι αὐτοῦ. Idem :

τὸν καὶ ἀνηρείψαντο θεοὶ Διὶ οἰνοχοεύειν
κάλλεος εἵνεκα οἷο[e],

ἀντὶ τοῦ τοῦ κάλλους αὐτοῦ. Itaque apud nos quoque modo pro οὗ modo pro ἑοῦ potest *sui* accipi. Similiter *sibi* pro οἷ et ἑοῖ, *se* pro ἕ et ἑέ[f].

a. *Cf.* Apollonius Dyscolus *Pron.* 83.12 S.

b. Hoc exemplum etiam praebet Apollonius Dyscolus *Pron.* 47.17-18 S. ; *Synt.* 2, 108 (210.12-13. U.) ; κασιγνήτοιο Homerus (ed. West).

c. Hoc exemplum etiam praebet Apollonius Dyscolus *Pron.* 47.20 S. ; *Synt.* 2, 102 (205.5. U.).

d. Hoc exemplum etiam praebet Apollonius Dyscolus *Pron.* 47.22 S. ; *Synt.* 2, 102 (205.4 U.).

e. Hoc exemplum etiam praebet Apollonius Dyscolus *Pron.* 47.30 S. ; *Synt.* 2, 108 (210.4-5 U.).

f. *Cf.* Apollonius Dyscolus *Synt.* 2, 80 (186. 8-13 U.) ; *supra*, 584.3-4.

Que ce pronom, c'est-à-dire *sui sibi se a se*, soit le primaire de la 3e personne, solidaire (ce qu'Apollonius appelle *suzugos*[97]) des autres personnes, on en a la confirmation par sa flexion elle-même, où il suit la flexion des 1re et 2e personnes (en grec *emou sou hou*, *emoi soi hoi*, *eme se he*, et de même en latin *mei tui sui*, *mihi tibi sibi*, *me te se*, *a me a te a se*) ; en plus, comme nous l'avons dit précédemment, à la place de l'aspiration qu'il y a en grec à la 3e personne, ce pronom commence par un *s* à tous les cas.

Sur ce point, c'est-à-dire sur l'emploi de ce pronom tantôt comme transitif 28
tantôt comme réfléchi, nous avons suivi là aussi Homère, comme il a déjà été dit[98], lequel emploie la 3e personne du primaire[99] tantôt comme réfléchie, tantôt comme transitive, ainsi dans *deuteron au thôrêka peri stêthessin edunen / hoio kasignêtou* [ensuite il revêtit sa poitrine de la cuirasse de son
19 frère, *Il.* 3, 332-333] – il a mis *hoio* à la place de *heou* ; le même : | *par te kasignêtôi Thrasumêdei kai pateri hôi* [à côté de son frère Thrasymède et de son père, *Od.* 3, 39] – *hôi* à la place de *heautou*[100] ; le même : *hounek' ar' oukh hôi patri kharizomenos therapeuon* [parce que je ne servais pas de façon à satisfaire son père, *Od.* 13, 265] – à la place de *tôi pateri autou* ; le même : *ton kai anêreipsanto theoi Dii oinokhoeuein / kalleos heineka hoio* [et les dieux l'enlevèrent dans les airs à cause de sa beauté pour qu'il servît d'échanson à Zeus, *Il.* 20, 234] – à la place de *tou kallous autou*. C'est pour cette raison qu'en latin aussi *sui* peut être employé tantôt dans le sens de *hou*, tantôt dans le sens de *heou*. Même chose pour *sibi* dans le sens de *hoi* et *heoi*, et *se* dans le sens de *he* et *hee*.

97. Il s'agit ici de mettre la flexion du pronom *sui* en parallèle avec celles de *mei* et de *tui*, et de tirer argument de cette similitude morphologique pour confirmer le statut de *sui* comme pronom primaire de 3e personne, sur le même plan que les primaires de 1re et 2e personnes, malgré l'absence de nominatif du même type que *ego* et *tu*. Sur le sens de *(primitiuum) coniunctum / suzugon*, que Priscien reprend dans le livre 17 sous la forme de l'adjectif *coniugum* (et de l'adverbe *coniuncte*), *cf.* livre 17, note 135. Pour l'usage d'Apollonius, *cf.* Lallot 1997, 2 : 86, note 25 ; dans *Pron.* 74.21, Apollonius emploie *suzugos* pour rapprocher *sou* et *emou*.

98. *Supra*, 14.25-15.5, 15.19-24, 15.28-16.3.

99. Priscien évoque l'emploi de la 3e personne du *primaire* (*tertia... persona primitiui*) chez Homère, mais les exemples qu'il donne ensuite comportent tous les quatre des formes du *dérivé* possessif *hos* (*hoio* en 18.23 et 19.6 ; *hôi* en 19.1 et 3). C'est un effet de l'équivalence entre possessifs et génitifs de primaires, comme on le voit aux commentaires dont Priscien accompagne ces exemples homériques, et qui tous comportent des génitifs de primaires comme équivalents des possessifs. C'est bien la perspective d'Apollonius, à qui ces quatre exemples homériques sont empruntés, cf. *Pron.* 47.15-30 et *Synt.* 2, 102 et 108 : il s'agit de montrer que l'emploi homérique du possessif de 3e personne équivaut au génitif ou bien d'un pronom composé s'il est réfléchi ou bien d'un pronom simple s'il n'est pas réfléchi. Priscien de son côté voit dans *sui* (*sibi*, *se*) la même ambivalence (réfléchi et non réfléchi – notre réfléchi indirect étant pour lui un anaphorique) que dans hom. *hou* (*hoi*, *he*), *cf.* sur ce point Schmidhauser 2009 : 173-174 et 180, et *supra*, *Introduction*, section 7, *Le pronom : sources grecques*.

100. La leçon *autou* adoptée par Hertz – à partir, écrit-il, d'une interprétation de Bekker à propos du passage correspondant d'Apollonius, *Pron.* 47.21 – paraît intenable : les deux premiers exemples d'Homère illustrent ici, comme chez Apollonius, un emploi réfléchi, correspondant donc à *heautou*, qui est en outre la seule leçon citée dans l'apparat.

Et sciendum quod, quotiens hoc pronomen reciprocum est, eiusdem personae uerbum habet conuenienti casui adiunctum, ut *sui meminit, sibi placet.* Et manifestum est quod adiunctio uerbi uim habet nominatiui casus cum actione aliqua. Si igitur pronominis quoque huiuscemodi significationem habentis, hoc est in se recurrentis, ponas nominatiuum et cum eo uerbum eiusdem personae, erunt duo nominatiui. Duo autem | nominatiui per se, ubi et actio et passio ostenditur, coniungi non possunt, sed obliquus et nominatiuus, nec solum in reciprocis, sed etiam in illis, quae in transitione habent alteram **29** personam. Non igitur *sui* nominatiuus potest constare [a].

Quis ideo quibusdam pronomen esse putatur, quod declinatur ad similitudinem quorundam pronominum (*quis cuius cui*, sicut *ille illius illi*) ; et quod pro omni nomine ignoto nobis tam proprio quam appellatiuo poni potest, ut *quis fecit ? quis dixit ?* unde respondentes ad huiuscemodi interrogationem uel proprio utimur uel appellatiuo : *quis fecit ?* — *Vergilius* uel *poeta* ; et quod substantiam significat sine aliqua certa | qualitate, quod est suum pronominis [b].

20 Ad quae dicendum quod non similitudo declinationis omnimodo | coniungit uel discernit partes orationis inter se, sed uis ipsius significationis [c]. Nam et pronomina multa declinationem nominum sequuntur, ut omnia deriuatiua : *meus tuus suus*, *noster uester*, *nostras uestras*, et rursus nomina declinationem pronominum, ut *unus unius uni*, *solus solius soli*, *totus* | *totius toti*, *ullus ullius ulli*, *nullus nullius nulli*, *alius alius alii*, cuius genetiuus, quia par est syllabis nominatiuo, producit semper paenultimam, cum *alterius* contra, quia duabus uincit syllabis nominatiuum suum, semper corripit paenultimam, *alter alterius alteri.* || *Vter* uero *utrius*, quia una superat syllaba, **30**

a. *Cf.* Apollonius Dyscolus *Pron.* 114.24-32 s. ; *Synt.* 1, 142 (116.3-6 U.).

b. *Cf.* Apollonius Dyscolus *Pron.* 27.9-18 et 28.5-6 S.

c. *Cf.* Apollonius Dyscolus *Pron.* 27.25-26 et 67.6-7 S.

Conclusion sur l'absence de nominatif du réfléchi sui

Il faut savoir en outre que, chaque fois que ce pronom est réfléchi, il a avec lui, à la même personne, un verbe qui vient se construire avec le cas adapté, comme dans *sui meminit*, *sibi placet* [il fait mention de lui-même, il est content de lui-même], et il est évident que l'ajout d'un verbe comporte, en même temps que la valeur d'un acte, celle d'un nominatif. Si donc on emploie à la fois le nominatif d'un pronom ayant ce type de sens, c'est-à-dire qui fait retour sur lui-même, et avec lui un verbe de la même personne, il va y avoir deux nominatifs [101]. Or, quand l'acte dont il est question est à la fois effectué et subi, on ne peut pas associer deux nominatifs indépendants l'un de l'autre, mais bien un oblique et un nominatif || – et cela non seulement quand il y a **29**
réflexion, mais aussi dans les tournures qui comportent, dans la transition, une autre personne [102]. Il ne peut donc exister de nominatif de *sui*.

Questions de catégorisation : quis *et noms du même type* [103]

Si certains considèrent que *quis* est un pronom, c'est parce qu'il se fléchit sur le même modèle que certains pronoms (*quis cuius cui* comme *ille illius illi*) ; et puis parce qu'il peut être employé à la place de n'importe quel nom, propre ou appellatif, quand nous ne savons pas duquel il s'agit, comme dans *quis fecit ?, quis dixit ?* [qui a fait ? qui a dit ?], ce qui fait qu'en répondant à ce type de questions, nous utilisons ou bien un nom propre ou bien un nom appellatif : *quis fecit ? — Vergilius*, ou *poeta* [qui l'a fait ? — Virgile / le poète] ; et aussi parce que *quis* signifie la substance sans qualité particulière, ce qui est le propre du pronom [104].

Il faut objecter à cela que les parties du discours ne se regroupent ou ne se différencient pas systématiquement en fonction de leur similitude flexionnelle, mais uniquement de leur sens [105]. De fait, il y a d'une part beaucoup de pronoms qui suivent une flexion nominale, ainsi tous les dérivés (*meus tuus suus*, *noster uester*, *nostras uestras*) [106], et d'autre part, à l'inverse, il y a des noms qui suivent une flexion pronominale, comme *unus unius uni*, *solus solius soli*, *totus totius toti*, *ullus ullius ulli*, *nullus nullius nulli*, *alius alius alii* – pour ce dernier terme, le génitif, parce qu'il a le même nombre de syllabes que le nominatif, allonge toujours la pénultième, alors que *alterius* au contraire, parce qu'il a deux syllabes de plus que son nominatif, abrège toujours sa pénultième : *alter alterĭus alteri* ; || quant à *utrius*, parce qu'il a une syllabe de **30**

101. Cf. *supra*, note 93.

102. Comme *supra* en 16.24-17.1, *siue reciprocum siue transitiuum*, et en 18.6, *et reciprocum et transitiuum*, Priscien vise ici la réflexion et la rétro-transition (pour nous, réflexion directe et indirecte) : voir *supra*, notes 89 et 90.

103. Sur l'analyse de *quis*, et la question de son classement, comme pronom ou comme nom, cf. *Introduction*, section 3, *Quis / qui et les termes assimilés : pronoms ou noms ?*

104. Sur cette définition du pronom, cf. *supra*, livre 12, *GL* 2, 585.28-29 et note 58.

105. Conception déjà soutenue au livre 2, *GL* 2, 55.20-28.

106. Cf. *supra*, 11.2-18.

licet in metris et producere et corripere, et quae ex eis | componuntur; quamuis haec quoque quidam eodem errore declinationis inducti pronomina esse putauerunt. Cum enim omnia haec ad certum numerum uel quantitatem referuntur, quomodo possint esse pronomina, quae et omnia qualitate uel quantitate carent et loco propriorum, quae sunt indiuidua, hoc est nihil commune uel generale habentia, accipi solent? supra | dicta igitur cum generalem substantiam uel quantitatem significent neque loco propriorum finitorum accipiantur, sine dubio nomina sunt appellatiua; similiter illa quae
infinitam qualitatem significant : *qualis*, *talis*. || Quomodo enim infinita uel 31
interrogatiua pro nominibus accipiantur propriis, quae ignorationem ipsius propriae unius cuiusque substantiae uel qualitatis | uel quantitatis significant?

Quis quoque quamuis substantiam sine aliqua certa qualitate demonstret, hoc tamen interest inter substantiam illam quam pronomina significant, quod illa pro speciali et propria unius cuiusque accipiuntur substantia, quae demonstratione praesentium uel relatione absentium personarum intellegitur, hoc autem generalem et infinitam substantiam quae pertinet ad uniuersarum rerum genera et species et partes demonstrat. Quomodo igitur numeros et quantitates inter species qualitatis nominum accipimus, sic etiam infinitam et generalem substantiam, quae est in hoc nomine, hoc est *quis* uel *qui* et quae ex eo componuntur, in hoc esse dicimus qualitatem. | Habet igitur etiam qualitatem quam desiderat nomen.

Vt breuiter igitur totum colligamus, pronomina loco propriorum
21 accipiuntur nominum, itaque finitas exigunt sibi personas, quas nullum ex
supra dictis potest habere nominibus. || Quid autem sic incongruum quam **32**
omnia numerorum nomina sine dubio ab omnibus nomina accipi, *unus* autem et *alter* et *uter* et *solus* declinationis causa pronomina esse | putare? sin autem

plus que *uter*, on peut dans le mètre l'allonger ou l'abréger, et de même pour ses composés[107]. Cela dit, se laissant abuser de la même façon par la flexion, certains ont pensé que ces dernières formes étaient elles aussi des pronoms. En fait, dès lors que tous ces termes font référence à un nombre ou à une quantité donnés, comment pourraient-ils être des pronoms, dans la mesure où ceux-ci ignorent tous qualité ou quantité et sont normalement employés comme équivalents de noms propres, lesquels ne concernent qu'une personne particulière, autrement dit n'ont rien de commun ou de générique ? Or les termes qu'on vient d'évoquer ci-dessus signifient une substance ou une quantité génériques et ne sont pas employés pour tenir lieu d'éléments spécifiquement déterminés : donc ce sont incontestablement des noms appellatifs. Même chose pour ceux qui signifient une qualité indéterminée,
qualis et *talis*. || Comment en effet des termes indéfinis ou interrogatifs 31
seraient-ils employés comme équivalents de noms propres, alors qu'ils expriment précisément l'ignorance de la substance ou de la qualité ou de la quantité propre de chaque entité ?

Quis aussi exprime la substance sans qualité particulière, mais il y a la différence suivante avec la substance signifiée par les pronoms : ceux-ci sont employés comme équivalents de la substance spécifique et particulière de chacun, qui est comprise ou bien déictiquement pour les personnes présentes, ou bien anaphoriquement pour celles qui sont absentes[108] ; en revanche, *quis* exprime la substance générique et indéfinie dont relèvent les genres, les espèces et les parties de la totalité des choses. De même donc que nous rangeons les nombres et les quantités parmi les espèces de la qualité exprimée par les noms, de même la substance indéfinie et générique qu'il y a dans ce nom, c'est-à-dire dans *quis* (ou *qui*[109]) et ses composés, nous considérons que c'est la qualité exprimée par ce nom, ce qui fait que ce terme comporte aussi la qualité qu'un nom requiert.

Par conséquent, pour résumer l'ensemble en quelques mots : les pronoms
21 sont employés | comme équivalents de noms propres, et pour cette raison il leur faut des personnes définies, qu'aucun des noms ci-dessus évoqués ne peut
comporter. || En outre, qu'y a-t-il de plus incohérent[110], quand tous les noms 32
de nombre sont unanimement et sans contestation interprétés comme des noms, que de penser que *unus*, *alter*, *uter* et *solus* sont des pronoms en raison de leur flexion ? Si d'ailleurs on trouve de l'anomalie dans la flexion ou la

107. Cf. *supra*, 5.17-7.10, et, sur les questions de rythme, note 40.

108. *Cf.* livre 17, *GL* 3, 144.5-7.

109. Sur le rapport entre ces deux formes, cf. *supra*, 9.20-25 et note 48.

110. Cette phrase illustre l'influence de l'environnement grec sur la langue de Priscien. Il serait usuel en latin que *incongruum* détermine *putare*, et que ce dernier appelle lui-même les deux infinitives dont les verbes sont *accipi* et *esse*. En fait, Priscien adopte ici une tournure plus proche du grec, où, sur le modèle d'une opposition marquée par *men… de…*, *incongruum* s'applique au couple antithétique constitué de l'infinitive *omnia… nomina accipi* et de l'infinitif *putare* dont dépend l'infinitive "*unus*"… *pronomina esse*, les deux composantes de ce couple étant opposées par *autem*, qui souligne la contradiction que présente leur rapprochement.

in declinatione uel deriuatione quaedam inaequalitas inuenitur, ut *quis quae quod*, *alius alia aliud*, nihil mirum, cum in omnibus partibus orationis, de quibus nulla dubitatio est, hoc inueniatur, ut in nominibus : *supellex supellectilis*, *hospes hospita*, *gracilis gracila*, in pronominibus *ipse* uel *ipsus ipsa ipsum*, in uerbis *sum fui*, *fero* | *tuli*.

Illud quoque quidam obiciunt, quod demonstratio propria est pronominum, ut *hic*, ergo et *talis*, *tantus*, sed falso. Nam aduerbia quoque inueniuntur demonstratiua, ut *en*, *ecce*; ergo et nomina possunt esse demonstratiua, et pronomina tamen inueniuntur carentia | demonstratione, quae sunt relatiua, ut *is*, *sui*. || Hoc autem interest inter demonstrationem nominum et prono- **33**
minum, quod id quod demonstratur per pronomen solum ostenditur per se nec ad alium pertinet extrinsecus, quod uero per nomen non solum ipsorum quae ostenduntur, sed etiam illorum ad quos referuntur demonstrationem habet, ut *talis Pyrrhus* | *apparet qualis pater eius*, et quod pronomina demonstratiua in eodem genere et numero manent qui demonstratur, nomina uero demonstratiua possumus diuersa ostendentes ad diuersa referre, ut si aspicientes mare dicamus *talem esse Nilum*, cum sit *Nilus* masculini,

dérivation, comme dans *quis quae quod*, *alius alia aliud*, il n'y a là rien d'étonnant puisque cela se trouve dans toutes les parties du discours, même quand il n'y a aucune contestation, par exemple dans les noms (*supellex supellectilis*, *hospes hospita*, *gracilis gracila*[111]), dans les pronoms (*ipse*, ou *ipsus*, *ipsa ipsum*), dans les verbes (*sum fui*, *fero tuli*).

Deixis pronominale et deixis nominale

Certains objectent aussi que la deixis est une spécificité des pronoms (par exemple *hic*), et donc que *talis* et *tantus* [de cette qualité / de cette quantité] sont aussi des pronoms, mais ils ont tort. De fait, on trouve aussi des adverbes qui sont déictiques, comme *en*, *ecce* [voici], ce qui fait que des noms également peuvent être déictiques, et en revanche on trouve des pronoms sans deixis (ceux qui sont anaphoriques, comme *is*, *sui*). || Il y a par ailleurs la différence suivante 33
entre la deixis des noms et celle des pronoms : ce qui est indiqué par un pronom est la seule chose qu'il exprime par lui-même et cela ne concerne que l'élément indiqué, sans impliquer personne d'autre d'extérieur[112] ; en revanche, avec le nom, on a l'indication non seulement des éléments mêmes qui sont montrés, mais aussi de ceux avec lesquels ces éléments sont mis en relation, comme dans *talis Pyrrhus apparet qualis pater eius* [Pyrrhus se montre tel qu'était son père] ; en outre, les pronoms déictiques conservent le genre et le nombre de ce qui est indiqué, tandis que les noms déictiques, nous pouvons, tout en montrant certaines choses, les mettre en relation avec d'autres, par exemple si nous disons *talis est Nilus* [le Nil est pareil] en regardant la mer, *Nilus* étant masculin,

111. *Supellex* [mobilier], dont la flexion est bâtie sur les deux thèmes *supellec-* et *supellectili-*, est clairement un exemple d'anomalie flexionnelle, *cf.* livre 6, *GL* 2, 279.15, et livre 7, *GL* 2, 325.1-2. Les deux autres exemples portent sur la formation des féminins : *hospita* de *hospes* [l'hôte], *cf.* livre 7, *GL* 2, 317.1-3, et *gracila*, que Priscien n'évoque qu'ici, de *gracilis* [grêle]. S'agissant du pronom cité ensuite, *ipse*, l'anomalie visée concerne le neutre *ipsum*, en regard des formes *illud*, *istud* ou *id*, cf. *supra* 6.23-31 (où le masculin *ipsus*, présenté comme archaïque, est également cité, par opposition à *ille* et *iste*). Le terme *inaequalitas* [anomalie], 21.5, n'est pas attesté ailleurs dans l'œuvre de Priscien, mais l'adjectif *inaequalis* y est usuel, tout comme *anomalus*, dont il est synonyme : voir livre 3, *GL* 2, 95.9-10 (*anomalis, id est inaequalibus*) ou livre 8, *GL* 2, 417.25 (*inaequalium, id est anomalorum*).

112. Le terme *extrinsecus* apparaît à plusieurs reprises dans l'analyse des dérivés possessifs proposée au livre 12 (cf. *supra*, 580.21-581.3 et note 17) et au début du présent livre, 1.17-18, mais il est employé alors sur un plan morphologique (comme aussi *infra*, 22.6-7) et vise une position dans le mot : dans *me-us*, la 1re personne, ou « possesseur », s'entend *intrinsecus*, à la syllabe initiale, tandis que le « possédé » est exprimé *extrinsecus*, à la syllabe finale. Ici en revanche, il s'agit de caractériser l'un des éléments de la double deixis exprimée par *talis* (cf. *Introduction*, section 3, fin). Le principe de cette deixis bipartite a son origine dans *Pron.* 30.22-31.6, où Apollonius défend le statut nominal des termes exprimant un rapport de similitude [*homoiôsis*] tels que *toioutos* (correspondant grec de *talis*) en raison de la spécificité de leur deixis, illustrée en particulier par l'exemple calqué ici sous la forme *talis est Nilus* (21.23). Priscien de son côté précise les conditions d'énonciation dans lesquelles *talis*, *tantus*, etc. peuvent être effectivement déictiques et recense les noms susceptibles d'un tel emploi (22.4-11). Surtout, approfondissant les indications rapides d'Apollonius, il présente explicitement les deux types d'éléments sur lesquels porte la double deixis nominale (21.16-20) et analyse la structure sémantique des éléments concernés dans leur rapport à cette deixis bipartite.

mare autem neutri, uel si quis dicat statuam Herculis cernens *tanti fuerunt mei parentes* | *quantus iste Hercules*; cum enim unum aspiciat, plurali uti potest numero. Si igitur similitudinis causa huiuscemodi nominum demonstrationes proferuntur quae est in communi qualitate uel quantitate, qua carent pronomina, quae dubitatio est nomina magis haec esse appellatiua? itaque interpretantes quid est *talis* uel *tantus*, dicimus *similis huic, de quo* | *loquimur*. Ergo
22 cum adiungimus substantiam qualitati (nam *huic* | substantiam significat, *similis* uero qualitatem), *tantus*, *talis* pronomina esse non possunt neque pronominibus redduntur, sed nominibus, hoc est *quantus* uel *qualis* [a].

Tria autem sunt demonstratiua nomina : *talis*, *tantus*, *tot*, et quod | a **34**
pronomine et nomine componitur : *huiusmodi* uel *huiuscemodi* [b]. Vnde hoc quoque aliud intrinsecus demonstrat, id est substantiam, et aliud extrinsecus intellegitur, id est qualitas, quam per se pronomen sine adiunctione nominis habere non potest. Sciendum tamen quod *talis* et *tantus* et *tot*, si ad praesentes dicantur, etiam demonstratiua sunt, sin | autem ad absentes, relatiua uel redditiua tantum, ut *qualis Hercules, talis Theseus fuit*.

a. *Cf.* Apollonius Dyscolus *Pron.* 29.15-31.12 S.
b. *Cf.* Apollonius Dyscolus *Pron.* 30.2, 32.4-5, 64.21-22 S.

alors que *mare* [la mer] est neutre[113], ou si on dit en voyant une statue d'Hercule *tanti fuerunt mei parentes quantus iste Hercules* [mes parents étaient aussi grands que cet Hercule], où, tout en regardant un élément singulier, on peut employer un pluriel. Donc, si on emploie la deixis exprimée par ce type de noms pour les besoins d'une comparaison qui repose sur une qualité ou sur une quantité commune – que les pronoms n'expriment pas –, comment contester que ce sont plutôt des noms appellatifs ? C'est pourquoi, si nous cherchons à expliciter *talis* ou *tantus*, nous disons « semblable à ceci (dont nous parlons) ». Par conséquent, puisque ici nous associons une
22 substance à une qualité – le « ceci », | c'est en effet l'expression d'une substance, et y être « semblable », c'est l'expression d'une qualité –, *tantus* et *talis* ne peuvent être des pronoms, et ne sont pas en correspondance avec des pronoms, mais bien avec des noms, à savoir *quantus* ou *qualis*[114].

Cela étant dit, il y a, comme déictiques, trois noms, *talis*, *tantus* et *tot* [de 34
cette qualité / de cette quantité / de ce nombre], et le terme *huiusmodi*, ou *huiuscemodi* [de ce type], qui est composé d'un pronom et d'un nom, ce qui fait que ce terme comporte lui aussi deux composantes, l'une qu'il désigne du côté interne, la substance, et l'autre qu'il signifie du côté externe, la qualité, qu'un pronom ne peut exprimer par lui-même sans l'adjonction d'un nom[115]. Toutefois, il faut savoir que si *talis*, *tantus* et *tot* visent des éléments présents, ils sont assurément déictiques, mais s'ils visent des absents, ils ne sont qu'anaphoriques ou corrélatifs, comme dans *qualis Hercules, talis Theseus fuit* [tel qu'était Hercule, tel était Thésée][116].

113. Sur l'analyse présentée ici à propos de *talis est Nilus*, voir *Introduction*, section 3, fin.

114. Sur la relation de *talis* (*tantus*...) avec *qualis* (*quantus*...), voir *infra*, note 116, et *Introduction*, section 3, fin.

115. *Huius(ce)modi*, « de ce type », est l'expression d'une substance par le pronom initial (sc. « du côté interne »), *huius(ce)*, qui est l'élément déictique, et d'une qualité par le nom final (sc. « du côté externe »), *modi*, qui est l'élément descriptif. L'intérêt de citer ce composé après *talis*, *tantus* et *tot* vient de ce qu'il comporte dans sa morphologie même les deux éléments correspondant au sens que Priscien attribue à ces trois termes, c'est-à-dire la substance et la qualité, qu'il reconstitue pour *talis* par la périphrase explicative *similis huic*, également composée d'un nom et d'un pronom (le premier exprimant la qualité, le second la substance). Sur l'opposition *intrinsecus* / *extrinsecus* (« côté interne / côté externe »), cf. *supra* note 112.

116. La relation entre *relatiua* et *redditiua* n'est pas explicitée par Priscien. *Relatiuus*, calque du grec *anaphorikos*, est bâti sur *referre*, et *redditiuus*, calque de *antapodotikos*, sur *reddere*, mais ces deux verbes ont des acceptions très larges (*cf.* l'*Index* 3 du livre 17), alors que les deux dérivés sont fortement spécialisés. Ils constituent les noms de deux des quatre catégories (*interrogatiua / infinita / relatiua / redditiua*) qui servent à rendre compte des emplois des formes de type *quis, qui, qualis, talis*, etc., que Priscien inclut dans la catégorie nominale (cf. *GL* 2, 55.14-16 et 61.5-10; *GL* 3, 132.3-4; 204.10-13 – où il ajoute les *distributiua*). Dans cette grille, une division est faite entre *interrogatiua / infinita* d'une part, *relatiua / redditiua* d'autre part, les seconds « succédant » aux premiers (*cf.* livre 16, *GL* 3, 104.16-17, et note 55). Les éléments de la paire *relatiua / redditiua* sont distingués de différents points de vue. Sur le plan morphologique, il est précisé à plusieurs reprises, notamment dans les *Partitiones*, que les formes en *qu-* (*qui, qualis, quantus, quot*, etc.) sont des *relatiua* (quand ce ne sont pas des *interrogatiua* ou des *infinita*), cependant que les formes en *t-* (*talis, tantus, tot*, etc.) sont des *redditiua* (95.15-17, 17-20, 20-24,

Illud quoque notandum quod in uocatiuo omnia nomina eius capacia possunt esse demonstratiua; itaque in hoc solo finitam uidentur secundam habere personam : nam in aliis casibus infinitae sunt personae et tertiae, | nisi quando substantiuo uel uocatiuo adiunguntur uerbo; tunc enim et secundae et primae copulantur personae, ut supra memorauimus : *Priscianus sum*, *Priscianus uocor*; *Vergilius es*, *Vergilius diceris*. || Omnia autem infinita **35**
uel relatiua uel interrogatiua, cum semper de tertia dicantur ad secundam (ea est enim ad quam naturaliter interrogatio dirigitur), non | possunt habere uocatiuos, qui proprii sunt secundae [a].

a. *Cf.* Apollonius Dyscolus *Pron.* 24.24-25.5 S.

Noms, vocatif et personne

Il faut encore souligner qu'au vocatif, tous les noms qui admettent ce cas peuvent être déictiques ; c'est pourquoi c'est à ce seul cas qu'on voit les noms relever d'une personne définie, la 2e. À tous les autres cas les noms relèvent d'une personne indéfinie, c'est-à-dire la 3e, sauf quand ils sont associés au verbe « être » ou à un verbe d'appellation – car alors ils sont liés à des 2e et 1re personnes, comme nous l'avons rappelé plus haut[117] : *Priscianus sum, Priscianus uocor*; *Vergilius es, Vergilius diceris* [je suis / je m'appelle Priscien ; tu es / tu es appelé Virgile]. || En revanche[118], tous les noms indéfinis ou anaphoriques, ou encore interrogatifs puisque ces derniers, orientés vers une 2e personne, qui est celle à laquelle l'interrogation est naturellement adressée, relèvent toujours de la 3e, il est impossible qu'ils aient un vocatif, qui est propre à la 2e personne.

109.16-19, 19-22, 22-25 P.). Par ailleurs, dans le livre 17 (*GL* 3, 128.16-129.4 et note 81), Priscien donne des indications qui relèvent de la place relative des éléments considérés, dans la mesure où, aux *relatiua* de type *qualis*, il oppose les *antecedentia uel redditiua* (128.18), c'est-à-dire les éléments de type *talis* en tant qu'ils sont placés avant ou après *qualis* (dans les séquences *talis... qualis...* ou *qualis... talis...*) : cela paraît bien impliquer que les *redditiua* sont les éléments qui, après l'énonciation d'un *relatiuum*, y font à leur tour référence. Du point de vue sémantique, les *relatiua* « signifient un second niveau de connaissance » (*secundam cognitionem significant*, *cf.* livre 17, *GL* 3, 128.18), mais rien n'est dit en revanche des *redditiua*. Un chevauchement paraît possible entre ces deux catégories : dans le livre 2, où il passe en revue les différentes catégories nominales (*GL* 2, 58.25-62.13), Priscien, après avoir opposé l'un à l'autre *interrogatiuum* et *infinitum* (61.7-8), précise que les éléments concernés (*quis*, *qualis*, *quantus*, *quot*, etc.) peuvent également être *relatiua*, « de même que *talis*, *tantus* et *tot*, qu'on appelle cependant aussi *redditiua* » (61.9-10) – ce qui paraît bien faire des *redditiua* une forme spécifique de *relatiua*. Dans le présent passage, Priscien évoque d'abord le cas où *talis*, *tantus* ou *tot* sont déictiques (*demonstratiua*), « s'ils visent des éléments présents » (*si ad praesentes dicantur*) – ce qui a été décrit précédemment avec pour exemples *talis est Nilus* [le Nil est pareil] énoncé par des locuteurs regardant la mer, ou *tanti fuerunt mei parentes quantus iste Hercules* [mes parents étaient aussi grands que cet Hercule] face à une statue d'Hercule. Ce ne peut être qu'un cas particulier, où la situation d'énonciation impose d'interpréter comme déictiques des éléments comme *talis* ou *tantus*. Et de fait, Priscien corrige immédiatement cette interprétation en précisant que « s'ils visent des absents » (*sin autem ad absentes*), par exemple dans *qualis Hercules, talis Theseus fuit* [tel qu'était Hercule, tel était Thésée], les éléments concernés font partie des *relatiua*, ou de la sous-catégorie des *redditiua* (*relatiua uel redditiua tantum*). Priscien suggère ainsi que les *redditiua*, en dernier ressort, relèvent du même mécanisme que les *relatiua* : ils font référence à un élément déjà connu et peuvent donc, le cas échéant, être considérés comme *relatiua* (puisqu'il a été rappelé dans le livre 12, *GL* 2, 579.15-17, que l'anaphore est l'expression d'une « connaissance seconde »), mais ils constituent dans ce cadre une catégorie à part (largement déterminée par leur spécificité morphologique de formes en *t-*), constituée d'éléments référentiels en second, anaphoriques d'anaphoriques en somme.

117. Cf. *supra*, 12.18-21, 13.7-9.

118. Ici, et jusqu'à la fin du livre, Priscien complète les indications de 13.28-14.3 en soulignant la différence entre pronoms et noms à propos de termes particuliers. Il s'agit de montrer que certains termes, quoiqu'ils n'aient pas de vocatifs, ce qui est en règle générale une caractéristique des pronoms, ne relèvent pas pour autant de cette partie du discours et sont bien des noms. *Cf.* Apollonius, *Pron.* 33.13-16 notamment.

Alius quoque caret uocatiuo, cum abnegationem habet tam primae quam secundae. Dicimus enim *neque ego neque tu, sed alius* ; igitur quod caret demonstratione praesenti uocatiuum habere non potest ; ergo nec pronomen hoc esse certum est, non solum enim non finit personas, | sed etiam abnegationem habet finitarum. Tertiam quoque incertam significat, quod est illi pro qualitate, et quod in amplioribus solet dici quam duo. Pronomina loco nominum accipiuntur propriorum, ut *Cicero scribit, idem recitat*, et unum et idem significat; sin uero dicam *Cicero scribit et alius recitat*, non eadem est persona. Illud quoque arguit hoc non | esse pronomen, quod ipse omni potest subici pronomini, ut *ego ipse*, *tu ipse*, *ille ipse*, non tamen *alius ipse* dicimus [a].

23 *Alter* quoque et *uter* et quae ex eis componuntur et *ambo* uocatiuos habere non possunt, cum uel partiuntur uel referuntur. Quod autem partitur in diuersis est personis, uocatiuus autem ad unam dirigi uult personam itaque in his esse non potest quae partiuntur. Quid est enim | *uter?* — *ego uel tu* siue *tu uel ille.* Similiter *alter* ex *me et te* uel *te et illo.* Quomodo ergo in significatione diuersarum personarum possit esse uocatiuus, qui ad unam pertinet solam secundam? relatiua quoque cum demonstratione carent, uocatiuum habere non possunt, ut *ambo*, *uterque*, *alteruter*. *Vllus* etiam et *nullus*, cum semper cum abnegatione ponitur, et *nemo* carent uocatiuo.

a. *Cf.* Apollonius Dyscolus *Pron.* 33.4-34.12 S.

Alius n'a pas de vocatif non plus, puisqu'il consiste à exclure aussi bien la 1re que la 2e personne : nous disons en effet *neque ego neque tu, sed alius* [ni toi ni moi, mais un autre [119]]. Or ce qui est dépourvu d'une deixis visant un élément présent ne peut avoir de vocatif. Par conséquent, il est évident que ce terme non plus n'est pas un pronom, puisque non seulement il ne détermine pas des personnes, mais qu'en outre il comporte l'exclusion des personnes déterminées. Ce qu'*alius* exprime aussi, c'est une 3e personne indéterminée, ce qui lui tient lieu d'expression d'une qualité [120], et qui tient au fait qu'on dit ordinairement *alius* quand il est question d'un nombre d'éléments supérieur à deux. Les pronoms sont employés comme équivalents de noms propres : dans *Cicero scribit, idem recitat* [Cicéron écrit, et c'est le même qui déclame], il s'agit d'une seule et même entité; si en revanche je dis *Cicero scribit et alius recitat* [Cicéron écrit et c'est un autre qui déclame], ce n'est pas la même personne. Preuve encore qu'*alius* n'est pas un pronom : *ipse* peut être placé à la suite de tout pronom, comme dans *ego ipse*, *tu ipse*, *ille ipse* [moi-même, toi-même, lui-même], mais nous ne disons pas **alius ipse*.

23 *Alter*, *uter* et leurs composés, ainsi que *ambo*, ne peuvent pas non plus avoir de vocatif, puisqu'ils impliquent division ou anaphore. Ce qui se divise se trouve dans une pluralité de personnes, alors que le vocatif demande à être adressé à une personne indivise, et ne peut de ce fait s'appliquer à des éléments qu'on répartit. Qu'est-ce en effet que *uter* [l'un des deux] ? — « toi ou moi », ou « toi ou lui », tout comme *alter* [l'autre], c'est l'autre de « toi et moi », ou de « toi et lui » [121]. Comment ce qui signifie des personnes diverses pourrait-il donc comporter un vocatif, alors que celui-ci vise une seule personne, la 2e? C'est aussi le cas des anaphoriques : dès lors qu'ils n'expriment pas de deixis, ils ne peuvent avoir de vocatif, comme *ambo*, *uterque*, *alteruter* [tous les deux, chacun des deux, l'un ou l'autre]. *Vllus* également, et *nullus* [aucun], impliquant toujours exclusion, et *nemo* [personne] aussi, n'ont pas de vocatif.

119. Apollonius, *Pron.* 32.22-33.16, présente l'exclusion impliquée par le correspondant grec de *alius* de trois façons distinctes, *allos* [autre] pouvant exclure selon les situations ou « moi », ou « toi », ou « Aristarque ». Priscien de son côté, préoccupé par le problème du vocatif et de la 2e personne qu'il implique, ne prend pas en considération une éventuelle 3e personne et ne retient que l'échange entre le locuteur et son interlocuteur, où *alius* les exclut l'un et l'autre. D'une manière analogue, lorsqu'il élucide ci-dessous *uter* et *alter* (23.4-6), il ne prend en compte que les situations qui lui importent pour son propos.

120. Indispensable s'il s'agit d'un nom, qui exprime une substance et une qualité, cf. *supra* 20.28-30 à propos de *quis*.

121. La contradiction relevée ici oppose des termes qui expriment la division (*uter* ou *alter* en l'occurrence dans la mesure où énoncer *uter x* ou *alter x* consiste à diviser l'ensemble *x* en deux parties pour n'en retenir qu'une) et le vocatif, qui est censé s'appliquer à une entité indivise.

BIBLIOGRAPHIE

Cette bibliographie correspond uniquement aux textes cités dans ce volume sous une forme abrégée. Pour une bibliographie complémentaire, on se reportera aux bibliographies des volumes consacrés aux livres 14 à 16 (2013, p. 261-270), 17 (2010, p. 297-305), 18 (2017, p. 517-522), ainsi qu'à la bibliographie générale dans M. Baratin, B. Colombat, L. Holtz (éd.), *Priscien*... (2009, p. 673-729).

Abréviations

CAG *Commentaria in Aristotelem graeca*
FDS *Fragmente zur Dialektik der Stoiker* (voir Hülser, 1987-1988)
GG *Grammatici Graeci*
GL *Grammatici Latini*
Hel., *Lond.*, *Marc.*, *Vat.* : *Scholia Heliodori*, *Londinensia*, *Marciana*, *Vaticana*, voir Scholies à la *Tekhnê*

Les noms des éditeurs de textes anciens apparaissent sous la forme de leur seule initiale pour les textes cités ci-dessous.

Textes anciens

Apollonius Dyscole, *Syntaxe*, éd. G. Uhlig, 1910 (*GG* 2/2). Voir aussi Lallot 1997.

Apollonius Dyscole, *Pronom, Adverbes, Conjonctions*, éd. R. Schneider, 1878 (*GG* 2/1 [1]).

Aristarque, fragments : voir Matthaios 1999.

Beauzée Nicolas, *Grammaire Générale*, 2 vol., Paris, J. Barbou, 1767.

Charisius, *Ars grammatica*, éd. K. Barwick, Leipzig, Teubner, 1964 [2].

Denys le Thrace, *Tekhnê grammatikê*, éd. G. Uhlig, 1883 (*GG* 1/1). Voir aussi Lallot 1998 [2].

Donat, *Ars grammatica* (*Minor* et *Maior*) : voir Holtz 1981 : 571-674.

Dosithée, *Grammaire latine*, éd. G. Bonnet, Paris, Les Belles Lettres (CUF), 2005.

Grammatici Graeci, éd. A. Hilgard, A. Lentz, R. Schneider, G. Uhlig, 1-9, Leipzig, Teubner, 1867-1910 (réimpr. Hildesheim / New York, Olms, 1965).

Grammatici Latini, éd. H. Keil, 1-7, Leipzig, Teubner, 1855-1880 (réimpr. Hildesheim / New York, Olms, 1961).

LINACRE Thomas, *De emendata structura Latini sermonis*, Londres, R. Pynson, 1524.

PLINE, *Il dubius sermo*, éd. A. Della Casa, Gênes, Istituto di Filologia classica e medioevale, 1969.

PRISCIEN, *Institutiones grammaticales*[1], éd. M. Hertz, 1855-1859 (*GL* 2 et 3). Voir aussi Groupe *Ars grammatica*, 2010-2017 (pour les livres 14 à 18).

PRISCIEN, *Opuscula* 1 (*De figuris numerorum, De metris Terentii, Praeexercitamina*), éd. M. Passalacqua, Rome, Ed. di Storia e Letteratura, 1987.

PRISCIEN, *Opuscula* 2 (*Institutio de nomine et pronomine et uerbo, Partitiones*), éd. M. Passalacqua, Rome, Ed. di Storia e Letteratura, 1999.

RAMUS Petrus (DE LA RAMÉE Pierre), *Grammatica*, Paris, A. Wechel, 1560.

RAMUS Petrus (DE LA RAMÉE Pierre), *Grammatica latina*, Paris, A. Wechel, 1564.

SANCTIUS Franciscus (SÁNCHEZ Francisco), *Minerva*, Salamanque, J. et A. Renaut, 1587 (Traduction française par G. Clerico, Lille, PUL, 1982).

SCALIGER Jules-César, *De causis linguae Latinae*, Lyon, S. Gryphe, 1540. Voir aussi P. Lardet, G. Clerico, B. Colombat 2019.

SCHOLIES À LA *Tekhnê*, éd. A. Hilgard, Leipzig, Teubner, 1901 (*GG* 1/3).

Tekhnê grammatikê attribuée à Denys : voir Denys le Thrace.

TRYPHON, fragments : voir Velsen 1853.

BIBLIOGRAPHIE SECONDAIRE

AMACKER René (1990), « L'argumentation pragmatique chez Priscien : "personne" et "déixis" », *Historiographia Linguistica*, 17, p. 269-291.

BARATIN Marc (2006), « À propos du nom propre dans l'Antiquité : quelques points qui ont fait débat », *Corpus, revue de philosophie*, 50, p. 229-237.

BARATIN Marc (2008), « Usage linguistique et réflexion sur les usagers, un exemple de croisement entre grammaire et philosophie chez Varron », *in* B. Pérez, M. Griffe (éd.), *Grammairiens et philosophes dans l'Antiquité gréco-romaine*, Montpellier, PUM, p. 183-197.

BARATIN Marc (2012), « Les *exempla ficta* : états de langue ou logiques argumentatives ? », *in* F. Biville, M.-K. Lhommé, D. Vallat (éd.), *Latin vulgaire – Latin tardif IX*, Lyon, MOM, p. 709-718.

BARATIN Marc (2012), « Autour du référent, une construction originale de la linguistique antique tardive », *Letras clásicas*, 11, p. 51-70.

BARATIN Marc, COLOMBAT Bernard, HOLTZ Louis (éd.) (2009), *Priscien : transmission et refondation de la grammaire, de l'Antiquité aux Modernes*, Turnhout, Brepols (Studia Artistarum, 21).

BIVILLE Frédérique (2008), « Les *Institutions* de Priscien, une grammaire et une culture bilingues », *in* C. Brunet (éd.), *Des formes et des mots chez les Anciens. Mélanges offerts à Danièle Conso*, Besançon, Presses Universitaires de Franche-Comté, p. 31-50.

BRANDENBURG Philipp (2005), *Apollonios Dyskolos* Über das Pronomen, *Einführung, Text, Übersetzung und Erläuterungen*, München – Leipzig, K. G. Saur.

1. Titre anciennement donné à l'*Ars Prisciani*, voir livre 17, *Introduction* : 9, note 2.

BRIQUEL Dominique (2001), « La conception du latin comme langue mixte chez Varron », *in* C. Moussy (éd.), *De lingua Latina nouae quaestiones. Actes du Xe colloque international de linguistique latine*, Louvain – Paris, Peeters, p. 1033-1043.

CALLIPO Manuela (2015), « Lire Apollonius Dyscole à la lumière de Priscien ? Une note sur l'histoire des théories linguistiques », *Revue des études latines*, 93, p. 273-286.

CHEVILLARD Jean-Luc *et al.* (2007), « L'exemple dans quelques traditions grammaticales (formes, fonctionnement, types) », *in* J.-M. Fournier (éd.), *L'exemple dans les traditions grammaticales*, *Langages*, 166, p. 5-31.

CLERICO Geneviève, COLOMBAT Bernard (2019), « Le *De causis linguae Latinae* dans l'histoire des idées linguistiques », *in* P. Lardet *et al.* (éd.), *Scaliger, Jules-César, De causis linguae Latinae,* 2 vol., Genève, Droz (THR 594), vol. 1, p. 231-236.

COLOMBAT Bernard (2007), « La construction, la manipulation de l'exemple et ses effets sur la tradition grammaticale latine », *in* J.-M. Fournier (éd.), *L'exemple dans les traditions grammaticales*, *Langages*, 166, p. 71-85.

COLOMBAT Bernard (2009), « Les fondements sémantiques de la transitivité : à la recherche de la personne », *in* I. Évrard, M. Pierrard, L. Rosier, D. van Raemdonck (éd.), *Représentation du sens linguistique III, Actes du colloque international de Bruxelles (2005)*, Gembloux, De Boeck / Duculot (Champs linguistiques), p. 285-318.

DESBORDES Françoise (1990), *Idées romaines sur l'écriture*, Villeneuve-d'Ascq, Presses universitaires de Lille.

FUNAIOLI Gino (1907), *Grammaticae Romanae fragmenta*, Leipzig, Teubner (reprod., Rome, L'Erma di Bretschneider, 1964).

GARCEA Alessandro, GIAVATTO Angelo (2004), « *Reciprocus – Antanaklastos*. Pronomi e participi tra grammatici e filosofi », *Voces*, 15, p. 43-58.

GROUPE *Ars Grammatica* (2010), *Priscien, Grammaire, livre XVII, Syntaxe, 1. Texte latin, traduction introduite et annotée*, Paris, Vrin.

GROUPE *Ars Grammatica* (2013), *Priscien, Grammaire, livres XIV, XV, XVI, Les Invariables (Préposition, Adverbe, Conjonction). Texte latin, traduction introduite et annotée*, Paris, Vrin.

GROUPE *Ars Grammatica* (2017), *Priscien, Grammaire, livre XVIII, Syntaxe, 2. Texte latin, traduction introduite et annotée*, Paris, Vrin.

GUÉRIN Charles (2009), *Persona. L'élaboration d'une notion rhétorique au Ier siècle av. J.-C.*, vol. I, Paris, Vrin.

HOLTZ Louis (1981), *Donat et la tradition de l'enseignement grammatical. Étude sur l'Ars Donati et sa diffusion (IVe-IXe siècle) et édition critique*, Paris, éd. du CNRS (Documents, Études et Répertoires publiés par l'Institut de Recherche et d'Histoire des Textes, 21).

HÜLSER Karlheinz (1987-1988), *Die Fragmente zur Dialektik der Stoiker : neue Sammlung der Texte mit deutscher Übersetzung und Kommentaren*, Stuttgart, Frommann-Holzboog, 4 vol.

KASTER Robert A. (1997), *Guardians of Language : The Grammarian and Society in Late Antiquity*, Berkeley – Los Angeles – Oxford, University of California Press.

KELLER Madeleine (à paraître), « La terminologie dans l'*Ars* de Priscien », dans *Actes du colloque Apollonius et Priscien*, Turnhout, Brepols.

KÜHNER Raphael, BLASS Friedrich Wilhelm, GERTH Bernhard (1890-1904), *Ausführliche Grammatik der griechischen Sprache*, Hanovre, Hahn, 4 vol.

LAGARDE Jean-Pierre (1986), « L'influence de Donat et de Priscien sur la description du pronom au XVI e siècle », in *De la plume d'oie à l'ordinateur. Études de philologie et de linguistique offertes à Hélène Naïs*, Nancy, Presses Universitaires, p. 263-275.

LALLOT Jean (1986), « L'ordre de la langue. Observations sur la théorie grammaticale d'Apollonius Dyscole », in *Philosophie du langage et grammaire dans l'Antiquité*, Cahiers de philosophie ancienne, 5, Bruxelles, Ousia, p. 413-426 (= Lallot 2012 : 289-297).

LALLOT Jean (1997), *Apollonius Dyscole, De la Construction*, Vol. 1 : *Introduction, texte et traduction*; Vol. II : *Notes et index*, Paris, Vrin (Histoire des doctrines de l'Antiquité classique, 19).

LALLOT Jean (1998), « Affinités entre les cas chez les grammairiens grecs », *Histoire Épistémologie Langage*, 20/2, p. 5-18 (= Lallot 2012, p. 135-146).

LALLOT Jean (1998 2 [1989]), *La grammaire de Denys le Thrace* (introduction, texte, traduction, notes et index), Paris, CNRS Éditions.

LALLOT Jean (2001), « L'enjeu de la terminologie : le(s) nom(s) grec(s) du pronom », *in* B. Colombat, M. Savelli (éd.), *Métalangage et terminologie linguistique*, Louvain, Peeters, Orbis supplementa 17, p. 265-274 (= Lallot 2012 : 191-199).

LALLOT Jean (2007), « L'invention du nom propre dans la tradition grecque ancienne », *Lalies* 27, p. 233-246 (= Lallot 2012 : 327-340).

LALLOT Jean (2012), *Études sur la grammaire alexandrine*, Paris, Vrin.

LAMBERT Frédéric (1986), « Aspects de l'énonciation chez Apollonius Dyscole », *Histoire Épistémologie Langage*, 8/2, p. 39-52.

LARDET Pierre (2009), « Priscien, le latin et le grec à la Renaissance : J.-C. Scaliger et son *De causis linguae Latinae* (1540) », *in* M. Baratin, B. Colombat, L. Holtz (éd.), *Priscien. Transmission et refondation de la grammaire*, Turnhout, Brepols, p. 587-612.

LARDET Pierre, CLERICO Geneviève, COLOMBAT Bernard (éd.) (2019), *Scaliger, Jules César, Des causes de la langue latine / De causis linguae Latinae*, 2 vol., Genève, Droz (THR 594).

LÖFSTEDT Einar (1936 2), *Philologischer Kommentar zur* Peregrinatio Aetheriae : *Untersuchungen zur Geschichte der lateinischen Sprache*, Uppsala, Almqvist et Wiksell.

MARTORELLI Luca (2016), « Claudius Didymus », in *Grammatici disiecti, Sources fragmentaires pour l'histoire de la grammaire latine*. https://gradis.hypotheses.org/tag/claudius-didymus.

MATTHAIOS Stephanos (1999), *Untersuchungen zur Grammatik Aristarchs : Texte und Interpretation zur Wortartenlehre*, Göttingen, Vandenhoeck und Ruprecht (Hypomnemata 126).

MATTHAIOS Stephanos (2002), « Neue Perspektiven für die Historiographie der antiken Grammatik : Das Wortartensystem der Alexandriner », *in* P. Swiggers, A. Wouters (éd.), *Grammatical Theory and Philosophy of Language in Antiquity*, Louvain, Peeters (Orbis / Supplementa, 19), p. 161-220.

MATTHAIOS Stephanos (2005), « Aristarch, die *Tekhnai Grammatikai* und Apollonius Dyskolos zum Adverb. Zur Geschichte einer Wortkategorie in der griechischen Grammatik », *Histoire Épistémologie Langage*, 27/2, p. 93-120. Repris dans « Das Adverb in der Grammatikographie der griechischen Antike », *Beiträge zur Geschichte der Sprachwissenschaft*, 17, 2007, p. 13-58.

MATTHIAS Theodor (1887), « Zu alten Grammatikern », *Jahrbücher für klassische Philologie*, Suppl. 15, p. 591-640.

MAZZARINO Antonius (1955 2), *Grammaticae Romanae fragmenta aetatis Caesareae*, Turin, Loescher.

MOUSSY Claude (2001), « Esquisse de l'histoire du substantif *persona* », *in* A. Alvar Ezquerra, F. Garcia Jurado (éd.), *Actas del X congreso español de estudios clásicos*, vol. 2, Madrid, Sociedad Española de Estudios Clásicos, p. 153-161.

NÉDONCELLE Maurice (1948), « *Prosopon* et *persona* dans l'antiquité classique », *Revue des sciences religieuses*, 22, p. 277-299.

NICOLAS Christian (1996), *Vtraque lingua. Le calque sémantique : domaine gréco-latin*, Louvain – Paris, Peeters.

RUIJGH Cornelis (1991), « À propos du pronom ἵ (Soph. fr. 471 Radt) », *in* H. Hofmann, A. Harder (éd.), *Fragmenta dramatica*, Göttingen, Vandenhoeck et Ruprecht, p. 61-78.

SCAPPATICCIO Maria Chiara (2015), *Artes Grammaticae in frammenti. I testi grammaticali latini bilingui greco-latini su papiro. Edizione commentata*, Berlin, De Gruyter.

SCHMIDHAUSER Andreas U. (2009), « Le *De pronomine* de Priscien et son modèle grec », *in* M. Baratin, B. Colombat, L. Holtz (éd.), *Priscien. Transmission et refondation de la grammaire*, Turnhout, Brepols, p. 167-182.

SCHMIDT Mauricius (1854), *Didymi Chalcenteri grammatici Alexandrini fragmenta*, Leipzig, Teubner.

SCHÖNBERGER Axel (2009), *Priscians Darstellung der lateinischen Pronomina. Lateinischer Text und kommentierte Übersetzung des 12. und 13. Buches der Institutiones Grammaticae*, Frankfurt am Main, Valentia (Bibliotheca Romanica et Latina X).

SERBAT Guy (1986), « Entre la tradition antique et le monde moderne ; les réflexions de J.-C. Scaliger sur les pronoms », *in* J. Cubelier de Beynac, M. Magnien (éd.), *Acta Scaligeriana*, Agen, Société Académique d'Agen, p. 171-180.

SWIGGERS Pierre et WOUTERS Alfons (2009), « L'analyse du pronom comme catégorie morpho-sémantique », *in* M. Baratin, B. Colombat, L. Holtz (éd.), *Priscien. Transmission et refondation de la grammaire*, Turnhout, Brepols, p. 341-364.

VELSEN Arthur von (1853), *Tryphonis grammatici Alexandrini fragmenta*, Berlin, lib. Fr. Nicolai.

INDEX

INDEX 1

AUTEURS

Cet index reprend tous les auteurs latins et grecs cités ou mentionnés par Priscien, qu'il s'agisse d'auteurs littéraires ou d'autorités grammaticales.

Dans cet index comme dans les suivants, les renvois sont donnés d'après la numérotation des pages et des lignes de l'édition Hertz (indiquée dans ce volume dans la marge gauche du texte latin). Les renvois aux notes sont signalés par « n. ».

AUTEURS LATINS

AUTEURS GRECS

INDEX 2

FORMES ET SYNTAGMES EN MENTION

Cet index rend compte de façon différente des deux ensembles que constituent le livre 11 d'une part, les livres 12 et 13 de l'autre.

Pour le livre 11, l'ensemble des formes et des syntagmes a été retenu. Dans cet ensemble, les formes participiales sont rattachées aux verbes correspondants, et ceux-ci, conformément au mode de présentation de Priscien, ont comme forme d'entrée la 1re personne du singulier de l'indicatif présent (et non l'infinitif, comme le veut l'usage moderne, suivi dans les index 3 et 4). Lorsque cette forme d'entrée des verbes n'apparaît pas elle-même dans le texte de Priscien, elle figure ici entre parenthèses.

Pour les livres 12 et 13, n'ont été retenus en revanche que les pronoms et les formes apparentées, ainsi que celles dont l'appartenance au champ pronominal est débattue.

Pour les trois livres, les formes en mention sont en romain, les syntagmes en italique. L'abréviation « n. » indique que l'occurrence est accompagnée d'une note.

LIVRE XI

LIVRES XII-XIII

INDEX 3

Terminologie grammaticale latine et grecque

Les références des occurrences sont indiquées selon la pagination de l'édition de Hertz. Lorsqu'un terme a fait l'objet d'une note le concernant en propre dans le corps de la traduction, celle-ci est indiquée par l'initiale 'n.' après la référence correspondante. Pour les termes les plus fréquents, seules les premières pages sont répertoriées, suivies de la mention '*et passim*' ; de même, lorsqu'un terme apparaît plus de trois fois dans la même page, seules les premières occurrences sont indiquées, suivies de points de suspension.

INDEX 4

NOTIONS GRAMMATICALES

Cet index relève les notions grammaticales présentes dans les livres 11 à 13 ou dans les notes qui les accompagnent. Les termes retenus sont suivis de leur nom latin (dont les occurrences précises apparaissent dans l'index 3), et des références aux notes où ils apparaissent (n. XI 65 = note 65 du livre 11), ou d'une seule de ces deux indications.

TABLE DES MATIÈRES

ARS PRISCIANI
LIBRI XI, XII, XIII DE PARTICIPIO, DE PRONOMINE

LIVRE 11. LE PARTICIPE

LIVRE 12. LE PRONOM

LIVRE 13. LE PRONOM (SUITE)

ACHEVÉ D'IMPRIMER
EN JANVIER 2021
SUR LES PRESSES
DE
L'IMPRIMERIE F. PAILLART
À ABBEVILLE

DÉPÔT LÉGAL : 1er TRIMESTRE 2021
No. IMP. 16702